古典文獻研究輯刊

六 編

潘美月‧杜潔祥 主編

第29冊

《上海博物館藏戰國楚竹書(四)‧曹沫之陣》研究(下)

高佑仁 著

國家圖書館出版品預行編目資料

《上海博物館藏戰國楚竹書（四）·曹沫之陣》研究（下）／
高佑仁著 — 初版 — 台北縣永和市：花木蘭文化出版社，2008
〔民 97〕

目 2+256 面：19×26 公分（古典文獻研究輯刊 六編：第 29 冊）

ISBN：978-986-6657-27-6（精裝）
1. 簡牘文字　2. 研究考訂

796.8　　　　　　　　　　　　　　　　97001093

ISBN 978-986-6657-27-6

古典文獻研究輯刊
六　編　第二九冊　　　　　　ISBN：978-986-6657-27-6

《上海博物館藏戰國楚竹書（四）·曹沫之陣》研究（下）

作　　者　高佑仁
主　　編　潘美月　杜潔祥
企劃出版　北京大學文化資源研究中心
出　　版　花木蘭文化出版社
發 行 所　花木蘭文化出版社
發 行 人　高小娟
聯絡地址　台北縣永和市中正路五九五號七樓之三
　　　　　電話：02-2923-1455／傳眞：02-2923-1452
電子信箱　sut81518@ms59.hinet.net
初　　版　2008 年 3 月
定　　價　六編 30 冊（精裝）新台幣 46,500 元

《上海博物館藏戰國楚竹書(四)‧曹沫之陣》研究(下)

高佑仁　著

目

次

第六節 論「復戰之道」章

壹、釋 文

臧（莊）【45】公或（又）問曰：「『返（復）敗（敗）戰（戰）〔121〕』又（有）道虖（乎）？」

會（答）曰：「又（有）。三軍大敗（敗）【46上】，死者收之〔122〕，剔（傷）者蔓（問）之，善於死者為生者〔123〕。君【47▽】乃自怵（過）〔124〕吕（以）敓（悅）於薑（萬）民〔125〕，弗瑼（狎）危陘（地）〔126〕，母（毋）火飤（食）〔127〕【63上】，毋詆（誅）而賞〔128〕，母（毋）辠（罪）百眚（姓），而改亓（其）逄（將）。君女（如）親（親）衛（率）〔129〕，【27▽】，必聚群又（有）司而告之〔130〕：『二厽（三）子孚（勉）之〔131〕，兆（過）不才（在）子才（在）【23上】募（寡）人〔132〕。虘（吾）戰（戰）啻（敵）不訓（順）於天命〔133〕』，反（返）師將返（復）戰（戰）〔134〕【51下】必訋（召）邦之貴人及邦之可（奇）士〔135〕，（旅／御）卒事（使）兵〔136〕，母（毋）返（復）耑（前）【29△】棠（常）〔137〕。凡貴人凶（使）処（處）前立（位）一行，逡（後）則見亡〔138〕，進【24下】則彔（祿）簅（爵）又（有）棠（常）〔139〕，幾莫之當（擋）〔140〕。」

臧（莊）公又問曰：「『返（復）盤戰（戰）〔141〕』又（有）道虖（乎）？」

會（答）曰：「又（有）。既戰（戰）返（復）豫（舍）〔142〕，虖（號）命（令）〔143〕於軍中【50】曰：『纏（繕）虖（甲）利兵〔144〕，明日酒（將）戰（戰）。』，則裁（廝）厇（徒）剔（伴）〔145〕吕（以）盤還（就）行〔146〕，【51上】母（毋）怠（怠）〔147〕，母（毋）思（使）民矣（疑）〔148〕，返（及）尒龜簅（筮），皆曰『勅（勝）之』〔149〕。改鬃（冒）尒（爾）鼓〔150〕，乃遊（秩）亓（其）備〔151〕。明日返（復）戝（陣），必兆（過）亓（其）所〔152〕，此『返（復）【52】盤戰（戰）』之道。」

（莊）公或（又）問曰：「『返（復）甘（酣）戰（戰）〔153〕』又（有）道虖（乎）？」

會（答）曰：「又（有）。必【53上】遊（失）車虖（甲），命之母（毋）行〔154〕，昍＝（明日）酒（將）戰（戰），思（使）為前行〔155〕。䍙（諜）人〔156〕【31▽】秾（來）告曰：『亓（其）逄（將）衛（帥）書（盡）剔（傷）〔157〕，戟（車）連（輦）皆栽（弋）〔158〕，曰酒（將）早行〔159〕』，乃命白徒早飤

（食）牂（葦）兵〔160〕，各載尔（爾）賮（藏）〔161〕。既戩（戰），牁（將）
歔（量）爲之〔162〕【32】，慭（慎）呂（以）戒〔163〕，客（焉）牁（將）弗克
〔164〕？母（毋）冒呂（以）迫（陷）〔165〕，必迣（過）前攻〔166〕。【60下】
賞貹（獲）詰（飾）羑（蒽）〔167〕，呂（以）懽（勸）亓（其）志〔168〕。
埇（勇）者憙（喜）之〔169〕，忨（惶）者啙（謀）之〔169〕，蘁（萬）民【61
△】、贛（黔）首皆欲或（克）之〔170〕，此『遉（復）甘戩（戰）』之道。」

　　（莊）公又問【53下】曰：「『遉（復）故（苦）戩（戰）〔171〕』又（有）
道庐（乎）？」

　　　　會（答）曰：「又（有）。收而聚之，縲（束）而厚之〔172〕，貹（重）賞
泊（薄）垩（刑）〔173〕，思（使）忘亓（其）夗（死）而見（獻？）亓（其）
生〔174〕，思（使）〔176〕良【54】車、良士徍（往）取之餌〔175〕，思（使）亓
（其）志记（起）〔176〕，馘（勇）者思（使）憙（喜），羑（蒽）者思（使）
啙（謀）〔177〕，肰（然）句（後）改自（始）〔178〕，此『遉（復）故戩（戰）』
之道。」【55】～

貳、考　釋

〔121〕、46上・遉（復）戝（敗）戩（戰）

　　原考釋者李零以爲「讀『復敗戰』，指挽救『敗戰』。《左傳，莊公十一年》：『凡
師，敵未陳曰敗某師，皆陳曰戰，大崩曰敗績。』『敗』與陣形潰亂有關。案：以下
『復』字含義相同。『復敗戰』、『復盤戰』、『復甘戰』、『復献戰』，都是講處於不利
情況下應當採取的補救措施。」〔註897〕。

　　陳劍以爲「按由下文曹沫的回答『有。三軍大敗，死者收之，傷者問之……』云
云，可知『復敗戰之道』指已經打了敗戰之後，要再戰鬥即『復戰』的辦法。後文『復
盤戰』、『復甘戰』、『復献戰』類同，只是『盤戰』等之具體含義不明。」〔註898〕。

　　淺野裕一以爲「莊公問『復敗戰』之道，亦即三軍大敗之後重建態勢之方法。
好像在主張重編戰敗兵而組織密集隊形。」〔註899〕。

　　佑仁案：「復」字原簡字作𢍰，「复」旁的上半部件以聲化作「畐」。「復」字甲

〔註897〕馬承源主編：《上海博物館藏戰國楚竹書（四）》，（上海：上海古籍出版社，2004
　　　　年12月），頁274。
〔註898〕陳劍：〈上博竹書《曹沫之陳》新編釋文（稿）〉，簡帛研究網，（2005年2月12日），
　　　　網址：http://www.jianbo.org/admin3/2005/chenjian001.htm。
〔註899〕淺野裕一：〈上博楚簡〈曹沫之陳〉的兵學思想〉，簡帛研究網，（2005年9月25
　　　　日），網址：http://www.jianbo.org/admin3/2005/qianyeyuyi001.htm。

骨、金文作 （鐵‧145.1）、（西周中‧散盤），戰國文字中其「夂」旁之上所從的「𦣞」有多種變化〔註900〕，訛作「首」者如 （侯馬：85.5），訛作「目」者如 （行氣玉銘），何琳儀〔註901〕、湯餘惠〔註902〕都釋作「退」，其實應爲「復」字無誤〔註903〕。另外，也有聲化作從「畐」聲者，這是楚系「還」字的大宗〔註904〕，如 （侯馬‧85：5）、（包‧238）、（曾‧162）皆其例，而△字明顯即聲化作從「畐」之一系。

　　古籍中未見「復敗戰」之文例，但是談到敗戰後想要再復戰的文例，則頗爲多見。簡文「復敗戰」即在「三軍大敗」之後，軍隊如何整軍經武、整頓軍馬以便重新應戰，李零、陳劍的分析正確可從。不過，在戰爭述敘時也常用「復」表示「報復」之義，如《左傳‧定公四年》：「（伍員）謂申包胥曰：『我必復楚國。』」，杜預注云：「復，報也。」，又《漢書‧江充傳》：「欲取必於萬乘以復私怨。」，顏師古注云：「復，報也」，但是本簡「復」字顯然非「報復」之義。

　　本簡此處的「復」應訓作「返」，「復戰」即「返戰」，即整頓再戰，《爾雅‧釋言》：「復，返也。」，《說文‧彳部》云：「復，往來也。」，段玉裁云：「《辵部》曰：返，還也。還，復也。皆訓往而仍來。」〔註905〕，《小爾雅‧廣言》：「復，還也。」，《易‧泰》：「無往不復。」，《楚辭‧九章‧哀郢》：「至今九年而不復。」。「復敗戰」雖未見古籍，但「復戰」一詞則爲古代習語，如《左傳‧哀公十三年》云：「丙戌，復戰，大敗吳師，獲太子友、王孫彌庸、壽於姚。」，《左傳‧成公十六年》云：「苗賁皇徇曰：『蒐乘、補卒，秣馬、利兵，修陳、固列，蓐食、申禱，明日復戰！』」，《左傳‧襄公二十三年》云：「明日，將復戰，期于壽舒。」，《漢書‧紀第一》：「八月，臨河南鄉，軍小脩武，欲復戰。」，《漢書‧傳第二十四》：「陵歎曰：『復得數十矢，足以脫矣。今無兵復戰，天明坐受縛矣！』」，「復戰」即「再戰」，而簡文「復敗戰」亦即如何從敗戰後整頓軍隊，再次出發迎戰敵軍。

〔122〕、46上、47‧三軍大敗（敗）【1】，死者收之【2】

【1】三軍大敗

〔註900〕參季旭昇師：《說文新證（上冊）》，（藝文印書館2002年10月），頁114。

〔註901〕見何琳儀：《戰國古文字典》，（北京：中華書局，1998年），頁1238。

〔註902〕見湯餘惠：《戰國文字編》，（福州：福建人民出版社，2001年12月），頁116。

〔註903〕參第四章第三節第十六條考釋。

〔註904〕「還」字的聲化現象林清源師很早就有留意。參林清源師：《楚國文字形構演變研究》，東海大學博士論文，1997年12月，頁136。

〔註905〕許慎撰、段玉裁注：《說文解字注》，經韵樓藏版，（臺北市：洪葉出版社，1999年11月），頁76。

三軍大敗時，必然傷亡慘重、士氣低沉，尤其戰爭仍將持續進行，現階段最需要的是鼓舞士氣，而非對敗戰的結果進行懲處，因此《荀子‧宥坐》云：「三軍大敗，不可斬也」，《韓詩外傳‧卷三》亦云「三軍大敗，不可誅也。」，簡文比《荀子》、《韓詩外傳》談的更爲細膩，曹沫以爲應先進行「收屍」、「問傷」等動作，用以收拾敗戰後的局面，不僅不懲罰士兵，反應「自過以悅於萬民」。而《荀子》、《韓詩外傳》所謂「三軍大敗，不可斬（或誅）也」亦即簡文「毋誅而賞，毋罪百姓」，它最終的目的是「返師將復戰」，將低沉的士氣轉化爲力量，再次出戰，最終當是無往不利而「幾莫之擋」。

【簡46】從「三軍大敗」後，上下斷開，李零綴合成【簡46】，陳劍認爲應不可綴合故分之，並將【簡46上】接【簡47】〔註906〕，經陳劍綴合後，語意連貫，文句適順，甚確。

【2】死者收之

原考釋者李零以爲「『者』上應爲『死』字。」〔註907〕。

陳劍以爲「『死』字乃據文意擬補，原簡上已完全不存。簡47『君』字已是此簡最後一字，其下尚有不少空白，應是簡尾（簡尾基本完整）。小圖版中簡47所放位置偏上，與簡46下段拼合需將簡47從原排列位置向下移動。如使簡47下端與其它簡下端取齊，則其上端與簡46下段相接處正可空出容納『死』字之位置。」〔註908〕。

「者」字形體上半殘斷，但字形仍可辨認，其口旁下未添釋筆，在本簡中較爲特殊，「收」字當「收屍」解釋，已見【簡45】「死者弗收」，透過文例比對，將「者」字上有「死」字合理，三軍大敗，死傷慘重，需要「收屍」者必爲死者，合情合理。而【簡46上】與【簡47】綴合後，中間也尚可容補一字的空間，可見李零所補之「死」字，甚確。

「收」指「收屍」的古籍例證，可參「死者弗收」考釋。

〔123〕、47‧善於夗（死）者為生者

原考釋者李零隸定作「善於死者爲生者」，以爲「第二個『者』字下有句讀。此句是說衹有懂得優卹死傷，方能求得生存。」〔註909〕。

〔註906〕陳劍：〈上博竹書《曹沫之陳》新編釋文（稿）〉，簡帛研究網，（2005年2月12日），網址：http://www.jianbo.org/admin3/2005/chenjian001.htm。

〔註907〕馬承源主編：《上海博物館藏戰國楚竹書（四）》，（上海：上海古籍出版社，2004年12月），頁275。

〔註908〕陳劍：〈上博竹書《曹沫之陳》新編釋文（稿）〉，簡帛研究網，（2005年2月12日），網址：http://www.jianbo.org/admin3/2005/chenjian001.htm。

〔註909〕馬承源主編：《上海博物館藏戰國楚竹書（四）》，（上海：上海古籍出版社，2004

本句話於簡文中文義並不晦澀，但是卻不好翻譯，李零將「生」解作「生存」，「死」則包含「死傷之人」，將「生」解作「生存」與【簡54】「使忘其死而見其生」之「生」相同，但本處「死」、「生」對比，而「死傷之人」是名詞，「生存」是動詞，可知並不妥當。

除此之外，筆者有一思考，以爲簡文「善於死者，爲生者」一句，「善於死者」之「善」通「繕」〔註910〕，「繕」有「理」意，如左思《文選・魏都賦》「修其郛郭，繕其城隍」，劉良注云「繕，理也。」〔註911〕。今日尤言「善後」，亦妥善處理事故發生後所遺留下的問題。「繕於死者」即好好「料理」（或「撫恤」）死者後事，也就是前述「死者收之」；「爲生者」一詞，「爲」應是輔助、幫助之義。《廣韻・寘韻》云：「爲，助也。」，又《詩・大雅・鳧鷖》：「公尸燕飲，福祿來爲。」，鄭玄箋：「爲，猶助也。」，《韓非子・二柄》：「越官則死，不當則罪，守業其官所言者貞也，則羣臣不得朋黨相爲矣。」。簡文「爲生者」即幫助生者，因此「繕於死者，爲生者」亦即撫恤死者家屬，並幫助未死而傷殘者得到復健、康復，也就是善待死者與傷殘者，撫恤死者讓活著的士兵知道他們受到國君的重視。

〔124〕、63上・自恖（過）

原考釋者李零以爲「讀『自過』，指引咎自責。」〔註912〕。

「自過」即自我責備、罪己之義，《廣雅・釋詁一》：「過，責也。」，《呂氏春秋・適威》：「煩爲教而過不識，數爲令而非不從。」，高誘注云：「過，責。」，《穀梁傳・成公七年》：「春王正月，鼷鼠食郊牛角。不言日，急辭也，過有司也。」，楊士勛疏：「以責有司也。」，可證。

《大戴禮記・武王踐阼》：「屈伸之義，廢興之行，無忘自過。」，《越絕書・越絕計倪內經第五》「愈信其意而行其言，後雖有敗，不自過也。」，「自過」即「自責」，與本簡意義相同。

〔125〕、63上・㠯（以）敓（悅）於萬（萬）民

原考釋者李零讀「敓」爲「悅」〔註913〕。

年12月），頁275。

〔註910〕《周禮・夏官・序官》：「繕人」，鄭玄注云：「繕之言善也」。

〔註911〕參《文選六臣彙注疏解》，（臺北市：華正書局，1974年10月），頁562。

〔註912〕馬承源主編：《上海博物館藏戰國楚竹書（四）》，（上海：上海古籍出版社，2004年12月），頁284。

〔註913〕馬承源主編：《上海博物館藏戰國楚竹書（四）》，（上海：上海古籍出版社，2004年12月），頁284。

　　朱賜麟以爲「李零釋讀爲『悅』字，乍看之下沒有太大問題。然而在語譯時發現：釋讀爲『悅』，作『取悅』解，則於意有未安。試想『三軍大敗』之後，收死問傷之餘，國君歸咎於己，乃是勉勵將士，以爲復戰之意，何有取悅於萬民的必要？因此釋讀爲『悅』，並不合理。筆者以爲應釋讀爲：『說，解也，解釋疑慮的意思。』《國語・越語》有一段文字，與『以說於萬民』句意相同：『（夫椒戰敗之後，退保於會稽）句踐說於國人曰：『寡人不知其力之不足也，而又與大國執讎，以暴露百姓之骨於中原，此則寡人之罪也。寡人請更。』於是葬死者，問傷者，養生者，弔有憂，賀有喜，送往者，迎來者，去民之所惡，補民之不足。然後卑事夫差，宦士三百人於吳，其身親爲夫差前馬。』文中的『說於國人』，韋昭注：『說，解也』正是此句之意旨。」〔註914〕。

　　《說文》：「敓，彊取也。《周書》曰『敓攘矯虔』，从攴兌聲」〔註915〕。今本《尙書・呂刑》作「奪攘矯虔」，古籍中「奪」字常假「敓」字爲之，「敓」字也爲強取、強奪之義〔註916〕，但此義明顯不合於簡文原義，所以李零往「悅」字的角度思考是正確的。「敓」、「悅」皆從「兌」得聲，自可通假。《郭店・魯穆公問子思》【簡2】「公不敓，揖而退之。」，「敓」即讀作「悅」。「以悅於萬民」古籍中亦有類似句子，如《後漢書卷十六・列傳第六》：「於今之計，莫如延攬英雄，務悅民心，立高祖之業，救萬民之命。」，又《孟子・梁惠王下》：「民望之，若大旱之望雲霓也。歸市者不止，耕者不變。誅其君而弔其民，若時雨降。民大悅。」，又〈盡心上〉云：「放太甲于桐，民大悅；太甲賢，又反之，民大悅」，又《尙書・武成》：「大賚于四海，而萬姓悅服。」，孔傳：「天下皆悅仁服德」〔註917〕。簡文是面臨三軍大敗的局面，死傷慘重，則此處的「悅」是指心情稍微緩和，並且再度誠服於國君的統治，也才有再戰的可能。

〔126〕、63上・弗琗（狎）【1】危墬（地）【2】

【1】琗

　　原考釋者李零隸定作「琗」，以爲「待考，疑是據、處之義。」〔註918〕。

〔註914〕朱賜麟：《曹劌之陣思想研究——及其在春秋兵學思想史上的意義》，臺灣師範大學碩士論文，2006年6月，頁53～54。

〔註915〕許慎撰、段玉裁注：《說文解字注》，經韵樓藏版，（臺北市：洪葉出版社，1999年11月），頁125。

〔註916〕參宗福邦、陳世鐃、蕭海波主編：《故訓匯纂》，（北京：商務印書館，2003年），頁500，「奪」字條下；頁964，「敓」字條下。

〔註917〕參〔清〕阮元《校勘十三經註疏・尚書》，嘉慶廿年江西南昌府學開雕影印本，（臺北：藝文印書館，1993年），頁163。

〔註918〕馬承源主編：《上海博物館藏戰國楚竹書（四）》，（上海：上海古籍出版社，2004

陳劍隸定作「琗」〔註919〕，白于藍从之〔註920〕。

孟蓬生以爲「今按：琗字不識，但其結構當分析爲从玉，卒聲。以音求之，此字當讀爲『躡』或『䠅』。古音卒、䠅、躡相同。《說文·卒部》：『卒，讀若䇝。』《集韻》：『䇝，《說文》：箝也。……亦作鑷、鑷、鈶。』《說文·止部》：『䠅，機下足所履者。从止，从又，入聲。』又《足部》：『躡，蹈也。从足，聶聲。』《廣雅·釋詁一》：『躡，履也。』『弗琗危地』即『不蹈危地』或『不履危地』之義。」〔註921〕，張新俊讀作「躡」，從孟蓬生之說〔註922〕。

陳斯鵬釋作「邐」〔註923〕，未多說明，但其依據應從《說文·卒部》：「卒，讀若䇝。」而來。

李銳〈釋文新編〉隸定作「琗」讀作「狎」，以爲「『琗』字可讀爲『狎』，參李家浩：《讀〈郭店楚墓竹簡〉瑣議》，……《玉篇·犬部》：『狎，近也。』」〔註924〕。

魏宜輝以爲「『琗』字從玉、從卒。結合文義可以推測出，『琗』字在這裏是表示『臨近』或『進入』的意思。而從音義求之，『琗』似可讀作『涉』。『涉』有『進入』、『陷入』的意思，例如：《左傳·僖公四年》：『不虞君之涉吾地也。』《鶡冠子·天權》：『兵者涉死而取生，陵危而取安。』」〔註925〕。

淺野裕一以爲「依照私見，將『琗』隸定爲『臻』字。」〔註926〕。

邴尚白以爲「此字右半所從可讀爲『甲』，李銳之說可從。『狎』訓作近，《墨子·號令》有『狎郭』、『狎城』」〔註927〕。

年12月），頁284。

〔註919〕陳劍：〈上博竹書《曹沫之陣》新編釋文（稿）〉，簡帛研究網，（2005年2月12日），網址：http://www.jianbo.org/admin3/2005/chenjian001.htm。

〔註920〕白于藍：〈上博簡《曹沫之陣》釋文新編〉，簡帛研究網，（2005年4月10日），網址：http://www.jianbo.org/admin3/2005/baiyulan001.htm。

〔註921〕孟蓬生：〈上博竹書（四）閒詁〉，簡帛研究網，（2005年2月15日），網址：http://www.jianbo.org/admin3/2005/mengpengsheng001.htm。

〔註922〕張清俊：《上博楚簡文字研究》，吉林大學博士論文，2005年6月，頁76。

〔註923〕陳斯鵬：〈上海博物館藏楚簡《曹沫之陣》釋文校理稿〉：簡帛研究網，（2005年2月20日），網址：http://www.jianbo.org/admin3/list.asp?id=1328。

〔註924〕李銳：〈《曹劌之陣》釋文新編〉，簡帛研究網，（2005年2月25日），網址：http://www.jianbo.org/admin3/2005/lirui002.htm。

〔註925〕魏宜輝：〈讀上博楚簡（四）箚記〉，簡帛研究網，（2005年3月10日），網址：http://www.jianbo.org/admin3/2005/weiyihui001.htm。

〔註926〕淺野裕一：〈上博楚簡〈曹沫之陣〉的兵學思想〉，簡帛研究網，（2005年9月25日），網址：http://www.jianbo.org/admin3/2005/qianyeyuyi001.htm。

〔註927〕邴尚白：〈上博楚竹書《曹沫之陣》注釋〉，收入臺灣大學《中國文學研究》第二十一期，2006年，頁26。

周鳳五釋作「弗避危地」〔註928〕。

佑仁案：就字形上而言，△字出現於多見楚簡之中，釋形部份各家說法差異不大，僅有隸定上的不同，但推源此字考釋的歷史，其實是條相當艱辛的過程。

簡文△字作𤣥，左半从「玉」無疑義，而其右半字偏旁較有爭論。它在甲骨文中就出現，甲骨文作𤔔（佚八六五）、𤔔（佚323）、𤔔（後2·38·1）、𤔔（佚三四），王襄很早就指出乃「古㚔字」〔註929〕，郭沫若也以為「即小篆㚔（案：即「㚔」）字，當是器物之象形文，其物兩端有鋒，可執以事操作。……今據此片，以『執』及『弗㚔』對貞，則執㚔必音同，故乃通用。」，從對貞現象主張「𤔔」與「執」音同所以通用，並以為「余意當是鍼之初文」〔註930〕，把△字視為「工具」，而非束縛人的刑具。在《甲骨文字研究·釋干支》中又云：「壬字，余以為乃卜辭及銘彝中習見之𤔔字之轉變，蓋即鑱之初文。〔註931〕」，在《甲骨文字研究·釋工》則把𤔔釋作「工」，並主張〈𣀈攸從鼎〉的「壬」字「𤔔」，也是𤔔（工）之訛變〔註932〕。董作賓以為「㚔，卜辭作𤔔，象手械，即挈字，蓋加於俘虜之刑具也。」〔註933〕，已指出「㚔」是刑具，孫海波以為「象刑具以梏人兩手」〔註934〕，李孝定反駁郭沫若釋𤔔作「工」的看法，主張甲骨字有「工」字，並認為《說文·㚔部》之𡨄、𡪋、報等字「均與拘繫皋人之義有關。則部首之㚔必為刑具之象形字可無疑也。」〔註935〕，朱芳圃提出不同看法，他舉出殷墟出土之陶俑，認為𤔔應是「梏」字〔註936〕。朱德熙也認為「『㚔』像梏形，即『梏』之表意初文，古音與『皋』字相近。『𡪋』、『皋』古通。跟『皋』字相通的『𡪋』就是從『㚔』演變出來的。小盂鼎銘以『畫𧭈一』與『貝冑一』並舉，孫詒讓謂『𧭈』為『皋』之古文，『皋冑』猶言『甲冑』，

〔註928〕周鳳五：〈上博楚竹書〈曹沫之陳〉研究〉，95學年度行政院國家科學委員會專題研究計畫成果報告。

〔註929〕王襄：《簠室殷契類纂正篇·第十》，（臺北縣：藝文印書館，1988年）。

〔註930〕郭沫若著、郭沫若著作編輯出版委員會編殷契粹編：《郭沫若全集》考古編第三卷《殷契粹編考釋》，（北京：科學出版社，2002年），頁648。

〔註931〕郭沫若：《甲骨文字研究·釋干支》，（香港：中華書局香港分局，1976年），頁183。

〔註932〕轉引自《古文字詁林》第八冊，古文字詁林編纂委員會編纂：《古文字詁林》第八冊，（上海：上海出版社，2003年12月），頁851～852，郭沫若的說法。

〔註933〕董作賓：《殷曆譜》，（四川南溪李莊：中央研究院歷史語言研究所，1945年），下編卷九，頁38。

〔註934〕中國社會科學院考古研究所編輯：《甲骨文編》，（北京市：中華書局，2004年1月），頁424。

〔註935〕李孝定撰：《甲骨文字集釋》，（臺北市：中央研究院歷史語言研究所，1965年），頁3229～3230。

〔註936〕朱芳圃：《殷周文字釋叢》，（臺北市：臺灣學生書局，1972年8月），頁155。

甚是」〔註 937〕，胡厚宣釋作「羍」，以為「卜辭羍字象拲手刑具，用為動詞，即以羍執人，有追撲之義。」〔註 938〕，屈萬里的意見與郭沫若近似，以為「卜辭羍字。多作動詞用，其義與執同」並舉〈甲編・417〉「庚子卜□▨八日丁未羍？」為例，以為「亦當讀為執」〔註 939〕。李零以為「羍」即「是『甲』字的本來寫法（有別於千支之甲）。羍字，甲骨文作、、、等形，學者以為桎梏之形。……《說文》從羍之字皆與刑獄拘禁之事有關，如『睪』是監視犯人，『執』是捕犯人，『圉』是關押犯人，『盩』是抽打犯人，『報』是論罪定刑，『籋』是審訊犯人。我們懷疑，羍字古音原同於甲，乃關之押的本字；虦字從之，則是柙的本字。《說文》卷六上：『柙，檻也，以藏虎兕。』《論語・季氏》：『虎兕出於柙。』柙是老虎籠子，所以从虎从羍。虡、虢皆其變形。早期的『甲冑』之『甲』本來就是假古押字或柙字為之。」〔註 940〕，可知李零以為「柙」為關老虎的籠子，因此字常从虎。

《甲骨文合集》第33044片

郭沫若的釋字經過很多次的改變，最早他認為「執」與「勿」屬對貞型態，

〔註 937〕朱德熙：〈平山中山王墓銅器銘文的初步研究〉，《朱德熙古文字論集》，（北京：中華書局，1995 年 1 月）頁 101。

〔註 938〕胡厚宣：〈甲骨文所見殷代奴隸的反壓迫鬥爭〉，《考古學報》，1966 年第一期。本條資料轉引字古文字詁林編纂委員會編纂：《古文字研究》第六冊，（上海市：上海教育出版社，2003 年 12 月），頁 855。

〔註 939〕屈萬里：《殷虛文字甲編考釋》，（臺北市：聯經出版社，1984 年），頁 117～118。

〔註 940〕李零此條資料轉引自《古文字詁林》第八冊，（上海上海教育出版社，2003 年 12 月），頁 856～858。原文出自於李零〈古文字雜識兩篇〉，收入《于省吾教授百年誕辰紀念文集》，（吉林大學，1996 年 9 月），270～274。

所以「執」、「⬍」音近，他所討論的乃《甲骨文合集》第 33044 片，確實屬對貞型態，「執」字上古音端紐、緝部，「㚔」字泥紐、脂部，韻部有些距離。然而他又以為⬍應是「工」字又主張〈鬲攸從鼎〉「壬」字作⬍是从「工」字所訛變，但正如李孝定所言，甲骨早已有「工」字自不待言，但郭沫若所舉的〈鬲攸從鼎〉拓本字形作▮，字形並非郭沫若所摹的⬍，上下橫筆的弧度並沒有那麼誇張，若要說⬍字是「工」而字形訛變而作▮（壬），恐怕還需更清楚的證據，否則純就字形來看，恐不可信。且「工」字保留較原始的字形作▮（司工丁爵）、▮（矢方彝）、▮（孟簋），象形意味濃厚，可見△應非「工」。就字義言，郭沫若以為是「可執以事操作」，則不認為此物是刑具，首先指出「㚔」是刑具者則是董作賓。李孝定從《說文‧㚔部》下所收罨、罄、報等字「均與拘繫㚔人之義有關」，因此「㚔必為刑具之象形字可無疑」，這個見解李零也予以繼承，他更以為「《說文》從㚔之字皆與刑獄拘禁之事有關，如『罨』是監視犯人，『執』是捕犯人，『圉』是關押犯人，『罄』是抽打犯人，『報』是論罪定刑，『鞫』是審訊犯人。我們懷疑，㚔字古音原同於甲，乃關之押的本字；㪁字從之，則是柙的本字。」〔註 941〕，季旭昇師以為「『㚔』字在《說文》中有兩個讀音，一個讀『尼輒切』，一個『讀若瓠』，可能甲骨時代就有這兩個讀音，『㪁』字從讀若瓠的『㚔』、疊加『虍』聲，瓠（匣/魚）、虍（匣/魚）二字聲近韻同，可能義同『柙』，押從甲聲，甲（見/盍）與讀若瓠之『㚔』聲近，韻屬魚盍旁對轉（陳新雄師《古音學發微》1083 頁），簡寫則作『虜』」〔註 942〕。

　　《說文‧㚔部》下收有「㚔、罨、執、圉、罄、報、鞫」等七個小篆及「鞫」之重文「𩎟」等字形，李孝定以為「罨、罄、報」等字與「㚔」有關，李零則更全面性地以為七個小篆一重文通通都與「㚔」有關，筆者以為從「㚔」字所從的字形推論「㚔」的字義，是很有洞見的看法，但是否《說文‧㚔部》所收之字就是從「㚔」而有拘捕義，則未必。當我們追源各字的古文字來源時，會發現字形恐怕未必都從「㚔」，其本義也未必是「拘禁」之義，筆者以此二人都舉證到的「罨」字為例。「罨」字小篆作▮，字從「㚔」無疑義，其實在楚文字中它們的下半偏旁（也就是「矢」旁）就已與「㚔」產生類化，「罨」字字形作▮（包‧259）、▮（包‧120）、▮（郭‧語三‧38），與本條注釋的討論字▮，其偏旁都類化成同一部件，而「罨」字更早的字形應當是從目、矢聲，金文字形作▮（周中‧牆盤）、▮（周晚‧毛公唐鼎），甲骨字形則作▮（商‧拾 17.2），毛公鼎字吳大澂已釋作「罨」，讀為「斁」（參《字說‧

〔註 941〕此條意見轉引自參古文字詁林卷八，（上海市：上海教育出版社，2003 年），頁 858。
〔註 942〕季旭昇師：《說文新證（下冊）》，（臺北市：藝文印書館，2004 年 11 月），頁 272。

敦字説〉），劉釗以爲「罦」古音喻紐鐸部、「矢」書紐脂部，古音相近，因此「矢」有可能是聲符，又舉〈商・小子罦鼎〉字形作🐾，劉釗釋爲「罦」，以爲字易「矢」聲爲「射」聲〔註943〕，季師贊成此説，並以爲據此「則甲骨文從目、從矢，矢似可視爲『射』省聲」〔註944〕。而戰國楚文字一有保留原始字形作🔥（郭・語一・87），「罦」字本義爲「司視」〔註945〕，可見「罦」字字形、字義與「幸」都無關。

朱芳圃也認同「🔥」是刑具，但把字解作「梏」，朱德熙的意見承朱芳圃，以爲「跟『皋』字相通的『罦』就是從『幸』演變出來的」，但經過筆者前文的分析，「罦」與「幸」並無文字與字義上的關聯。△字釋作「梏」的一難處在於，△字在文例上的多半與「甲」字對應，另外「梏」見紐、覺部，「甲」見紐、盍部，二字聲同、韻遠。

其實，△字偏旁亦出現於〈中山王𧤒鼎〉字作🔥，文例爲「身蒙▽胄」，朱德熙、裘錫圭以爲「幸」即梏之表意初文，意見承襲朱芳圃對於甲骨的考釋，于豪亮隸定作「奎」讀爲「甲」，其云：「奎讀爲甲。奎爲緝部字，甲爲葉部字，以音近相通。」〔註946〕，李家浩不認同朱德熙的意見，他在討論包山簡269、270與竹觚所出現的「虡」字時，以爲「『虡』字亦見于包山八一號簡和仰天湖三十九號簡，从虍从幸聲，庚壺作「虢」，金文多作『幸』，其義同『甲』。」〔註947〕，後來越來越多的古文字資料證明李家浩的看法是正確的，如《郭店・窮達以時》簡7有字🔥，文例爲「擇杙▽」，原整理者隸定作「㮨」，並引朱德熙、裘錫圭對於中山王𧤒鼎△字的意見，以爲「㮨似可讀作『梏』」〔註948〕，李家浩則主張應讀成「械杽」，他認爲「《玉篇》虍部有『𤡅』字，注云：『今作狃』。又木部有『㮨』字，即『杽』之異體，『㮨』就是『㮨』的異體。」〔註949〕，李零也釋成「械杽」，他認爲「下字（案：即▽）則是古『杽』字。」並以爲「『杽』是囚車（本指獸籠，

〔註943〕劉釗：《古文字構形研究》，吉林大學博士論文，1991年，頁138。

〔註944〕季旭昇師：《説文新證（下冊）》，（臺北市：藝文印書館，2004年11月），頁124。

〔註945〕此爲《説文解字》的看法，參許慎撰、段玉裁注：《説文解字注》，經韵樓藏版，（臺北市：洪葉出版社，1999年11月），頁500。

〔註946〕于豪亮著：《于豪亮學術文存》，（北京市：中華書局，1985年），頁48～49。

〔註947〕此條資料轉引自李家浩〈讀《郭店楚墓竹簡》瑣議〉一文。〈讀《郭店楚墓竹簡》瑣議〉一文中指出此意見乃出自第二屆中國古文字學研討會論文，但筆者於此論文集中不見此內容。見李家浩：〈讀《郭店楚墓竹簡》瑣議〉，《郭店楚簡研究》，中國哲學第二十輯，（瀋陽：遼寧教育出版社，1999年1月），頁350。

〔註948〕荊門市博物館編：《郭店楚墓竹簡》，（北京市：文物出版社，1998年），頁146。

〔註949〕李家浩：〈《讀郭店楚墓竹簡》瑣議〉，《郭店楚簡研究》，中國哲學第二十輯，（瀋陽：遼寧教育出版社，1999年1月），頁351。

亦指囚籠，用爲動詞，字亦作「押」。）」〔註950〕，從文例上看這個字確實讀作「柙」較佳。中山王鼎△字也讀「甲」，又《郭店‧語叢三》【簡50】「罕於德」，李家浩以爲應讀作「狎」，訓爲「習」〔註951〕，釋讀也很正確。綜上所述，我們知道△字在古文字資料中其讀音多往「甲」去通讀。

另外，「幸」字的上半部件可从「大」形也可从「文」形，如从「幸」的「執」字〈兮甲盤〉作𩰚，字从「大」形，但〈散盤〉則作𩰚，〈員鼎〉作𩰚，字都作「文」形。另外，楚系「執」字作𩰚（包‧81）、𩰚（包‧120），也都作「文」形，《汗簡》字作𩰚及𩰚，亦有此現象。秦系作𩰚（睡‧封‧51），「幸」小篆作「𡴀」許愼以爲「从大」，其實是小篆承襲秦系文字的樣貌。另外，《汗簡》字作𩰚及𩰚，𩰚字下鄭珍云：「不應曲下」，從目前所見的甲、金文、戰國文字觀之，確實如此。

就《說文》「幸」字的字音問題而言，《說文》「幸」字分別收「一曰大聲也」、「讀若瓠」、「讀若籋」等三個音讀，于省吾以爲「實則以讀若籋爲是。說文籋與箝互訓，又謂『籋，箝也，从竹爾聲。』『箝，籋也，从竹拑聲。』段注：籋箝『二字雙聲。夾取之器曰籋，今人以銅鐵作之謂之鑷子』本諸上述，則說文謂幸讀若籋，幸即籋之本字。」〔註952〕，而《集韻》「籋」又以爲「亦作鑷」，「鑷」與「龕」、「躡」二字音近，故可通假，這是孟蓬生的思考脈絡。于省吾以爲「實則以讀若籋爲是。說文籋與箝互訓，又謂『籋，箝也，从竹爾聲。』『箝，籋也，从竹拑聲。』段注：籋箝『二字雙聲。夾取之器曰籋，今人以銅鐵作之謂之鑷子』本諸上述，則說文謂幸讀若籋，幸即籋之本字。」〔註953〕，「籋」字《說文》：「从竹爾聲」，古音泥紐、脂部，《集韻》云「或从聿亦作鑷、鑷、鉦。」，「龕」字上古泥紐、絹部，《重訂直音篇》云「音聶」，段注云：「龕者，躡也。」，「躡」字上古音泥紐、怗部，可知幸、龕、躡三字讀音確實接近。由此可見，孟蓬生解作「龕」或「躡」，陳斯鵬釋作「邇」，其實都有一定道理，只是李銳從「甲」聲聯想，可能更符合戰國文字的用法，並且實際例證也會更多。該字淺野裕一隸定「臻」，不知所論何據。

若據△字在楚簡中的用字習慣而言，《曹沫之陣》簡文此處讀作「瑋」釋作「狎」即可。另外，《曹沫之陣》中从「幸」者凡六見，一是本處的「瑋」，僅一見，二是

〔註950〕李零：《郭店楚簡校讀記》，《道家文化研究》，第17輯，（北京：三聯書店出版社，1999年8月），頁494～495。

〔註951〕李家浩：《〈讀郭店楚墓竹簡〉瑣議》，《郭店楚簡研究》，中國哲學第二十輯，（瀋陽：遼寧教育出版社，1999年1月），頁352。

〔註952〕于省吾：《甲骨文字釋林‧釋幸、𩰚》，（北京：中華書局，1999年），頁293。

〔註953〕于省吾：《甲骨文字釋林‧釋幸、𩰚》，（北京：中華書局，1999年），頁293。

從「虍」、「卒」聲的「虖」，共五見〔註954〕，都讀作「盾甲」之「甲」，若△字讀作「狎」，則與楚簡的用字規則正合。「狎」即靠近之義，《尚書·大甲》：「予弗狎于弗順」，孔安國傳云：「狎，近也」〔註955〕。《墨子·號令》：「以戰備從麾所指，望見寇，舉一垂；入竟，舉二垂；狎郭，舉三垂；入郭，舉四垂；狎城，舉五垂。」，可見古籍中即有「狎敵」、「狎城」、「狎郭」等用法。因此本簡「毋狎危地」亦即無靠近危險之地。

　　附帶一提，「虖」字也可寫作「虢」，而「虎」字楚文字作 <img>（天策）、<img>（天策），換言之 <img>（曹沫之陣·39）其實也可以視作「虎」、「卒」共筆，即「虎」字的「人」旁「卒」字最上的「<img>」形共筆，因而不共筆者即寫作「虢」，如 <img>（包·42）〔註956〕、<img>（庚壺）。

　　而前引《曹沫之陣》△字學者的考釋意見，孟蓬生、陳斯鵬都往《說文》「卒」字去思考；李銳則是結合楚簡中出現過的字形，加以分析，因為楚簡中「卒」（或從「卒」）者都讀音都往「甲」聲相通；魏宜輝雖分析字形、字義，但卻無說明字形與字義間的脈絡。

　　最後，附帶談一下「幸」、「卒」二字常相混的問題，睡虎地簡「<img>」字《睡虎地秦簡文字編》〔註957〕、《古文字詁林》第八冊〔註958〕皆收入「卒」，不確。此字為「幸」，「幸」字隸書作 <img>（東漢·曹全碑），字形除下半部從「羊」外，與△字非常相近，但推源脈絡來看，「幸」字秦文字作 <img>（睡·105），可見與△字形不相同〔註959〕。又金祥恆以為：「其字與同時出土漆耳杯，中有『<img>』……『卒酒』者好酒也。」〔註960〕，其實「<img>」即「幸」，不必釋作「卒」。「幸」有愛好、喜好之義。《字彙·干部》：「幸，好也。」，《戰國策·齊策四》云：「故曰：矜功不立，虛願不至，此皆幸樂其名，華而無其實德者也。」，《漢書·成帝紀》：

〔註954〕分別出現於【簡18】、【簡31】、【簡39】（兩例）、【簡51】等共五例。

〔註955〕參〔清〕阮元《校勘十三經註疏·尚書》，嘉慶廿年江西南昌府學開雕影印本，（臺北：藝文印書館，1993年），頁117。

〔註956〕此字為李守奎所摹，原簡字作「<img>」，參李守奎：《楚文字編》，（上海：華東師範大學出版社，2003年12月），頁307。

〔註957〕參張守中撰集：《睡虎地秦簡文字編》，（北京：文物出版社，1994年2月），頁162。

〔註958〕參李圃主編：《古文字詁林》第八冊，（上海上海教育出版社，2003年12月），頁850。

〔註959〕陳劍有專文談「幸」字的演變過程，值得參考。見陳劍：〈釋上博竹書《昭王毀室》的「幸」字〉，收入《漢字研究》（第一輯），（北京：學苑出版社，2005年），頁456～463。

〔註960〕參李圃主編：《古文字詁林》第八冊，（上海上海教育出版社，2003年12月），頁850。

「其後幸酒，樂燕樂，上不以爲能。」，顏師古注引晉灼曰：「幸酒，好酒也。」，可證。

另外，《姑成家父》簡3有兩個「幸」字，字都作「牂」形，此字季旭昇師首先釋出，並以爲字从倒矢、从犬〔註961〕，何有祖先生以爲釋「幸」可從，但「其字右部與『犬』不類，似更接近『虎』字。」〔註962〕，何有祖先生的懷疑也很有道理，因爲△字右旁所从確實與一般楚系「犬」字稍有異，不過類似這種寫法的「犬」字也曾出現於 犾（新蔡・乙一：28）、獝（望山・8/猵）、狐（望山・29/狐），因此△字右旁釋作「犬」應當還在可以被接受的範圍。

【2】危

季旭昇師以爲「各家都沒有討論『危地』，文獻中的『危地』放在此處也都不可解。以『毋狎危地』與『毋火食』並舉來看，這是人君自我反省的一種作爲，則『危地』或指田獵游玩之地。」〔註963〕。

佑仁案：原簡字作危，釋作「危」並沒有太大爭議，也尚未看到學者有不同意見。

目前所見古文字中「产」字的寫法有兩種，第一種是从「人」从「山」作「仚」，不過字與「仙」的異體字「囮」無關。第二種字體从「人」从「厂」，「詹」字即从此種型態的「产」，「危」字也是從這型態衍伸出來的累增字，這種的「产」字在偏旁上有比較多種的變化，其「人」旁又常類化作「卩」、「氏」等形，或加飾筆而近「今」形，或「厂」旁訛成「几」旁〔註964〕。

楚文字這兩種字形的「产」都出現，第一種字形出現於《郭店・六德》【簡17】，字作危，文例作「勞其臟（？）腑（？）之力弗敢憚也，▽其死弗敢愛也」，原考釋者已釋作「危」〔註965〕，張光裕、袁國華師〔註966〕、李零〔註967〕都隸定作「危」，

〔註961〕參季旭昇師：〈上博五芻議（下）〉，武漢大學簡帛網，（2006年2月18日），網址：http://www.bsm.org.cn/show_article.php?id=196。

〔註962〕參何有祖先生：〈《季庚子問於孔子》與《姑成家父》試讀〉，武漢大學簡帛網，（2006年2月19日），網址：http://www.bsm.org.cn/show_article.php?id=202#_ftn3。

〔註963〕參季旭昇師主編、高佑仁執筆、朱賜麟協撰：《上海博物館藏戰國楚竹書（四）讀本・曹沫之陳釋譯》，（臺北：萬卷樓圖書公司，2007年3月），頁200～201。

〔註964〕大西克也對「危」字有很詳細的歸納，可參。參大西克也：〈試論上博楚簡緇衣中的「詹」字及相關諸字〉，第四屆國際中國古文字學研討會論文集，（香港：香港中文大學，2003年10月），頁331～345。

〔註965〕荊門市博物館編：《郭店楚墓竹簡》，（北京市：文物出版社，1998年），頁187。

〔註966〕見張光裕主編、袁國華師合編：《郭店楚簡研究・第一卷・文字編》，（臺北市：藝文印書館，1999年元月），頁94。

〔註967〕李零：《郭店楚簡校讀記》增訂本，（北京：北京大學出版社，2002年9月），頁131。

李守奎隸定作「⿸山」〔註968〕，徐在國也釋作「危」以爲是字「从人在山」〔註969〕，然而雖然楚文字「人」旁常添一橫筆而作「千」，但是「人」、「千」形體還是有異，則此字還是釋作从千从山較佳。

另外，何琳儀《戰國古文字典》將這類字釋爲「仙之異文」，以爲「會人在山上之義」，並引《汗簡》「仙」字作⿰爲證〔註970〕。何琳儀此說顯然可商，雖然《古文四聲韻・上平聲・先韻》「仙」云：「⿰〔華嶽碑又雲臺碑〕」〔註971〕，但⿰字是「仙」的異文而與「产」無關〔註972〕，《古文四聲韻・上平聲・支韻》「危」字下所收的「⿰〔古孝經〕」、「⿰〔古尙書〕」〔註973〕，「⿰」字與作「⿰」之「仙」字應爲同形異字關係。

第二種寫法字形从「人」从「厂」，「厂」旁或換成「石」旁，季旭昇以爲「『厂』與『石』同義」〔註974〕可從，這種字形在單字中見於晉系文字，字作⿱（貨系・544）字，而楚文字絕大部分出現在「詹」或「危」字的偏旁中，而二字又分別象徵著「产」字的兩個音讀，分別是讀作「瞻望」之「詹」與「危」（此問題下文討論）。而這種形體也常於「厂」旁下添「止」形，作⿱（包山263），而本簡△亦是此形。包山簡文例爲「一▽席」，張光裕、袁國華師隸定作「跮」〔註975〕，劉信芳隸定作「坐」，以爲「字从止，坐聲，坐之繁形。或釋作跪，與字不合。」〔註976〕，劉釗以爲「字從『⿰』從『⿱』，『⿰』應爲『产』字，即危字初文，字應隸定作『症』，釋爲『跪』。」〔註977〕，何琳儀也都讀作「跪席」，《楚系簡帛文字編》〔註978〕、《楚文字編》〔註979〕也都將包山字形置於「跪」字下。劉國勝以爲

〔註968〕李守奎：〈《曹沬之陣》之隸定與古文字隸定方法初探〉，（北京：學苑出版社，2005年6月），頁554。

〔註969〕徐在國：《隸定「古文」疏證》，（合肥市：安徽大學出版社，2002年），頁200。

〔註970〕見何琳儀：《戰國古文字典》，（北京：中華書局，1998年），頁1048。

〔註971〕〔宋〕夏竦：《古文四聲韻》，（臺北市：學海出版社，1978年），頁85。

〔註972〕參《異體字字典》「仚」字下季旭昇師之研訂說明。李鍌師、陳新雄師、李殿魁等編：教育部《異體字字典》網路版，民國93年1月正式五版，網址：http://140.111.1.40/yitia/fra/fra00086.htm。

〔註973〕〔宋〕夏竦：《古文四聲韻》，（臺北市：學海出版社，1978年），頁33。

〔註974〕季旭昇師：《說文新證（下冊）》，（臺北市：藝文印書館，2004年11月），頁87。

〔註975〕張光裕主編、袁國華師合著：《包山楚簡文字編》，（臺北市：藝文印書館，1992年11月），頁360。

〔註976〕劉信芳：《包山楚簡解詁》，（臺北市：藝文印書館，2003年元月），頁282。

〔註977〕劉釗：〈包山楚簡文字考釋〉，《出土簡帛文字叢考》，（臺北市：臺灣古籍，2004年），頁28。

〔註978〕滕壬生：《楚系簡帛文字編》，（武漢：湖北教育出版社，1995年），頁172。

〔註979〕李守奎：《楚文字編》，（上海：華東師範大學出版社，2003年12月），頁129。

「《禮記·曲禮上》：『主人跪正席，客跪撫席而辭。』『跪席』也即坐席。信陽《遣冊》2-021 號簡記『一錦坐絪』」〔註980〕，王穎也隸定作「疋」，讀作「跪」〔註981〕。《曹沫之陣》△字即是這類形態，其「止」旁可有兩個思考的方向，一是△即「跪」之初文，添「止」之義符以彰顯本義，後世易「止」爲「足」而作「跪」。另一個思考方向是，楚文字本來就有在偏旁或單字下加「止」旁飾符的情況，如「來」字作 （九 M56·2）、（郭·老乙·13）、（天卜）等形，則「止」旁乃「飾符」地位。不過就這兩個角度言，第一種的可能性比較高，因爲包山簡即讀作「跪」，陳劍也指出「古代之『坐』本即『跪』，『危』應是『跪』之初文，『危』與『坐』形音義關係皆密切，很可能本爲一語一形之分化」〔註982〕，可知「止」形釋作義符較佳。

就音讀來說，季旭昇師《說文新證》中已經指出「𠂆」字有二音，第一個音讀是「之嚴切」，《篆隸萬象名義·厂部》云：「𠂆，之嚴反，仰」。《新校宋本廣韻》「詹」字下有「𠂆」字，其云：「說文云仰也。一曰屋招也。秦謂之柏，齊謂之𠂆。本魚毀切。」〔註983〕，季旭昇師以爲「𠂆字應該象人在厂上，瞻望之形，本音應該做『瞻』」〔註984〕，正確可從。

另外，有個从「𠂆」的疑難字，《上博（一）·緇衣》【簡9】有字，文例爲「《詩》云：『號——市尹，民具尔▽。』」，對照今本《詩經》，可知出於《詩經·小雅·節南山》「赫赫師尹，民具爾瞻。」〔註985〕，《郭店》本字作「贍」，上博原考釋者將字隸定作「詹」，讀作「瞻」。字从𠂆从畐，黃人二隸定作「詹」讀作「瞻」〔註986〕，李零以爲「瞻，原從酉從詹，不是從畐從詹」〔註987〕，虞萬里以爲「上博簡『詹』下『言』字之『口』作『田』，疑爲增筆或形訛。『𠂆』之上部象『千』，似『身』之簡筆」〔註988〕。鄒濬智以爲「上博此字似不从『言』而从『畐』，……此字从『𠂆』

〔註980〕劉國勝：《楚喪葬簡牘集釋》，武漢大學博士論文，2003 年，頁 80。

〔註981〕王穎：《包山楚簡詞彙研究》，廈門大學博士論文，2004 年，頁 436。

〔註982〕陳劍：〈上博竹書〈昭王與龔之脽〉和〈柬大王泊旱〉讀後記〉，簡帛研究網，（2005 年 2 月 15 日），網址 http://www.jianbo.org/admin3/2005/chenjian002.htm。

〔註983〕見〔宋〕陳彭年撰、李添富主編：《新校宋本廣韻》，（臺北市：洪葉文化，2001 年 9 月），頁 226。

〔註984〕季旭昇師：《說文新證（下冊）》，（臺北市：藝文印書館，2004 年 11 月），頁 87。

〔註985〕見〔清〕阮元校勘：《詩經》，《十三經注疏本》，（臺北：藝文印書館，1993 年 9 月 十二刷），頁 393～394。

〔註986〕黃人二撰：《上海博物館藏戰國楚竹書（一）研究》，（臺中縣：高文出版社，2002 年），頁 130。

〔註987〕李零：《郭店楚簡三篇校讀記》，（臺北：萬卷樓，2002 年 3 月），頁 53。

〔註988〕虞萬里：〈上博簡、郭店簡〈緇衣〉與傳本合校補證〉，收入上海社會科學院歷史研

從『畐』，或即『甗』之異體」，並主張「广」乃△之聲符〔註989〕。季旭昇師推論「《上博一‧緇衣》簡 9『韂』字從『詹』省聲，『詹』字上部從『广』，足證『广』可讀『瞻』聲」〔註990〕。虞萬里以爲「詹」之「言」旁訛作「畐」，但「言」字楚系言（郭‧老甲‧31）、言（郭‧五‧39），「畐」字甲、金文作畐（師友 2.203）、畐（西周晚‧士父鐘），戰國文字作畐（楚系‧鄂君啓車節）、畐（晉系‧璽彙‧4559），二字形體的差距不可謂小，若要說「『詹』下『言』字之『口』作『田』」，字形上的訛變差距恐非如此簡單，恐怕需要更多證據。由此可知釋作從「詹」省聲，並增「畐」旁，爲「甗」（或「韂」）之異體，這可能性較高。

〔127〕、63 上‧母（毋）火飤（食）

　　原考釋者李零隸定作「亦」〔註991〕。

　　陳劍以爲「『火』字原誤釋爲『亦』。『毋火食』即君『自過』措施之一。」〔註992〕，陳斯鵬從之〔註993〕。

　　邴尚白以爲「『火』，原誤釋爲『亦』。陳劍說：『『毋火食』即君『自過』措施之一。』按：陳說是。《莊子‧讓王》言『曾子居衛』，生活貧困簡約，『三日不舉火』。簡文說若『三軍大敗』，國君應引咎自責，斷火寒食，以示簡樸」〔註994〕。

　　佑仁案：楚系文字的「火」與「亦」確實容易相混。如「灼」字作灼（天策）、灼（天策），前者從「亦」，後者則從「火」，不過此處應將此現象視作「火」、「亦」二字的「類化」還是單純僅以書手的「訛字」視之，還有待更多例證的補足。

　　「毋火食」即不升火煮飯，《莊子‧天運》記載孔子曾「圍於陳、蔡之間，七日不火食」，不火食則面有菜色，可知此處是以飢餓來罪己。

〔128〕、27‧毋謀（誅）而賞

究所史林編輯部編：《史林》，（上海市：上海社會科學院出版社，2002 年第二期），頁 17。

〔註989〕鄔濬智：《《上海博物館藏戰國楚竹書（一）‧緇衣》研究》，臺灣師範大學碩士論文，2004 年 6 月，頁 91。

〔註990〕季旭昇師：《說文新證（下冊）》，（臺北市：藝文印書館，2004 年 11 月），頁 87。

〔註991〕馬承源主編：《上海博物館藏戰國楚竹書（四）》，（上海：上海古籍出版社，2004 年 12 月），頁 284。

〔註992〕陳劍：〈上博竹書《曹沫之陣》新編釋文（稿）〉，簡帛研究網，（2005 年 2 月 12 日），網址：http://www.jianbo.org/admin3/2005/chenjian001.htm。

〔註993〕陳斯鵬：〈上海博物館藏楚簡《曹沫之陣》釋文校理稿〉：簡帛研究網，（2005 年 2 月 20 日），網址：http://www.jianbo.org/admin3/list.asp?id=1328。

〔註994〕邴尚白：〈上博楚竹書《曹沫之陣》注釋〉，收入臺灣大學《中國文學研究》第二十一期，2006 年，頁 26。

原考釋者李零以爲「讀『誅』，指懲罰。」〔註995〕。

李零的訓讀可從，關於「詆」字形、字義分析請參第116條考釋。

〔129〕、23上·而改亓（其）逞（將）。君女（如）親（親）銜（率）

季旭昇師以爲「釋『逞』爲『將』，可從。『逞』，當爲『遷』字之省，『遷』字金文常見（《金文編》256號），舊或釋匡、揚、將；又《包山楚簡》多見，或省作『逞（參《楚文字編》113頁），依文例『遷』（送）楚邦之』知當讀爲『將』字。今得〈曹沫之陳〉此形，知『遷』之異體又增『逞』一形，且知金文、楚簡皆當讀爲『將』或『揚』，而不得讀『匡』。此字當釋爲從『羊（喻陽）』聲，『將（精陽）』、『羊（喻陽）』同韻，聲母則古音精紐與喻紐可通，如《考工記》『置槷以縣』，『槷』杜子春讀爲『杙』，《釋文》：『以職反（喻母）。劉杙音子則反（精母）。』讀爲『揚（喻陽）』，則與『羊』聲韻畢同。」〔註996〕。

陳劍以爲「簡63上與簡27相接處『弗璋危地，毋火食。毋誅而賞，毋皋百姓』句式整齊，文意連貫。此段簡文講打了敗仗之後的種種措施，分他人率軍和國君親自率軍兩種情況，『死者收之，傷者問之，善於死者爲生者』當是通兩種情況而言，『君乃自過』至『而改其將』云云就非國君親自率軍而言。下即云『君如親率』如何如何。」〔註997〕，陳劍這樣的連讀方式，可從。若依據陳劍的意思，則「復敗戰之道」有兩種分別形態，第一種是他人率軍，第二種是由君自率，二種情況的復戰方式有別。此處的「改其將」可知非君自帥。

〔130〕、23上·必聚群又（有）司【1】而告【2】之

【1】群又司

原考釋者李零以爲「『又』讀『有』。『群有司』，指軍中的負責官吏。」〔註998〕。

李零讀「又」爲「有」甚確，「群有司」古籍中多見，如《周禮·夏官司馬》：「既祭，帥群有司而反命；以王命勞之，誅其不敬者。」，《禮記·祭統》：「尸飲九，以散爵獻士及群有司，皆以齒。」，《禮記·祭統》：「昭與昭齒，穆與穆齒，凡群有司

〔註995〕馬承源主編：《上海博物館藏戰國楚竹書（四）》，（上海：上海古籍出版社，2004年12月），頁260。

〔註996〕參季旭昇師主編、高佑仁執筆、朱賜麟協撰：《上海博物館藏戰國楚竹書（四）讀本·曹沫之陳釋譯》，（臺北：萬卷樓圖書公司，2007年3月），頁201。

〔註997〕陳劍：〈上博竹書《曹沫之陳》新編釋文（稿）〉，簡帛研究網，（2005年2月12日），網址：http://www.jianbo.org/admin3/2005/chenjian001.htm。

〔註998〕馬承源主編：《上海博物館藏戰國楚竹書（四）》，（上海：上海古籍出版社，2004年12月），頁258。

皆以齒，此之謂長幼有序。」，可參。

【2】告

　　簡文「告」字作𠮠，但字與曹沫之「敐」字作�（簡二反）字形來源不同〔註999〕。

〔131〕、23上・二厽（三）子【1】孚（勉）之【2】

【1】二厽子

　　原考釋者李零讀「厽」作「參」〔註1000〕。

　　「三」字早在甲骨、金文中已見，如三（菁5.1）、三（天亡簋），但楚簡數詞「三」也常以積三劃之「三」表示，如「三」（包牘一），又如《郭店・老子甲》簡1作三，文例爲「三言以爲辯不足」，又如《曹沫之陣》中「三軍」、「三代」之「三」都作「三」。但楚簡中也作「厽」者（案：筆者此處的「厽」，亦即「參」字的所从的上半偏旁，與《說文》訓作「絫坡土爲牆壁」之「厽」無關。〔註1001〕），如《郭店・性自命出》【簡41】：「惡類厽，唯惡不仁爲近義」，「厽」即「三」〔註1002〕，這種例證最多者是《上博（三）・周易》，其「九三」、「六三」多作「九厽」、「六厽」。本簡字作「厽」，甲金文中是象「參星」之形，但字形演變到戰國時期，其偏旁與「自私」之「厶」同形，但音義皆無涉，「厶」字心紐、脂部，「厽」（參）心紐、侵部，韻部相差甚遠。

　　「二厽子」李零讀作「二參子」，但是古籍中多作「二三子」，筆者尚未見作「二參子」者，這有可能是經過漢代經師改訂後的結果，爲求與古籍相符，筆者此處仍讀作「二三子」。

　　「二三子」猶言「諸位」、「各位」，古籍例證很多，《禮記・檀弓上》：「孔子與門人立，拱而尚右，二三子亦皆尚右。」，《禮記・檀弓上》：「孔子之喪，二三子皆絰而出。」，《左傳・宣公十七》：「爾從二三子唯敬。」，簡文中「二三子」即前指的「群有司」。

〔註999〕 參陳劍先生：〈釋造〉，《出土文獻與古文字研究》第一輯，2006年12月，55～100。

〔註1000〕 馬承源主編：《上海博物館藏戰國楚竹書（四）》，（上海：上海古籍出版社，2004年12月），頁257。

〔註1001〕 何琳儀《戰國古文字典》即隸定作「厽」，見何琳儀：《戰國古文字典》，（北京：中華書局，1998年），頁1418。不過何琳儀以爲「疑爲畾（雷省文）之簡省」，但是「厽」、「畾」音韻相差很大，因此二字恐無關。

〔註1002〕 劉釗將字隸定作「晶」，參見劉釗：《郭店楚簡校釋》，（福州：福建人民出版社，2003年12月），頁90。但楚文字「晶」作「晶」（曾・122），「厽」作「厽」（包.12）雖然楚文字中亦少數形近「晶」者如「晶」（信1.3），但二字的來源看「參」本象「參星」之形，與「晶」象星形不同，故「晶」、「厽」不容混淆，季旭昇師認爲「顯然『參』字上部不從『晶』，《說文》謂『從晶』，不可從。」，甚確。參季旭昇師：《說文新證（上冊）》，（臺北市：藝文印書館，2004年11月），頁547。

另外，「二三子」文例〈競建內之〉簡 6，可參。

【2】孕

原考釋者李零以為「楚簡『勉』、『免』等字多作孕」，疑即『娩』的本字。」〔註1003〕

「字」字與「文字」之「字」無關，△字早期學者多釋作「冥」，但經大量學的討論研究已知其即為「分挽」之「挽」，但由於以嚴式隸定的標準而言，其字與「挽」不同，不適合逕釋作「挽」，因此筆者此處依形隸定作「孕」。

「孕」本義即「分挽」之「挽」，後世改從「免」聲，此部分已無問題。目前有問題者為「⿱⿰⿰」（後下三四.四）如何演變至楚文字之「孕」，主要有兩種說法，一是趙平安以為「字下兩手省去一隻，與 O 形粘連」〔註1004〕，季旭昇師以為字將「口」形替換成義符「子」而來〔註1005〕，待考。

〔132〕、23 上、51 下．迣（過）不才（在）子【1】才（在）募（寡）人【2】

【1】

原考釋者李零以為「末字殘，似是『君』字。」〔註1006〕。

李零原將「其（期）會之不難，所以為和於豫（舍）。臧（莊）公或（又）問」一段綴合成【簡 23】，但句意並不銜接，而白于藍首先將【簡 23】分開，下接【簡 51 下】〔註1007〕，而【簡 51 下】起頭正為「寡人」，與簡文文義相合，也合於李零所推敲的「君」字，因此筆者從白于藍之看法。

【2】寡人

陳劍釋作「乎（？）」表示尚存疑〔註1008〕。

陳斯鵬隸定作「虎」讀作「呼」〔註1009〕。

〔註1003〕 馬承源主編：《上海博物館藏戰國楚竹書（四）》，（上海：上海古籍出版社，2004年 12 月），頁 258。

〔註1004〕 趙平安：〈從楚簡娩的釋讀談到甲骨文的娩妨〉，李學勤、謝桂華主編：《簡帛研究二○○一》，（桂林市：廣西師範大學出版社，2001 年），頁 55～59。

〔註1005〕 季旭昇師：〈從《新蔡葛陵》談戰國楚簡「挽」字——兼談《周易》「十年貞不字」〉，東海大學《文字學研討會》，2004 年 3 月 13，頁 88～98。

〔註1006〕 馬承源主編：《上海博物館藏戰國楚竹書（四）》，（上海：上海古籍出版社，2004年 12 月），頁 258。

〔註1007〕 白于藍：〈上博簡《曹沫之陳》釋文新編〉，簡帛研究網，（2005 年 4 月 10 日），網址：http://www.jianbo.org/admin3/2005/baiyulan001.htm。

〔註1008〕 陳劍：〈上博竹書《曹沫之陳》新編釋文（稿）〉，簡帛研究網，（2005 年 2 月 12 日），網址：http://www.jianbo.org/admin3/2005/chenjian001.htm。

〔註1009〕 陳斯鵬：〈上海博物館藏楚簡《曹沫之陣》釋文校理稿〉：簡帛研究網，（2005 年 2

白于藍首先將【簡 23 上】下接【簡 51 下】，並通讀成「寡人」〔註 1010〕。

邴尚白以爲「由殘畫、文義看，白說是。《左傳・成公十六年》載晉、楚鄢陵之役，楚共王『自率』而敗，戰後對統領中軍的司馬子反說：『先大夫之覆師徒者，君不在。子無以爲過，不穀之罪也。』『先大夫』指子玉，城濮之戰，楚軍大敗，當時楚成王不在軍中，而於子玉敗軍返國途中，逼其自盡。此次楚共王亦與役，所以這樣說。可參看。」〔註 1011〕。

【簡 23 上】下應接【簡 51 下】，使文句連接成「過不在子，在寡人」。「寡」字殘斷上半，陳劍釋作「乎」，陳斯鵬釋作「虎」讀作「呼」，其實字下半从「募」形仍尚稱清晰，字釋作「寡」，可信。

〔133〕、51 下・虗（吾）戰（戰）【1】啻（敵）【2】不訓（順）【3】於天命

【1】吾戰敵

陳斯鵬指出「諸家于『吾戰』不點斷，實大不妥。這話應該是得知敵方損失也很慘重之後（陳文認爲這是我方故意製造情報，亦不無道理），用來激勵士氣的。說敵人不順於天命，是爲了增強我方作戰的信心。若讀『吾戰敵不順於天命』，便變成我方不順天命了，又哪里可以復戰呢？」〔註 1012〕。

周鳳五「吾」字讀作「逆」，文句爲「逆戰，敵不順於天命」〔註 1013〕。

佑仁案：筆者以爲此處可讀作「吾戰敵」，上下文例爲「吾戰敵不順天命」，乃指敵方不能順承天命，乃我方進攻之絕佳時機，是勸勉之詞。

【2】啻

「啻」字原考釋者李零已讀「敵」〔註 1014〕。

季旭昇師以爲『『啻』即『啇』，又見《望山楚簡》M1.77『南方又（有）敓與啻』，朱德熙、裘錫圭、李家浩先生考釋讀爲『讁』，是『啻』字未必一定讀爲『敵』。竊以爲本句如讀爲『吾戰敵不順於天命』，爲全稱敘述，則缺乏復敗戰的理由；如讀

月 20 日），網址：http://www.jianbo.org/admin3/list.asp?id=1328。

〔註 1010〕白于藍：〈上博簡《曹沫之陣》釋文新編〉，簡帛研究網，（2005 年 4 月 10 日），網址：http://www.jianbo.org/admin3/2005/baiyulan001.htm。

〔註 1011〕邴尚白：〈上博楚竹書《曹沫之陣》注釋〉，收入臺灣大學《中國文學研究》第二十一期，2006 年，頁 27。

〔註 1012〕參陳斯鵬：《戰國簡帛文學文獻考論》之第四節「戰國簡帛散文文本校理舉例之二——《曹蔑之陣》校理」，中山大學博士學位論文，2005 年 6 月。

〔註 1013〕周鳳五：〈上博楚竹書〈曹沫之陣〉研究〉，95 學年度行政院國家科學委員會專題研究計畫成果報告。

〔註 1014〕馬承源主編：《上海博物館藏戰國楚竹書（四）》，（上海：上海古籍出版社，2004 年 12 月），頁 277。

爲『吾戰適不順於天命』，則爲部分敍述，表示前者戰敗係由於不順天命，今者反省改過，則可以順天命，復敗戰也。」〔註1015〕。

佑仁案：原簡字作🈷，〈西周中・憲鼎〉「啻」作🈷，文例爲「攻龠無▽」，〈西周中・曶簋〉作🈷，文例爲「卑克厥▽」，上述憲鼎、曶簋「啻」字都應都讀作「敵」，《馬王堆漢墓・戰國縱橫家書》「必爲兩啻以功（攻）勹（趙）」，「二啻」即「二敵」。

【3】訓

原考釋者李零隸定作「訓」讀作「順」〔註1016〕，未見學者有其他意見。

佑仁案：「訓」字《說文》云：「訓，說教也。从言川聲。」〔註1017〕，「川」字透紐、諄部，「訓」字影紐、諄部，音近可通。我們現在看楚文字的「訓」字所从「川」旁，有从三條流水者，如🈷（天卜）、🈷（包・210），也有从兩條者，如🈷（古璽彙編・3130）、🈷（天卜）。从兩條者，即是「巜」字，《說文》云：「巜，水流澮澮也。方百里爲巜，廣二尋，深二仞。凡巜之屬皆从巜。」〔註1018〕，「巜」有可能即是「川」之省。本簡「訓」字作🈷，即从兩條流水之「巜」。

「訓」字影紐、諄部，「順」定紐、諄部，「訓」讀作「順」之例楚簡很多，如《郭店・尊德》【簡39】：「凡動民必訓民心，民心有恆。」，「訓」即讀作「順」，《郭店・性自命出》【簡27】：「其出入也訓，司其德也。」，「訓」即讀「順」。又《管子・版法》：「是謂君心必先順教萬民鄉風。」，于省吾《雙劍誃諸子新證》云：「順、訓古字通。」。

「順天命」即承順天命，其文例見《周易・萃・彖》云：「用大牲吉，利有攸往，順天命也。」，又《漢書卷・董仲舒傳》：「改正朔，易服色，以順天命而已。」，又《漢書・眭兩夏侯京翼李傳》：「漢帝宜誰差天下，求索賢人，禪以帝位，而退自封百里，如殷週二王後，以承順天命。」，可參。簡文中「不順天命」，即所做所爲悖逆天道，因而不再爲天命所眷顧。

〔134〕、51下・反（返）師將返（復）戰（戰）

〔註1015〕參季旭昇師主編、高佑仁執筆、朱賜麟協撰：《上海博物館藏戰國楚竹書（四）讀本・曹沬之陳釋譯》，（臺北：萬卷樓圖書公司，2007年3月），頁202。

〔註1016〕馬　承源主編：《上海博物館藏戰國楚竹書（四）》，（上海：上海古籍出版社，2004年12月），頁277。

〔註1017〕許慎撰、段玉裁注：《說文解字・注》，經韵樓藏版，（臺北市：洪葉出版社，1999年11月），頁91。

〔註1018〕許慎撰、段玉裁注：《說文解字・注》，經韵樓藏版，（臺北市：洪葉出版社，1999年11月），頁573～574。

原考釋者李零以為「讀『返師將復』，疑指回營休整。」〔註1019〕。

邴尚白以為「應讀為『反師將復戰』，即回師再戰，指我軍」〔註1020〕。

原考釋者李零以為此句為回營休息，邴尚白以為乃「回師再戰」且指我方而言，二人之說可從。「反師」即「還師」，亦即回營休息，《說文》：「返，還也。从辵，从反，反亦聲。」〔註1021〕，指使軍隊從戰場回到陣中。《吳子》：「受命而不辭，敵破而後言返，將之禮也。故師出之日，有死之榮，無生之辱。」，《公羊傳·宣公十二年》：「令之還師而佚晉寇。」，「反師將復戰」即回師稍作休息，又要出兵應戰，與明日再戰不同。

〔135〕、29·必訆（約）【1】邦之貴人【2】及邦之可（奇）士【3】

【1】訆

原考釋者李零隸定作「訆」讀作「約」，以為「指約束規定」〔註1022〕。

陳劍於「使兵毋復」注文中云「『必约邦之貴人及邦之奇士御（？）卒』句，所謂『御』字的釋讀尚不能肯定，其大意似可理解為國君對『邦之貴人及邦之奇士御（？）卒』這些人加以約束。」〔註1023〕解釋與李零相同。

邴尚白將「訆」改讀為「召」，以為「『訆』字又見於上博〈昭王毀室〉簡二、四、〈昭王與龔之脽〉簡七。另外，楚公族有訆氏，與楚王同姓，見《潛夫論·志氏姓》。〈昭王毀室〉簡二：『小人將訆寇』，簡四：『僕將訆寇』，〈昭王與龔之脽〉簡七：『王訆而余之衽褓』的『訆』，周鳳五師均讀作『召』，可從。此處亦應讀為『召』。『訆』、『召』上古音分屬宵部端母及宵部章母，可以相通」〔註1024〕。

佑仁案：《曹沫之陣》簡「訆」字作🔶（△1），此字於《昭王毀室》簡2、簡4、簡7等共出現三次，分別作🔶（△2）、🔶（△3）、🔶（△4），陳佩芬於簡二下注云：「『訆』，《玉篇》：『挈也。』《說文》：『挈，牽引也。』段玉裁注：『各本篆

〔註1019〕馬承源主編：《上海博物館藏戰國楚竹書（四）》，（上海：上海古籍出版社，2004年12月），頁277。

〔註1020〕邴尚白：〈上博楚竹書《曹沫之陣》注釋〉，收入臺灣大學《中國文學研究》第二十一期，2006年，頁27。

〔註1021〕許慎撰、段玉裁注：《說文解字·注》，經韵樓藏版，（臺北市：洪葉出版社，1999年11月），頁72。

〔註1022〕馬承源主編：《上海博物館藏戰國楚竹書（四）》，（上海：上海古籍出版社，2004年12月），頁262。

〔註1023〕陳劍：〈上博竹書《曹沫之陳》新編釋文（稿）〉，簡帛研究網，（2005年2月12日），網址：http://www.jianbo.org/admin3/2005/chenjian001.htm。

〔註1024〕邴尚白：〈上博楚竹書《曹沫之陣》注釋〉，收入臺灣大學《中國文學研究》第二十一期，2006年，頁20。

作挈。』」〔註1025〕。

孟蓬生以爲△2、△3、△4 等三例「訋」字「疑當讀爲『詔』，以爲「『小人牲訋寇』之『訋』當取『召集』義。著喪服之君子見寺人不肯通報，於是威脅說：『你假如阻止小人的話，小人將召集寇盜（造反）。』『王訋而余之衽裸』之『詔』當取『告訴』義。王知道別人對尊之腜著裯衣一事有異議，於是告訴了他，並給他一身寬大的衣服把裯衣遮住。『必訋邦之貴人及邦之可（奇）士』之『訋』當取『教導』義。意思是說，王在戰前一定要對國之貴人及奇士進行教導和訓誡。」〔註1026〕。

俞志慧以爲△2、3 字乃「左邊從『言』沒有問題，右邊則似不從『勹』，而系上下結構，下部爲『口』，上部與『匕』相似。其實不妨把這個類似『匕』的部件看成『刀』字的反書，金文中，『刀』之缺口多向左，偶而也見有向右者，如西周晚期大簋蓋『王乎（呼）吳師召大』之『召』，其缺口正向右，遂與『匕』形似，至於後世隸變後缺口向下者在金文中反而鮮見。」，並將簡文釋作「將召寇」〔註1027〕。

魏宜輝以爲「『訋』字在這裏疑讀作『肇』，作圖謀解。《詩·大雅·江漢》：『召公是似，肇敏戎公，用錫爾祉。』毛傳：『肇，謀。』《寇》有『侵犯』的意思。《漢書·晁錯傳》：『是時匈奴強，數寇邊。』『寇』在這裏應作『強行闖入』的意思。『訋寇』即圖謀闖宮門。」〔註1028〕。

袁國華師支持魏宜輝的說法，以爲「『訋』字上古音屬禪紐藥部；『肇』字屬定紐宵部，二字發音部位相近，韻部亦相近，故可通假。『肇寇』在這裏應作『圖謀強行闖入』的意思。」〔註1029〕。

鄒濬智以爲「『寇』，《說文》：『暴也』，《廣雅·釋言》：『寇，鈔也。』又『鈔，掠也。』，解『訋寇』爲『召來盜賊』太過迂迴，解爲『訴諸武力』即可」〔註1030〕，

〔註1025〕馬承源主編：《上海博物館藏戰國楚竹書（四）》，（上海：上海古籍出版社，2004年12月），頁184。

〔註1026〕孟蓬生：〈上博竹書(四)閒詁〉，簡帛研究網，（2005年2月15日），網址：http://www.jianbo.org/admin3/2005/mengpengsheng001.htm。

〔註1027〕俞志慧：〈讀上博四《昭王毀室》小箚：「訋寇」當釋爲「召寇」〉，簡帛研究網，（2005年3月24日），網址：http://www.bamboosilk.org/admin3/list.asp?id=1354。

〔註1028〕魏宜輝：〈讀上博楚簡（四）箚記〉，簡帛研究網，（2005年3月10日），http://www.jianbo.org/admin3/2005/weiyihui001.htm。

〔註1029〕見袁國華師：〈上博楚竹書（四）〈昭王毀室〉新釋〉，《第三屆簡帛學術研討會——簡帛與歷史·地理》，（臺北：中國文化大學，2005年5月）。頁5。或見網站：http://nuhm.pccu.edu.tw/seminar2005/papers/08.htm。

〔註1030〕參鄒濬智：〈《上海博物館藏戰國楚竹書（四）·昭王毀室》校注〉，收入《東方人文學誌》第四卷第四期，（臺北市：文津出版社，2005年9月），頁48。

直接將「訋」字據本字讀。

　　首先就字形的部份，△1～4 等四例「訋」字，是筆者於楚簡中僅見的四個字例，而且皆出於《上博（四）》一冊中。字形上諸家皆釋作从言、勺聲，僅俞志慧以爲《昭王毀室》△2、△3 字應釋作「召」，他以爲「西周晚期大簋蓋『王乎（呼）吳師召大』之『召』，其缺口正向右，遂與『匕』形似，至於後世隸變後缺口向下者在金文中反而鮮見。」，俞志慧以爲該字上从「刀」之反文而下从「口」，他所舉的大簋蓋「召」字一作「⿰」，一則作「⿰」，字例確實可以成立，除此之外銘文中如〈楚嬴匜〉「初」字作「⿰」，或「⿰」（乙鄧鼎），但是楚簡中的「刀」都作「⿰」（包・144）、「⿰」（包・144），筆者實未見「刀」之單字或偏旁有作「⿰」者。其次，《昭王毀室》之字形作「⿰」，很清楚右旁的結構乃一個整體，顯然並非从「刀」从口的組合，釋作「召」恐不確。《昭王毀室》字形从言、勺聲無太大疑義，但對其訓讀，筆者未敢多言。

　　就字義上來看，《曹沫之陣》、《昭王毀室》二篇性質不同，文例不同，兩處「訋」字是否一定要等量齊觀，有其問題。筆者以爲《曹沫之陣》「訋」李零讀作「約」解釋成「指約束規定」，正確可從。「約」有約束、告誡之義。《論語・子罕》：「博我以文，約我以禮。」，何晏注：「以禮節節約我。」，又《史記・絳侯周勃世家》：「壁門士吏謂從屬車騎曰：『將軍約，軍中不得驅馳。』於是天子乃按轡徐行。」，又《史記卷・孫子吳起列傳》載孫子以婦人試兵，鼓之右，而婦人大笑，孫子曰：「約束不明，申令不熟，將之罪也。」。

　　不過，此處讀作「召」在文義上也可以通，音韻亦近，「勺」字定紐、藥部，「刀」端紐、宵部，只是就本簡上下文義而言，在三軍即將出兵之際，但「約束」之義似比「召見」之義來得佳，因此此處筆者暫讀作「約」。另外，「訋」字已見《玉篇・言部》，可參。

　　簡 22 後接簡 29 這是白于藍的創見〔註1031〕，李銳從之〔註1032〕。因此二簡結合後文例爲「三軍出，君自率，必約邦之貴人及邦之奇士，御卒使兵，毋復前▢」，三軍備戰，國君取代將軍地位而親自領兵。

【2】貴人

　　原考釋者無釋。

〔註1031〕白于藍：〈上博簡《曹沫之陳》釋文新編〉，簡帛研究網，（2005 年 4 月 10 日），網址：http://www.jianbo.org/admin3/2005/baiyulan001.htm。

〔註1032〕李銳：〈《曹劇之陣》重編釋文〉，簡帛研究網，（2005 年 5 月 27 日），網址：http://www.jianbo.org/admin3/2005/lirui003.htm。

季旭昇師以爲「原考釋於簡 24 注謂貴人『指身份高的人』，失之稍泛。簡 24 上+簡 30 云『貴立（位）硅（重）飤（食）思（使）爲前行』，此爲『爲和於陣』之編制，至『復敗戰』時改爲『凡貴人，使處前位一行』，則此『貴人』之身份應較『貴位』爲高，當指皇親國戚、君王親信之類。」〔註 1033〕。

佑仁案：「貴人」一詞先秦古籍多見，但用法意義不一，是否爲專屬之官名，待考。古籍中「貴人」與戰事有關之文例如《呂氏春秋·季冬記》：「秦人之圍長平也，韓、荊、趙，此三國者之將帥貴人皆多驕矣，其士卒眾庶皆多壯矣。」，可參，然其證卻意涵仍須再研究。

【3】奇士

「可士」原考釋者李零讀作「奇士」，無說〔註 1034〕，陳劍從之〔註 1035〕。

《說文》云：「奇，異也。一曰不耦。从大，从可。」，段玉裁《注》云：「會意，可亦聲。」〔註 1036〕，可知通假沒有問題。「奇士」文例見《前漢記·前漢高祖皇帝紀》：「君之吏趙堯，奇士也，且代君位」，《後漢書·吳蓋陳臧列傳》：「或謂鴻曰：『吳子顏，奇士也，可與計事。』」，但這「奇士」具體代表何種人物，恐待進一步考證。除了「奇士」之外，亦有可能爲「騎士」，「騎」從「奇」得聲，音韻通假無礙，《史記·樊酈滕灌列傳》：「楚騎來眾，漢王乃擇軍中可爲車騎將者，皆推故秦騎士重泉人李必、駱甲習騎兵」〔註 1037〕，又《史記·酈生陸賈列傳》：「酈生曰：『弟言之。』騎士從容言如酈生所誡者。」〔註 1038〕，但其具體意義爲何，也是須進一步證明，因此筆者此處暫依多數學者所釋讀的「奇士」。

〔136〕、29·灷（御）卒（吏）事（使）兵

原考釋者李零以爲「第一字又見下第四十一簡（佑仁案：當爲簡 37 之誤），正始石經（《左傳·隱公元年》正義引）、《汗簡》第二十六頁背、《古文四聲韻》

〔註 1033〕 參季旭昇師主編、高佑仁執筆、朱賜麟協撰：《上海博物館藏戰國楚竹書（四）讀本·曹沫之陳釋譯》，（臺北：萬卷樓圖書公司，2007 年 3 月），頁 202。

〔註 1034〕 馬承源主編：《上海博物館藏戰國楚竹書（四）》，（上海：上海古籍出版社，2004 年 12 月），頁 261。

〔註 1035〕 陳劍：〈上博竹書《曹沫之陳》新編釋文（稿）〉，簡帛研究網，（2005 年 2 月 12 日），網址：http://www.jianbo.org/admin3/2005/chenjian001.htm。

〔註 1036〕 許慎撰、段玉裁注：《說文解字注》，經韵樓藏版，（臺北市：洪葉出版社，1999 年 11 月），頁 206。

〔註 1037〕 見瀧川龜太郎：《史記會注考證》，（臺北市：萬卷樓，1996 年 10 初版二刷），頁 1090。

〔註 1038〕 見瀧川龜太郎：《史記會注考證》，（臺北市：萬卷樓，1996 年 10 初版二刷），頁 1109。

卷一第二十四頁正並以爲古文『虞』字。這裡疑讀爲『御卒使兵』。」〔註1039〕。

陳劍讀作「御」，但其後以括弧內加問號，表示懷疑〔註1040〕。

陳斯鵬釋作「從」，與【簡37】另一處的△字相同〔註1041〕。

蘇建洲以爲「但是傳鈔古文『虞』作『𤟤』，所從偏旁似乎不是『人』形，如《汗簡》就歸在『入』部之下。」，並且認同「𤟤」即「旅」字古文之訛變，認爲「御卒」可能是「御士」、「奇兵」互文的用法，其云：「李零先生讀作『御卒』。『旅』（來魚）；『御』（疑魚）音近關係如同『旅』與『虞』（疑魚）。雖然文獻中似乎未見『御卒』一詞，但是我們懷疑這或許是互文的用法，因爲文獻上有『御士』、『奇兵』的說法。前者如《左傳·僖公二十四年》：『以狄師攻王，王御士將禦之。』後者如《尉繚子·制談》：『奇兵捐將而走』，而『兵』、『卒』義近，說成『奇卒』意思相去不遠。……『武』（明魚），與『旅』（來魚）在聲音上是複聲母、疊韻。『武卒』，見於《荀子·議兵》：『故齊之技擊，不可以遇魏氏之武卒；魏氏之武卒，不可以遇秦之銳士。』《漢書·卷二十三·刑法志》：『齊愍以技擊強，魏惠以武卒奮，秦昭以銳士勝。』漢陳琳〈檄吳將校部曲文〉：『都城屠於句踐，武卒散於黃池。』至於簡37上『毋△2軍』，李零先生讀作『御』似乎可從。」〔註1042〕。

除此之外，蘇建洲在〈三則補議〉則對於陳斯鵬釋作「從」的看法提出意見，認爲：

要說明的是以上的推論都是建立在將「△1」、「△2」釋爲「旅」字的基礎上。不可諱言，這樣的字形與一般所見的「旅」有段距離，是否眞是「旅」字，還有待將來的材料來論斷。倘若我們同意「旅」字有這樣的省簡方式，則陳斯鵬先生釋「△1」爲「從」，似乎也不能排除其可能性。而且文獻上有「從卒」這樣的用法，如《墨子·號令》：「從卒各百人」、《莊子·盜跖》：「盜跖從卒九千人，橫行天下，侵暴諸侯。」但是我們考慮到

〔註1039〕馬承源主編：《上海博物館藏戰國楚竹書（四）》，（上海：上海古籍出版社，2004年12月），頁262。

〔註1040〕陳斯鵬：〈上海博物館藏楚簡《曹沫之陣》釋文校理稿〉：簡帛研究網，（2005年2月20日），網址：http://www.jianbo.org/admin3/list.asp?id=1328。

〔註1041〕陳劍：〈上博竹書《曹沫之陳》新編釋文（稿）〉，簡帛研究網，（2005年2月12日），網址：http://www.jianbo.org/admin3/2005/chenjian001.htm。

〔註1042〕蘇建洲：〈《上博（四）·曹沫之陣》三則補議〉，簡帛研究網，（2005年3月10日），網址：http://www.jianbo.org/admin3/2005/sujianzhou003.htm。

　　　　將「△1」讀作「從」，從紐東部，再將「△2」讀作「禦」，疑紐魚部，聲

　　韻關係似乎不是那麼密切，所以暫不取此說。〔註1043〕

蘇建洲先認定【簡37】應讀作「無御君」，再反證本簡△字不應讀作「從」，以爲二
者聲韻差異太大。

　　　　何有祖先生以爲△字與一般所見的「旅」有段距離，因此不當隸作「旅」。他指
出「《汗簡》第五十五頁背引《李商隱集字》『耀』字作炒，從『火』，從杁（正與簡
文㢓同）。可知㢓，是『耀』的聲符。㢓當可讀爲『耀』。……『耀』有炫耀展示之
意。」，因此把文例讀作「耀卒」（簡29），「耀軍」（簡37），前者爲「光耀」之「耀」，
後者爲「炫耀」之「耀」〔註1044〕。

　　　　邴尚白以爲：

　　　　　　《龍龕手鑑》：「燚，古文，音盜。」「㷂，同。」二字亦以「焱」爲聲
　　　　符，讀爲「盜」。「焱」爲何字雖不能確定，但其音應與「盜」（宵部定母）、
　　　　「耀」（宵部餘母）相近。簡文此字應讀作「擢」，訓爲選拔。古書中有「選
　　　　卒」，如：銀雀山漢簡《孫臏兵法・八陳》：「敵弱以亂，先以選卒以乘之」
　　　　（簡一零二），《戰國策・齊策一》：「其良士選卒亦殫」，《呂氏春秋・愛類》：
　　　　「王也者，非必堅甲利兵選卒練士也」，《淮南子・兵略》：「乘之以選卒」、
　　　　「越王選卒三千人」，《管子・七法》則説「器成卒選」。……至於簡三十七
　　　　的「毋焱軍」則可從何説讀爲「毋耀軍」，指不要炫耀軍力。〔註1045〕。

邴尚白先生簡29之「△卒」讀作「擢足」，而簡37之「△軍」則讀作「耀軍」。

　　　　周鳳五釋作「練士選卒」〔註1046〕。

　　　　佑仁案：《曹沫之陣》簡「焱」字共兩次，分別是簡29與簡37，分別作㢓〔註
1047〕、㢓，文例分別作「△卒使兵」（簡29）、「毋△軍」（簡37），△字即《汗簡》、
《古文四聲韻》的「焱」這應是可以確立的，但是我們首先會面臨到的是「焱」的
來源問題。在字書中「焱」收入「虞」字中，這是可以確定的，《汗簡・入部》「虞」

〔註1043〕蘇建洲：〈《上博（四）・曹沫之陣》三則補議〉，簡帛研究網，（2005年3月10日），
　　　　網址：http://www.jianbo.org/admin3/2005/sujianzhou003.htm。

〔註1044〕何有祖：〈上博楚竹書（四）箚記〉，簡帛研究網，（2005年4月15日），網址：
　　　　http://www.jianbo.org/admin3/2005/heyouzu001.htm。

〔註1045〕邴尚白：〈上博楚竹書《曹沫之陣》注釋〉，收入臺灣大學《中國文學研究》第二
　　　　十一期，2006年，頁20～21。

〔註1046〕周鳳五：〈上博楚竹書〈曹沫之陳〉研究〉，95學年度行政院國家科學委員會專題
　　　　研究計畫成果報告。

〔註1047〕此字漫漶的稍微嚴重，字形漫漶處已經過筆者的電腦修飾，然與原形差異亦不大，
　　　　在此特注。

字作「𣲣」〔註1048〕，黃錫全《汗簡注釋》「厸」字下注云：「《左氏隱元年傳疏》『石經古文虞作厸』。古寫本《尚書》虞多作厸。」〔註1049〕，又《古文四聲韻·卷一》「虞」字下收「厸」、「厸」二字〔註1050〕。但是我們了解《汗簡》、《古文四聲韻》使用假借字的頻率很高，因此收入「虞」字下，不代表就是「虞」的本字，「虞」字古文字中常見作𤟭（散盤）、𤟭（散盤）、𤟭（虞司寇壺），它與前述「虞」字古文可說是完全不同的字，幾乎看不到有演變作「厸」的可能，使人不得不從其他線索思考。

學者處理「厸」字時，大多僅點出其應爲「虞」字古文，至於其來源及演變脈絡，則往往付之闕如，如金周生於網路版《異體字字典》「厸」字下云：「《集韻·平聲·虞韻》『虞』下收『厸』，注云：『古作厸。』《類篇·虍部》虞下亦以『厸』爲其古體。《字學三正·體製上·古文異體》亦以厸爲虞之古文。《康熙字典·虍部》虞下亦收『古文』厸。案：《古文四聲韻·平聲·虞韻》以爲古文《尚書》虞作厸、厸；今變從四人而爲厸，文獻既多錄之，故『厸』當爲『虞』之異體字。」〔註1051〕。另外，我們看原考釋者也是直接將字釋作「虞」而讀作「御」，對於「厸」字來源的問題並沒有進一步的追蹤，而是由《汗簡》、《古文四聲韻》的「虞」字作依據，而將字通假成「御」。

今本《緇衣》有「出入自爾師虞」一句，「虞」字《上博（一）·緇衣》簡 20 作「𦊔」，《郭店·緇衣》簡 39 作「于」，林素清以爲「『厸』字疑『旅』字古文之形訛」，並無提其他說解〔註1052〕，季旭昇師贊同林素清之說，並進一步的論證云：

《說文解字》以「𣲖」爲「旅」之古文，段注云：「石經古文『虞』作『厸』，魯作『𣲖』。」《禮記》鄭注云：「師、庶皆眾也。虞，度也」，古本《尚書》「師厸」之「厸」即「旅（來紐魚部）」，應讀「慮（來紐魚部）」。《郭店》本之「于（匣紐魚部）」、《上博》本之「𦊔（匣紐魚部）」、今本之「虞（疑紐魚部）」、古本《尚書》之

〔註1048〕見黃錫全：《汗簡注釋》，（武漢：武漢大學出版社，1990年），頁211。另外，關於「虞」字古文「厸」字在《汗簡》中已訛作「入」形而入「入」部的問題，其實也可以理解，因爲觀《汗簡·入部》中所收的字如「合、余、爵、官、觴、肺」，幾乎與「入」旁皆無關，咸後世之訛。

〔註1049〕黃錫全：《汗簡注釋》，（武漢：武漢大學出版社，1990年），頁211

〔註1050〕夏竦：《古文四聲韻》，（臺北市：學海出版社，1978年5月），頁47。

〔註1051〕李鍌師、陳新雄師、李殿魁等編：教育部《異體字字典》網路版，民國93年1月正式五版，網址：http://140.111.1.40/yitia/fra/fra03611.htm。

〔註1052〕林素清：〈利用出土戰國楚竹書資料檢討《尚書》異文及相關問題〉，收入龍宇純先生七秩晉五壽慶論文集編輯委員會編：《龍宇純先生七秩晉五壽慶論文集》，（臺北市：臺灣學生書局，2002年），頁95。

「魯（來紐魚部）」，聲近韻同（「盧」屬來紐，而從『虍』聲，可證）。諸字均應讀為「慮」，「慮」與《禮記》鄭注「度也」同義。〔註1053〕。

　　季旭昇師則說明其聲韻關係，使論證更為有說服力，如此一來則《汗簡》、《古文四聲韻》收入「虞」其實都應是假借字。如果說「灶」字是「旅」字古文「灶」的訛變，那麼最首先必須打通的關鍵，在於「旅」、「虞」古音必須接近，「旅」來紐、魚部，「虞」字疑紐、魚部，看似聲紐不近，但是古籍「虞」字與「荼」通假〔註1054〕，而「余」字聲系又常與「盧」、「慮」等古音來母字相通，可知「虞」與來母之「旅」音近可通。

　　再來，認為「灶」即「灶」之形訛，必須要進行二字的字形比較。「旅」字甲骨、金文作𣃟（鐵·90.1）、𣃟（叔碩父簠）、𣃟（陵尊），楚文字作𣃟（安昌里館印存）、𣃟（包·4）、𣃟（上博三·周易·53）、𣃟（上博三·周易·53），字從从持㫃，戰國文字中字已訛作「止」，與《說文》「旅」字古文作「灶」可合〔註1055〕，而「灶」見《曹沫之陣》作𣃟、𣃟，下從「从」，上亦從「从」，則上半偏旁的「从」，疑乃「止」旁的訛變。另外，我們看「旅」字包山簡116作「㫃」，「㫃」旁的下半已訛作「人」，可知確有訛作從「人」之可能。

　　段玉裁在《說文》「旅」字古文「灶」下注云：「《左傳》仲子生而有文在其手，曰為魯夫人。《正義》曰：『隸書起於秦末。手文必非隸書。石經古文虞作灶，魯作灶，手文容或似之。』」〔註1056〕，然而段玉裁此語實引錄自《左傳·隱公元年》「有文在其手曰魯夫人」下孔穎達的意見〔註1057〕，但是細審經籍原文，孔穎達之所以指出「石經古文虞作灶，魯作灶，手文容或似之。」，在於他將仲子生而有手文曰「為魯夫人」，與歷史上《左傳·昭公元年》所記載唐叔虞出生時亦有文在手（手中書「虞」字）的史事結合起來，以為仲子手上之「魯」與唐叔虞手上之「虞」二字似之，尚無進一步推論二字是同字的關係。但是就字音來看，旅、魯二字都是來紐、魚部字，則魯之古文「灶」字其實是「旅」字，這是很正確的推論。

〔註1053〕季旭昇師主編：《上海博物館藏戰國楚竹書（一）讀本》，（臺北：萬卷樓，2004年6月第二次印刷），頁137。

〔註1054〕參高亨纂著、董治安整理《古字通假會典》，（濟南：齊魯書社，1997年7月），頁838。

〔註1055〕許慎撰、段玉裁注：《說文解字注》，經韵樓藏版，（臺北市：洪葉出版社，1999年11月），頁315。

〔註1056〕許慎撰、段玉裁注：《說文解字注》，經韵樓藏版，（臺北市：洪葉出版社，1999年11月），頁315。

〔註1057〕參〔清〕阮元《校勘十三經註疏·左傳》，嘉慶廿年江西南昌府學開雕影印本，（臺北：藝文印書館，1993年），頁29。

　　再來，就本簡文義，以及「△卒使兵」一句讀作「武卒」、「從卒」、「御卒」的優缺問題。因為簡文「△卒使兵」一句，很顯然「△」、「使」都是動詞，而「卒」、「兵」則是名詞，否則若「△」、「使」都是名詞，則兩個名詞組併排在一起，文義並不順暢，△字是否為動詞，是釋讀的重要依據之一。

　　首先「武卒」一詞見於《漢書》「齊愍以技擊彊，魏惠以武卒奮，秦昭以銳士勝。……故齊之技擊不可以遇魏之武卒，魏之武卒不可以直秦之銳士。」，此處有兩問題，一是「武卒」是魏國的軍種，因此《漢書》將魏國之「武卒」與秦國之「銳士」、齊國之「技擊」相比，但《曹沫之陣》是魯國之兵書，地域不同，讀作「武卒」恐須更多材料證成。

　　其次，關於陳斯鵬釋作「從卒」，蘇建洲不認同此說，主要乃因「從」與「御」字的古音不接近，不過這是因為蘇建洲已先認定簡 37 之△應讀作「御」，再進一步比對簡 29 之△字若讀作「從」，則於古音不合。其實，就陳斯鵬而言，他釋作「從」的依據是在「形」，而非「音」，因此他將△1、△2 二字都同釋作「從」，能夠自圓其說。但是陳斯鵬的主張，主要所面臨的問題是，△字如何可被釋作「從」，其字形演變來源，這恐怕是須進一步交代的問題。「從」字楚文字作 （包 151）、（包‧132 反），其「彳」、「止」旁訛作「从」，也不是沒有可能，但恐須進一步證成。另外，「從卒」一詞於古籍中見《莊子‧盜跖》：「盜跖從卒九千人。」，《墨子‧號令》：「從卒各百人。……吏從卒四人以上有分者。」等例，很顯然「從卒」是個名詞組。

　　關於何有祖的意見，何有祖引用《汗簡》「耀」字作「火火」，以為△字從「耀」為聲，故可讀為「耀」，但並沒有細言該形之來源。同門友金俊秀進一步引證黃錫全之說法，認為字當是「褧」（衮）之訛變，他並且將「耀」字音讀與邴尚白所主張之「盜」字連繫起來，以為「盜」、「褧」、「翟」等字的上古音都非常密切〔註 1058〕。黃錫全在「火火」字下注云：「夏韻笑韻錄此文作火火是，此寫脫一畫。侯馬盟書狄作苂，三體石經《僖公》古文作苂，古璽鄻作鄻（類編 439），前日部錄曜字作曜，此苂形類同。苂本褧字初文，因音近假為狄或翟。」〔註 1059〕，另外我們看《汗簡》、《古文四聲韻》中從「翟」者如翟（汗簡‧翟）、趯（汗簡‧趯）、曜（汗簡‧曜）、曜（古文四聲韻‧曜）、耀（古文四聲韻‧耀），從字形演變來看，黃錫全以為乃「衮」之訛變，十分正確。但是就釋讀而言，把簡 37 讀作「毋耀軍」，文義通讀無礙，而 29 則讀作「耀卒」，其云「『耀』又有『光耀』之意。《廣韻‧笑韻》：『耀，光耀』。41 號（佑仁案：當為

〔註 1058〕參金俊秀：《上海博物館藏戰國楚竹書（四）疑難字研究》（暫定），待刊。
〔註 1059〕黃錫全：《汗簡注釋》，（武漢：武漢大學出版社，1990 年 8 月初版），頁 363。

29 簡之手誤）簡『耀卒』與『耀兵』同意。《後漢紀・孝靈皇帝紀》：『十月甲子，上觀耀兵於平樂』。『耀卒』、『耀兵』與『奇士』正可互文。」〔註1060〕，可是回查《後漢紀・孝靈皇帝紀》：「十月甲子，上觀耀兵於平樂」，很明顯「耀兵」之「耀」絕非「光耀」之「耀」，而當為「炫耀兵威」之義〔註1061〕，則此意見恐須進一步證成。

另外，邴尚白的意見很有啟發性，他從《龍龕手鑑》的「灷」、「燹」找到線索，以為「灷」即讀音為「盜」，再從「盜」通假作「擢」，將本處文例讀作「擢卒」，而簡 37 的「△軍」則改讀作「耀軍」。《字彙補》於「人部」有「灷」，其云「古盜字」，又於「火部」列有「威」、「燹」，季旭昇師以為：「『威』字見《字彙補・火部》曰：『威，古盜字，見《金石韻府》。』《古文四聲韻・去聲・號韻》亦收此形作『殹』，惟更早之形體起源仍未可知。」〔註1062〕，筆者以為「灷」即「威」、「燹」之省，與「翟」字未必有絕對之關係。其次，邴尚白雖引用大量的「選卒」、「篡卒」、「撰卒」、「選鋒」等文例，但都無法證明「擢卒」與這些文例間的直接關係，又「擢卒」一詞筆者未見於古籍。

關於李零讀作「御卒」的看法，筆者認為是較正確的意見，首先「御」、「使」同當動詞，見《商君書・慎法》：「禹不能以使十人之眾，庸主安能以御一國之民？」，「御」、「使」並舉且都為動詞，與簡文作「御卒使兵」正合。另外，《說文》云：「御，使馬也。」〔註1063〕，而將使馬為「御」的意義擴大到「使卒」也可以稱「御卒」，則合情合理，然而「御卒」不單指「指使」、「駕御」而已，應該含有更高一層的治理、統治之義。《玉篇・彳部》：「御，治也。」，《廣韻・御韻》：「御，理也。」，《書・大禹謨》：「臨下以簡，御眾以寬。」，《國語・周語上》：「瞽告有協風至，王即齋宮，百官御事。」，韋昭注：「御，治也。」蘇建洲以為「文獻中似乎未見『御卒』一詞」〔註1064〕，筆者亦無法在先秦古籍中找到此文例，僅能見宋蘇洵《論衡・兵制》「秦

〔註1060〕 何有祖：〈上博楚竹書（四）箚記〉，簡帛研究網，（2005 年 4 月 15 日），網址：http://www.jianbo.org/admin3/2005/heyouzu001.htm。

〔註1061〕 教育部網路版《國語辭典》「耀兵」一詞解釋作「炫耀兵威」，並即以《後漢紀・孝靈皇帝紀》為例，參李鍌師等編：網路版《國語辭典》（民國 87 年 4 月版），網址：http://140.111.34.46/dict/?open。

〔註1062〕 教育部《異體字字典》「威」字「a02747-001」之研訂說明，李鍌師、陳新雄師、李殿魁等編：教育部《異體字字典》網路版，民國 93 年 1 月正式五版，網址：http://140.111.1.40/yitia/fra/fra02747.htm。

〔註1063〕 許慎撰、段玉裁注：《說文解字注》，經韻樓藏版，（臺北市：洪葉出版社，1999 年 11 月），頁 78。

〔註1064〕 蘇建洲：〈《上博（四）・曹沫之陣》三則補議〉，簡帛研究網，（2005 年 3 月 10 日），網址：http://www.jianbo.org/admin3/2005/sujianzhou003.htm。

漢以來，諸侯之患不減於三代，而御卒伍者乃如蓄虎豹，圈檻一缺，咆嘯四出，其故何也？」，但時間已至宋代，不過楚簡內容、文例未見古籍者比比皆是，但「御眾」〔註1065〕、「御軍」〔註1066〕、「御兵」〔註1067〕、「御民」〔註1068〕等用例卻大量出現，其中「御軍」一詞如《三國志・魏書》記載曹操「御軍三十餘年，手不捨書。」，《後漢紀》：「紹御軍寬緩，法令不一，士卒雖眾，而實難用。」，《後漢紀》：「及征行軍，宜以爲副貳，使漸明御軍用兵之道。」，「御軍」與「御卒」文例類似，「御」指統馭、領導。並且古兵書《孫子・謀攻》中「以虞待不虞者勝，將能而君不御者勝」，意指將軍賢能而無須國君事事都「掌握」、「處理」則能勝敵，其「御」字與△字在本簡中的用法相合。因此筆者以爲雖先秦古籍雖未見「御卒」一詞，也不因此而減損此處讀作「御」的合理性，且在眾讀法中，「御卒」仍是較佳的選擇。

另外，「兵」字的字義是個須要解決的問題，淺野裕一以爲【簡38】「勿兵以克」之「兵」乃「兵器」之義，他的理由是「〈曹沫之陣〉的『兵』皆作爲兵器的意思，而看不到指軍事的『兵』字之例子。」〔註1069〕。但是簡文此處的「御卒使兵」很明「兵」非「兵器」之義，而應與「卒」同義，古籍中「兵」、「卒」常對舉，如《荀子・議兵》：「故仁人之兵，聚則成卒。」，又《莊子・盜跖》：「與天下更始，罷兵休卒，收養昆弟。」，又《韓非子・存韓》：「今趙欲聚兵士卒，以秦爲事。」，又《孫子・九地篇》「卒離而不集，兵合而不齊。」，今日成語中猶云要戰到最後「一兵一卒」，可見此處「兵」非兵器之「兵」明矣。「勿兵以克」之「兵」亦非「兵器」之義。

〔137〕、29、24下・母（毋）逻（復）荊（前）裳（常）

原考釋者李零隸定作「前」〔註1070〕。

陳斯鵬讀作「毋復前常」而無作解釋〔註1071〕。並於博士論文中指出「《李釋》、

〔註1065〕參〔清〕阮元《校勘十三經註疏・尚書》，嘉慶廿年江西南昌府學開雕影印本，（臺北：藝文印書館，1993年），頁55。

〔註1066〕見《曹沫之陣》【簡37】「毋御軍」，參第四章第九節第十九條考釋。

〔註1067〕《宋紀》卷160載張行信上言曰：「御兵之道，無過賞罰。」，《資治通鑑長編》卷二百二十九：「太祖善御兵。」

〔註1068〕見《管子・牧民》：「御民之轡，在上之所貴。」，又《商君書・錯法》：「人君設二者御民之志，而立所欲卜。」

〔註1069〕見淺野裕一：〈上博楚簡〈曹沫之陣〉的兵學思想〉一文之注釋八。參淺野裕一：〈上博楚簡〈曹沫之陣〉的兵學思想〉，簡帛研究網，（2005年9月25日），網址：http://www.jianbo.org/admin3/2005/qianyeyuyi001.htm。

〔註1070〕馬承源主編：《上海博物館藏戰國楚竹書（四）》，（上海：上海古籍出版社，2004年12月），頁261。

陳文、李文皆以 24 下與 24 上拼合爲一支簡，將『常』上一殘文釋作『又（有）』。『貴有常』讀起來固然很順，但仔細察看殘劃，對比本篇『又』的一般寫法，不難發現其爲『又』字的可能性是微乎其微的；而其最大可能應該是『肉』、『月』、『舟』一類字形的殘存。筆者認爲 24 下應與簡 29 綴合，接口處正好拼出一個完整的『前』字來。大概往常貴人奇士之流一般是不服兵役的，今令其從卒使兵，故云『不復前常』。」〔註 1072〕。

邴尚白指出「此句原作『使兵毋復前棠』，疑應讀爲『使兵毋復，前當』。上孫家寨漢墓木簡三六三號簡：『前曲毋動，爲前當。』（案：實爲簡 357）『曲』是漢代軍隊編制的較小單位，《史記・李將軍列傳》：『程不識正部曲行伍營陳。』《後漢書・百官志》：『部下有曲，曲有軍侯一人。』先秦文獻也有『曲制』一詞，指軍隊編制，見《管子・七法》、《孫子・計》等。『當』有對著、面對之義，《左傳・哀公十七年》：『越子以三軍潛涉，當吳中軍而鼓之，吳師大亂。』銀雀山漢簡《孫臏兵法・威王問》言『兩軍相當』（簡二十三）。『前當』應是指與敵相對之前頭正面的意思，故前面的部隊不要動，即可爲「前當」。簡文『使兵毋復，前當』，可能是指使軍隊不要逃回，以『貴人』、『奇士』、『擢卒』等精銳部隊爲前頭正面，故後文說『凡貴人思處前位一行，後則見亡』」〔註 1073〕。

季旭昇師以爲「讀『毋復前常』，可從。此時三軍大敗，將復敗戰，邦之貴人、奇士御卒使兵，『不要再依照先前作戰的慣例』，而要讓邦之貴人『處前位一行』，以身先士卒，激勵士氣，謀一死戰。」〔註 1074〕。

佑仁案：簡文「失」字出現於【簡 7】、【簡 8】、【簡 9】、【簡 29】、【簡 31】、【簡 52】，△字確實與「失」字有異，若本簡下接【簡 24】則可確知實應爲「前」字。

邴尚白讀「棠」作「當」，並將此句上下文例斷句作「必召邦之貴人及邦之奇士、擢卒，使兵毋復，前當。」，並指出「使兵毋復，前當」應爲「指使軍隊不要逃回，以『貴人』、『奇士』、『擢卒』等精銳部隊爲前頭正面」，三軍即將出陣，國君親自牽領，國君特地召見貴人、奇士、擢卒等本軍最優秀的軍種，目的只是提醒「軍隊不

〔註 1071〕 陳斯鵬：〈上海博物館藏楚簡《曹沫之陣》釋文校理稿〉：簡帛研究網，（2005 年 2 月 20 日），網站：http://www.jianbo.org/admin3/list.asp?id=1328。

〔註 1072〕 參陳斯鵬：《戰國簡帛文學文獻考論》之第四節「戰國簡帛散文文本校理舉例之二——《曹蔑之陣》校理」，中山大學博士學位論文，2005 年 6 月。

〔註 1073〕 邴尚白：〈上博楚竹書《曹沫之陣》注釋〉，收入臺灣大學《中國文學研究》第二十一期，2006 年，頁 21～22。

〔註 1074〕 參季旭昇師主編、高佑仁執筆、朱賜麟協撰：《上海博物館藏戰國楚竹書（四）讀本・曹沫之陳釋譯》，（臺北：萬卷樓圖書公司，2007 年 3 月），頁 204。

要逃回」，此可能性似較不高，也不符合一個領導者應有的態度。另外，「前當」二字見上孫家寨漢簡，簡 357 云「部司馬寨，前曲毋動，爲前當」，上孫家寨簡大多爲殘簡，此處「前當」下是否還有文，未能確考。張家寨簡「左當」、「右當」很多，如簡 140 云「曲左投足，爲左當。前」，簡 174 云「投足，爲右當。」，簡 226 云「□右當前行」，簡 59 云「□陳爲右當，其」，簡 357 能否作「前當」，筆者未敢驟下斷語。只是簡文據邴尚白的釋文及斷句應爲「必召邦之貴人及邦之奇士、擢卒，使兵毋復，前當。」，並認爲「簡文『使兵毋復，前當』，可能是指使軍隊不要逃回，以『貴人』、『奇士』、『擢卒』等精銳部隊爲前頭正面。」〔註 1075〕換言之，以爲「貴人」、「奇士」、「擢卒」即「前當」之內容，但從邴尚白的釋文，「前當」二字獨立一句，它所指的對象似不好講，可是若釋作「前當」則可契合兵書性質，待考。本處「常」字从示、尚聲，除本簡外又見簡 50「爵祿有△」，讀作「常」，本處暫讀作「常」。

〔138〕、24 下‧凡貴人【1】囟（使）【2】処（處）前立（位）一行【3】，後則見亡【4】。

【1】貴人

　　原考釋者李零以爲「指身份高的人」〔註 1076〕，可知非視作一專屬官名。「貴人」又見簡 29，參 135 條考釋。

【2】囟

　　「囟」原考釋者李零隸定作「甶」讀爲「思」〔註 1077〕。

　　陳劍以爲「『思』字原作『甶』（即『思』字之聲符）。本篇後文及舊有其它楚簡中同類用法的『甶』字和『思』字多見，不少研究者指出它有『使令』一類意思，孟蓬生先生、陳斯鵬先生主張就直接讀爲『使』。……爲便於理解簡文文意，本篇釋文在『思』字後都後括『使』。但從本篇簡 36『使長百人』與『思帥』同時出現來看，這類用法的『思』字在當時的語言中是否就是跟『使』毫無區別的同一個詞，其實還是可以進一步研究的。它們是音義皆近的一對詞，就好像虛詞『惠』和『唯』、『于』和『於』的關係一樣的可能性，恐怕也不能完全排除。」〔註 1078〕，陳劍已

〔註 1075〕邴尚白：〈上博楚竹書《曹沫之陣》注釋〉，收入臺灣大學《中國文學研究》第二十一期，2006 年，頁 22。

〔註 1076〕馬承源主編：《上海博物館藏戰國楚竹書（四）》，（上海：上海古籍出版社，2004年 12 月），頁 258。

〔註 1077〕馬承源主編：《上海博物館藏戰國楚竹書（四）》，（上海：上海古籍出版社，2004年 12 月），頁 258。

〔註 1078〕陳劍：〈上博竹書《曹沫之陳》新編釋文（稿）〉，簡帛研究網，（2005 年 2 月 12 日），網址：http://www.jianbo.org/admin3/2005/chenjian001.htm。

經指出【簡36】「使長百人」與「思帥」同用「使」、「思」的現象。

季旭昇師以爲「隸爲『由』，易與《說文》釋爲『鬼頭也』之『由』字混淆，當隸定爲《說文》訓爲『頭會𩠐蓋也』之『凶』。見，被動詞，猶今語『被』，說見楊樹達《詞詮》，『見亡』謂『被滅亡』」〔註1079〕。

最早將「思」讀爲「使」的可能是陳偉，他認爲包山簡198的「思」字「或爲使字的假借」〔註1080〕，但此意見在《包山楚簡初探》刊行前刪去，因此未見於該書之中〔註1081〕，孟蓬生以爲《容成氏》「思民不惑」（簡20）、「思民道之」（簡44）、「思民不疾」（簡49）等三處「思」字「當讀爲『使』。古音思爲心母之部，使爲山母之部。心山古音每相通，今人多以爲當合爲一音。如生與姓、辛與莘、相與霜等皆是。」〔註1082〕，蘇建洲博論從之。基本上孟蓬生之說與陳偉的看法暗合，都是通過「通假」來看待「思」與「使」的關係。

其實楚文字資料中，很早就有人發現「思」字可以讀作「使」，〈楚帛書〉「思敓𡙇四亟」，劉信芳即讀作「使」〔註1083〕。之後陳斯鵬撰〈論周原甲骨和楚系簡帛中的『凶』與『思』——兼論卜辭命辭的性質〉一文，系統性地從周原甲骨「凶」字談到楚簡「凶」字的用法，以爲楚簡「凶」字應讀作「使」〔註1084〕，陳偉透過包山簡「思」字的異文比較，得出「可知楚簡中『思』有令、使一類意思。」〔註1085〕，不過陳偉先生並不從聲音「通假」來思考二字關係，可參。

《上博（四）·昭王毀室、昭王與龔之脾》【簡10】「由邦人皆見之」一句，「由」字，原考釋者陳佩芬認爲「『由』，《說文·由部》：『由，鬼頭也，象形。』『衣由』，義未詳。」〔註1086〕，孟蓬生則認爲字亦當用爲「使」字，又云：「從含『由』、『思』跟使動句式的關係可以看出『由』或『思』用作『使』。《曹沫之陳》簡54：『賍（重）

〔註1079〕 參季旭昇師主編、高佑仁執筆、朱賜麟協撰：《上海博物館藏戰國楚竹書（四）讀本·曹沫之陳釋譯》，（臺北：萬卷樓圖書公司，2007年3月），頁204。

〔註1080〕 陳偉此條意見沈培〈周原甲骨文裡的「凶」和楚墓竹簡裡的「凶」或「思」〉一文，收入《漢字研究》第一輯，學苑出版社，頁353。

〔註1081〕 見陳偉：《包山楚簡初探》，（武漢：武漢大學，1996年8月），頁31～32。

〔註1082〕 孟蓬生：〈上博竹書（二）字詞箚記〉，簡帛研究網，（2003年1月14日），網址：http://www.jianbo.org/Wssf/2003/mengpengsheng01.htm。

〔註1083〕 參劉信芳：《子彈庫楚墓出土文獻研究》，（臺北：藝文印書館，2002年），頁35。

〔註1084〕 陳斯鵬：〈論周原甲骨和楚系簡帛中的「凶」與「思」——兼論卜辭命辭的性質〉，《第四屆國際中國古文字學研討會論文集》，（香港：香港中文大學，2003年10月），頁393～413。

〔註1085〕 陳偉著：《郭店竹書別釋》，（武漢：湖北教育出版社，2002年），頁31。

〔註1086〕 馬承源主編：《上海博物館藏戰國楚竹書（四）》，（上海：上海古籍出版社，2004年12月），頁190。

賞而洎型，思忘其死而見其生，思良車良士取之餌（耳）。思其志记（起），戙（勇）者思憙（喜），憙（蒉）者思昏（悔），狀（然）句（後）改台（始）。』《曹沫之陣》簡 61：『桶（勇）者憙（喜）之，充者昏（悔）之。』（283 頁）『憙（喜）之』、『愚（悔）之』就是我們常說的『使動』用法，根據上下文可以推定：憙（喜）之＝思憙（喜），愚（悔）之＝思昏（悔）。从『甶』、『思』與『吏（使）』的互文關係可以看出『甶』或『思』用作『使』。《曹沫之陣》簡 36：『能絢（治）百人，吏（使）長百人；能絢（治）三軍，思衛受民者（？）。』」〔註 1087〕，孟蓬生先生以爲「『甶』或『思』用作『使』」，不逕言「假借」而使用「用作」這個較中性的術語。

　　沈培則認爲楚簡中的「囟」或「思」，有些確實應讀爲「使」，但有部份則應與《詩經》、《尙書》的虛詞「式」相同，以爲包山簡 238「思攻解于歲」的「思」正是這種用法〔註 1088〕。陳偉則以爲慈利簡中有一句話與《國語·吳語》相同，「《吳語》中作『使』，而簡文作『思』，這大概是『思』、『使』通假最直接的證據。」〔註 1089〕。

　　雖然在《容成氏》、《曹沫之陣》等「思」、「囟」字讀作「使」，而且《曹沫之陣》用作「使」義的字有三種表現方式，一種是最常見的「事」字讀作「使」，第二種是「囟」讀作「使」，第三種則是从「囟」的「思」讀作「使」。而「思」（或「甶」）、「使」這兩個音近的詞，是否正如陳劍所推測的「就好像虛詞『惠』和『唯』、『于』和『於』的關係一樣」，並且其使用的差別，應是進一步考察的重點。

【3】前立一行
　　「立」字原考釋者李零讀作「位」〔註 1090〕。

　　楚簡中「立」讀「位」的例證很多，《郭店·六德》簡 10：「夫六立也」，《郭店·六德》【簡 8】：「六立也。」，《成之聞之》簡 40：「故君子愼六立以祀天常」，《成之聞之》簡 34：「朝廷之立」，《唐虞之道》簡 18「方在下立」，上述諸「立」字都讀作「位」。

　　「前位」一詞古籍似未見，何以訓讀，待考。

〔註 1087〕孟蓬生：〈上博竹書（四）閒詁〉，簡帛研究網，（2005 年 2 月 15 日），網址：http://www.jianbo.org/admin3/2005/mengpengsheng001.htm。

〔註 1088〕見沈培：〈周原甲骨文裡的「囟」和楚墓竹簡裡的「囟」或「思」〉，收入《漢字研究》第一輯，學苑出版社，頁 345～366。

〔註 1089〕此說法乃陳偉給沈培〈周原甲骨文裡的「囟」和楚墓竹簡裡的「囟」或「思」〉一文的意見。見沈培〈周原甲骨文裡的「囟」和楚墓竹簡裡的「囟」或「思」〉，收入《漢字研究》第一輯，學苑出版社，頁 364。

〔註 1090〕馬承源主編：《上海博物館藏戰國楚竹書（四）》，（上海：上海古籍出版社，2004 年 12 月），頁 258。

【4】後則見亡

原考釋者李零以爲「貴人居後，則容易潰亡。」〔註1091〕。

李銳〈釋文新編〉之斷句爲「凡貴人，使處前位，一行，後，則見亡。」〔註1092〕。簡文此處的「前」、「後」確實很有可能是隊伍的前方與後方。大通上孫家寨漢簡中即有許多「前曲」、「左曲」、「右曲」之兵種〔註1093〕，可參。「見亡」即滅亡、敗亡，《史記‧田敬仲完世家》：「且魏有破國之志，韓見亡，必東面而愬於齊矣。」，司馬光《資治通鑑》引錄此段記載，並云「見亡，言見有亡國之勢也。」，又《史記‧龜策列傳》：「小國見亡，大國危殆。」，又《戰國策‧齊欲伐魏》：「魏無見亡之危，百姓無被兵之患。」〔註1094〕，馬王堆漢簡《戰國縱橫家書‧十大經》簡127下：「齊楚見亡不暇，爲梁（梁）賜矣」，都是此例。

〔139〕、50‧則彔（祿）【1】簹（爵）又（有）裳（常）【2】

【1】彔

一般「彔」字作（曾‧71）、（曾‧98）、（曾‧64），但亦有其上半更添「夕」形者如（郭‧魯‧7），文例作「▽爵」，則字即「彔」讀作「祿」無誤，《曹沫之陣》原簡字作，與前述郭店「彔」字寫法相同。「彔」字來紐、鐸部，「夕」定紐、屋部，聲紐都是舌頭音，韻部爲「鐸屋旁轉」〔註1095〕，因此「夕」旁或可視作聲化的現象。

另外〈包山二號墓〉【簡262】有字作「」者，《楚系簡帛文字編》摹作「」〔註1096〕，文例爲「綠裏」，《包山楚簡文字編》〔註1097〕、《楚系簡帛文字編》、王穎〔註1098〕都隸定作「綠」，從摹本看字形右旁上半似從「五」，文例看字是「綠」應可成立，但筆者懷疑摹本是否乃「夕」之失眞。

〔註1091〕馬承源主編：《上海博物館藏戰國楚竹書（四）》，（上海：上海古籍出版社，2004年12月），頁258。
〔註1092〕李銳：〈《曹劌之陣》釋文新編〉，簡帛研究網，（2005年2月25日），網址：http://www.jianbo.org/admin3/2005/lirui002.htm。
〔註1093〕參大通上孫家寨漢簡整理小組：〈大通上孫家寨漢簡釋文〉，《文物》1981年第二期，（北京：文物出版社，1981年），頁22～34。
〔註1094〕參繆文遠：《戰國策新校注》，（四川：巴蜀書社，1992年5月），頁868。
〔註1095〕參《古音研究》第二章「鐸屋旁轉」一項。陳新雄師：《古音研究》，（五南書局：2000年11月），頁463。
〔註1096〕滕壬生：《楚系簡帛文字編》，（武漢：湖北教育出版社，1995年），頁898。
〔註1097〕張光裕主編：袁國華師合著：《包山楚簡文字編》，（臺北市：藝文印書館，1992年11月），頁886。
〔註1098〕王穎：《包山楚簡詞彙研究》，廈門大學博士論文，2004年，頁435。

【2】嘗

原考釋者李零將此簡與【簡49】連讀，因此文例爲「勝則祿爵有常」，以爲「連上讀作『勝則祿爵有常』，指得勝後，賜賞爵祿當有法度。」〔註1099〕。

陳劍「常」字據本字讀〔註1100〕。

李銳「常」字讀「賞」〔註1101〕。

簡49不能與簡50連讀。此處「祿爵有常」之「常」，原簡字形从示、尙聲，讀作「常」似乎較佳，它與簡24「兵貴有常」之「常」字同形，而「賞」字《曹沫之陣》咸作从貝、尙聲，如簡21、27、35、45、54、61、62等簡，且都讀作「賞」，則本簡「常」字據本字讀較佳。

〔140〕、50‧幾【1】莫之當（擋）【2】

【1】幾

原考釋者李零將「當」字隸定作「堂」，以爲「讀『忌莫之當』，指忌諱不得其當。」〔註1102〕。

陳劍以爲「『幾莫之當』當指採取以上諸措施之後復戰，則我軍兵眾奮勇向前，近於無能抵擋之者。對照後文有關部分可知，此句後省略了總結收束之語『此復敗戰之道。」〔註1103〕，邴尙白從之〔註1104〕。

「幾」字據本字讀也有可能。「幾」在此應表示接近，如同「幾乎」、「差不多」、「幾近」。《爾雅‧釋詁下》：「幾，近也。」，《漢書‧高帝紀》：「豎儒幾敗迺公事！」，顏師古《注》云：「幾，近也」。而本簡「幾莫之擋」亦謂軍隊在重新整頓後，氣勢如虹，不順天命的敵軍將慘敗，我軍的攻勢敵軍幾乎莫能阻擋（或無法阻擋）。

【2】堂

原簡字作堂，此字亦出現於〈鄂君啟車節〉，而〈鄂君啟車節〉「堂」字《戰

〔註1099〕馬承源主編：《上海博物館藏戰國楚竹書（四）》，（上海：上海古籍出版社，2004年12月），頁276。

〔註1100〕陳劍：〈上博竹書《曹沫之陣》新編釋文（稿）〉，簡帛研究網，（2005年2月12日），網址：http://www.jianbo.org/admin3/2005/chenjian001.htm。

〔註1101〕李銳：〈《曹劌之陣》釋文新編〉，簡帛研究網，（2005年2月25日），網址：http://www.jianbo.org/admin3/2005/lirui002.htm。

〔註1102〕馬承源主編：《上海博物館藏戰國楚竹書（四）》，（上海：上海古籍出版社，2004年12月），頁276。

〔註1103〕陳劍：〈上博竹書《曹沫之陣》新編釋文（稿）〉，簡帛研究網，（2005年2月12日），網址：http://www.jianbo.org/admin3/2005/chenjian001.htm。

〔註1104〕邴尙白：〈上博楚竹書《曹沫之陣》注釋〉，收入臺灣大學《中國文學研究》第二十一期，2006年，頁27

國古文字典》收入「堂」字〔註1105〕，《曹沫之陣》簡讀法以陳劍讀作「擋」較佳。

〔141〕、50・遆（復）盤戰（戰）

原考釋者李零以爲「即『盤戰』，待考，疑與下文『盤就行□人』有關。」〔註1106〕。

淺野裕一以爲「『盤戰』本身意思不通。『盤』是『槃』的籀文，而『槃』等於『瘢』，意味著傷痕。因此，筆者將『復盤戰』解釋爲：重新建立戰敗而受損傷的軍隊之方法。」〔註1107〕。

邴尚白以爲「『盤』有回旋、回繞之義。《淮南子・氾論》：『盤旋揖讓以修禮。』《文選・高唐賦》：『水澹澹而盤紆兮。』『盤戰』疑指與敵周旋，戰況膠著之義。後文曹沫說：『既戰復舍』，又有種種明日再戰的準備，正是敵我相持的狀態。」〔註1108〕。

朱賜麟以爲「盤戰疑是『盤桓糾纏，戰局僵持』之意。《易・屯》初九爻辭：『磐桓，利居貞，利建侯。』意指：處屯之初，動則難生，不可以進，所以審慎而磐桓也。因此『盤』有審慎、便旋、不進、動而退也等意思。置於此處，以參合上下文意觀之，或可作爲一種不錯的說法。」〔註1109〕。

單育辰讀「盤戰」爲「返戰」〔註1110〕。

佑仁案：淺野裕一以爲「盤」爲「槃」之籀文，這是依據《說文》的看法〔註1111〕，「槃」通假成「瘢」，「槃」、「瘢」二字都從「般」聲，通假也沒問題，有問題的是若將「復盤戰」解釋作「重新建立（因）戰敗而受損傷的軍隊之方法」，則如此一來此與「復敗戰」無差別〔註1112〕。「復盤戰」即在「盤戰」大敗之後，要在讓軍隊重新整頓的方法。

〔註1105〕 見何琳儀：《戰國古文字典》，（北京：中華書局，1998年），頁680。

〔註1106〕 馬承源主編：《上海博物館藏戰國楚竹書（四）》，（上海：上海古籍出版社，2004年12月），頁276。

〔註1107〕 淺野裕一：〈上博楚簡〈曹沫之陳〉的兵學思想〉，簡帛研究網，（2005年9月25日），網址：http://www.jianbo.org/admin3/2005/qianyeyuyi001.htm。

〔註1108〕 邴尚白：〈上博楚竹書《曹沫之陣》注釋〉，收入臺灣大學《中國文學研究》第二十一期，2006年，頁27。

〔註1109〕 朱賜麟：《曹劌之陣思想研究——及其在春秋兵學思想史上的意義》，臺灣師範大學碩士論文，2006年6月，頁56～57。

〔註1110〕 單育辰《曹沫之陳》新編聯及釋文，武漢大學簡帛網，（2007年6月3日），網址：http://www.bsm.org.cn/show_article.php?id=574。

〔註1111〕 許慎撰、段玉裁注：《說文解字注》，經韵樓藏版，（臺北市：洪葉出版社，1999年11月），頁263。

〔註1112〕 淺野裕一對「復敗戰」的解釋是「亦即三軍大敗之後重建態勢之方法。」，參淺野裕一：〈上博楚簡〈曹沫之陳〉的兵學思想〉，簡帛研究網，（2005年9月25日），網址：http://www.jianbo.org/admin3/2005/qianyeyuyi001.htm。

〔142〕、50・既戰（戰）退（復）豫（舍）

原考釋者李零以爲「讀『復豫』，疑指重整隊形。『豫』或讀爲『敘』。」〔註1113〕。

淺野裕一以爲「『復豫』表示軍隊已經打過一次仗。『復豫』表示：軍隊戰敗後從戰場撤退而回到行軍隊形。」〔註1114〕。

「復舍」應是屯駐營寨之意，《國語・晉語六》：「欒武子曰：『昔韓之役，惠公不復舍』」，可參。

〔143〕、50・虖（號）命（令）

原考釋者李零隸定作「虖」讀爲「號」〔註1115〕，陳劍從之〔註1116〕。

陳斯鵬讀作「呼」〔註1117〕。

佑仁案：本簡字從「介」、「虍」聲，「介」旁應當是「乎」聲訛變而來。無論讀作「號」或是「呼」，其實都有依據，而《說文》也云：「號，呼也。从号，从虎。」〔註1118〕，可見「呼」、「號」二字音義本來就相近。「號」字匣紐、宵部，「呼」字則曉紐、魚部，看似音韻都不同，但楚簡中通假之例證很多，如「唬」字可以讀作「號」，也可以讀作語助詞「乎」，如《郭店・老子甲》【簡34】「終日虖（號）而不憂，和之至也。」，又《上博（三）・周易》簡38「啻虖」今本作「惕號」，【簡39】「忘虖」今本作「无號」，【簡42】「若虖」讀「若號」，「虖」即讀「號」；而《信陽》【簡1.011】「不云（？）虖」，劉雨〔註1119〕、何琳儀〔註1120〕、李零〔註1121〕都讀作「乎」，可見△字讀作「號」、「呼」都可。

〔註1113〕馬承源主編：《上海博物館藏戰國楚竹書（四）》，（上海：上海古籍出版社，2004年12月），頁276。

〔註1114〕淺野裕一：〈上博楚簡〈曹沫之陳〉的兵學思想〉，簡帛研究網，（2005年9月25日），網址：http://www.jianbo.org/admin3/2005/qianyeyuyi001.htm。

〔註1115〕馬承源主編：《上海博物館藏戰國楚竹書（四）》，（上海：上海古籍出版社，2004年12月），頁276。

〔註1116〕陳劍：〈上博竹書《曹沫之陳》新編釋文（稿）〉，簡帛研究網，（2005年2月12日），網址：http://www.jianbo.org/admin3/2005/chenjian001.htm。

〔註1117〕陳斯鵬：〈上海博物館藏楚簡《曹沫之陣》釋文校理稿〉：簡帛研究網，（2005年2月20日），網址：http://www.jianbo.org/admin3/list.asp?id=1328。

〔註1118〕許慎撰、段玉裁注：《說文解字注》，經韵樓藏版，（臺北市：洪葉出版社，1999年11月），頁206。

〔註1119〕劉雨：〈信陽楚簡釋文與考釋〉，收入《信陽楚墓》，（北京市：文物出版社，1986年），頁130～131。

〔註1120〕見何琳儀：《戰國古文字典》，（北京：中華書局，1998年），頁288。

〔註1121〕李零：〈長台關楚簡《申徒狄》研究〉，簡帛研究網，（2000年8月8日），網址：http://www.jianbo.org/Wssf/Liling2-01.htm#_ftn9。

「號令」一詞古籍中甚多，如《周禮・秋官司寇》：「凡邦之大事，合眾庶，則以刑禁號令。」，《禮記・月令》：「是月也，申嚴號令。」。但金文中命令動詞作「乎」讀作「呼」則較為多見，如〈克鼎〉云：「王乎（呼）士曶召克」，〈瘨鼎〉云：「王乎（呼）虢叔召瘨，賜駒兩。」，〈南宮柳鼎〉云：「王乎（呼）作冊尹冊令柳」，上述銘文「乎」字都讀作「呼」，可見讀作「呼」或「號」皆可。因此筆者此處尊重書手的用字，因此還是將△字讀作「號」，二字都有「虎」旁〔註1122〕。

〔144〕、51・纏（繕）虘（甲）利兵

淺野裕一以為「『甲繕利兵』表示士兵的裝備或兵器損傷的狀況」〔註1123〕。

淺野裕一之說可商（另外，簡文乃「繕甲」而非「甲繕」，翻譯者恐有手民之誤），「繕甲利兵」是備戰的措施，是「明日將戰」的先行工作，應是修補甲冑、磨利兵器等工作，而非「表示士兵的裝備或兵器損傷的狀況」。《左傳・成公十六年》「子反命軍吏察夷傷，補卒乘，繕甲兵……。晉人患之。苗賁皇徇曰：『蒐乘、補卒，秣馬、利兵……，明日復戰！』」，《宋書・列傳第三十四》：「王豫州方舟繕甲，久已前驅。僕訓卒利兵，凌波電進。」，可參。

〔145〕、51上・戠（廝）毛（徒）【1】剔（佯）【2】

【1】廝徒

原考釋者李零作「戠毛」，無釋〔註1124〕。

陳劍以為「『廝徒』原未釋出。『戠』字右從『戈』，左半所從非一般的『其』字，乃『斯』之左半。此字可分析為從『斯』省聲，同時楚簡文字『斯』字常省去『斤』只作此字左半之形，故直接說為從此類省體之『斯』得聲亦未嘗不可。『毛』可讀為『徒』參看董珊《中山國題銘考釋拾遺（三則）》……『廝徒』見於《戰國策・魏策一》『蘇子為趙合從說魏王』章、《韓策一》『張儀為秦連橫說韓王』章（又《史記・蘇秦列傳》、《張儀列傳》）、《淮南子・覽冥》等。《蘇秦列傳》『廝徒十萬』正義：『謂炊烹供養雜役。』」〔註1125〕，李銳〈新編釋文〉〔註1126〕、張新俊〔註1127〕從之。

〔註1122〕筆者此字雖隸定作「虒」，但是也可以視作「虎」旁與「介」旁共用「人」形，因此△亦可從「虎」。

〔註1123〕淺野裕一：〈上博楚簡〈曹沫之陳〉的兵學思想〉，簡帛研究網，（2005 年 9 月 25日），網址：http://www.jianbo.org/admin3/2005/qianyeyuyi001.htm。

〔註1124〕馬承源主編：《上海博物館藏戰國楚竹書（四）》，（上海：上海古籍出版社，2004年 12 月），頁 277。

〔註1125〕陳劍：〈上博竹書《曹沫之陳》新編釋文（稿）〉，簡帛研究網，（2005 年 2 月 12 日），網址：http://www.jianbo.org/admin3/2005/chenjian001.htm。

〔註1126〕李銳：〈《曹劌之陣》釋文新編〉，簡帛研究網，（2005 年 2 月 25 日），網址：http://www.

陳斯鵬將文句釋爲「旗戈宅度」〔註1128〕，又於博論中指出「『宅』讀爲『度』，『度傷』意爲審察我方將士的傷勢。」〔註1129〕。

白于藍讀作「戕宅」〔註1130〕。

淺野裕一隸定作「旗旄傷亡」，主張「『戕尾』二字從文章脈絡解釋爲『旗旄』。」又云「『旗旄傷亡』表示連軍旗都破損的狀況。」〔註1131〕。

佑仁案：「斯」字《郭店·性自命出》、《上博·性情論》中大量出現，《郭店·六德》、《郭店·語叢三》、《上博（一）·孔子詩論》亦有其字〔註1132〕，《郭店·性自命出》【簡25】「斯」字作，原整理者以爲「此句『斯』字原省去『斤』旁」〔註1133〕，《孔子詩論》【簡12】亦有△字作，原考釋者馬承源隸定作「斯」，以爲「『斯』讀作『斯』，字形從斤從異，可能爲『斯』字變形，『斯』從『其』，『其』爲箕形，楚簡文『斯』字有寫作『斯』之例。」〔註1134〕，鄭玉姍以爲「『斯』字目前僅見於戰國楚系文字，即『斯』字。《郭店簡》中『斯』寫爲『斯』，如（郭.15.17）、（郭.11.25），或減省『斤』旁寫作（郭.11.34）、（信陽.2.017）。〈孔子詩論〉簡12（）、27（），上博〈性情論〉14、15（）、39亦見此字，皆讀作『斯』。」，甚確，戰國楚系文字，「斯」作（郭·語叢三·17）、（孔子詩論·12），或省「斤」旁作（郭.11.34）、（信陽.2.017），可參。

「斯」字早在〈信陽2.207〉簡中就已經出現，字作，徐在國、黃德寬隸定作「異」，釋爲「斯」〔註1135〕。李家浩早期是釋作「虞」〔註1136〕，後來《性自命出》

jianbo.org/admin3/2005/lirui002.htm。

〔註1127〕張新俊：《上博楚簡文字研究》，吉林大學博士論文，2005年6月，頁34。

〔註1128〕陳斯鵬：〈上海博物館藏楚簡《曹沫之陣》釋文校理稿〉：簡帛研究網，（2005年2月20日），網址：http://www.jianbo.org/admin3/list.asp?id=1328。

〔註1129〕參陳斯鵬：《戰國簡帛文學文獻考論》之第四節「戰國簡帛散文文本校理舉例之二——《曹蔑之陣》校理」，中山大學博士學位論文，2005年6月。

〔註1130〕白于藍：〈上博簡《曹沫之陳》釋文新編〉，簡帛研究網，（2005年4月10日），網址：http://www.jianbo.org/admin3/2005/baiyulan001.htm。

〔註1131〕淺野裕一：〈上博楚簡〈曹沫之陳〉的兵學思想〉，簡帛研究網，（2005年9月25日），網址：http://www.jianbo.org/admin3/2005/qianyeyuyi001.htm。

〔註1132〕見《郭店·六德》【簡42】，《郭店·語叢三》【簡17】，皆讀爲「斯」。

〔註1133〕荊門市博物館編：《郭店楚墓竹簡》，（北京市：文物出版社，1998年），頁183，注25卜。

〔註1134〕馬承源主編：《上海博物館藏戰國楚竹書（一）》，（上海：上海古籍出版社，2001年11月），頁142。

〔註1135〕黃德寬、徐在國：〈郭店楚簡文字考釋〉，吉林大學古籍整理研究所編：《吉林大學古籍整理研究所建所十五周年紀念文集》，（長春：1998年，吉林大學出版社），頁105。

〔註1136〕李家浩：〈包山266號簡所記木器研究〉，《國學研究》第2輯，（北京：北京大學出

發表後以爲「原文寫法與郭店楚墓竹簡《性自命出》中的省去『斤』旁的『斯』字相同。……現在看來此字應該釋爲『斯』。」﹝註1137﹞，可見「斯」字的正確釋讀，是郭店簡所帶來的契機。

　　就《殷周金文集成》來看，「斯」字最早是出現在西周晚的〈禹鼎〉，字作▨，《金文編》摹作▨﹝註1138﹞，西周晚〈函皇父盤〉「其」字正作▨，「斯」從「其」正確。但其實「斯」字春秋晚期就出現了，春秋晚的〈叔尸鐘〉作▨、▨、▨、▨，前二字例還保留「其」旁，但上半已有開始類化作「▨」的現象，後二字已省「其」旁的「𠀠」形，直接類化作「▨」，不過「▨」形兩端仍保留「𠀠」旁的特色，同時出土的〈叔尸鎛〉字形也作▨、▨，與〈叔尸鐘〉後二形同。就字形上看，除「斯」字外，「其」字沒有演變成「▨」形的現象，因此陳霖慶往「聲化」的角度思考是很有洞見的看法﹝註1139﹞。若就楚簡中的形體，因爲楚文字的形構常類化作「▨」，如「萬」、「毀」、「異」、「齒」、「臼」等，但從金文「斯」字字形上看，「丌」旁上的部件應只有「臼」或「齒」兩個可能，我們已說過，單字或偏旁的「其」字，除「斯」字外並無此種形態的演變，則「斯」字的訛變應屬聲化，換言之，「齒」、「臼」二字孰與「斯」古音相近，則「斯」字所從者應是此字。據陳新雄師上古音的擬測，「斯」匣紐、之部，「齒」則是透紐、之部，「臼」則是心紐、覺部，「斯」、「齒」聲近韻同，匣、透二紐雖不同，但古音通假之例古籍有之﹝註1140﹞，「斯」、「臼」二字聲韻皆不同，則「斯」從「齒」聲應可從﹝註1141﹞。

　　「戠」字原簡作▨，與一般楚系「斯」字不同，陳劍以爲字從「斯」省從戈，筆者以爲這種可能性存在，但也必須考慮另一個可能，即「斤」、「戈」皆爲武器之屬，故可視爲偏旁更易。

　　　　版社，頁233。亦收入李家浩著：《著名中年語言學家自選集・李家浩卷》，（合肥市：安徽教育出版社，2002年），頁233。

﹝註1137﹞見李家浩：〈包山266號簡所記木器研究〉，文末之補正。李家浩著：《著名中年語言學家自選集・李家浩卷》，（合肥市：安徽教育出版社，2002年），頁257。

﹝註1138﹞容庚：《金文編》，（北京：中華書局，2004年8月），頁926。

﹝註1139﹞陳霖慶文中雖無直接點出「聲化」二字，但他以爲「斯」字從「齒」音，其實已有聲化的概念。不過，他以爲「臼」匣紐幽部、「斯」心紐支部、「齒」透紐之部，而主張「而支幽旁轉，是以斯與齒聲遠而韻可通，釋楚系的『斯』形構可理解爲『從丌從斤從齒』。」，但是「支幽旁轉」乃「臼」與「斯」的韻部關係，不足以證「斯」從「齒」聲，故此處可能是手民之誤。見陳霖慶：《郭店性自命出暨上博性情論綜合研究》，臺灣師範大學碩士論文，2003年6月，頁212。

﹝註1140﹞黃焯：《古今聲類通轉表》，（上海：上海古籍出版社，1983年6月），頁34。

﹝註1141﹞蒙蘇建洲學長提醒，最早釋「斯」從「齒聲」者，當爲何琳儀先生，《戰國古文字典》，（北京：中華書局，1998年），頁176。

「厇」字原簡字作（字），字從厂、乇聲。中山侯鍼有（字）字，文例爲「▽眾」，各家舊釋爲「厥」，董珊以爲當釋作「乇」，讀作「徒眾」，其云：「古音『徒』、『乇』聲母都是透母，韻母爲魚、鐸二部陽入對轉，例可相通。戰國燕系戈、矛銘文例有『乇鋸（戟）』、『乇矛』，齊國兵器銘文也常見『徒戈』、『徒戟』，可見『乇』當讀爲『徒』，『徒鋸（戟）』、『徒戈』是指此件兵器配置給步兵。這是中山侯鍼之『乇』讀爲『徒』的佳證。」〔註1142〕，本簡△字陳斯鵬、白于藍都將「厇」釋作「宅」，其實也有依據。《說文》：「宅，人所托尻也。從宀，乇聲。（字），古文宅。（字），亦古文宅。」〔註1143〕，而我們知道「宀」、「广」、「厂」其實都是互通的，不過以嚴式隸定的標準而言，字實從「厂」而不從「宀」。

陳劍據此以爲「斯厇」應讀作「廝徒」，正確可從，簡文中「斯厇」負責炊爨之事，參下一條「剔」字考釋。

【2】剔

原考釋者李零讀「傷」，無說〔註1144〕，陳劍〔註1145〕、陳斯鵬〔註1146〕、白于藍〔註1147〕等從之。

李銳〈新編釋文〉以爲「『廝徒』從陳劍先生釋，陳先生還指出：《蘇秦列傳》『廝徒十萬』正義：『謂炊烹供養雜役。』。『煬』，原釋文讀爲『傷』，今改讀爲『煬』。《莊子・寓言》：『煬者避竈』，陸德明《釋文》：『煬，炊也。』『以』，原釋文隸定爲『亡』，似即『以』字。今將上下文重新點讀，大意似說炊烹者準備好豐盛的食糧，讓爲前行士兵們在行列飽餐。」〔註1148〕。

邴尚白以爲「『廝徒煬』，簡文原作『欺厇傷』。『廝徒』從陳劍之釋，『煬』從李

〔註1142〕 董珊：〈中山國題銘考釋拾遺（三則）〉，收入安平秋等編：《北京大學中國古文獻研究中心集刊》第四輯，（北京：北京大學出版社，2004年10月），頁345～346。

〔註1143〕 許慎撰、段玉裁注：《說文解字・注》，經韵樓藏版，（臺北市：洪葉出版社，1999年11月），頁341。

〔註1144〕 馬承源主編：《上海博物館藏戰國楚竹書（四）》，（上海：上海古籍出版社，2004年12月），頁277。

〔註1145〕 陳劍：〈上博竹書《曹沫之陣》新編釋文（稿）〉，簡帛研究網，（2005年2月12日），網址：http://www.jianbo.org/admin3/2005/chenjian001.htm。

〔註1146〕 陳斯鵬：〈上海博物館藏楚簡《曹沫之陣》釋文校理稿〉：簡帛研究網，（2005年2月20日），網站：http://www.jianbo.org/admin3/list.asp?id=1328。

〔註1147〕 白于藍：〈上博簡《曹沫之陣》釋文新編〉，簡帛研究網，（2005年4月10日），網址：http://www.jianbo.org/admin3/2005/baiyulan001.htm。

〔註1148〕 李銳：〈《曹劌之陣》釋文新編〉，簡帛研究網，（2005年2月25日），網址：http://www.jianbo.org/admin3/2005/lirui002.htm。

銳之讀。『廝徒煬』即雜役炊烹食物。」〔註1149〕，意見從李銳先生的看法。

　　「剔」字下一字李零隸定作「亡」，很自然就與△字結合成「傷亡」一詞，但是「亡」字應爲李零的誤釋，李銳釋「以」甚確，「剔」字李銳則結合陳劍對於「廝徒」的考證，以爲應讀爲「煬」訓作「炊烹供養雜役」。

　　我們先來看有關「煬」的資料，《史記・蘇秦列傳》：「廝徒十萬」，正義云「廝，音斯，謂炊烹供養雜役」〔註1150〕，又《戰國策・張儀爲秦連橫說韓王》：「料大王之卒，悉之不過三十萬，而廝徒負養，在其中矣，爲除守徼亭障塞，見卒不過二十萬而已矣。」，索隱云「冢音斯，謂雜役之賤者。負養謂負檐以給養公家，亦賤人也。」〔註1151〕，綜上可知「廝徒」確實有掌管炊烹、供養之職責。

　　「煬」字意見其他古籍，《莊子・寓言》：「舍者避席，煬者避灶。」，《釋文》云：「煬，炊也。」，玄英疏云：「然火也」〔註1152〕，又《列子・皇帝》也引及《莊子・寓言》此語，殷敬順釋文引司馬云「對火曰煬」〔註1153〕，廝徒本是處理供給的人員，「煬」則指炊煮食物之義。

　　雖然廝徒以「炊釁」爲事，但若將本簡中的「剔」釋作「煬」，筆者以爲於文句中並不適切，故主張讀「剔」爲「佯」，「易」、「羊」聲系都是定紐陽部，二聲系通假情況古籍、出土文獻都非常多，此不贅述。結合文例而言，此處言廝徒佯裝以盤戰方式前進，不要懈怠，也勿使敵軍懷疑。

〔146〕、51上・㠯（以）【1】盤邊（就）行【2】

【1】以盤

　　原考釋者李零隸定作「亡」〔註1154〕。

　　李銳隸定作「以」，以爲：「『以』，原釋文隸定爲『亡』。據釋文所附黑白照片，當爲『以』字，彩色放大圖版疑有技術故障。」〔註1155〕。從圖版來看，李銳之說

〔註1149〕邴尚白：〈上博楚竹書《曹沫之陣》注釋〉，收入臺灣大學《中國文學研究》第二十一期，2006年，頁27。

〔註1150〕瀧川龜太郎：《史記會注考證》，（臺北：萬卷樓，1996年10月），頁903。

〔註1151〕參繆文遠：《戰國策新校注》，（四川：巴蜀書社，1992年5月），頁937。

〔註1152〕見宗福邦等主編：《故訓匯纂》，（北京：商務印書館，2004年3月），頁1365，「煬」字第16條。

〔註1153〕見宗福邦等主編：《故訓匯纂》，（北京：商務印書館，2004年3月），頁1365，「煬」字第17條。

〔註1154〕馬承源主編：《上海博物館藏戰國楚竹書（四）》，（上海：上海古籍出版社，2004年12月），頁277。

〔註1155〕李銳：〈《曹劌之陣》釋文新編〉，簡帛研究網，（2005年2月25日），網址：http://www.jianbo.org/admin3/2005/lirui002.htm。李銳：〈《曹劌之陣》重編釋文〉，簡帛研究網，

無可疑，且「以」字屬下讀。

單育辰讀作「以返」〔註1156〕。

「以」字原簡彩色照片作「」，字是「以」字仍清晰可辨，李銳之說可信，而此字上接「剔」，加上△字確實與「亡」形似，很容易就聯想成「傷亡」。

【2】就行

原考釋者李零釋作「盤邊行□人」以爲「含義不明。」〔註1157〕。陳劍釋作「盤就行」〔註1158〕，陳斯鵬〔註1159〕、李銳〔註1160〕從之。

淺野裕一以爲「『槃就行』表示槃存在於撤退的軍中。可能意味著，將損傷的部隊（槃）補充到『行』，進而恢復戰力。」〔註1161〕。

邴尚白以爲「『以盤就行』的『以』，原誤釋爲『亡』從上讀，李銳改釋爲『以』從下讀。此句含義不明，待考。《吳子‧治兵》有『五鼓就行』，不知是否相關。」〔註1162〕。

此處「以盤就行」之「盤」，應與「復盤戰」之「盤」意義相同〔註1163〕，本問句既是討論「復盤戰」之義，而此爲曹沫回答之語中惟一一次出現的「盤」字，必與「復盤戰」之「盤」有十分密切的關係，這是顯而易見的道理。但是淺野解釋「復盤戰」之「盤」作「瘢」，以爲乃「意味著傷痕」，而本處的「盤」卻解釋成「槃存」〔註1164〕，二者似乎矛盾。

（2005 年 5 月 27 日），網址：http://www.jianbo.org/admin3/2005/lirui003.htm。

〔註1156〕單育辰〈《曹沫之陳》新編聯及釋文〉，武漢大學簡帛網，（2007 年 6 月 3 日），網址：http://www.bsm.org.cn/show_article.php?id=574。

〔註1157〕馬承源主編：《上海博物館藏戰國楚竹書（四）》，（上海：上海古籍出版社，2004 年 12 月），頁 277。

〔註1158〕陳劍：〈上博竹書《曹沫之陳》新編釋文（稿）〉，簡帛研究網，（2005 年 2 月 12 日），網址：http://www.jianbo.org/admin3/2005/chenjian001.htm。

〔註1159〕陳斯鵬：〈上海博物館藏楚簡《曹沫之陣》釋文校理稿〉：簡帛研究網，（2005 年 2 月 20 日），網址：http://www.jianbo.org/admin3/list.asp?id=1328。

〔註1160〕李銳：〈《曹劌之陣》釋文新編〉，簡帛研究網，（2005 年 2 月 25 日），網址：http://www.jianbo.org/admin3/2005/lirui002.htm。

〔註1161〕淺野裕一：〈上博楚簡〈曹沫之陳〉的兵學思想〉，簡帛研究網，（2005 年 9 月 25 日），網址：http://www.jianbo.org/admin3/2005/qianyeyuyl001.htm。

〔註1162〕邴尚白：〈上博楚竹書《曹沫之陣》注釋〉，收入臺灣大學《中國文學研究》第二十一期，2006 年，頁 28。

〔註1163〕關於此點李零在「盤戰」一詞的注釋下已有如此推測，參馬承源主編：《上海博物館藏戰國楚竹書（四）》，（上海：上海古籍出版社，2004 年 12 月），頁 276。

〔註1164〕淺野裕一：〈上博楚簡〈曹沫之陳〉的兵學思想〉，簡帛研究網，（2005 年 9 月 25 日），網址：http://www.jianbo.org/admin3/2005/qianyeyuyi001.htm。

「就行」一詞古籍中偶見，但與軍事有關者，僅見《吳子・治兵》：「一鼓整兵，二鼓習陳，三鼓趨食，四鼓嚴辨，五鼓就行。」一條，齊光云：「就行：進入行列，就，開始進入，到。行，行列」〔註 1165〕，李增杰以爲「就行」乃「各隊官兵進入大軍行列」〔註 1166〕，可參。

〔147〕、52・【1】母（毋）忞（怠）【2】

【2】

　　原考釋者李零以爲「讀『殆』，這裡是狐疑猶豫的意思。」〔註 1167〕。

　　陳劍讀作「怠」〔註 1168〕，邴尚白從之〔註 1169〕。

　　佑仁案：「殆」確實有「懷疑」之義〔註 1170〕，但用於本處似不妥，筆者以爲「無△」應從陳劍讀作「無怠」，並連貫上一簡的文義讀作「將量爲之無怠」，亦即即在工作各自分配目標後，則就應全力以赴無懈怠。

〔148〕、52・母（毋）思（使）民矣（疑）

　　原考釋者李零以爲「讀『疑』。此句似指毋啓民疑。」〔註 1171〕。

　　李零讀「矣」作「疑」正確可信，前文「廝徒伴」與此處「勿使民疑」意義正合。

〔149〕、52・迨（及）尔【1】龜籤（筮）【2】，皆曰『勑（勝）之』【3】

【1】迨

　　原考釋者李零隸定作「迨尔龜籤」，以爲「讀作『及尔龜策』，疑指用龜策占卜。」〔註 1172〕。

〔註 1165〕 齊光註：《吳起兵法今譯》，（香港：中華書局，1982 年），頁 51。
〔註 1166〕 李增杰著：《吳子注譯析》，（廣州市：廣東高等教育出版社，1986 年），頁 78。
〔註 1167〕 馬承源主編：《上海博物館藏戰國楚竹書（四）》，（上海：上海古籍出版社，2004年 12 月），頁 278。
〔註 1168〕 陳劍：〈上博竹書《曹沫之陳》新編釋文（稿）〉，簡帛研究網，（2005 年 2 月 12 日），網址：http://www.jianbo.org/admin3/2005/chenjian001.htm。
〔註 1169〕 邴尚白：〈上博楚竹書《曹沫之陣》注釋〉，收入臺灣大學《中國文學研究》第二十一期，2006 年，頁 28。
〔註 1170〕 見宗福邦、陳世鐃、蕭海波主編：《故訓匯纂》，（北京：商務印書館，2003），頁1189，「殆」字下，第 18～21 等條。
〔註 1171〕 馬承源主編：《上海博物館藏戰國楚竹書（四）》，（上海：上海古籍出版社，2004年 12 月），頁 278。
〔註 1172〕 馬承源主編：《上海博物館藏戰國楚竹書（四）》，（上海：上海古籍出版社，2004年 12 月），頁 278。

　　禤健聰以爲：「『🔣』當爲『筮』。『龜筮』一詞，文獻習見。」〔註1173〕。

　　佑仁案：「迟」通「及」，「及爾」詩經出現很多次，類似「與爾」之義。《詩經‧國風‧衛風》：「及爾偕老，老使我怨。」，又《毛詩‧國風‧邶風》：「德音莫違，及爾同死。」，余培林師以爲「及爾同死，謂我當與爾同生共死」〔註1174〕，又如陸機《贈馮文羆遷斥丘令》「及爾同林，雙情交映。」，晉陸機《祖會太極東堂詩》：「帝謂御事，及爾同歡」亦是此用法。「及爾龜策，皆曰勝之」即爲戰事占卜，所得都是吉兆，我軍將勝。

【2】龜

　　「龜」本簡「龜」字作🔣，戰國文字「龜」、「黽」二字甚近〔註1175〕，但比對《郭店‧緇衣》簡46「龜」字作🔣，字形與△正合。

　　「筮」字原簡字作🔣，从竹、啻聲，讀作「筮」，筆者懷疑△字中間的「帝」，有可能是從「筮」字的「巫」旁所聲化而來。【簡51】「啻」字作🔣，讀作「敵」，李零的隸定正確，比對字形可知△即從「啻」無誤。其實此字早在望山一號墓中就有，望一【簡77】有「🔣」字，下添合文符號，文例爲「南方又敓與▽見」，原考釋者另定作「啻」，以爲「此句疑當讀爲：『☑南方又（有）敓（祟）與啻（禘），啻（禘）見……』」〔註1176〕，已將「口」旁上之偏旁解爲「啻」。袁國華師以爲「從『🔣』、『🔣』等字字形考察，字當從『帝』省從口的啻字。惟拙意則認爲字右下之『＝』符號，不是重文符，應爲『合文』符，從字的形構觀察，『🔣』字似可讀作『青帝』二字。〔註1177〕」，程燕隸定作「啻」，以爲「尚待研究」〔註1178〕。張光裕以爲乃「青帝」之合文，以爲「從字的構形來看，『🔣』字確有可能是『啻』字，惟字右下之『＝』符號，不是重文符，應是合文符；若將『啻』字作合文看待，則『啻＝』即係『青』、『啻』或『帝』二字合文，無論隸定作『青帝』或『青啻』，皆應讀作『青帝』」〔註1179〕，袁國華師

〔註1173〕禤健聰：〈關於《曹沫之陣》的「🔣」字〉，簡帛研究網，（2005年3月4日），網址：http://www.jianbo.org/admin3/2005/xuejiancong001.htm。
〔註1174〕參余培林師：《詩經正詁》，（臺北：三民書局，2005年2月），頁70。
〔註1175〕參季旭昇師：《說文新證（下冊）》，（臺北市：藝文印書館，2004年11月），頁226～227。
〔註1176〕湖北省文物考古研究所、北京大學中文系編：《望山楚簡》，（北京市：中華書局，1995年），頁98，〔注69〕下。
〔註1177〕見袁國華師：〈江陵望山楚簡「青帝」考〉，原載《華學》第五輯，（廣州市：中山大學出版社，2001年12月），頁141。亦收入張光裕編著、袁國華師合著：《望山楚簡校錄》，（臺北市：藝文印書館，2004年12月），頁37。
〔註1178〕參程燕：《望山楚簡文字研究》，安徽大學碩士學位論文，2002年5月，頁8。
〔註1179〕見張光裕編著、袁國華師合著：《望山楚簡校錄》，（臺北市：藝文印書館，2004年12月），頁25。

之說可從。

　　不過，此字在楚簡中常讀作「筮」，如郭店《緇衣》【簡 45～46】正有兩例與△相似的字形，文例為：「子曰：『宋人有言曰：人而無恒，不可為卜▽1 也。』其古之遺言歟？龜▽2 猶弗知而況於人乎？」，▽1、▽2 字形分別作 **夢**、**喜**，對照今本《禮記‧緇衣》可知▽1 即「筮」，郭店原考釋者即隸定作「簪」讀作「筮」〔註 1180〕，▽2 易「竹」旁為「卜」旁，原考釋者也讀作「筮」〔註 1181〕。禤健聰在一文中以為△1「字形體較奇特，但據上下文義及與傳世本對照，為筮字無疑。張守中先生等撰集《郭店楚簡文字編》隸作 **筌**，可能是把該字竹下口上的部分看作是巫的異體。此字如嚴格隸定，似應為『筌』。郭店《緇衣》簡 16 有『**曾**容有常』，黃德寬先生、徐在國先生謂上部為『帝』字之省訛，字當釋為『適』，至確。此適字上部與上字中部形近，可證。啻，審紐錫部，筮，禪紐月部。兩字聲韻皆較近，或可相通。」不過也指出「可能也是楚系文字『筮』字的特殊寫法。」〔註 1182〕，劉釗以為「『簪』即『筮』字繁文。『书』乃『筮』字異體」〔註 1183〕。鄒濬智贊同原考釋者的說法，以為字從「巫」〔註 1184〕，比對今本緇衣可知讀作「筮」是正確的，另外我們再來看該字出現在偏旁中寫法。

　　此字也亦見包山簡中作 **餘**（包 2‧82）、**餘**（包 2‧118）、**餘**（包 2‧132）、**餘**（包 2‧137 反），包山原整理者對字之左半偏旁只摹出字形〔註 1185〕，滕壬生將字隸定作「餘」〔註 1186〕，劉信芳隸定作「餘」讀作「舒」，以為乃「『舒』之異構，簡 132『餘慶』，簡 135 反作『舒慶』。或隸定為『餘』，李零先生為該字應立訂為『餘』……按李說是。」〔註 1187〕，學者釋作從「巫」，正確可從，「筮」字的初形應從「巫」無誤，我們來看一下「巫」字的演變情形，《說文》：「筮，易卦用蓍也，從竹巫，巫古文巫。」〔註 1188〕，西周中〈史懋壺〉「筮」字作「**圖**」，《金文編》摹作「**筮**」〔註 1189〕，

〔註 1180〕荊門市博物館編：《郭店楚墓竹簡》，（北京市：文物出版社，1998 年），頁 131。
〔註 1181〕荊門市博物館編：《郭店楚墓竹簡》，（北京市：文物出版社，1998 年），頁 131。
〔註 1182〕禤健聰：〈讀楚簡零識〉，簡帛研究網，（2003 年 1 月 3 日），網址：http://www.jianbo.org/Wssf/2003/xuanjianchong01.htm。
〔註 1183〕劉釗：《郭店楚簡校釋》，（福州：福建人民出版社，2003 年 12 月），頁 67。
〔註 1184〕鄒濬智：《《上海博物館藏戰國楚竹書（一）‧緇衣》研究》，臺灣師範大學碩士論文，2004 年 6 月，頁 150。
〔註 1185〕湖北省荊沙鐵路考古隊編：《包山楚簡》，（北京市：文物出版社，1991 年），頁 22。
〔註 1186〕滕壬生：《楚系簡帛文字編》，（武漢：湖北教育出版社，1995 年 7 月），頁 84。
〔註 1187〕劉信芳：《包山楚簡解詁》，（臺北市：藝文印書館，2003 年元月），頁 79～80。
〔註 1188〕許慎撰、段玉裁注：《說文解字注》，經韵樓藏版，（臺北市：洪葉出版社，1999 年 11 月），頁 193。
〔註 1189〕容庚：《金文編》，（北京：中華書局，2004 年 8 月），頁 296。

「巫」字〈西洲早・巫觶〉作🔲，〈西周晚・齊巫姜簋〉作🔲可見「筮」字即从巫。侯碼盟書字作🔲（156：22），而楚文字則常於「巫」字下添「甘」旁作🔲（望一卜）、🔲（天卜），另外楚系的「巫」字也有類化而與「帝」字上半相同的部件，如包山🔲（包2・118）字，劉信芳隸定作「𧥾」十分正確，其左旁與🔲（望一卜）幾乎同形，另外又見「巫」下添「口」旁作「𤲅」者，如🔲（包2・82）、🔲（包2・132）、🔲（包2・137反），此三例字形劉信芳也咸隸作「𧥾」〔註1190〕，但字形上已與一般楚系「巫」字有異。而新蔡簡「巫」字作🔲（甲三：15、60），於「巫」字左、右兩邊添兩豎筆，其實字形已開始有所演變。就偏旁來看，新蔡簡从「巫」的「筮」字作🔲（甲三：114、113/籌）、🔲（甲三：189）、🔲（乙四：59）、🔲（零：448），但也可以作🔲（甲三：72），此四字原考釋者賈連敏隸作「筮」或「簭」，咸讀爲「筮」，🔲字之文例爲「𦎫之大彤▽爲君貞」，🔲字文例爲「應嘉以衛侯之▽爲平夜君」（甲三：114、113），二字文例類似，咸是「筮」字無誤。但是🔲字形體與楚簡「帝」字從之部件近似，楚系帝字🔲（子羔・12）、🔲緇衣・4、🔲（簡大王泊旱・簡6/「上帝」合文）、🔲（簡大王泊旱・簡11），字形都與「帝」字上半部件相同。又九店楚簡【簡102】有個從「啻」省之字，字作「🔲」〔註1191〕，袁國華師摹作「🔲」，以爲「字當從『帝』省從『口』的『啻』字」〔註1192〕，而「🔲」與🔲十分相近。筆者以爲△字本應爲「筮」字（「筮」字添「竹」頭者西周中〈史懋壺〉已見），而其「巫」旁聲化作「帝」，「啻」、「筮」在上古音上的關係，褚健聰已經留意〔註1193〕，就陳新雄師的古音系統而言，「啻」乃透紐、錫部，「筮」乃定紐、月部，聲母都是舌頭音，韻部爲「月錫旁轉」〔註1194〕，可證。

而《曹沫之陣》本簡字作🔲，嚴格的隸定應作「簭」，讀作「筮」，「帝」應是「巫」聲化而來，而「帝」聲完全保留，不若望1【簡77】有「🔲」字已有簡省。

「龜筮」亦即占卜之工具，古籍習見，《尚書・大禹謨》：「鬼神其依，龜筮協從，卜不習吉。」，《禮記・表記》：「子曰：『君子敬則用祭器，是以不廢日月，不違龜筮。』」，《六韜・龍韜》：「怯弗敢擊而待龜筮。士卒不募（勇）而法鬼神。」

〔註1190〕參劉信芳：《包山楚簡解詁》，（臺北市：藝文印書館，2003年元月）。

〔註1191〕湖北省文物考古研究所、北京大學中文系編：《九店楚簡》，（北京市：中華書局，2000年），頁24。

〔註1192〕張光裕編著、袁國華師合著：《望山楚簡校錄》，（臺北市：藝文印書館，2004年12月），頁37。

〔註1193〕褚健聰：〈讀楚簡零識〉，簡帛研究網，（2003年1月3日），網址：http://www.jianbo.org/Wssf/2003/xuanjianchong01.htm。

〔註1194〕參陳新雄師：《古音研究》，（臺北市：五南書局，2000年11月），頁460。

【3】勝之

陳斯鵬指出「『剩』字諸家均讀『勝』，舊稿亦然。今頗疑當讀『乘』。《戰國策·韓策二》：『公戰勝楚，遂與公乘楚，易三川而歸。』鮑彪注：『乘，因取之也。』又《東周策》：『公進兵，秦恐公之乘其弊也，必以寶事公；公中慕公之爲己乘秦也，亦必盡其寶。』鮑注：『乘，謂因而攻之。』簡文此處『乘』正用是義。」〔註1195〕。

陳斯鵬的意見於文句中可通，但考慮楚文字中「車乘」之「乘」多作「輡」，如〈容成氏〉簡14、51（兩處）都作「輡」，而「剩」則多讀作「勝」，〈曹沫之陣〉亦都如此，故本處「剩」字仍以讀作「勝」爲佳。

〔150〕、52·改鬃（冒？）【1】尔（爾）【2】皷（鼓）【3】

【1】鬃

「鬃」字原考釋者李零僅摹出原形未隸定，以爲「『改　』，待考。」〔註1196〕。

陳劍以爲「榖（？作？）」〔註1197〕，對字形考釋保留懷疑。

陳斯鵬隸定作「祚」讀作「作」〔註1198〕。於其博論中又云「字從『作』從『示』，應是『祚』之繁構，此讀爲『作』」〔註1199〕。

李銳〈新編釋文〉隸定作「榖」讀作「作」，「隸定從陳劍先生，陳斯鵬先生亦讀爲『作』。」〔註1200〕。

禤健聰釋作「榖」，以爲「此字上部所從，與楚簡的『乍』字形體差異較大，與同篇『乍』字寫法區別明顯，所釋可疑。細審原簡，其上部乃左從『尸』，右半則是互不連屬的三彎畫，各自與『尸』相接。」，並以爲郭店《成之聞之》簡22有　字，文例作「唯▽不單稱德」，禤健聰以爲▽與△字「上部所從極肖，當爲一字。」，並云：「郭店簡《成之聞之》『唯B不單稱德』，乃引自《尚書·君奭》，對應文句爲『惟冒丕單稱德』。對於B字，學者解釋不一，……李零先生釋『旒』，謂『像旗旒，應

〔註1195〕 參陳斯鵬：《戰國簡帛文學文獻考論》之第四節「戰國簡帛散文文本校理舉例之二——《曹蔑之陣》校理」，中山大學博士學位論文，2005年6月。

〔註1196〕 馬承源主編：《上海博物館藏戰國楚竹書（四）》，（上海：上海古籍出版社，2004年12月），頁278。

〔註1197〕 陳劍：〈上博竹書《曹沫之陣》新編釋文（稿）〉，簡帛研究網，（2005年2月12日），網址：http://www.jianbo.org/admin3/2005/chenjian001.htm。

〔註1198〕 陳斯鵬：〈上海博物館藏楚簡《曹沫之陣》釋文校理稿〉：簡帛研究網，（2005年2月20日），網址：http://www.jianbo.org/admin3/list.asp?id=1328。

〔註1199〕 參陳斯鵬：《戰國簡帛文學文獻考論》之第四節「戰國簡帛散文文本校理舉例之二——《曹蔑之陣》校理」，中山大學博士學位論文，2005年6月。

〔註1200〕 李銳：〈《曹劌之陣》釋文新編〉，簡帛研究網，（2005年2月25日），網址：http://www.jianbo.org/admin3/2005/lirui002.htm。

即『旐』字，借讀爲『冒』（『冒』是明母幽部字，『旒』是來母幽部字，讀音相近）』。諸家雖眾說紛紜，但多認爲 B 與對應傳世文獻的『冒』互爲通假，當是。以字形來看，似以李零先生『旗旒』之說爲是。B 字之形，正像古代旌旗飄帶類下垂飾物，將之看作『旒』或『旄』（『旄』是明母宵部字，與『冒』讀音也相近）等的象形古體當大致不差。」，因此以爲△字从「⿱」，亦讀作「冒」，文例作「冒鼓」，褘氏其云：「准此，A 可讀爲『冒』，則從 A 得聲的 B 字也可讀爲『冒』。『冒鼓』一詞見於《周禮》，《考工記・韗人》：『凡冒鼓，必以啓蟄之日，良鼓瑕如積環。』鄭注：『啓蟄孟春之中也，蟄蟲始聞雷聲而動，鼓所取象也。冒，蒙鼓以革。』簡文『改冒爾鼓』，意即改換戰鼓的皮革。其字從『示』，則『冒鼓』大概是一種與祭祀有關的儀式，此與《考工記》所述『啓蟄之日』云云及簡文所稱『及而龜筮，皆曰勝之』均相合。先以勝利之卜穩定軍心，繼而改換戰鼓的皮革，以示新氣象，鼓舞士氣。」〔註1201〕。邴尚白從之〔註1202〕。

李銳從〈重編釋文〉從褘健聰之說，但以爲「然此字如何隸定，還有待研究。」〔註1203〕。

淺野裕一隸定作「祕」，以爲「『改祕爾鼓，乃失其服』可能意味著，如果因爲戰敗而隱藏用於突擊信號的鼓，那以後士兵便會不服從。『⿱』尚未被隸定，故筆者將它隸定爲『祕』，解釋爲閉、閟的意思。」〔註1204〕。

朱賜麟以爲「字釋讀爲『作』，乃以聲符推之，參之文意，可從。『改作尔鼓』，意爲重新調整鼓聲與變換陣法；但『尔』字應讀爲爾汝之『爾』，爲第二人稱指代詞。」〔註1205〕。

　　佑仁案：首先，△字的上半偏旁亦見郭店簡中，學者已有熱烈的討論，因此我們先從此字談起。《郭店・成之聞之》【簡22】字作⿱，原考釋者僅摹出原形，並引今本《尚書・君奭》作「惟冒丕單稱德」，對△字未進行考釋，裘錫圭按語也無說明

〔註1201〕褘健聰：〈上博楚簡釋字三則〉，簡帛研究網，（2005年4月15日），網址：http://www.jianbo.org/admin3/2005/xuejiancong002.htm。

〔註1202〕邴尚白：〈上博楚竹書《曹沫之陣》注釋〉，收入臺灣大學《中國文學研究》第二十一期，2006年，頁28～29。

〔註1203〕李銳：〈《曹劌之陣》重編釋文〉，簡帛研究網，（2005年5月27日），網址：http://www.jianbo.org/admin3/2005/lirui003.htm。

〔註1204〕淺野裕一：〈上博楚簡〈曹沫之陳〉的兵學思想〉，簡帛研究網，（2005年9月25日），網址：http://www.jianbo.org/admin3/2005/qianyeyuyi001.htm。

〔註1205〕朱賜麟：《曹劌之陣思想研究——及其在春秋兵學思想史上的意義》，臺灣師範大學碩士論文，2006年6月，頁57。

〔註 1206〕。這個字很多學者都有討論，都認爲字應爲今本《尙書》的「冒」字的假借字，但解釋的意見則非常的分歧，依時間先後將學者們的意見整理如下：

一、張光裕將《成之聞之》字隸定作「𠥓」，釋作「髦」字且加「？」符，表示尙存疑。〔註 1207〕

二、周鳳五以爲此即「鳥」字，主張「楚簡文字『鳥』作𩿀，見於合體字之偏旁𩿀（《包山楚簡》七〇）、𩿀《曾侯乙簡》一三八），此字省去左上筆畫，即得簡文奇詭之形。鳥，古音端母幽部；冒，明母幽部，二字可通。」〔註 1208〕，將字釋作「鳥」讀作「冒」。

三、何琳儀以爲：「『彪』原篆作𠥓，省『虍』旁。與『處』省作『尻』形頗爲相似。今本《書·君奭》以『冒』爲『彪』屬假借。《史記·匈奴列傳》『善爲誘兵以冒敵』，《漢書·匈奴傳》『冒』作『包』。《易·蒙》『包蒙』，釋文作『苞蒙』，鄭云『苞當作彪』。可資旁證。此字或可釋爲『髟』，與『冒』讀音亦近。」〔註 1209〕。

四、李零以爲「原作『𠥓』，像旗旒，應即『旒』字，借讀爲『冒』。（『冒』是明母幽部字，『旒』是來母幽部字，讀音相近）。」〔註 1210〕。

五、廖名春以爲字「『於』字《郭店楚墓竹簡》未識出，今本作『冒』。此字與簡 24 的『於』字雖略有差別，但與《天星觀楚簡》的『於』字非常相似。當爲『於』字無疑。疑此『於』字乃『㫃』字之訛，因爲『於』字從『㫃』，『㫃』字一加飾筆，就寫成了『㫃』。『㫃』通『倝』。《說文·倝部》：「倝，日始出，光倝倝也。從旦，㫃聲。」而『倝』通『乾』。《說文·乙部》：『乾，上出也。從乙。乙，物之達也。倝聲。』『乾』從倝聲，而『倝』從㫃聲，故『㫃』可通『乾』。『乾』有健、勉義。《周易·乾》卦九三爻辭：『君子終日乾乾，夕惕若，厲，无咎。』孔穎達《正義》：『終日乾乾，言每恒終竟此日，健健自強，勉力不有止息。』以『健健自強，勉力』訓『乾乾』。孫星衍曰：『冒与懋聲相近，又通勖，勉也。』『乾』與『冒』義同，故

〔註 1206〕荊門市博物館編：《郭店楚墓竹簡》，（北京市：文物出版社，1998 年），頁 167。

〔註 1207〕見張光裕主編、袁國華師合著：《郭店楚簡研究》，（臺北市：藝文印書館，1999 年，元月），頁 412。

〔註 1208〕周鳳五：〈郭店楚簡識字雜記〉，張以仁先生七秩壽慶論文集編輯委員會編：《張以仁先生七秩壽慶論文集》，（臺北市：臺灣學生書局，1999 年），頁 357s。

〔註 1209〕何琳儀：〈郭店竹簡選釋〉，《文物研究》，總第 12 輯，1999 年 12 月，頁 201。又見何琳儀：〈郭店竹簡選釋〉，《簡帛研究 2001》，（桂林市：廣西師範大學出版社，2001 年），頁 164。

〔註 1210〕李零：《郭店楚簡校讀記》，（北京：北京大學出版社，2002 年 3 月），頁 124。該說法又見李零：〈郭店楚簡校讀記〉，《道家文化研究》，第十七輯，頁 514。

可通用。本字當從楚簡作『扴』。」〔註1211〕，廖名春的解讀略爲複雜，他將字釋作「於」，而「於」乃「扴（軏）」之訛，「軏」則與「冒」音通。

六、湯餘惠、吳良寶以爲「該字應釋爲『髟』。商周時期的甲骨及金文中有『髟』字，作 <img>、<img>、<img> 等形，林澐先生釋爲『髟』至確。拿楚簡中的『髟』字與之相比較，可知省略了人手部分，又將頭髮部份下移（上引第二形《髟莫父乙觚》已有先例）。」〔註1212〕。

七、張靜以爲「楚簡文字中，『攸』有省去『攴』者，如『緻』作 <img>（包山牘1），『攸』作 <img>（包山牘1）。故 <img>（9.22）可看作『攸』之省文。」〔註1213〕

八、劉釗以爲「『髟』字象人長髮飄然狀，讀爲『冒』。古音『髟』在幫紐幽部，『冒』在明紐幽部，聲爲一系，韻部相同，於音可通。」〔註1214〕，李守奎隸定作「彡」〔註1215〕。

九、劉桓以爲「應釋爲扴，甲骨文 <img>（族）或作 <img>（《甲骨文編》卷七·五），可證 <img>、<img> 皆扴字。」〔註1216〕，其的意見與廖名春之說近似，但劉桓逕從甲骨文的「扴」字立論，與廖名春的看法有異。

原簡字作「<img>」，禤健聰以爲字形上半偏旁所從即《郭店·成之聞之》【簡22】之 <img>，這個觀點相當敏銳。《成之聞之》的字原考釋者僅引證「惟冒丕單稱德」一語，也不敢斷定「<img>」字即「冒」的假借字，而該字學者的說解眾說紛紜，實見此字的困難程度。

我們重新來檢視各家之說，「<img>」字周鳳五以爲是楚文字「鳥」的省去左上筆畫，可是楚系「鳥」字作 <img>（郭·老甲·33）、<img>（天策/鵝），可見字形與「鳥」尚有距離，也非省形即可以近似，另外「冒」字明紐、「鳥」字端紐，前者唇音，後者舌頭音，二字聲紐不可謂近，則此說證據尚待補足。何琳儀以爲是「彪」省「虍」旁，如同「處」亦常省「虍」旁而作「处」，將右半偏旁視爲「彡」，何琳儀這個說法很具啓發性，但是亦有待商之處，金文「處」字從人、從几、從虍，「几」、「虍」都是

〔註1211〕廖名春：〈郭店楚簡引《書》論《書》考〉，武漢大學中國文化研究院編：《郭店楚簡國際學術研討會論文集》，（武漢市：湖北人民出版社，2000年），頁119。

〔註1212〕見湯餘惠、吳良寶：〈郭店楚簡文字拾零（四篇）〉，《簡帛研究2001》（上），（桂林市：廣西師範大學出版社，2001年），頁201。

〔註1213〕張靜：《郭店楚簡文字研究》，安徽大學博士論文，2002年5月，頁136〜137。

〔註1214〕劉釗：《郭店楚簡校釋》，（福州：福建人民出版社，2003年12月），頁146。

〔註1215〕李守奎：《楚文字編》，（上海：華東師範大學出版社，2003年12月），頁540。

〔註1216〕劉桓：〈讀〈郭店楚墓竹簡〉札記〉，收入李學勤、謝桂華主編：《簡帛研究2001》，（桂林市：廣西師範大學出版社，2001年），頁67。

昇符，「人」旁又常加「止」形，作 🔣（《牆盤》）、🔣（《瘨》）、🔣（《曶鼎》），季旭昇師以爲是「示人伏於几上休息之義」〔註1217〕甚是，而「處」字又常省「虍」聲而成从人（或「尸」）从几之「凥」，如 🔣（鄂君啓車節）、🔣（包2.3），如果以此角度來思考「彪」字「虎」旁訛作「人（或「尸」）」是有可能的，只是問題在「彪」字右旁的「彡」，「彪」字楚文字作 🔣（包2.35），其「彡」旁作兩斜筆，又同从「彡」之「尨」字作 🔣（秦·13.2）、🔣（郭·窮·3/愳），亦从兩斜筆，與△字作三筆不同，且這兩斜筆的筆勢與 🔣、🔣 的形態都不同，釋作「彪」恐須進一步證成，反倒是何琳儀所提出「或可釋爲『髟』，與『冒』讀音亦近」的障礙較少，關於此點下文再討論。李零主張應釋作「旐」字但沒有說明，證據力恐較薄弱，「旐」即「斿」的異體，「斿」字楚文字作 🔣（天卜）、🔣（常·M1）、🔣（包·7），字與△不似，而「旐」定紐、幽部，「冒」明紐、幽部，聲紐亦不近。

廖名春以爲即「於」字加一飾筆，並云「當爲『於』字無疑」，對於釋作「於」的意見相當篤定，但可惜證據力也稍弱〔註1218〕。張靜以包山簡字爲證，以爲△字乃「攸」之省文，他所舉的「條」作「🔣」與「攸」作「🔣」，字例都確實从攴省，但是它們與△字所从右旁，其筆勢與筆劃數目都不同，「攸」字的兩斜筆是由右上至左下，與「🔣」、「🔣」由左至右的筆順不同，另外「攸」字都从兩斜筆，與△从三斜筆亦不同，故△字釋作「攸」較不可信。劉桓則以爲應釋作「扑」，但是戰國文字中从「扑」的「旅」、「族」、「斾」、「旗」、「旌」等字都大量出現，其「扑」旁多作「🔣」（包2.10），劉桓以爲「甲骨文🔣（族）或作🔣（《甲骨文編》卷七·五），可證🔣、🔣皆扑字。」，劉桓用甲骨文🔣證明△字即「扑」，可是甲骨是商代晚期的材料，雖與戰國楚系△字字形可以契合，但恐怕應爲「異代同形」之例，因爲我們截至目前爲止尚未發現有从「扑」而字形近△的情況，另外覆檢《甲骨文編》卷七·五「族」字下所收共二十四字例，未有見有單字是从劉桓先生所舉的「🔣」形，不知字形所論何據〔註1219〕。另外「扑」字於楚文字中雖不見單字，但偏旁中很多如🔣（包2·47/旅）🔣（簋齋·5.18/旅）、🔣（包2·4/旅），上述諸「旅」字省略右下所从「从」形即是「扑」字，但字形與△字都有很大的距離，劉桓之說可商。

另外，上述有部分學者都將△字釋作「髟」字，我們統一於此討論。最早主張

〔註1217〕季旭昇師：《説文新證（下冊）》，（臺北市：藝文印書館，2004年11月），頁249。

〔註1218〕關於此點，陳靖欣已有說明。參陳靖欣：《郭店楚簡·敎（成之聞之）文字研究》，臺灣師範大學碩士論文，2005年6月，頁215。

〔註1219〕中國社會科學院考古研究所編輯：《甲骨文編》，（北京市：中華書局，2004年1月），頁291。

△字與「髟」有關的學者是張光裕，張光裕隸定作「𠤐」，釋作「髦」字且加「？」符，表示尚存疑〔註1220〕。何琳儀也以為「字或可釋為『髟』」〔註1221〕，湯餘惠、吳良寶更是直接指出其與金文「髟」字的關係，並且指出「將頭髮部份下移（上引第二形《髟莫父乙觚》已有先例）」〔註1222〕，甚確。李守奎隸定作「仯」釋作「髟」，恐會被誤認為從「彡」，嚴格而言直接逕釋作「髟」較佳，△字季旭昇師即收入「髟」字下〔註1223〕。

關於「髟」字的初形本義，林澐以為「𠤐」即「髟」〔註1224〕，季旭昇師以為「《說文》釋為『从長彡』，從『長』可以示髮長，從『彡』強調髮長森森，變象形為會意。當然，我們也可以把『彡』形看成是『𠤐』字髮形後部斷開所形成的部件。」〔註1225〕，從字形上看釋作「髟」確實較佳，且湯餘惠、吳良寶已指出〈髟末父乙觚〉之「🖤」字「彡」旁以下移至人之背部，甚確。而楚簡「𠤐」、「𠤐」也只是將手的「又」旁省略而已，這種省略「又」旁的寫法早在甲骨文中就有，如🖤（商・乙1556）、🖤（商・合・14295）等，而這一系的寫法在金文中也未消失如🖤（西周晚・大克鼎）、🖤（春秋・師麻斝叔鼎），一直到戰國楚系的「𠤐」、「𠤐」也只是承其源而已。另外，《曹沫之陣》書手習慣將「人」旁寫作「尸」旁，簡文的例證非常多，如「尻」（簡14、簡24）、「居」（簡11）、佢（簡17、簡18）等字，原本都從「人」，但簡文都從「尸」，可見△字從髟從示，其「人」旁書手改易作「尸」旁，從這個角度更可以確認郭店簡「𠤐」字左半從「人」應是正確的看法，而「人」形也能與甲骨文「髟」字相合。

《成之聞之》的「髟」字及《曹沫之陣》學者都不逕釋作「冒」字，甚確，《曹沫之陣》【簡60】即有「冒」字作🖤，可見與「冒」字無關。

〔註1220〕見張光裕主編、袁國華師合著：《郭店楚簡研究》，（臺北市：藝文印書館，1999年，元月），頁412。

〔註1221〕何琳儀：〈郭店竹簡選釋〉，《文物研究》，總第12輯，1999年12月，頁201。又見何琳儀：〈郭店竹簡選釋〉，《簡帛研究2001》，（桂林市：廣西師範大學出版社，2001年），頁164。

〔註1222〕見湯餘惠、吳良寶：〈郭店楚簡文字拾零（四篇）〉，《簡帛研究2001》（上），（桂林市：廣西師範大學出版社，2001年），頁201。

〔註1223〕季旭昇師：《說文新證（下冊）》，（臺北市：藝文印書館，2004年11月），頁68～69。

〔註1224〕參林澐：〈說飄風〉，《林澐學術文集》，（北京：中國大百科出版社，1998年12月），頁31～34。

〔註1225〕季旭昇師：《說文新證（下冊）》，（臺北市：藝文印書館，2004年11月），頁68～69。

另外，禤健聰或以爲該字應是從「旍」，新蔡【簡甲三：362】有「￼」字，原考釋者賈連敏隸定作「￼」〔註1226〕，張清俊有不同的意見，他隸定作「毻」，以爲「古文字中迄今爲止尙未見到『旍』字，所以將 B（案：即￼字）字釋作『旍』，並不可信。……新蔡楚簡中的 B 字，是在『髟』字的基礎上，追加『毛』作爲聲符，又加『土』爲義符。」〔註1227〕，其實「旍」字見〈師遽簋〉作「￼」，字形與新蔡或上博的△字都與差異頗大。不過，新蔡簡此字上半殘泐，人旁的手臂部份也殘缺，是否即從『髟』，其實還有合理的懷疑空間。

另外，天星簡有一￼字，文例爲「吳之▽軒」，《楚系簡帛文字編》置入「旆」字〔註1228〕，字或有可能從『髟』，待考。

簡文「髳鼓」的讀法，目前僅有禤健聰提出「冒鼓」的說法，筆者認同，「冒」即覆蓋鼓面的動作，《易・繫辭上》：「冒天下之道」，韓康伯注云：「冒，覆也。」，冒鼓文例古籍夥見，如《周禮》「凡冒鼓，必以啓蟄之日。」，而「冒鼓」所使用的目前所見有可用鼉皮及兕皮，「鼉皮」者如《史記・李斯列傳》集解引鄭玄注月令云：「鼉皮可以冒鼓。」，《史記・司馬相如列傳》：「其中則有神龜蛟鼉」，正義：「郭注山海經云：『蛟，似蛇而四腳，小頭細頸，有白嬰，大者數十圍，卵生，子如一二斛瓮，吞人。鼉，似蜥蜴而大，身有甲，皮可以冒鼓。』」，又《山海經・中山經》「多鼉」，郭璞注云：「似蜥易，大者長二丈，有鱗彩，皮可以冒鼓。」。「兕皮」者如《資治通鑑・唐紀》：「兕，角重百斤，身重千斤，黃帝得之，以其皮冒鼓，聲震百里。」，可參。

不過，禤健聰以爲「簡文『改冒爾鼓』，意即改換戰鼓的皮革。其字從『示』，則『冒鼓』大概是一種與祭祀有關的儀式，此與《考工記》所述『啓蟄之日』云云及簡文所稱『及而龜筮，皆曰勝之』均相合。先以勝利之卜穩定軍心，繼而改換戰鼓的皮革，以示新氣象，鼓舞士氣。……『乃失其備』是指使敵對方缺乏防備。」〔註1229〕，筆者之說有其道理。

淺野裕一將字隸定爲「祕」，解釋爲閉、閟，此說很有啓發性，但△字上半與楚系「必」字差異不小，其說可商。

【2】尔

〔註1226〕參河南省文物考古研究所：《新蔡葛陵楚墓》，（鄭州：大象出版社，2003 年 10 月），頁 200。

〔註1227〕張清浚：〈新蔡葛零簡楚墓竹簡文字補正〉，《中原文物》，2005 年第 4 期，頁 84。

〔註1228〕參滕壬生：《楚系簡帛文字編》，（武漢：湖北教育出版社，1995 年 7 月），頁 570。

〔註1229〕禤健聰，〈上博楚簡釋字三則〉，簡帛研究網，（2005 年 4 月 15 日），網址：http://www.jianbo.org/admin3/2005/xuejiancong002.htm

李銳以爲「此處『尔』字義同『其』。」〔註1230〕，待考。

【3】鼓

原考釋者李零隸定作「鼓」，以爲「『鼓』是中軍之帥用以指揮作戰的重要工具，如果失去，則三軍不知所從，故曰『乃遊亓（其）備（服）。』」〔註1231〕。

「鼓」字原簡字作🔣，其「壴」旁上訛變作「△」，「鼓」字的甲骨、金文作🔣（乙編・6111）、🔣（佚・106）、🔣（克鐘）、🔣（王孫誥鐘）、🔣（鄴鐘）等形，楚文字作🔣（孔子詩論・14）、🔣（柬大王泊旱・9），「壴」旁上半所從繼承甲金文的樣貌，演變至楚文字時，字形已近似「屮」形，楚文字「屮」字寫法如🔣（天卜/英）、🔣（包2.193/青）、🔣（帛乙・1.32/卉），可見「鼓」字「壴」旁確實訛變作「屮」形，一直演變到小篆作「🔣」，這也是何以許慎誤以爲「壴」從「屮」的原因〔註1232〕。但是，楚文字中我們看到少數不從「屮」形的「鼓」字，如包山簡作🔣（包2.95）《楚系簡帛文字編》摹作「🔣」〔註1233〕，李守奎釋作「鼓」，嚴式隸定作「數」〔註1234〕，《包山楚簡》原整理者及劉信芳都逕釋作「鼓」〔註1235〕，「鼓」下一字爲「🔣」，從壴、兆聲，即《說文》「鞀」字或體之「鼗」，可知包山「鼓鼗」二字都從壴。《周禮・春官宗伯》云：「小師：掌教鼓鼗。」，可知包山簡文例清楚，隸定正確無誤。如果我們仔細檢視二字，即可發現其「壴」旁上半都從「午」，如果「午」旁僅見「鼓」字，則或可解釋作聲化的現象，「鼓」見紐、魚部，「午」疑紐、魚部，聲紐都是舌根音，韻部都是魚部字，古音相近。而「鼗」字從「兆」聲，「壴」旁只表義。

本簡的「鼓」字作🔣，「壴」上從「△」，《曹沫之陣》【簡61】「喜」字作🔣，其與一般楚文字「壴」形的寫法相同，而🔣則訛變作「△」，如此一來其左旁正與甲骨文中的「食」字作🔣（乙編・1115）、🔣（乙・6386反）、🔣（甲・2121）等形體相若，是「異代同形」的例證之一。楚文字「食」字最普遍的寫法是🔣（秦M99），但亦有下從「口」形者，如作🔣（大府敦/饋）、🔣（郭・語三・56/飲），《曹沫之陣》

〔註1230〕李銳：〈《曹劌之陣》重編釋文〉，簡帛研究網，（2005年5月27日），網址：http://www.jianbo.org/admin3/2005/lirui003.htm。

〔註1231〕馬承源主編：《上海博物館藏戰國楚竹書（四）》，（上海：上海古籍出版社，2004年12月），頁278。

〔註1232〕《說文解字》云：「壴，陳樂立而上見也。从屮从豆。凡壴之屬皆从壴。」，參許慎撰、段玉裁注：《說文解字注》，經韵樓藏版，（臺北市：洪葉出版社，1999年11月），頁207。

〔註1233〕見滕壬生：《楚系簡帛文字編》，（武漢：湖北教育出版社，1995年7月），頁389。

〔註1234〕參李守奎：《楚文字編》，（上海：華東師範大學出版社，2003年12月），頁200。

〔註1235〕湖北省荊沙鐵路考古隊編：《包山楚簡》，（北京市：文物出版社，1991年），頁22。劉信芳：《包山楚簡解詁》，（臺北市：藝文印書館，2003年元月），頁90。

簡 11 即有作「![字]」者，字下半正从「口」，但是筆者未見「口」形還添橫筆者，因此△應非「食」字無誤。

本簡「鼓」字寫作从「仝」似僅是書手個人的書寫風格，「仝」字從紐、緝部，與「壴」字古音差距很大，而楚文字的「午」若省其中間的豎筆即成「仝」字，因此筆者懷疑其與「![字]」類寫法有關。

「改冒爾鼓」即改易不同的鼓皮，讓敵軍防備不及。

〔151〕、52·乃遊（失）【1】亓（其）【2】備【3】

【1】遊

原考釋者李零以爲「『鼓』是中軍之帥用以指揮作戰的重要工具，如果失去，則三軍不知所從，故曰『乃遊亓（其）備（服）。』」，將「失」解釋作「失去」〔註1236〕。

李銳讀「乃秩其（旗）服」，訓「遊」爲「秩」，他在【簡 31】「失車甲」一詞中，也將「失」解作「秩」，其云：「疑讀爲『秩』，《說文》：『秩，積也。』下同。」〔註 1237〕。

「失」透紐、質部，「秩」定紐、質部，聲紐均爲舌頭音，韻部相近，有通假的條件。但是一般而言，楚簡多用「遊」爲「失」字，《曹沫之陣》簡文都當「失」字用，若此處要改讀爲「秩」，恐須更強而有力的証明。

【2】其

李銳讀作「乃秩其（旗）服」，以爲「今讀『其』爲『旗』，與『鼓』相應。」〔註 1238〕。

「其」字據本字讀即可，似不必再讀作「旗」。

【3】備

原考釋者李零以爲「『鼓』是中軍之帥用以指揮作戰的重要工具，如果失去，則三軍不知所從，故曰『乃遊亓（其）備（服）。』」〔註 1239〕。

〔註 1236〕馬承源主編：《上海博物館藏戰國楚竹書（四）》，（上海：上海古籍出版社，2004年 12 月），頁 278。

〔註 1237〕李銳：〈《曹劌之陣》重編釋文〉，簡帛研究網，（2005 年 5 月 27 日），網址：http://www.jianbo.org/admin3/2005/lirui003.htm。

〔註 1238〕李銳：〈《曹劌之陣》重編釋文〉，簡帛研究網，（2005 年 5 月 27 日），網址：http://www.jianbo.org/admin3/2005/lirui003.htm。

〔註 1239〕馬承源主編：《上海博物館藏戰國楚竹書（四）》，（上海：上海古籍出版社，2004年 12 月），頁 278。

陳劍「服」字據本字讀〔註1240〕。

禤健聰以爲「『備』似可讀爲準備之『備』，『乃失其備』是指使敵對方缺乏防備。一方面鼓舞己方士氣，另一方面又使對方防備鬆懈，以此增加取勝的機會，使得能夠『明日復陣，必過其所』」〔註1241〕。

本簡「其」字後一字作「<img>」，原考釋者李零已隸定作「備」，之後學者或從之或改讀作「服」，但是楚系的「備」字作<img>（天策）、<img>（天策）、<img>（郭‧成‧5）、<img>（天策）、<img>（郭‧成‧5）、<img>（郭‧緇‧41）、<img>（上博一‧緇‧9）、<img>（上博四‧昭‧1），新蔡葛陵簡出現「備」字共十次〔註1242〕，如<img>（新蔡‧甲三：81、182-1）、<img>（新蔡‧甲三：137）、<img>（新蔡‧零：219）、<img>（新蔡‧乙三：44、45），字形右下作「<img>」（即類化與「录」字字接形），這楚文字最常見的「備」字寫法，不過亦見<img>（郭‧語一‧94）、<img>（郭‧成‧3）等較特殊寫法的「備」字，有類化作「人」旁並添腳趾之形者，亦有具更大幅度的訛變者，但是上述諸例楚系「備」字，都與△字不同。最直接的是，《曹沫之陣》簡33「「備」字作<img>，字形很明顯與一般戰國楚系「備」字相同，而異於△字。

進一步看此字形體，「<img>」字左從「人」無疑義，右旁上半從「宀」，「宀」字楚文字作<img>（帛乙7.29/同）、<img>（信‧2.014/銅），可知確從「宀」。其次「<img>」字右旁下半作「<img>」，而「<img>」則是個楚文字常類化形體，如「魚」作<img>（璽347）、<img>（M2‧23）、<img>（包‧256）、<img>（天策）、<img>（郭‧語一‧5/絲），「魚」字嘴角以下的部件與△字又下偏旁正合；又如「羔」字璽印作<img>（璽彙‧3091）、<img>（璽彙‧5322）〔註1243〕，而「羔」字小篆作<img>，都與△字形合。可知，△字字形確實與「備」字形稍不類，但此處文例作「備」字可通，再尚無其他說法之前，暫從「備」字之說，以俟來者〔註1244〕。

〔註1240〕陳劍：〈上博竹書《曹沫之陳》新編釋文（稿）〉，簡帛研究網，（2005年2月12日），網址：http://www.jianbo.org/admin3/2005/chenjian001.htm。

〔註1241〕禤健聰：〈上博楚簡釋字三則〉，簡帛研究網，（2005年4月15日），網址：http://www.jianbo.org/admin3/2005/xuejiancong002.htm。

〔註1242〕見【甲一：4】、【甲一：11】、【甲三：4】、【甲三：81、182-1】、【甲三：137】、【乙一：13】、【乙一：21、33】、【乙三：44、45】、【乙四：43】、【零：219】等共十例，見參河南省文物考古研究所：《新蔡葛陵楚墓》，（鄭州‧大象出版社，2003年10月）。

〔註1243〕此二字《古璽文編》釋作「羔」，見羅福頤：《古璽文編》：（北京：文物出版社，1981年），頁87。

〔註1244〕2005年12月3日政治大學「出土簡帛文獻與古代學術國際研討會」筆者有幸能針對此問題當面請教陳劍老師，陳劍老師認爲此字與「備」確實不像，但比對上下文例此處正應是「備」，目前只能暫存字形以俟來日新材料，在此感謝陳劍老師的

李零以爲「乃失其備」應與「改冒爾鼓」同看，可參。

〔152〕52·必迤（過）亓（其）所

原考釋者李零以爲「讀『必過亓所』。」〔註1245〕。

淺野裕一以爲「『明日復陳，必過其所』可能意味著，翌日再度從『豫』回到戰
鬥隊形是必須越過前日戰敗地點之後，即比戰敗地進一步前進，進而提高士氣。」
〔註1246〕。

「迤」字从「化」聲，从「化」聲者可讀爲「禍」、「過」、「化」等字，而此處
李零、淺野裕一都讀作「過」，但「必過其所」。淺野裕一的解釋把「過」指「越過」，
把「所」解釋爲「戰敗地」，也就是軍隊要比超越戰敗地，可從。

從文例上來看，「所」字後已無字，則此「所」字無法當助詞性質，而僅能視爲
名詞，而名詞所最常用的莫過於「所在」、「處所」之義，如唐玄應《一切經音義》
卷二引《三蒼》云：「所，處也。」，《詩·小雅·出車》云：「自天子所，謂我來矣。」，
《呂氏春秋·達鬱》：「厥之諫我也，必於無人之所。」，高誘注：「所，處也。」，《史
記·周本紀》：「（武王）遂入，至紂死所。」，可參。

〔153〕、53·返（復）甘（酣）戰（戰）

原考釋者李零以爲「疑讀『酣戰』」〔註1247〕又云：「簡文述『甘戰』節甚短，
文義亦多不明。」〔註1248〕。

淺野裕一以爲讀作「復鉗戰」，主張「『甘戰』本身意思不通。所以將『甘』改
爲『鉗』字，解釋爲與箝、緘同樣爲閉的意思。『鉗戰』指怯場的士兵不敢進軍而停
止不前的狀態。於是，『復鉗戰之道』是重建由恐懼心而陷入停止狀態的軍隊之方法。」
〔註1249〕。

邴尙白以爲「銀雀山漢簡《孫臏兵法·威王問》：『勁弩趨發者，所以甘戰持久

指點。

〔註1245〕馬承源主編：《上海博物館藏戰國楚竹書（四）》，（上海：上海古籍出版社，2004
年12月），頁278。

〔註1246〕淺野裕一：〈上博楚簡〈曹沫之陳〉的兵學思想〉，簡帛研究網，（2005年9月25
日），網址：http://www.jianbo.org/admin3/2005/qianyeyuyi001.htm。

〔註1247〕馬承源主編：《上海博物館藏戰國楚竹書（四）》，（上海：上海古籍出版社，2004
年12月），頁278。

〔註1248〕馬承源主編：《上海博物館藏戰國楚竹書（四）》，（上海：上海古籍出版社，2004
年12月），頁278。

〔註1249〕淺野裕一：〈上博楚簡〈曹沫之陳〉的兵學思想〉，簡帛研究網，（2005年9月25
日），網址：http://www.jianbo.org/admin3/2005/qianyeyuyi001.htm。

也。』（簡四十六）張震澤說：『蓋勁弩趨發之士取人於百步之外，不必白刀相鬥，所以他們甘戰而不懼戰。』簡文『甘戰』的『甘』則爲形容詞，『甘戰』指戰況樂觀。後文曹沫回答說：『必愼以戒，如將弗克』，一定要謹愼、戒備，好像將會不能戰勝一樣。又說：『毋冒以陷』，不要冒進、貪功而陷敵，這些正是戰局佔上風，而軍隊樂戰時應注意之事。《吳子・論將》：『戒者，雖克如始戰。』可參看。」〔註1250〕。

朱賜麟以爲「『甘戰』，意爲戰局樂觀有利」〔註1251〕。

佑仁案：我們先來看淺野裕一的意見，他將「甘戰」讀作「鉗戰」，「鉗」字溪紐、談部，「甘」字見紐、談部，音韻皆近，通假可通，但是筆者未見「鉗戰」一詞出現於古籍，恐須更多資料證成。再來，邴尚白非常敏銳地從《孫臏兵法・威王問》【簡46】之「甘戰」一詞爲本處問題找到了相關的材料，《曹沫之陣》與《孫臏兵法》等二處之「甘戰」確實可能是相同的意義，文字上二處也都逕作「甘」字，但邴氏把二處的「甘戰」都解釋作「戰況樂觀」，筆者有不同意見。

首先，邴尚白所引及的銀雀山漢簡《孫臏兵法・威王問》：「勁弩趨發者，所以甘戰持久也。」，張震澤《孫臏兵法校理》一書在「所以甘戰持久也」一段下注釋云：「今按：《說苑・指武》：『必死不如樂死，樂死不如甘死』此甘字之本義也。蓋勁弩趨發之士取人於百步之外，不必白刀相鬥，所以他們甘戰而不懼戰。」〔註1252〕，很顯然他將「甘」字解作「甘心」、「甘願」之「甘」〔註1253〕，是以邴尚白引用張震澤此條說法以證「甘戰」應爲「戰況樂觀」，恐怕與張氏原意不同。其實，回歸孫臏兵法「甘戰」一詞，無論解作「甘願」或「戰況樂觀」都不妥，此處「甘」應讀作「酣」，「酣」字匣紐、談部，「甘」字見紐、談部，二字聲近、韻同，《說文》解「酣」字爲「从酉、甘聲」〔註1254〕，可見二字音近有假借的條件，「酣戰」即戰鬥處於激烈的狀態，《韓非子・十過》：「酣戰之時，司馬子反渴而求飲，豎穀陽操觴酒而進之。」又〈飾邪〉云：「酣戰而司馬子反渴而求飲」，杜甫〈丹青引〉：「褒公鄂公毛髮動，英姿颯爽來酣戰。」，《薛仁貴征遼事略》：「仁貴遂卸盔祖甲酣戰，遼兵稍退。」，又可作「戰酣」如《淮南子・覽冥訓》：「魯陽公與韓構難，戰酣日暮，援

〔註1250〕邴尚白：〈上博楚竹書《曹沫之陣》注釋〉，收入臺灣大學《中國文學研究》第二十一期，2006年，頁29。

〔註1251〕朱賜麟：《曹劌之陣思想研究——及其在春秋兵學思想史上的意義》，臺灣師範大學碩士論文，2006年6月，頁57。

〔註1252〕張震澤：《孫子兵法校理》，（臺北市：明文書局，1985年），頁40。

〔註1253〕《玉篇・甘部》：「甘，心快意也，樂也。」，參《宋本玉篇》，（北京：中國書店，1983年，9月），頁185。

〔註1254〕許慎撰、段玉裁注：《說文解字注》，經韻樓藏版，（臺北市：洪葉出版社，1999年11月），頁756。

戈而撝之，日爲之反三舍。」，又〈人間訓〉云「楚恭王與晉人戰於鄢陵，戰酣，恭王傷而休。」，可見「酣戰」一詞於戰爭中多見。

回歸銀雀山漢簡原文，「酣戰持久」即雙方激烈戰鬥了好久的一段時間，前承「勁弩趮發」一語，「勁弩」是剛勁銳利的弓箭，是古代最具頗壞力的兵器之一，賈誼〈過秦論〉云「良將勁弩，守要害之處。」，可見其重要性，「趮發」一詞見《漢書‧鼂錯傳》「官材騕發」，蘇林《漢書音義》以爲「騕，因馬騕之騕」，王引之贊同蘇林之說，以爲「騕發謂疾發也」，甚是。可見「勁弩趮發」正是象徵戰爭之「酣」。如此來看，《曹沫之陣》「甘戰」應解釋作「酣戰」，筆者以爲李零的解釋有道理。

因此「復酣戰之道」即在談論再酣戰之後，如何出兵再戰，曹沫以爲應以戒慎恐懼之心，其心就像無法克敵一樣謹慎，不要冒險攻陷，如此一來必能超越前次攻擊之處。鼓舞獎勵士兵，並且激起百姓同仇敵愾之心，這就是在酣戰後，重新復戰的方法。

另外，筆者在深思此問題時，也曾以爲簡文「甘戰」、「苦戰」似可成爲一套對比戰略，古籍中常將「苦」訓作「疾、快」，將「甘」訓作「慢、緩」，並且二字常對比使用，如《莊子‧天道篇》云：「斲輪，徐則甘而不固，疾則苦而不入。」，又《淮南子‧道應》則作「大疾，則苦而不入；大徐，則甘而不固。」，高誘注云：「苦，急意也。甘，緩意也。」可證，因此以爲「甘戰」爲「攻擊節奏較慢的戰略」，而「苦戰」即爲速戰速決之殊死戰，不過由於古籍未見「甘戰」、「苦戰」之例，是以筆者暫時讀作證據較多的「酣戰」，並將後一說置於注文之中，聊備參考〔註1255〕。

〔註1255〕「甘戰」之「甘」或可訓作「緩慢」之意，如《廣雅‧釋詁二》：「甘，緩也。」，《莊子‧天道》：「斲輪，徐則甘而不固，疾則苦而不入。」，成玄英疏：「甘，緩也。」，《淮南子‧道應篇》「大疾，則苦而不入；大徐，則甘而不固。」，何寧注云：「苦，急意也。」又「甘，緩意也。」（見何寧：《淮南子集解‧中》，（北京：中華書局，1998年10月），頁853。），另外，《易‧臨》「甘臨」，焦循章句：「甘，即甘節之甘，緩也」，「甘」訓「緩」意古籍例證甚多，可參《故訓匯纂》一書（見宗福邦、陳世鐃、蕭海波主編：《故訓匯纂》，（北京：商務印書館，2003），頁1473，「甘」字第27、28、29等條。），此不再贅引。則「甘戰」意即節奏較緩慢的進攻方式，「勁弩趮發」不必與敵人肉搏攻擊，並且輪流射擊，不斷地給予敵人攻擊，也延緩攻擊的節拍，不速戰速決，此即爲「持久」之義，《吳子》亦云：「厚其父母妻子，勸賞畏罰，此堅陳之士可與持久」，可參。再看《曹沫之陣》簡「甘戰」的內容，「必慎以戒，如將弗克」即每個攻擊的步驟都十分小心謹慎，「毋冒以陷」即不要冒進，等待最適當的攻擊契機，我們很能看出其攻擊節拍是較舒緩的，與之後的「苦戰」正是相反的攻擊型態。「苦戰」之「苦」，應訓作「急」、「疾」之義，《廣雅‧釋詁一》：「苦，急也。」，王念孫疏證：「《文選‧廣絕交論》注引《說文》云：『苦，急也。』《莊子‧天道篇》云：『斲輪，徐則甘而不固，疾則苦而不入。』《淮南子‧道應》與《莊子》同。高誘注云：『苦，急意也。甘，緩意也。』」

〔154〕、25・必【53上】遊（失）【1】車虞（甲），命之母（毋）行【2】

【1】遊

原考釋者李零隸定作「遊車虞，命之毋行」〔註1256〕。

李銳以爲「原作『佚』，疑讀爲『秩』，《說文》：『秩，積也。』下同。前文言『車輦皆弋』，此處『秩車甲，命之毋行』，當同於收兵。」〔註1257〕。

陳劍隸定作「失」以爲『『前』字原誤釋爲『失』。此字僅殘存頭部，跟本篇數見之『失』字頭部皆不同，而同於本篇同樣多見之『前』字。簡31『失』字、『前』字同見，對比之下自明。此句或可將『前』理解爲『前軍』、『前行』，或可將『前失車甲』理解爲『先前（打敗仗中）失去車甲之人』，皆即『命之毋行』的『之』字所指代者，亦即下文『思（使）（其）爲前行』者。」〔註1258〕。

李銳以爲「原作『佚』」，但筆者不見之前有此說法，原考釋者李零及李銳〈《曹劌之陣》釋文新編〉都作「失」，則此處的「原作『佚』」恐爲手民之誤。「秩」確實有積之義，但一來筆者未見文獻中有「秩車」、「秩甲」之文例，二來「秩車甲」何以即等同「收兵」，恐須更多證據。

「失」其實據本字讀即可，「失」即損害、損失。《呂氏春秋・慎大覽》：「古善

（參陳雄根標點：《新式標點廣雅疏證》十卷，（香港：香港中文大學出版社，1978年，卷一下，頁119。），「苦戰」意即節奏快速之攻擊法，也就是「速戰速決」，然而消耗戰速度快，但死傷必定慘重，因此在戰前使士兵有「必死」之決心，這是曹沫對於「苦戰」說明的重心。簡文云「收而聚之，束而厚之」即是先將剩餘的兵力全部整合匯集，之後「重賞薄刑，使忘其死而見其生」，李零以爲「似乎是獻的意思」（馬承源主編：《上海博物館藏戰國楚竹書（四）》，（上海：上海古籍出版社，2004年12月），頁279。），筆者以爲「見」有可能即「獻」之假借，「見」字見紐、元部，「獻」字曉紐、元部，聲紐相近、韻部相同，有通假的可能。利用重賞薄刑來激勵士兵的士氣，使士兵在戰前已懷必死之志，這在古籍或出土文獻中很多，如《孫臏兵法・威王問》云「夫賞者，所以喜眾，令士忘死也。」，《吳子》：「故將之所慎者五：一曰理，二曰備，三曰果，……果者，臨敵不懷生。」，《法言》云：「惠以厚下，民忘其死。」。則銀崔山《孫臏兵法・威王問》所謂的「所以甘戰持久也」，確實與《曹沫之陣》簡的「甘戰」有關，這裡的「甘」應訓作「緩」，與「持久」同意，而似非「甘心」之「甘」，或是「戰況樂觀」之意。如果「甘戰」訓作節奏較緩慢而謹慎的戰略，那麼「苦戰」最有可能是與「甘戰」相對節奏較快速的近身戰。

〔註1256〕馬承源主編：《上海博物館藏戰國楚竹書（四）》，（上海：上海古籍出版社，2004年12月），頁263。

〔註1257〕李銳：〈《曹劌之陣》重編釋文〉，簡帛研究網，（2005年5月27日），網址：http://www.jianbo.org/admin3/2005/lirui003.htm。

〔註1258〕陳劍：〈上博竹書《曹沫之陣》新編釋文（稿）〉，簡帛研究網，（2005年2月12日），網址：http://www.jianbo.org/admin3/2005/chenjian001.htm。

戰者，莎隨賣服，卻舍延尸，車甲盡於戰，府庫盡於葬。」，可見在戰爭中，車甲消耗速度之快，因此《孫子・作戰》才說「革車千乘，帶甲十萬……膠漆之材、車甲之奉，日費千金，然後十萬之師舉矣。」，《孫臏兵法・五教法》亦云：「處陣之教奚如？兵革車甲，陣之器也。」，都談到戰爭中車甲的重要性及其消耗量之大。《戰國策・燕攻齊取七十餘城》云：「故爲公計者，不如罷兵休士，全車甲，歸報燕王，燕王必喜。」，戰事激烈車甲必然損傷，欲保全車甲，是有罷戰一途。

【2】命之毋行

亦即失去車甲者，命之毋行，原地等待救援。失去戰車或冑甲者，表示其攻擊及防禦能力較薄弱，則原地等待救援「毋行」，以免又遭受進一步的攻擊。

〔155〕、31・晶＝（明日）【1】牁（將）戰（戰）【2】，思（使）爲前行【3】

【1】晶＝〔註1259〕

原考釋者李零僅畫出原形而無隸定，以爲「疑是『盟』字之省。『盟』字內含『明』、『日』，或以合文讀爲『明日』。」〔註1260〕。

朱賜麟以爲「字形上從『旦』、下從『皿』。『旦』，象日升起而出於地平線，且『旦』字又常假借作不同字義使用，此處在『旦』下增益一『皿』形符號，不知原作何解？或許日後博雅君子從其餘出土資料中，可以找到一個合理的推測。況且『明日』一詞在簡文此章中已兩見，字形皆作『明日』。而『旦日』在古文中，也是常見的成詞用語，專指拂曉天明時候。與此處復敗戰前夕，將『失車甲』的戰士聚爲一行，使爲拂曉時分突襲攻擊的前鋒，這在文意的表述上確是十分相契。春秋時代的戰爭多在事前約戰，

朝食以後進行，此處論『復敗戰』，因此所有的作爲都屬非常情況，所以不可以用『約期再戰』的常例解讀。」〔註1261〕。

佑仁案：「＝」形符號原考釋者視爲「合文符」，讀作「明日」，筆者尚未見有學者持不同意見，而比對簡文中「明日將戰」（簡51）、「明日復陣」（簡52）及古籍的用法〔註1262〕，此處讀作「明日」正確可從。但就字形上而言，△字作，而一般

〔註1259〕 此條考釋筆者曾發表於武漢大學簡帛網，參拙文：〈《上博四》箚記三則〉，武漢大學簡帛網，（2006年2月24日），網址：http://www.bsm.org.cn/show_article.php?id= 228。

〔註1260〕 馬承源主編：《上海博物館藏戰國楚竹書（四）》，（上海：上海古籍出版社，2004年12月），頁263。

〔註1261〕 朱賜麟：《曹劌之陣思想研究——及其在春秋兵學思想史上的意義》，臺灣師範大學碩士論文，2006年6月，頁55。

〔註1262〕 古籍中許多爭敘述中都有「明日將戰」之文例，如《呂氏春秋・先識覽》：「明日

楚系「皿」字作 （包・254/「蓋」字所从）、（舍志鼎/「盤」字所从），又楚系「盥」字作「」（曾・214）、（子羔・2）、（季庚子問於孔子・10）〔註1263〕，比對字形後很容易就發現△字「日」形下「皿」旁上，多了「◡」形部件，與一般「盥」字寫法稍有異，此即何以原考釋者李零此字僅摹原形而不隸定的原因。

關於「盟」字，連劭名以為「盟、盅、皿、血等字都是從一個來源派生出來的，在古代讀音接近，……這三個字（案：指盥、皿、血三字）雖然字形上的區別非常明顯，但在使用時卻常常混淆」〔註1264〕，裘錫圭進一步指出「『盟』的初文『盟』，可能本是把『盅』的表意字所从的血形改成『囧』旁而成一個異體，後來彼此才分化成兩個字」〔註1265〕，也就是說將「血」字像血塊的部件聲化作具有聲符功能的「囧」，因而分化出「盟」字。甲骨文的「血」字作 （鐵50.1），而「盟」字作 （甲・2363）、（摭續・64）、（粹・251），季旭昇師以為「囧」、「田」、「日」等形其實都是「囧」的異體〔註1266〕，正確可從。這個情況跟「明」字甲骨文作 （前7.43.2）、（後2.17.3），但其所从「田」、「日」等形部件實為「囧」字的異體相同。而「盟」字到西周金文後，「囧」旁已進一步再聲化作「明」聲，如 （西周早・魯侯爵），春秋時期這樣的寫法更是大量出現，如 （郘公華鐘）、（王孫真鐘）。楚文字中「盟」字偶作示、明聲作 （包2.211）、（包2・139背）〔註1267〕另外曾侯乙簡214作「盟」字作「」，它與《曹沫之陣》的「」，其所从的「田」形或「日」形其實都還是「囧」異體，字形上也可以逕視作乃「盟」字从「明」省聲，但是也可以直接視作「盟」，晉系 （璽彙・372），劉釗即以為是「『囧』或譌為『目』……可釋為『盟』」〔註1268〕，可見「目」形亦是「囧」的譌變。另外，

將戰，華元殺羊饗士，羊斟不與焉。」《左傳・襄公二十六》：「簡兵蒐乘，秣馬蓐食，師陳焚次，明日將戰。」」杜佑《通點》引此言，並於「師陳焚次」下云：「次，舍也。焚舍，示必死。」又《後漢紀・光武皇帝紀卷第五》：「弇欲以疲步兵，明日將戰」。

〔註1263〕《季庚子問於孔子》簡10之字形，季旭昇師已釋作「盟」。參季旭昇師：〈上博五芻議（上）〉，武漢大學簡帛網（http://www.bsm.org.cn），2006年2月18日。

〔註1264〕參連劭名：〈甲骨刻辭中的血祭〉，收入《古文字研究》第十六輯，中華書局1989年，頁49～66。

〔註1265〕參裘錫圭：〈釋殷盧卜辭中的 等字〉，收入《第二屆國際中國古文字學研討會論文集：香港中文大學三十周年校慶》，香港中文大學中國語言及文學系，1993年，頁80。

〔註1266〕參季旭昇師：《說文新證（上冊）》，藝文印書館2002年10月，頁553～554。

〔註1267〕李守奎以為乃「盟之異體」，參李守奎《楚文字編》，華東師範大學出版社2003年12月，頁432。

〔註1268〕劉釗：《古文字構形研究》，吉林大學博士論文1991年，頁518。

（子羔‧2），陳劍以爲「此字或爲从日『皿』聲之字，或者就是『盉（盟）』字異體，皆以音近而讀爲『明』。」〔註1269〕，何琳儀以爲「原篆作🔲，《考釋》釋『溫』。其實，『溫』上本從『囚』形，與此字不類。按，當釋『上囧下皿』，即『盟』之初文。簡文中可讀『明』。」〔註1270〕，季旭昇師直接隸定作「盉」，以爲『盟』字本從皿囧聲，戰國楚文字或省作『🔲』（《曾》214），其上省作『田』形，在省則作『日』形，與本簡此字相同」〔註1271〕。其實《曹沫之陣》的△字所從的「日」形也應是「囧」的訛變。

　　戰國文字的的「盉（盟）」字下半多從「皿」，如🔲（子羔‧2）、🔲（王子午鼎）、🔲（邾公鈺鐘），但「盉」既然從「血」字所分化出來，則「皿」、「血」關係必然非常親近，因此我們也可以發現「盉（盟）」字從「血」這一系的形體，並且這一系的形體從西周早期到篆文，一直保留在古文字中，如🔲（西周早‧魯侯爵）、🔲（春秋‧邾公華鐘）、🔲（石鼓文）、🔲（秦‧詛楚‧湫淵），另外大徐本《說文解字》「盉」字作🔲（古文）、🔲（篆文）、🔲（籀文）字都從「血」〔註1272〕，可見此系形體一直沒有中斷，而這些從「血」的字形很有可能是要保留「歃血爲盟」的意義〔註1273〕。換言之《曹沫之陣》△字「日」（「囧」之訛）形下的偏旁（即「🔲」），有可能即是「血」字，這也是本文要思考的方向。

　　在此之前，先談古文字中「血」、「皿」在偏旁中的替換問題。古文字中偏旁從「血」者常可換作從「皿」，如「卹」字本從「血」作🔲（邾公華鐘）、🔲（追簋），但亦可從「皿」作🔲（追簋蓋）、🔲（追簋）。另外，本從「皿」者也可以換作從

〔註1269〕陳劍：〈上博簡《子羔》、《從政》篇的拼合與編連問題小議〉，簡帛研究網，（http://www.jianbo.org），2003年1月9日。

〔註1270〕何琳儀：〈滬簡二冊選釋〉，簡帛研究網，（http://www.jianbo.org），2003年01月14日。

〔註1271〕季旭昇師主編：《上海博物館藏戰國楚竹書（二）‧讀本》，萬卷樓2003年7月，頁32。

〔註1272〕參（漢）許慎撰、徐鉉校定：《說文解字》，中華書局2003年1月，第142頁。但《說文》小篆、古文、籀文這些字形段玉裁都改作從「皿」，並有聲符作用，但參照前引金文字形，可知從「血」亦是有其依據的。因此季旭昇師以爲「段注一律改爲『皿』，似可不必」。參許慎撰、段玉裁注：《說文解字注》，經韵樓藏版，洪葉出版社1999年11月，第317～318頁；見季旭昇師：《說文新證（上冊）》，藝文印書館2002年10月，頁554。

〔註1273〕學者們或許會質疑這些少數從「血」的「盉（盟）」字，可能僅是「皿」、「血」偏旁替換的結果，而不必要說成是爲保留「歃血爲盟」之義，但是正如連劭名與裘錫圭的主張，「血」、「皿」用法常混，又「盉」乃「血」字所分化，是以筆者不將這些從「血」之「盉（盟）」僅視作單純偏旁替換的結果。

「血」，如「盍」字本从「皿」作■（大府盍），但也可从「血」作■（王子盍）。
又如「盤」字作■（西周晚・虢季子白盤）、■（天卜），但也可从「血」作■（春
秋晚・沇兒鎛）、■（包・167）。

　　而戰國楚系「血」字的寫法，有把血塊作實心者，如■（郭・唐・11），但也
可以將血塊作橫筆如■（仰・25.29），或作稍有弧度之形如■（郭・語一・），而這
種將血塊以稍有弧度之形表示的型態，在某些偏旁中益加明顯，如「監」字信陽簡
作■（1.031），血塊以橫筆呈現，但包山簡則作■（包.277/鑑）、■（包.265），即
以弧筆表示呈現，又如從「血」之「盤」字作■（包.265/盤），亦是這種型態的呈
現，而△字所從的「■」與■（包.227/鑑）、■（包.265/監）、■（包.265/盤），
其實就是這類從弧筆形態的「血」旁，只不過《曹沫之陣》的書手將其弧筆寫得更
爲誇張而已。

【2】明日將戰

　　「明日將戰」之文例見《呂氏春秋・先識覽》：「明日將戰，華元殺羊饗士，羊
斟不與焉。」，又《左傳・襄公二十六年》：「簡兵蒐乘，秣馬蓐食，師陳焚次，明日
將戰。」〔註1274〕，即明日將再戰鬥，本簡中的概念接近「明日復戰」，其文例可見
《左傳・成公十六》云：「苗賁皇徇曰：『蒐乘、補卒，秣馬、利兵，修陳、固列，
蓐食、申禱，明日復戰！』」，《左傳・襄公二十三年》云：「明日，將復戰，期于壽
舒。」，可參。

【3】思爲前行

　　簡30亦見「思爲前行」之文例，「前行」爲軍隊的前三行，參第四章第三節第
二十八條考釋。

〔156〕、31・䐑（諜）人

　　原考釋者李零釋文作「䐑（？）」表示仍有疑議，以爲「疑同『䐑』（見《玉篇》、
《廣韻》等書），這裡疑讀爲『間諜』之『諜』」〔註1275〕。

　　陳劍以爲「此『諜人來告』云云當是出自己方之有意安排，蓋佯告以士卒敵方
傷亡慘重、不順於天命而將回師敗逃，藉以鼓舞士氣。」〔註1276〕。

〔註1274〕〔清〕阮元《校勘十三經註疏・左傳》，嘉慶廿年江西南昌府學開雕影印本，（臺
　　　　　北：藝文印書館，1993年），頁636。
〔註1275〕馬承源主編：《上海博物館藏戰國楚竹書（四）》，（上海：上海古籍出版社，2004
　　　　　年12月），頁263。
〔註1276〕陳劍：〈上博竹書《曹沫之陳》新編釋文（稿）〉，簡帛研究網，（2005年2月12日），
　　　　　網址：http://www.jianbo.org/admin3/2005/chenjian001.htm。

「賺」字見其他簡文。如▉（鄂君啟舟節）、▉（包‧138）、▉（包‧164）、▉（包‧175），包山簡138字其文例爲「大▽尹連虞」，劉信芳以爲「字從視，枼聲，讀爲『貰』。……疑『大貰尹』是管理貰貸的官員。」〔註1277〕，正確可從。本簡文字作▉，其「世」旁所从與▉（包‧164）相近。

「諜人」一詞古籍中晚出，據筆者所見要晚到《周書》列傳第二十列傳云：「孝寬深患之，乃遣諜人訪獲道恆手跡，……還令諜人送於琛營。」，又列傳第二十六云：「於是遣諜人誘說東魏城堡」，但是「諜」的使用早在先秦即已普遍，《說文‧言部》：「諜，軍中反間也。」〔註1278〕，《左傳‧宣公八年》：「晉人獲秦諜。」，陸德明釋文：「諜，間也。今謂之細作。」，《周禮‧秋官‧掌戮》：「掌戮掌斬殺賊諜而搏之。」，鄭玄注：「諜，謂姦寇反間者。」，《左傳‧桓公十二年》：「羅人欲伐之，使伯嘉諜之。」，杜預注云：「諜，伺也。」。「諜」即間諜，將其安插在敵方軍隊中，隱蔽其身分，藉以盜取軍事機密，以掌握敵軍行動，由此可見本簡「諜人」即間諜無誤。

另外，李零以爲△字疑同「睞」字，《玉篇》、《廣韻》皆釋「睞」爲「閉一目也」，二字是否爲異體關係，待考。但間諜潛伏於敵方軍隊組織以蒐集情報，故字從「見」也可以被接受。

〔157〕、32‧隶（盡）剔（傷）

原考釋者李零隸定作「剔」讀爲「傷」〔註1279〕。

「盡傷」一詞見《新書‧淮難》：「令尹子西司馬子綦皆親群父也，無不盡傷。」，《吳越春秋‧勾踐入臣外傳》：「此豈非天網四張，萬物盡傷者乎？王何喜焉？」，可參。

〔158〕、32‧載（車）【1】連（輦）【2】皆栽（𢦏）【3】

【1】載

原考釋者李零隸定作「載連皆栽」以爲「待考」〔註1280〕。

陳劍釋作「載（車）連（輦）皆栽（載）」〔註1281〕。

〔註1277〕劉信芳：《包山楚簡解詁》，（臺北市：藝文印書館，2003年元月），頁135。

〔註1278〕許慎撰、段玉裁注：《說文解字‧注》，經韵樓藏版，（臺北市：洪葉出版社，1999年11月），頁102。

〔註1279〕馬承源主編：《上海博物館藏戰國楚竹書（四）》，（上海：上海古籍出版社，2004年12月），頁263。

〔註1280〕馬承源主編：《上海博物館藏戰國楚竹書（四）》，（上海：上海古籍出版社，2004年12月），頁263。

范常喜以爲:「《說文》卷十四:𦙷 籀文車。簡文中『載』字讀爲『車』當不誤，系由重復偏旁簡省所致。『連』與『輦』可通」，認同陳劍的釋讀〔註1282〕。

淺野裕一以爲「由於『戁』是車子的籀文，所以『載連皆栽』的『載』是車子的意思。在此指以戈武裝的士兵乘坐的戰車。」〔註1283〕。

蔡丹據《曹沫之陣》之「載」字以爲「《銀雀山漢墓‧孫臏兵法》第298號簡原釋文有云『壘上弩載分』，其中『載』字從車從戈，字形與《曹沫之陣》簡三十二所見的『載』字相同。駢宇騫認爲『載』乃『戟』之別體。在銀雀山漢簡中被釋爲『載』的字共有五處，除簡298外，簡772、簡774、簡800、簡840均作載，是確切無疑的『載』字。我懷疑簡298的『載』與《曹沫之陣》中的『載』一樣，也是『車』字異體。『弩車』一詞文獻中習見，《宋史‧魏勝傳》:『列陣則如意車在外，以旗蔽障，弩車當陣門。』」〔註1284〕。

佑仁案:本簡字作「載」，《說文》云:「車，輿輪之總名。夏后時奚仲所造。象形。𦙷，籀文車。」〔註1285〕，實即籀文之省。早期不少學者都引用金文「車」字，如𦙷（孟鼎）、𦙷（九年衛鼎）之形，來反證《說文》籀文「戁」乃訛變後之字體，如方濬益乃「形似而譌或傳寫致誤」，吳大澂也以爲「𦙷古車字，象輪晉輨軔之形，或從戈非」，並舉〈毛公鼎〉、〈孟鼎〉、〈立戈父丁卣〉以證字乃應「象轅岢上曲鉤橫形」，孫詒讓也以爲「籀文從二車二戈，於形、聲皆無所取」並舉金文「車」字以證。郭沫若也以爲「說文作戁乃傳寫之誤」，高鴻縉也以爲「許書『籀文』從二戈，乃周文之鈔譌。今考甲、金文車字異體頗多。無一从戋作者。」〔註1286〕，季旭昇師以爲「《說文》籀文實宅簋（佑仁案:〈宅簋〉字作𦙷）一類字形之訛形」〔註1287〕。

除上述說法外，亦有以爲籀文字形及古文車，形體並無訛誤，目前所見金文中

〔註1281〕陳劍:〈上博竹書《曹沫之陣》新編釋文（稿）〉，簡帛研究網，（2005年2月12日），網址:http://www.jianbo.org/admin3/2005/chenjian001.htm。
〔註1282〕范常喜:〈《上博四‧曹沫之陣》「車輦皆栽（載）」補議〉，簡帛研究網，（2005年4月15日），網址:http://www.jianbo.org/admin3/2005/fanchangxi003.htm。
〔註1283〕淺野裕一:〈上博楚簡〈曹沫之陣〉的兵學思想〉，簡帛研究網，（2005年9月25日），網址:http://www.jianbo.org/admin3/2005/qianyeyuyi001.htm。
〔註1284〕蔡丹:〈上博四《曹沫之陣》試釋二則〉，武漢大學簡帛網，（2006年1月3日），網址:http://www.bsm.org.cn/show_article.php?id=168。
〔註1285〕許慎撰、段玉裁注:《說文解字‧注》，經韵樓藏版，（臺北市:洪葉出版社，1999年11月），頁727。
〔註1286〕以上方濬益、吳大澂、孫詒讓、郭沫若、高鴻縉等學者的說法，俱參自《古文字詁林》第十冊，古文字詁林編纂委員會編纂:《古文字詁林》第十冊，（上海市:上海教育出版社，2004年），頁696～699。
〔註1287〕季旭昇師:《說文新證（下冊）》，（臺北市:藝文印書館，2004年11月），頁257。

「車」从戈者見〈輚作父卣〉作，摹本作，《殷周金文集成》定時爲西周早期，何琳儀則定爲「商代」〔註 1288〕，王國維以爲「古者戈建於車上，故畫車形乃并畫所建之戈，說文車之籀文作𨏥即從此字形出。」〔註 1289〕，何琳儀也以爲「商代金文作（車卣）。从戈，从車，會戰車樹戈之意。車亦聲。據車之籀文作𨏥，知▽爲車之繁文。」，其下並舉望山「」（2.8）、「」（2.10）〔註 1290〕等字形以證。

關於上述學者將△字解爲「車」的意見，先秦戰車上配置戈可以從西周之〈交車戈〉、〈子車戈〉與戰國之〈陳豫車戈〉〔註 1291〕等器物及銘文得到證實。但是王國維、何琳儀等學者等引以爲證據的「」字，其文例爲「輚作父卣」，顯然爲一人名，則該字是否即爲「車」字，其實仍缺強而有力的証明。另外，《古陶彙編》3.116 有「」字，湯餘慧釋作「戰」〔註 1292〕。

從〈車卣〉、《曹沫之陣》【簡 32】等字其實都無法確證△即車字，不少學者都以爲《說文》「𨏥」字是字形訛誤的結果，他的說法也不是沒有理由，金文「車」字（盂鼎）、（九年衛鼎）、（宅簋），其右旁與戈近似。不過本處從文例來看讀作「車」視最理想的釋讀方式，筆者暫從之。

【2】連

原簡「連」字从辵从車，李零釋「連」〔註 1293〕，無釋。陳劍讀爲「輦」，說法正確。「輦」金文作〈輦作匕簋尊〉，《說文》「輦，輓車也。从車扶，扶在車前引之」〔註 1294〕。淺野裕一以爲「『車連』指聯繫馬和車子的繩索。」〔註 1295〕。

佑仁案：《說文・辵部》：「連，負車也。」，段玉裁《注》：「連即古文輦也。《周

〔註 1288〕見何琳儀：《戰國古文字典》，（北京：中華書局，1998 年），頁 532。
〔註 1289〕引自容庚：《金文編》，（北京：中華書局，2004 年 8 月），頁 931。
〔註 1290〕見何琳儀：《戰國古文字典》，（北京：中華書局，1998 年），頁 532。案：望山 2.10《戰典》誤植爲「2.17」，程燕〈戰國古文字點訂補〉一文亦未收，見《古文字研究》第二十三期，（北京：中華書局，2002 年 6 月）。
〔註 1291〕〈交車戈〉、〈子車戈〉、〈陳豫車戈〉分別見《殷周金文集成》第 10956 片、第 10957 片第 5272 片。
〔註 1292〕湯餘惠：《戰國文字編》，（福州：福建人民出版社），頁 937。
〔註 1293〕馬承源主編：《上海博物館藏戰國楚竹書（四）》，（上海：上海古籍出版社，2004 年 12 月），頁 263。
〔註 1294〕許慎撰、段玉裁注：《説文解字注》，經韵樓藏版，（臺北市：洪葉出版社，1999 年 11 月），頁 737。
〔註 1295〕淺野裕一：〈上博楚簡〈曹沫之陳〉的兵學思想〉，簡帛研究網，（2005 年 9 月 25 日），網址：http://www.jianbo.org/admin3/2005/qianyeyuyi001.htm。

禮·鄉師》『輂輦』，故書輦作連。」〔註1296〕，故書即鄭玄注。《管子·海王》：「行服連軺輂者，必有一斤一鋸一錐一鑿，若其事立。」，尹知章注：「連，輂名，所以載任器，人挽者。」，馬元材《管子輕重篇新詮·海王》「連軺輂」下注云：「連即輂」，而《古字通假會典》另有不少例證，此不贅引〔註1297〕。

「車輦」文例古籍中很多，《周禮·地官司徒》「以時登其夫家之眾寡、六畜、車輦」，《史記·梁孝王世家》：「然景帝益疏王，不同車輦矣。」，可參。《漢書·淮南衡山濟北王傳》：「六年，令男子但等七十人與棘蒲侯柴武太子奇謀，以輦車四十乘反谷口。」，顏師古注云：「輦車，人輓行以載兵器也。」可見「輦車」亦可載兵器之屬。

【3】栽

陳劍隸定作「栽」讀作「載」〔註1298〕。

范常喜以為「將『栽』讀為『載』卻值得商榷。我們懷疑『栽』在此處當讀為『弋』。此字卜辭中比較多見，由於此字在卜辭中可以同『𝘤（災）』字相通，所以我們傾向於將其讀作『弋』，《說文》：『弋，傷也。』，甲骨文『弋』字皆用於征伐戰爭，多指征伐行為的結果，表示征伐後的狀態，指給征伐對象造成傷亡和損失而言。」〔註1299〕。

淺野裕一以為「皆栽」指「戰車破損或顛覆而繩索斷掉，且馬和車子散亂的狀態。」〔註1300〕。

邴尚白以為：「『弋』字此義僅見於甲骨文及西周金文，是否可用來指車輛的損傷，也缺乏用例。簡文『車輦皆載』，主要應指運載死傷之人，陳說可從。《易·師》：『師或輿尸』，《左傳·宣公十二年》：『遂載其屍』。」〔註1301〕。

佑仁案：「栽」字陳劍讀作「載」，「栽」、「載」都是從「弋」得聲，「栽」從紐、

〔註1296〕許慎撰、段玉裁注：《說文解字·注》，經韵樓藏版，（臺北市：洪葉出版社，1999年11月），頁74。
〔註1297〕參高亨《古字通假會典》【連與輂】、【璉與輂】、【捷與輂】。高亨纂著、董治安整理《古字通假會典》，（濟南：齊魯書社，1997年7月），頁212。
〔註1298〕陳劍：〈上博竹書《曹沫之陣》新編釋文（稿）〉，簡帛研究網，（2005年2月12日），網址：http://www.jianbo.org/admin3/2005/chenjian001.htm。
〔註1299〕范常喜：〈《上博四·曹沫之陣》「車輦皆栽（載）」補議〉，簡帛研究網，（2005年4月15日），網址：http://www.jianbo.org/admin3/2005/fanchangxi003.htm。
〔註1300〕淺野裕一：〈上博楚簡〈曹沫之陣〉的兵學思想〉，簡帛研究網，（2005年9月25日），網址：http://www.jianbo.org/admin3/2005/qianyeyuyi001.htm。
〔註1301〕邴尚白：〈上博楚竹書《曹沫之陣》注釋〉，收入臺灣大學《中國文學研究》第二十一期，2006年，頁28。

之部，「載」精紐、之部，聲母同是齒音，韻部都是「之」部，音近通假沒有問題。但范常喜主張應讀作「□」，以爲即甲骨的「巛（災）」，並主張「甲骨文『□』字皆用於征伐戰爭，多指征伐行爲的結果，表示征伐後的狀態，指給征伐物件造成傷亡和損失而言」，這意見可商。《說文》：「□，傷也。从戈才聲。」〔註1302〕，「□」確實有傷害、損傷之義，就文例的通讀而言，「車連皆△」前爲「將帥盡傷」，「車輦」相對「將帥」，前者是攻擊時的重要配備，後者是攻擊時的領導人，「盡」字與「皆」相應，二字同義，楊樹達《詞詮》卷六：「盡，表數副詞，悉也，皆也。」，則相對「傷」字的「栽」字，將之解釋成讀作「傷」的「□」會比讀作「乘載」之「載」來得好。另外，「載」字《曹沫之陣》亦見於簡32，字正作「載」不假「栽」爲之。

　　另外，范文指出「甲骨文『□』字皆用於征伐戰爭，多指征伐行爲的結果，表示征伐後的狀態，指給征伐對象造成傷亡和損失而言。」並於注中說明是參考自參見劉釗〈卜辭所見殷代的軍事活動〉的意見〔註1303〕，但是劉釗該文所論的是「□」字而非「□」，劉釗云：「卜辭□字作『□』、『□』、『□』等形，其構形不明。……舊多將『□』與『□』字混同，認爲兩字無法判別。管燮初先生首先證明了兩字原爲不同的字，姚孝遂先生又比較辭例明確了兩字用法上的差別。卜辭『□』字皆用於征伐戰爭，而『□』字則和『□』、『□』、『□』相近，多用於田獵往來之辭。……『□』則爲征伐行動的結果，表示征伐後的狀態，指給征伐對象造成傷亡和損失而言。」〔註1304〕，從劉釗的敘述來看，可知范常喜恐怕是混同了「□」、「□」二字。並且范文所引用的例證如《史牆盤》的「□」及《塑方鼎》的「□」（此字稍殘泐，《金文編》摹作「□」）〔註1305〕，這些字其實都是「□」字。「□」字從「才」假借作「災」，而「□」字學者們則以爲它可能是「殺」、「翦」、「踐」等字，尚未有定論，但「□」與「□」不同字已無可疑，《甲骨文字詁林》將□、□、□、□等字都隸定作「□」，姚孝遂按語云：「字可隸作『□』與『□』有別」〔註1306〕，可證。

　　吳振武就把從「才」聲的字隸定作「栽」，並從形音義各角度分析，將□、□、

〔註1302〕許慎撰、段玉裁注：《說文解字‧注》，經韵樓藏版，（臺北市：洪葉出版社，1999年11月），頁637。

〔註1303〕參劉釗：〈卜辭所見殷代的軍事活動〉，《古文字研究》第16輯，（北京：中華書局，1989年9月），頁67～139。

〔註1304〕參劉釗：〈卜辭所見殷代的軍事活動〉，《古文字研究》第16輯，（北京：中華書局，1989年9月），頁128。

〔註1305〕范常喜：〈《上博四‧曹沫之陳》「車輦皆栽（載）」補議〉，簡帛研究網，（2005年4月15日），網址：http://www.jianbo.org/admin3/2005/fanchangxi003.htm。

〔註1306〕于省吾主編、姚孝遂按語：《甲骨文字詁林》，（北京市：中華書局，1996年），頁2383。

㞢、㞢隸定作「戋」，以爲即「殺」字，而戈旁之外的偏旁視作人頭的省，而𣪊、𣪊、𣪊等字則隸定作「戈」，以爲即金文中的形沙之「沙」〔註1307〕。吳振武釋作「沙」這些字，陳劍以爲「將其釋讀爲古書中常訓爲『滅』的『翦』、『踐』和『殘』等字，似更好。」，而字形上以爲「戈」旁之外的偏旁是樹木頭頂的枝條，字形本義爲翦除草木，並引《詩經・召南・甘棠》：「蔽芾甘棠，勿翦勿拜」以證〔註1308〕。就字形而言，「戈」旁以外的偏旁「𝼲」，釋作人頭或樹木頭頂的枝條都有佐證，但釋形方面釋作「人頭」較爲通順、適切，因爲這些字形在甲骨中就已大量出現，可見應保留其本形，使用戈殺人頭，不僅在古籍中有例證，在字形上也可以跟「蔑」、「幾」等字相通，但是反觀解成「翦」，使用戈翦除枝條之頭，並不適切，翦除草木的工具應是「乂」。

其實本來古漢語就保留著大量音同義近的同類字，無論「殺」還是「翦」二字音近字義亦相當接近，但陳劍的說法還有一項較吳說不足之處，即若《詩經・召南・甘棠》「蔽芾甘棠，勿翦勿拜」之「翦」已是本字，則無法說明字形上如何演變至「翦」。

〔159〕、32・曰牌（將）早行

「早」字原考釋者李零僅畫出原簡字形而無隸定，以爲「似指擔負而行，類似古書所說的『贏糧』。『贏』，字亦作『攍』，是擔負之義（見《方言》卷七。《廣雅・釋言》）。」〔註1309〕。

陳劍以爲「此『早』及後文簡32下『早』字皆作上从『日』下从『棗』聲（『棗』形皆有所省略訛變），是早晚之『早』之本字，戰國文字中常見。原未釋出。」〔註1310〕。

蘇建洲以爲：「新出《上博（四）・曹沫之陣》簡32有字作🔲，……筆者估計這大概是〈語叢三〉19的「🔲」字的進一步訛變，主要是下面的「撇筆」往上移。」〔註1311〕，之後在〈楚文字雜識〉一文中在補充說明云：「『🔲』字應該是《郭店・

〔註1307〕吳振武：〈「戋」字的形音義」〉，收入臺灣師範大學國文學系，中研院歷史語言研究所編輯：《甲骨文發現一百週年學術研討會論文集》，（臺北市：文史哲出版社，1998年），頁287～300。

〔註1308〕陳劍：〈甲骨金文「戋」字補釋〉，收入《古文字論集》第二十五輯，（北京：中華書局，2004年），頁40～44。

〔註1309〕馬承源主編：《上海博物館藏戰國楚竹書（四）》，（上海：上海古籍出版社，2004年12月），頁264。

〔註1310〕陳劍：〈上博竹書《曹沫之陣》新編釋文（稿）〉，簡帛研究網，（2005年2月12日），網址：http://www.jianbo.org/admin3/2005/chenjian001.htm。

〔註1311〕蘇建洲：〈楚文字考釋四則〉，簡帛研究網，（2005年3月14日），網址：http://www.jianbo.org/admin3/2005/sujianzhou004.htm。

語叢三》19「曓（早）」作「」的進一步訛變，主要是下面的『撇筆』往上移，這是所謂『筆劃移動』的現象，如同西周金文亢鼎字，黃錫全、李學勤二先生皆認爲字形下部從『並』，李學勤先生解釋說：『『並』字本從二『人』，上加兩橫，但是殷墟甲骨文就有從二『又』的例子。……鼎銘這個字的『並』，只是將兩橫上移了。』也就是說字形演變是：→→。這也說明瞭「撇筆」可作兩筆或是四筆，後者可能是增繁的結果。」〔註3312〕主張△字是「」這類字形的進一步訛變，爲撇筆往上移的結果，並說明撇筆可作兩筆，也可能增繁作四筆。

淺野裕一以爲「依照文章脈絡，將此未釋字「」解釋爲「擔」字」〔註3313〕。

佑仁案：△字即「早」，筆者曾有單篇論文討論楚文字可以將「」形部件寫作「」、「」或「」，是「」的一種特殊寫法〔註3314〕，見本論文之附錄二。

「早行」即早晨出發，因要早行，故後接「早食」，用法文意通順，但筆者於先秦古籍中尚未見「早行」一詞，最早見《魏書》云：「願早行，無犯將士。」，又梁沈約〈早行逢故人車中爲贈詩〉，後至唐代宋之際「早行」一詞遂多，如杜甫有〈早行〉一詩，溫庭筠〈商山早行〉「晨起動征鐸」，又李白〈白雲歌送友人〉「水上女蘿衣白雲，早臥早行君早起。」，又《敦煌變文集新書·李陵變文》：「單于報左右曰：「入他漢界，早行二千，收兵卻迴，各自穩便。」，蘇軾亦有〈沁園春〉（赴密州早行馬上寄子由）一詞，可參。

〔160〕、32·白徒【1】早飤（食）【2】戕（羣）兵【3】

【1】白徒

原考釋者李零以爲「白徒」指「沒有受過軍事訓練的人。《管子·七法》：『以教卒練士擊毆眾白徒。』尹知章注：『白徒，謂不練之卒，無武藝。』」〔註1315〕。

李銳〈新編釋文〉一文以爲「『毋復前白徒』，當指處於非常時期，不再讓貴人在前，引導沒有受過訓練的士兵（『白徒』）」〔註1316〕。

〔註3312〕蘇建洲：〈楚文字雜識〉，簡帛研究網，（2005 年 10 月 30 日），網址：http://www.jianbo.org/admin3/2005/sujianzhou006.htm#_ftnref10。

〔註3313〕淺野裕一：〈上博楚簡〈曹沫之陣〉的兵學思想〉，簡帛研究網，（2005 年 9 月 25 日），網址：http://www.jianbo.org/admin3/2005/qianyeyuyi001.htm。

〔註3314〕見拙文：〈《曹沫之陣》「早」字考釋——從楚系「」形的一種特殊寫法談起〉，收入武漢大學《簡帛》集刊第一輯，頁 177～185。

〔註1315〕馬承源主編：《上海博物館藏戰國楚竹書（四）》，（上海：上海古籍出版社，2004 年 12 月），頁 264。

〔註1316〕李銳：《《曹劌之陣》釋文新編〉，簡帛研究網，（2005 年 2 月 25 日），網址：http://www.

何有祖不認同李銳之說，以爲「典籍中或將『白徒』解釋爲『素非軍旅之人』，如《管子·七法》：『練士擊衆白徒』，註：『白徒謂不練之卒無武藝。』『白徒』似亦從事雜役，如《管子·輕重》『管子對曰：『率白徒之卒鑄莊山之金』』。便是用『白徒』來鑄金。但無論是充作軍旅還是充作雜役，都是臨時的，不是其眞實身份。」並據張家山漢簡《奏讞書》簡 174〜176 號等「白徒」文例，以爲「175 號簡『白徒者，當今隸臣妾』，指先秦魯國之『白徒』相當於漢代之『隸臣妾』。『隸臣妾』，刑徒名，男稱隸臣，女稱隸妾。」〔註 1317〕。換言之，何有祖不認爲「白徒」乃「沒有受過訓練的士兵」，而應是「隸臣妾」，則「白徒」當是「刑徒名」。

李銳於〈重編釋文〉一文再次解釋云：「舊作（案：即〈新編釋文〉一文中）從李零先生之說（何文以爲筆者之說），以爲『白徒』乃未受過訓練之士兵，所據乃《管子·七法》：『是故以衆擊寡，以治擊亂，以富擊貧，以能擊不能，以教卒練士擊毆衆白徒。故十戰十勝，百戰百勝。』此文與何說所據魯法、張家山漢簡爲異時性文獻，具體如何解釋，尚須據上下文。此處據筆者所編聯下文來看，似李零先生說可從。」〔註 1318〕。

佑仁案：原考釋者李零引尹知章注《管子》的意見以爲：「白徒，謂不練之卒，無武藝。」認同「白徒」乃「不練之卒」，李零則以爲「白徒」是「沒有受過軍事訓練的人」，《漢書·賈鄒枚路傳》亦云：「今吳楚之王練諸侯之兵，毆白徒之衆」，顏師古注云：「練，選也。毆與驅同。白徒，言素非軍旅之人，若今言白丁矣。」，也就是他們並非編制內的兵，只是在戰爭時所充當雜役工作的人。另外，李銳認爲《張家山漢簡》【簡 174、175】「異時魯法」中談到「白徒」的內容屬於「異時性文獻」，但張家山漢【簡 175〜176】云：

異時魯法：盜一錢到廿，罰金一兩；過廿到百，罰金二兩；過百到二百，爲白徒；過二百到千完爲倡。諸以縣官事詑其上者，以白徒罪論之。

有白徒罪二者，加其罪一等。白徒者，當今隸臣妾；倡，當城旦。〔註 1319〕

雖然張家山漢簡與《曹沫之陣》簡文乃異時、異地之文獻，但是張家山簡簡文所謂的「白徒者，當今隸臣妾」是在解釋「異時魯法」中「白徒」一詞的意涵，及與漢

jianbo.org/admin3/2005/lirui002.htm。

〔註 1317〕何有祖：〈上博楚竹書（四）箚記〉，簡帛研究網，（2005 年 4 月 15 日），網址：http://www.jianbo.org/admin3/2005/heyouzu001.htm。

〔註 1318〕李銳：〈《曹劌之陣》重編釋文〉，簡帛研究網，（2005 年 5 月 27 日），網址：http://www.jianbo.org/admin3/2005/lirui003.htm。

〔註 1319〕張家山二四七號漢墓竹簡整理小組編：《張家山漢墓竹簡·二四七號》，（北京市：文物出版社，2001 年），頁 136。

代名稱的相對意義，所以所論「白徒」一詞仍是戰國時期的魯法。于振波以爲「《奏讞書》中，還有一段簡文記錄了魯國的一個案例和若干條魯國的法律條文，並注明：『白徒者，當今隸臣妾；倡，當城旦。』把魯國刑名與『今律』刑名的對應關係加以說明，而不是直接用『今律』的刑名取代魯國法律中的刑名。」〔註 1320〕，即是此道理，可見仍可將其視爲魯國法律。

【2】早食

「早」字淺野裕一釋作「擔」〔註 1321〕，以爲「依照文章脈絡，將此未釋字『界』解釋爲『擔』字。」，可商，此即「早」字無誤。

「早食」即早上及早炊食完畢，漢應劭《風俗通義》云：「韓信常從南昌亭長食，數月，亭長妻患之，乃晨早食。」，《史記》、《漢書》都作「乃晨炊蓐食」。

【3】牫兵

原考釋者李零以爲「疑讀『輂兵』，用馬車運載兵器。《說文·車部》：『輂，大車駕馬也。』本指馬拉的輜重車。《方言》卷十二：『輂，載也。』也指用輂車運載輜重。」〔註 1322〕。

「輂」字从車、共聲，牫、輂有假借的條件。「輂」字即載物之車，揚雄《方言》云：「堪，輂，載也。」，《史記·淮南衡山列傳》云：「以輂車四十乘反谷口，令人使閩越、匈奴。」，《集解》引徐廣的意見云：「大車駕馬曰輂。音己足反。」，可知「輂車」應爲運送兵器物資之馬車，又《管子·乘馬》：「白徒三十人奉車兩」，《管子集校》引洪頤煊云：「謂載物之車也。」〔註 1323〕，可知運送物資爲白徒的工作之一。

另外，淺野裕一以爲本簡不應綴合，並於「白徒」上添「出」或「命」字，其云「李零氏將（9）和（10）綴和爲整簡（佑仁案：即「簡 32」，又當爲「綴合」），但如上述由於文章的意思並非通順，所以依照私見分開處理。在此論述讓白徒擔任補給食糧到前線，但由於前後殘缺，竹簡本來的順序不明，故整體文章的意思亦不明確。附註，由文章脈絡將白徒上的一個字推定爲『出』，而以此補上。但此字亦可能爲『命』。」〔註 1324〕。

〔註 1320〕于振波：〈説「縣令」確爲秦制〉，簡帛研究網，（2005 年 7 月 30 日），網址：http://www.bamboosilk.org/admin3/list.asp?id=1411。

〔註 1321〕淺野裕一：〈上博楚簡〈曹沫之陳〉的兵學思想〉，簡帛研究網，（2005 年 9 月 25 日），網址：http://www.jianbo.org/admin3/2005/qianyeyuyi001.htm。

〔註 1322〕馬承源主編：《上海博物館藏戰國楚竹書（四）》，（上海：上海古籍出版社，2004 年 12 月），頁 264。

〔註 1323〕郭沫若、聞一多、許維遹撰：《管子集校》，（北京：科學出版社，1956 年），頁 72。

〔註 1324〕淺野裕一：〈上博楚簡〈曹沫之陳〉的兵學思想〉，簡帛研究網，（2005 年 9 月 25 日），網址：http://www.jianbo.org/admin3/2005/qianyeyuyi001.htm。

從圖版來看「乃」、「白」二字之間確實應補一字，但簡文殘斷，無法判斷應補何字，淺野裕一補「命」字，文意通順，簡 10 亦有「乃命毀鐘型而聽邦政」一句，可參。

〔161〕、32・各載尔（爾）賹（藏）

原考釋者李零以爲「讀『各載爾藏』。『各』字寫法同於第十四簡。這裡是賅上而言，泛指輜重糧秫。」〔註1325〕。

李零以爲「各」字用法與第十四簡相同，然《曹沫之陣》簡 14 無「各」字，《曹沫之陣》「各」字除本簡外，僅見簡 65，文例爲「各以其世」。本簡「各」即「各自」，「藏」即李零所謂的「輜重糧秫」，可從。

〔162〕、32・既戠（戰），牊（將）戥（量）爲之

原簡字作（字），從攴、量聲，「量」字上不從「口」而從圈形部件，甲骨文字作（字）（京都 2993）字即不從「口」字，從西周金文開始在「口」形內添點或橫筆作（字）（西周・克鼎）、（字）（周中・大師虘簋）、（字）（西周早・中甗），然而戰國楚系「量」字保留甲骨較古老的字形作（字）（包 2・149）、（字）（包 2・73）、（字）（包 2・53），明顯上非從「口」，也不似秦系承金文而從「日」作（字）。

「將量」意即度量，《廣雅・釋詁一》：「量，度也。」，《周禮・夏官・序官》：「量人。」，鄭玄注：「量，猶度也，謂以丈尺度地。」，則「將量爲之」即度量自己所能負荷的能力，各自擔綱所負責的攻擊範圍。

另外，《上博五・競建內之》簡 4 有兩個原考釋者讀作「量」的字，字作（字）、（字），原考釋者隸定作「量」以爲「人名」〔註1326〕，但字形與楚文字的「量」還有距離，待考。

〔163〕、60 下・憖（慎）呂（以）戒

原考釋者李零隸定作「憖」讀作「愼」。

「愼」字陳斯鵬隸定作「訊」〔註1327〕。

「愼」字原簡字作（字），字形上半殘斷，僅剩「言」、「心」以及右半的近似「斤」

〔註1325〕馬承源主編：《上海博物館藏戰國楚竹書（四）》，（上海：上海古籍出版社，2004年 12 月），頁 264。

〔註1326〕馬承源主編：《上海博物館藏戰國楚竹書・（五）》，（上海：上海古籍出版社，2005年 12 月），第 171 頁。

〔註1327〕陳斯鵬：〈上海博物館藏楚簡《曹沫之陣》釋文校理稿〉：簡帛研究網，（2005 年 2月 20 日），網址：http://www.jianbo.org/admin3/list.asp?id=1328。

的筆畫，《曹抹之陣》【簡 48】也有一「愼」字，字作 🔲，字形完整清晰，也一併放於此處討論。

《楚系簡帛文字編》有個「🔲」字〔註 1328〕，滕壬生隸定作「訴」，李零以爲「似可隸定爲『訏』，疑是『楚』字的一種特殊寫法。」〔註 1329〕，又《楚系簡帛文字編》有個「🔲」字，李零以爲「楚『愼』字。前 188 頁：訴，疑亦楚『愼』字。」〔註 1330〕。

《曹沫之陣》簡△1 殘字釋作「愼」正確，陳斯鵬隸定作「罰」，從字的右半來看，並不似「刀」形，而其字形與△2 相同，隸定作「憼」。

季旭昇師以爲「井人妄鐘（3 形）爲質字，銘文『質爲之名』讀爲『愼爲之銘』，其上部所從『所』最爲完整。其左上『斤』形改成上下排列，則成 4 形，形似兩『卜』形。兩卜形相連，就成了 1 形，形似『阜』形。『心』旁或作『言』旁，義類相通。」〔註 1331〕。

何琳儀將郭店〈老子甲〉【簡 11】愼字隸定作「誓」，以爲「該字左上從『土』與左下從『言』借用一橫筆，故應隸定『誓』。楚燕尾布幣，『圻』所從『土』旁亦省作『十』形，郭店《成之聞之》39『型』作 🔲 或作 🔲，皆屬此類省簡。」〔註 1332〕，可參。

〔164〕、60 下・客（焉）【1】牉（將）弗克【2】

【1】如牉（將）

原考釋者李零隸定作「曹」讀作「弗」〔註 1333〕。

陳劍以爲隸定作「如」，以爲「『如』字原誤釋爲上從『弗』，讀爲『弗』」〔註 1334〕。

陳斯鵬隸作「口母」讀作「悔」。並將字與上句連讀〔註 1335〕。

〔註 1328〕 該字見〈包 2.122〉，參滕壬生：《楚系簡帛文字編》，（武漢：湖北教育出版社，1995年 7 月），頁 188。

〔註 1329〕 李零：〈讀《楚系簡帛文字編》〉，《出土文獻研究》第五集，（科學出版社，1999 年），頁 143。

〔註 1330〕 李零：〈讀《楚系簡帛文字編》〉，《出土文獻研究》第五集，（科學出版社，1999 年），頁 153。

〔註 1331〕 季旭昇師：《說文新證（下冊）》，（臺北市：藝文印書館，2004 年 11 月），頁 135～136。

〔註 1332〕 何琳儀：〈郭店竹簡選釋〉，《文物研究》，總第 12 輯，1999 年 12 月，頁 196。

〔註 1333〕 馬承源主編：《上海博物館藏戰國楚竹書（四）》，（上海：上海古籍出版社，2004年 12 月），頁 282。

〔註 1334〕 陳劍：〈上博竹書《曹沫之陳》新編釋文（稿）〉，簡帛研究網，（2005 年 2 月 12 日），網址：http://www.jianbo.org/admin3/2005/chenjian001.htm。

范常喜以爲「楚簡中有一類『安』字與 A 上部極其相近。如：〔字形〕（郭・性 38）〔字形〕（郭・性 53）〔字形〕（望 M2・8）〔字形〕（包 7）〔字形〕（九 M56・45），由此我們懷疑 A 當隸作『客』，而戰國文字中多有加『口』形無意偏旁的現象，所以 A 即『安』字，在簡文中可讀作『焉』，用作疑問代詞，表示反問。」〔註 1336〕。

季旭昇師以爲「『如將弗克』，太過消極，與下文『必過前攻』不相稱。此字原簡作〔字形〕，上部所從，最接近楚簡「安」字的簡寫（如《郭店・性自命出》簡 38 作『〔字形〕』），隸定似應作『客』，讀爲『焉』。『焉將弗克』謂『怎麼會『將弗克』呢？』」〔註 1337〕。

佑仁案：「如」字原簡作〔字形〕，李零釋作「曹」，但此字與簡文「如將弗克」之「弗」字作〔字形〕，明顯不同，陳劍的嚴式隸定正確，陳斯鵬隸作「姆」，但字實從「女」不從「母」，女、母二字於楚文字有別。「如」字楚文字作〔字形〕（郭・五・45）、〔字形〕（信 1・4），字從口、女聲，可知△乃從女。但是其「女」旁寫法作〔字形〕稍字形怪，一般楚文字最常見的「女」字寫法作〔字形〕（郭・唐・25），其始筆又常常向右撇而作〔字形〕（郭・性・26）、〔字形〕（帛丙・92），有寫撇法極其誇張而作〔字形〕（九 M56・41）、〔字形〕（郭・語三・11/好），但是若如「〔字形〕」形在下半再補一筆直的橫筆，則筆者未見。

【2】弗克

「弗克」一詞在古籍的許多戰爭述敘中都曾出現，《左傳・桓公十五年》：「冬，會于袲，謀伐鄭，將納厲公也。弗克而還。」，《左傳・桓公十年》：「侯犯以郈叛，武叔懿子圍郈。弗克。」，《左傳・定公十年》：「秋，二子及齊師復圍郈，弗克。」，「弗克」意即無法克敵制勝。

〔165〕、60 下・母（毋）冒㠯（以）迶（陷）

原考釋者李零以爲「讀『毋冒㠯陷』。『冒』，指冒險。『陷』指陷敗。」〔註 1338〕。

李零解釋「冒」爲「冒險」甚確。關於「陷」字，《孫子兵法》、《吳子》中出現「陷」字很多次，如《孫子・行軍篇》：「天陷」，又《孫子・地形篇》：「故兵有走者，有弛者，有陷者，有崩者，有亂者，有北者。」，但《孫子》此處的「陷」指的是戰爭上的險阻，將之置於簡文並不相合。

〔註 1335〕陳斯鵬：〈上海博物館藏楚簡《曹沫之陣》釋文校理稿〉，簡帛研究網，（2005 年 2 月 20 日），網址：http://www.jianbo.org/admin3/list.asp?id=1328。

〔註 1336〕范常喜：〈讀簡帛文字箚記六則〉，武漢大學簡帛網，（2006 年 11 月 13 日），網址：http://www.bsm.org.cn/show_article.php?id=462。

〔註 1337〕參季旭昇師主編、高佑仁執筆、朱賜麟協撰：《上海博物館藏戰國楚竹書（四）讀本・曹沫之陣釋譯》，（臺北：萬卷樓圖書公司，2007 年 3 月），頁 213。

〔註 1338〕馬承源主編：《上海博物館藏戰國楚竹書（四）》，（上海：上海古籍出版社，2004 年 12 月），頁 282。

簡文前述「如將弗克」，後言「毋冒以陷」，可以如李零以爲如果無法克敵，不要因冒險而陷敗，「陷」字可訓作「敗」，如《孫子・地形》：「吏強卒弱曰陷。」李筌注：「陷，敗也。」，又《廣雅・釋言》：「陷，潰也。」，這是一個解釋。但筆者以爲在此「陷」或也可訓作攻破、攻陷之義，《管子・輕重乙》云：「誰能陷陳破眾者，賜之百金。」，《史記・曹相國世家》：「南陽守齮戰陽城郭東，陷陳，取宛，虜齮，盡定南陽郡。」「陷」、「取」、「虜」都有攻破之義。又《晉書・天文志中》云：「又騎二萬圍陷鄴城，殺略五千餘人。」，如此一來，則簡文意味如果無法克敵，則不要冒險以攻敵，以示應謹慎應敵之義。

〔166〕、60下・必迚（過）前攻

原考釋者李零以爲「含義不明」〔註1339〕。

李銳〈新編釋文〉以爲「『必過前攻』似與『必過其所』對應。」〔註1340〕。

本簡意謂如果冒險以進，必失前攻。如果沒有把握能克敵，則勿冒險以攻陷，（如此一來）必定能超越前次進攻的地方。

〔167〕、61・賞臒（獲）誐（飭）芣（葸）

原考釋者李零以爲「『賞臒』，讀『賞獲』，指賞賜有斬獲者；『誐芣』，讀『誐葸』，疑是相反的意思。」〔註1341〕。

「誐」字陳劍以爲「此字左從『言』，右半所從不識。」〔註1342〕。

朱賜麟釋「誐」作「話」，指出「『賞獲』指賞賜勇敢殺敵而有斬獲者；『話葸』則爲勉勵臨陣畏懼而無功勞者。這與下句『勇者喜之，宂者悔之』，可以形成前後呼應的效果，也符合本章所論復戰勵士之道。」〔註1343〕。

季旭昇師：「左旁從『言』，右下從『甘』（可視爲「口」之繁化），右上似『弋』字。若是，則可隸定爲『誐』，從『弋（喻職）』聲，讀爲『飭（徹職）』，戒也」〔註1344〕。

〔註1339〕馬承源主編：《上海博物館藏戰國楚竹書（四）》，（上海：上海古籍出版社，2004年12月），頁282。

〔註1340〕李銳：〈《曹劌之陣》重編釋文〉，簡帛研究網，（2005年5月27日），網址：http://www.jianbo.org/admin3/2005/lirui003.htm。

〔註1341〕馬承源主編：《上海博物館藏戰國楚竹書（四）》，（上海：上海古籍出版社，2004年12月），頁283。

〔註1342〕陳劍：〈上博竹書《曹沫之陳》新編釋文（稿）〉，簡帛研究網，（2005年2月12日），網址：http://www.jianbo.org/admin3/2005/chenjian001.htm。

〔註1343〕朱賜麟：《曹劌之陣思想研究——及其在春秋兵學思想史上的意義》，臺灣師範大學碩士論文，2006年6月，頁58。

〔註1344〕參季旭昇師主編、高佑仁執筆、朱賜麟協撰：《上海博物館藏戰國楚竹書（四）讀

本簡彩色照片作🈂️，字形殘泐，左旁從「言」，右旁下半從「甘」，這兩個偏旁很清楚，但「甘」旁上爲何字，則不甚明朗，這導致該字的釋讀非常困難，至今尚無任其他說法出現。但「蒚」字應即「復故戰之道」中所云「勇者使喜，蒚者使謀」之「蒚」。不過，李零認爲「訙蒚」應與「賞獲」爲相反的意思，但筆者反倒覺得「訙」字在訓讀上應也是正面的鼓舞，而非責備或誅罰，這樣才能與後文之「勸」（即勸勉、鼓舞之義）相合，另外更直接的證據是我們看不到刻意以誅罰來作爲「復敗戰」、「復盤戰」、「復甘戰」、「復故戰」之道，反倒曹沬一再強調「反躬自省」的重要性，如「毋誅而賞，毋辠百姓」、「二三子勉之，過不在子在寡人」、「重賞薄刑」等，可見「訙蒚」的「訙」應不到誅罰之義。

〔168〕、61・旨（以）懽（勸）亓（其）志

原考釋者李零讀作「勸」〔註1345〕，陳劍〔註1346〕、陳斯鵬〔註1347〕從之。

「勸」即勉勵、獎勵之義。《說文・力部》：「勸，勉也。」，段玉裁云：「勉之而悅從亦曰勸。」，《廣韻・願韻》：「勸，獎勸也。」，可參。李零之訓讀正確。

〔169〕、61・宎（惶）者㕚（謀）之

【1】宎

原考釋者李零以爲「或讀『亡者』，疑即上文『妸（蒚）者』。」〔註1348〕。

邴尚白以爲「『宎』應讀爲『惶』，二字上古音分屬陽部曉母及陽部匣母，可以相通。《說文》：『惶，恐也。』『惶者』指恐懼的人，正與『勇者』相對。」〔註1349〕。

朱賜麟以爲「《說文》有『宎』字：『水廣也。從巜，亡聲。《易》曰：『包宎用馮河』。』段注：『引申爲凡廣大之偁。《周頌》：『天作高山，大王荒之。』傳曰：『荒，大也。』凡此等皆假荒爲宎也。荒，蕪也；荒行而宎廢矣。』從段注『宎』有『大』

本・曹沬之陣釋譯》，（臺北：萬卷樓圖書公司，2007年3月），頁214。

〔註1345〕馬承源主編：《上海博物館藏戰國楚竹書（四）》，（上海：上海古籍出版社，2004年12月），頁283。

〔註1346〕陳劍：〈上博竹書《曹沬之陣》新編釋文（稿）〉，簡帛研究網，（2005年2月12日），網址：http://www.jianbo.org/admin3/2005/chenjian001.htm。

〔註1347〕陳斯鵬：〈上海博物館藏楚簡《曹沬之陣》釋文校理稿〉：簡帛研究網，（2005年2月20日），網址：http://www.jianbo.org/admin3/list.asp?id=1328。

〔註1348〕馬承源主編：《上海博物館藏戰國楚竹書（四）》，（上海：上海古籍出版社，2004年12月），頁283。

〔註1349〕邴尚白：〈上博楚竹書《曹沬之陣》注釋〉，收入臺灣大學《中國文學研究》第二十一期，2006年，頁29。

意來看，以及亢音呼光切十部；荒音也是呼光切十部，同聲同韵，例可通假。《說文》無『慌』字，有『惶』字。邴尚白引《說文》『惶』字說解此字。從字義上看，雖似無不可；以字例來說，則大可不必。形聲字以聲符爲初文，本是文字學的常識，此處未嘗不可視爲『慌』字之初文。『慌』字、『惶』字所從之聲符『荒』、『皇』都有『大』義，音又同部，與其異字爲訓假借，不如採用本來面目，隸定作『亢』，釋意爲『慌』。」〔註1350〕。

本簡「亢」字作▨，比對簡63「餝」字作▨，《包山》簡147「亢」字作▨，則△應是「亢」無誤，邴尚白的訓讀較佳。

【2】悔

陳劍讀作「（誨？）」表示對字義尚有疑義〔註1351〕。

李銳〈新編釋文〉讀「誨」〔註1352〕。

邴尚白讀作「悔」〔註1353〕。

讀「悔」可從，前言「以勸其志」，可知使士兵們重新振作，惶者（恐懼的人）開始懂得謀畫。

〔170〕、61、53下‧蔓（萬）民、贛（黔）首【1】皆欲或（克）之【2】

【1】贛首

原考釋者李零以爲「待考。」〔註1354〕。

陳劍讀作「黔首」，以爲「『贛』與『黔』音近可通。簡61與簡53下拼合後連讀爲『勇者喜之，亢者悔之，萬民贛（黔）首皆欲或之』句式整齊，文意通順。『黔首』之稱相承以爲始於秦代（《史記‧秦始皇本紀》：『二十六年，更名民曰黔首。』），但先秦古書如《禮記‧祭義》、《韓非子‧忠孝》、《戰國策‧魏策二》『魏惠王死』章、銀雀山漢簡《守法守令等十三篇》、馬王堆漢墓帛書《老子甲本卷前古佚書‧十大經‧姓爭》等中已見，論者或謂此皆後人所改，恐未必。」〔註1355〕。

〔註1350〕朱賜麟：《曹劌之陣思想研究——及其在春秋兵學思想史上的意義》，臺灣師範大學碩士論文，2006年6月，頁58。

〔註1351〕陳劍：〈上博竹書《曹沫之陳》新編釋文（稿）〉，簡帛研究網，（2005年2月12日），網址：http://www.jianbo.org/admin3/2005/chenjian001.htm。

〔註1352〕李銳：〈《曹劌之陣》重編釋文〉，簡帛研究網，（2005年5月27日），網址：http://www.jianbo.org/admin3/2005/lirui003.htm。

〔註1353〕邴尚白：〈上博楚竹書《曹沫之陣》注釋〉，收入臺灣大學《中國文學研究》第二十一期，2006年，頁65。

〔註1354〕馬承源主編：《上海博物館藏戰國楚竹書（四）》，（上海：上海古籍出版社，2004年12月），頁278。

〔註1355〕陳劍：〈上博竹書《曹沫之陳》新編釋文（稿）〉，簡帛研究網，（2005年2月12日），

　　淺野裕一以爲「『必聲首皆欲或之』的第二個字通常會被隸定爲『貢』字，但在此隸定爲『賞』字，而將全文解釋爲：給重賞於走前鋒者，而讓士兵搶先的意思。」〔註1356〕。

　　邴尚白以爲「按：陳說是，但未言確證。『黔首』見於放馬灘秦簡《日書》——甲種簡十三『不可入黔首』、簡十六『可以入黔首』、乙種簡二一四『凡黔首行遠役』。其中的『入黔首』，甲種簡二十作『入人』，即買進人（奴隸）。何雙全指出：放馬灘秦簡《日書》甲種的字體『以篆爲主，並兼有古文之風』，『當爲戰國時秦國民間流行的一種卜筮典籍。這從《日書》中有關用詞不避始皇帝諱來看，也說明流行較早』。由此可確定，『黔首』一詞，早已有之。《史記》瀧川資言《考證》：『亦本色尚黑之義……此稱不始於秦始二十六年，是歲偏及海內也。』其說是。」〔註1357〕。

　　朱賜麟以爲「贛字在古文中多假借作『貢』，如『子貢』多作『子贛』，楚簡亦多釋作貢字。《說文》：『貢，獻功也。』《左傳・僖公四年》管仲責備楚國：『爾貢包茅不入』。『贛首』疑即奮勇爭先之意。」〔註1358〕。

　　佑仁案：原簡字作▨，淺野裕一以爲乃「賞」字，但「賞罰」之「賞」字於《曹沫之陣》出現共七次之多〔註1359〕，咸作从貝、尚聲，字形與此差異頗大，淺野裕一的說法可商。原字左半是从「章」應無問題，但「贛」字右半則殘泐的很嚴重，一般楚系「贛」字的右旁有兩種寫法，一是从「欠」，另一則是从「丮」，而字形下半多半會加「貝」旁，但從簡文來看，右下的「貝」旁已省爲「目」旁，這種寫法的「贛」字也見秦系如▨（秦陶・490）。「貝」省作「目」者在戰國文字中非常多見，例如〈侯馬盟書〉「質」字作「▨」（156-24），但亦可作「▨」（156-25），魏克彬統計侯馬盟書「質」字共出現68次，其中「有51個从『貝』，有10個从『目』，應該是『貝』的簡化」〔註1360〕，可證。△字釋作「贛」除了字形外，還可以從文例來看，此處「贛」通假爲「黔」，「贛」見紐、添部，「黔」字匣紐、侵部，音韻皆近，「黔首」一詞見《禮記・祭義》：「因物之精，制爲之極，明命鬼神，以爲黔首則。」，

網址：http://www.jianbo.org/admin3/2005/chenjian001.htm。

〔註1356〕淺野裕一：〈上博楚簡〈曹沫之陳〉的兵學思想〉，簡帛研究網，（2005年9月25日），網址：http://www.jianbo.org/admin3/2005/qianyeyuyi001.htm。

〔註1357〕邴尚白：〈上博楚竹書《曹沫之陣》注釋〉，收入臺灣大學《中國文學研究》第二十一期，2006年，頁29～30。

〔註1358〕朱賜麟：《曹劌之陣思想研究——及其在春秋兵學思想史上的意義》，臺灣師範大學碩士論文，2006年6月，頁59。

〔註1359〕分別見簡21、27、35、45、54、61、62等簡，共七例。

〔註1360〕魏克彬：〈說溫縣盟書的「克慎其德」〉，收入艾蘭、邢文編：《新出簡帛研究》，（北京：文物出版社，2004年），頁214。

《韓非子·忠孝》：「古者黔首悗密蠢愚，故可以虛名取也。」可見「黔首」一詞先秦已見，從文例及字形上推敲△字是「贛」的機率最大。

【2】皆欲或（克）之

原考釋者李零隸定作「皆欲或之」，並無解釋句義〔註1361〕。

淺野裕一以為「『必贛首皆欲或之』的第二個字通常會被隸定為「貢」字，但在此隸定為「賞」字，而將全文解釋為：給重賞於走前鋒者，而讓士兵搶先的意思。」〔註1362〕。

朱賜麟以為「『或』字應讀作『聝』，《說文》：『取，捕取也，從又耳。《周禮》獲者取左耳，《司馬法》曰：『載獻聝，聝者耳也。』』故此句『萬民贛首皆欲或之』應可釋讀為『萬民貢首，皆欲聝之。』」〔註1363〕。

單育辰讀「或」為「有」〔註1364〕。

佑仁案：「或」字於《曹沫之陣》簡共出現18次〔註1365〕，「或」字除本簡以外，在《曹沫之陣》中共有三種意涵，一、作「連詞」使用。表示選擇，相當於「或者」。見【簡14】「或以克，或已無」，僅一見。二、讀作「又」，如【簡23】「莊公或（又）問」，這在簡文中大量出現。第三種、讀作「惑」，如【簡64】「無或（惑）諸小道」，僅一見。但是將上述幾種語意套入△字文例中，都並不適切，因此恐須從通假思考，因此筆者以為「或」字可讀作「克」。

「或」字可假借為「克」，「或」匣紐、職部，「克」溪紐、職部，聲母看似不同，但其實古音很近，因為從「或」得聲的字如「國」（見紐、職部）、「鹹」（見紐、職部），都是舌根音，而韻部「或」、「克」都同為職部。「或」、「克」通假古籍亦有其例，《尚書·文侯之命》「罔或耆壽」〔註1366〕，《漢書·成帝紀》即引作「罔克耆壽」。「萬民黔首皆欲克之」意味百姓們都想要消滅敵方，即同仇敵愾之意，意味百姓也

〔註1361〕馬承源主編：《上海博物館藏戰國楚竹書（四）》，（上海：上海古籍出版社，2004年12月），頁278。

〔註1362〕淺野裕一：〈上博楚簡〈曹沫之陳〉的兵學思想〉，簡帛研究網，（2005年9月25日），網址：http://www.jianbo.org/admin3/2005/qianyeyuyi001.htm。

〔註1363〕朱賜麟：《曹劌之陣思想研究——及其在春秋兵學思想史上的意義》，臺灣師範大學碩士論文，2006年6月，頁59。

〔註1364〕單育辰〈《曹沫之陳》新編聯及釋文〉，武漢大學簡帛網，（2007年6月3日），網址：http://www.bsm.org.cn/show_article.php?id=574。

〔註1365〕分別見簡14（兩例）、23、35、36、37（兩例）、42、43、44、46、50、53（三例）、55、59、64等共十八例。

〔註1366〕〔清〕阮元《校勘十三經註疏·尚書》，嘉慶廿年江西南昌府學開雕影印本，（臺北：藝文印書館，1993年），頁310。

都十分支持此場戰役。

淺野裕一將該句釋作「必賞首皆欲或之」,「贛」字不應隸定作「賞」前文已經論及,縱使據淺野的隸定方式恐怕也無法訓讀作「給重賞於走前鋒者,而讓士兵搶先的意思」,此處似只有解釋「賞首」的意義。

〔171〕、54・逨(復)故(苦)戰(戰)

原考釋者李零以爲「待考」〔註1367〕,又「此復故戰之道」下考釋云「從上所述『復故戰』是指收聚殘部,再賈餘勇,恢復到初始狀態的戰法。」〔註1368〕。

「故」字陳劍隸定作「欿」〔註1369〕。

淺野裕一讀作「復缺戰」,以爲「依照私見,將第二個字釐訂爲『缺』字,而將『缺戰』解釋爲:士兵缺乏鬥志,而佈陣之後一直不突擊的狀態。」〔註1370〕。

邴尚白以爲:「『苦戰』,簡文原作『故戰』。疑應讀爲『苦戰』,即戰況艱苦。後文曹沫回答說:『收而聚之,束而厚之。重賞薄刑,思忘其死而見其生,思良車良士往取之餌,思其志起。勇者思喜,蔥者思悔,然後改始。』李零說:『從上所述,『復故戰』是指收聚殘部,再賈(按:應爲『鼓』)餘勇,恢復到初始狀態的戰法。』其說是。『欠』指倦時張口舒氣。陷入苦戰時,身心俱疲,這或許就是『故』字從『欠』的原因。『苦戰』與前文『甘戰』正相對。」〔註1371〕。

李零此條解釋與「復敗戰」無別,突顯不出「故戰」的意義。淺野裕一以爲字應釐訂作「缺」,但「缺」字甲、金文中似未見,楚簡中也未見此字〔註1372〕,但常假「夬」字爲之,但△字形體與「缺」、「夬」等字都稍遠。上述說法最能被接受的是邴尚白釋作「復苦戰」的意見,「苦戰」一詞古籍很多,《史記・高組本紀》:「蕭

〔註1367〕馬承源主編:《上海博物館藏戰國楚竹書(四)》,(上海:上海古籍出版社,2004年12月),頁279。

〔註1368〕馬承源主編:《上海博物館藏戰國楚竹書(四)》,(上海:上海古籍出版社,2004年12月),頁280。

〔註1369〕陳劍:〈上博竹書《曹沫之陳》新編釋文(稿)〉,簡帛研究網,(2005年2月12日),網址:http://www.jianbo.org/admin3/2005/chenjian001.htm。

〔註1370〕淺野裕一:〈上博楚簡《曹沫之陳》的兵學思想〉,簡帛研究網,(2005年9月25日),網址:http://www.jianbo.org/admin3/2005/qianyeyuyi001.htm。

〔註1371〕邴尚白:〈上博楚竹書《曹沫之陣》注釋〉,收入臺灣大學《中國文學研究》第二十一期,2006年,頁30。邴尚白以爲李零「賈」應「鼓」,其實「賈」爲「聚集」之意,《玉篇・貝部》:「賈,聚也。」,《左傳・成公二年》「欲勇者賈余餘勇。」,可參。

〔註1372〕《楚文字編》與《戰國古文字典》都未見「缺」字。參李守奎:《楚文字編》,(上海:華東師範大學出版社,2003年12月)。見何琳儀:《戰國古文字典》,(北京:中華書局,1998年)。

何曰：『天下匈匈苦戰數歲。』」，《史記・秦始皇本紀》：「始皇曰：『天下共苦戰鬥不休。』」，《後漢書・銚期王霸祭遵列傳》「身被三創，而戰方力。」，李賢《注》云：「力，苦戰也」〔註1373〕，《漢書・賈鄒枚路傳》：「合短兵，鏖皋蘭下」，顏師古注云：「言苦戰於皋蘭山下而多殺虜也。」。簡文「故戰」讀作「苦戰」有可能，此處暫從。

〔172〕、54・羉（束）【1】而厚【2】之

【1】羉

原考釋者李零隸定作「罘」讀作「束」〔註1374〕。

陳劍作「束（？）」表示尚存疑〔註1375〕。

白于藍也作「束（？）」〔註1376〕。

淺野裕一以為「『收而聚之，束而厚之』意味著聚集部隊形成密集隊形，進而消除恐懼心。」〔註1377〕。

佑仁案：「束」字原簡作 𧆨，楚簡「速」字作 𧆨（天卜）、𧆨（秦家嘴M99）、𧆨（望1・110），字從㦰得聲，與△字所從相同，且「朱」本即從「束」字分化出來的字〔註1378〕，故△字讀作「束」合理。「束」有「聚集」之義，與前文「收而聚之」之「聚」同。《漢書・食貨志下》：「故貨寶於金，利於刀，流於泉，布於布，束於帛。」，顏師古《注》引李奇之語云：「束，聚也。」。△字而上添「网」旁，增加「聚集」之義的功能，可視為義符。

【2】厚

陳英傑整理郭店與上博簡中被釋為「厚」的字，大致有四種寫法，分別是 𣆹（郭・老子甲・4）、𣆹（上博・緇衣・2）、𣆹（郭・老子甲・36）以及曾被釋作「厚」的 𣆹（郭・老子甲・5），陳英傑認為最後一形應釋作「重」，其云：「金文中『厚』字

〔註1373〕參李賢等撰：《後漢書注》，（臺灣：鼎文書局，1974年10月），頁732。

〔註1374〕馬承源主編：《上海博物館藏戰國楚竹書（四）》，（上海：上海古籍出版社，2004年12月），頁279。

〔註1375〕陳劍：〈上博竹書《曹沫之陳》新編釋文（稿）〉，簡帛研究網，（2005年2月12日），網址：http://www.jianbo.org/admin3/2005/chenjian001.htm。

〔註1376〕白于藍：〈上博簡《曹沫之陳》釋文新編〉，簡帛研究網，（2005年4月10日），網址：http://www.jianbo.org/admin3/2005/baiyulan001.htm。

〔註1377〕淺野裕一：〈上博楚簡〈曹沫之陳〉的兵學思想〉，簡帛研究網，（2005年9月25日），網址：http://www.jianbo.org/admin3/2005/qianyeyuyi001.htm。

〔註1378〕參季旭昇師：〈說朱〉，見《甲骨文發現一百周年學術研討會論文集》，臺灣師範大學國文系，1998年5月10日，頁129～143。又可參季旭昇師：《說文新證（上冊）》，（臺北市：藝文印書館，2002年10月），頁485。

作⟦字⟧、⟦字⟧、⟦字⟧（《金文編》380頁），楚簡第二種寫法跟金文最接近，第一種寫法也可追尋其演變軌跡。第三種屬戰國時期的形聲新造字。第四種寫法，李零認為字從石從主，多用為塚字，簡文讀重。劉樂賢認為乃塚的省寫，讀重。它跟第一種寫法形近易混，加之厚、重義同可以通用，所以考釋便有些紛紜，《老子甲》4號文馬王堆帛書本則作重。」又云：「由此看來，第四種寫法可以釋為『硅』，在一定的上下文中可以讀為『重』或『厚』或『濁』，硅、厚屬侯部，濁屬屋部，重屬東部，它們的聲母關係密切，韻部存在嚴格的陰、陽、入對轉關係。戰國文字中的『塚』有些也可能是從『主』聲的。」〔註1379〕，陳英傑之說可從，也就是從石、主聲的字，過去常被誤釋作「厚」，但我們現在從聲韻推敲而知，其釋作「重」才對。不過《郭店・老子甲》【簡36】「⟦字⟧」字原整理者隸定作「㕰」，以為字「從『厂』『句』聲，讀作厚」〔註1380〕，陳英傑以為「所謂從厂即從石省，形聲結構僅見此例。」〔註1381〕，這個字原考釋者釋作從「厂」可信，但除之外我們也可以思考成是「石」、「句」共用「口」旁，而由於要合「句」字，因此將口旁置「凵」下，另外陳英傑以為「厚」字僅「⟦字⟧」字以形聲形態出現，似可商，⟦字⟧（郭店語叢一・182），字從「弋」得聲〔註1382〕，「弋」見紐、元部，「元」、「侯」甚近，「弋」字楚文字作⟦字⟧（郭・魯・4）、⟦字⟧（郭・魯・2），可證。

　　一般楚文字的「厚」字作⟦字⟧（郭・老甲・4）、⟦字⟧（郭・老子丙・2）、⟦字⟧（彭祖・7），本簡字作⟦字⟧與一般寫法稍有不同，首先△字將「⟦字⟧」（彭祖・7）旁的最下一橫筆以弧筆呈現而作「⟦字⟧」，並於此形上增一「口」形飾符，另外將原本上下的結構作左右的呈現，這種例證也見其他戰國文字，如包山簡「庶」字作⟦字⟧（簡258），字呈上下結構，但亦可作⟦字⟧（簡257），字呈左右型態，但都是「庶」字。

〔173〕、54・貹（重）賞泊（薄）㘼（刑）

　　原考釋者李零以為「從貝，主聲（舊釋『賉』，應糾正），乃楚『重』字（同《楚

〔註1379〕陳英傑：〈楚簡箚記二則〉，簡帛研究網，（2005年2月7日），網址：http://www.jianbo.org/admin3/2005/chenyingjie001.htm。

〔註1380〕荊門市博物館編：《郭店楚墓竹簡》，（北京市：文物出版社，1998年），頁117。

〔註1381〕陳英傑：〈楚簡箚記二則〉，簡帛研究網，（2005年2月7日），網址：http://www.jianbo.org/admin3/2005/chenyingjie001.htm。

〔註1382〕張光裕此字摹作⟦字⟧，並指出這類字形乃從「戈」得聲，但是一來字明顯非從「戈」，二來「厚」匣紐、侯部，與「戈」見紐、歌部，似有距離，字形、字音不若從「弋」來的接近。張光裕、袁國華師著：《望山楚簡校錄》，（臺北市：藝文印書館，2004年），頁6。

郪陵君豆》的『重』字）。『主』是章母侯部字，『重』是章母東部字，讀音相近。」〔註1383〕。

「跓」字原簡作「![字形]」，字從「主」聲，該字又見楚系〈郪陵君豆〉，李守奎摹作「![字形]」，以爲「讀重」〔註1384〕。此字亦見〈季庚子問於孔子〉【簡18】。

〔174〕、54・思（使）忘亓（其）歾（死）【1】而見（獻？）亓（其）生【2】

【1】忘其死

「忘其死」即忘記死亡的恐懼，《周易・兌》：「說以犯難，民忘其死。」，《史記索隱》引作「悅以使人，人忘其死」。《漢書・五行志》引《周易》此言，師古注云：「言以和悅使人，（難）【雖】犯危難，不顧其生也。易兌卦象曰『說以犯難，人忘其死』，故引之也。說讀曰悅。」，《左傳・襄公》：「有二罪，敢忘其死？」，《法言》：「惠以厚下，民忘其死；忠以衛上，君念其賞。」，可參。

【2】見

原考釋者李零以爲「似乎是獻的意思。」〔註1385〕。

淺野裕一以爲「『重賞薄刑，思忘其死而見其生』意味著以重賞薄刑來鼓舞士氣，讓士兵忘記死的恐懼，而只顧活下去獲得重賞。」〔註1386〕。

李零以爲讀作「獻」，「見」字見紐、元部，「獻」字曉紐、元部，聲紐相近、韻部相同。「獻其生」意即奉獻出自己的生命，淺野裕一解釋作「只顧活下去」與李零「獻其生」的概念不同，顯然李零之說較佳，因爲戰爭中欲忘死抗敵往往需要的激發士兵死不旋踵的意志，《吳子・論將》云「故將之所慎者五：一曰理，二曰備，三曰果，……果者，臨敵不懷生」，「臨敵不懷生」與簡文「獻其生」相近。

〔175〕、55・思（使）良車、良士【1】徍（往）取【2】之餌【3】

【1】良車、良士

「良車」即精良的車輛，《戰國策・楚襄王爲太子之時》：「王發上柱國子良車五十乘，而北獻地五百里於齊。」，《呂氏春秋・簡選》：「殷湯良車七十乘，必死六千人……，齊桓公良車三百乘，教卒萬人」，可知戰爭時良車之重要性。「良士」則爲

〔註1383〕馬承源主編：《上海博物館藏戰國楚竹書（四）》，（上海：上海古籍出版社，2004年12月），頁279。

〔註1384〕李守奎：《楚文字編》，（上海：華東師範大學出版社，2003年12月），頁388。

〔註1385〕馬承源主編：《上海博物館藏戰國楚竹書（四）》，（上海：上海古籍出版社，2004年12月），頁279。

〔註1386〕淺野裕一：〈上博楚簡〈曹沫之陳〉的兵學思想〉，簡帛研究網，（2005年9月25日），網址：http://www.jianbo.org/admin3/2005/qianyeyuyi001.htm。

精選之將士，《孔子家語‧王言解》：「孔子曰：『古者明王，必盡知天下良士之名』」，《史記‧張釋之馮唐列傳》：「故李牧乃得盡其智能，遣選車千三百乘，彀騎萬三千，百金之士十萬」，集解服虔曰：「良士直百金也。」，索隱晉灼云：「百金取其貴重也。」，可參。

【2】往取

原考釋者李零隸定作「取」，無說〔註 1387〕。

李銳〈新編釋文〉隸作「取」假借為「趣」訓為「促」，以為「『取』字當為『趣』之借，疑讀為『促』，促使之意。《管子‧四稱》：『不彌人爭，唯趣人詔。』王念孫《讀書雜志》：『趣讀為促，詔當為訟，字之誤也。』」〔註 1388〕。

淺野裕一以為「『思良車良士往取之耳』意味著優秀的戰車和士兵只顧突擊而獲賞。」〔註 1389〕。

邴尚白以為「《左傳‧莊公十一年》：『覆而敗之曰取某師。』，楊伯峻說：『覆，隱也，設覆兵而敗之也。』簡文『取』字或用此義。言陷入苦戰時，以良車良士為伏兵，藉以出奇制勝，鼓舞士氣。」〔註 1390〕。

佑仁案：「往取之」或「往取」意即「前往拿取」之義，古籍例證很多，《列子‧說符》：「穆公曰：『何馬也？』對曰：『牝而黃。』使人往取之，牡而驪。穆公不說。」〔註 1391〕，《資治通鑑‧唐紀》：「世民曰：『彼所乘真良馬也！』尉遲敬德請往取之，世民止之曰：『豈可以一馬喪猛士。』」，《史記卷‧外戚世家》：「身自往取不得也。」。而若使用在戰爭敘述中則為「前往攻打、克敵」，這種用法出現在《資治通鑑》比較多，如《資治通鑑‧後唐紀》：「石敬瑭曰：『大梁，天下之要會也，願假三百騎先往取之；若幸而得之，公宜引大軍亟進，如此始可自全。』」，又《資治通鑑‧宋紀》：「彼若不從命來秋當復往取之；以彼無足，故不先討耳。」，《資治通鑑‧梁紀》：「侯景言於歡曰：『黑獺新勝而驕，必不為備，願得精騎二萬，徑往取之。』」。回歸本簡「往取之餌」，意即派遣精車精兵前往戰勝敵軍之「餌」，使此次攻擊有好的開始，激起

〔註 1387〕馬承源主編：《上海博物館藏戰國楚竹書（四）》，（上海：上海古籍出版社，2004年 12 月），頁 279。

〔註 1388〕李銳：〈《曹劌之陣》重編釋文〉，簡帛研究網，（2005 年 5 月 27 日），網址：http://www.jianbo.org/admin3/2005/lirui003.htm。

〔註 1389〕淺野裕一：〈卜博楚簡〈曹沫之陳〉的兵學思想〉，簡帛研究網，（2005 年 9 月 25日），網址：http://www.jianbo.org/admin3/2005/qianyeyuyi001.htm。

〔註 1390〕邴尚白：〈上博楚竹書《曹沫之陣》注釋〉，收入臺灣大學《中國文學研究》第二十一期，2006 年，頁 30。

〔註 1391〕參《列子‧說符》，收入《叢書集成新編》第二十冊，（臺北市：新文豐出版公司，1985 年）頁 27。

士兵的鬥志（即「使其志起」）。

【2】餌

　　原考釋者李零以爲「疑讀爲『耳』。」〔註1392〕，李銳〈新編釋文〉從之〔註1393〕。陳劍以爲「餌」字據本字讀〔註1394〕，白于藍從之〔註1395〕。

　　佑仁案：陳劍讀「餌」的意見正確。以良車良士取敵軍之「餌」，成功機率很高，而曹沫正是要透過這個勝利來啓發「勇者」與「蒀者」，讓「勇者」欣喜，讓「蒀者」後悔而振作，則「使其志起」的「其」顯然非「良車良士」，而應是「勇者」、「蒀者」。不過，《孫子・軍爭》云：「銳卒勿攻，餌兵勿食」，則簡文似與孫子所持的觀點相悖，但或有可能是在敗戰時期所使用的特別手法。

　　《郭店・老子丙》簡 4「樂與餌，過客止」，「餌」字今本老子第三十五章即讀作「餌」。《孫臏兵法・官一・416》：「僞遺小亡，所以魁（餌）敵也」，《銀雀山漢墓竹簡・六韜》簡 703：「啗以利餌，爭心乃起，其親乃止」，可參。

〔176〕、55・思（使）

　　簡文此處連續使用三次「使」字做開頭，「使忘其死而見其生，使良車良士往取之餌，使其志起」，可證此處的編聯是正確的。

〔177〕、55・戇（勇）【1】者思（使）憙（喜）【2】，㗥（蒀）【3】者思（使）晵（謀）【4】

　　原考釋者李零以爲「讀『勇者思喜，蒀者思悔』。『蒀者』和『勇者』相反。《玉篇・帥部》：『蒀，畏懼也。』『悔』和『喜』意思思也相反。」〔註1396〕。

【1】勇

　　《說文》「勇，气也。從力、甬聲。𢵯，勇或从用。�古文勇从心。」〔註1397〕，

〔註1392〕馬承源主編：《上海博物館藏戰國楚竹書（四）》，（上海：上海古籍出版社，2004年 12 月），頁 280。

〔註1393〕李銳：〈《曹劌之陣》重編釋文〉，簡帛研究網，（2005 年 5 月 27 日），網址：http://www.jianbo.org/admin3/2005/lirui003.htm。

〔註1394〕陳劍：〈上博竹書《曹沫之陣》新編釋文（稿）〉，簡帛研究網，（2005 年 2 月 12 日），網址：http://www.jianbo.org/admin3/2005/chenjian001.htm。

〔註1395〕白于藍：〈上博簡《曹沫之陣》釋文新編〉，簡帛研究網，（2005 年 4 月 10 日），網址：http://www.jianbo.org/admin3/2005/baiyulan001.htm。

〔註1396〕馬承源主編：《上海博物館藏戰國楚竹書（四）》，（上海：上海古籍出版社，2004年 12 月），頁 280。

〔註1397〕許慎撰、段玉裁注：《說文解字注》，經韵樓藏版，（臺北市：洪葉出版社，1999 年 11 月），頁 707。

《說文》重文的「戥」字从用聲，它與△字从「甬」聲古音相通，「戥」字《正字通》云：「與勇同」，楚簡中「勇」字常作从戈、甬聲，如⿱（郭·成·9）、⿱（郭·語四·24），不過《曹沫之陣》簡61「勇」字則假「埇」爲之。

【2】思喜

「思喜」讀作「使喜」，「使喜」一詞古籍亦見。《列子·黃帝第二》：「然則吾豈敢逆之使怒哉？亦不順之使喜也。」，可參。

【3】絴

原考釋者李零將「絴」讀作「葸」，陳劍從之〔註1398〕。

陳斯鵬讀「絴」作「慈」〔註1399〕。

李銳〈新編釋文〉釋作「（才？）」表示尚存疑〔註1400〕。

「絴」字原簡从絲、从才，〈中山王䉼鼎〉作⿱讀作「哉」，哉、絴都从才聲。簡文「絴」應讀作「葸」，訓作畏懼、退縮。《論語·泰伯》「慎而無禮則葸」，朱熹集注：「葸，畏懼貌」。《荀子·議兵》：「諰諰常恐天下之一合而共軋己也。」，《漢書卷·刑法志》「諰」作「鰓」，顏師古引蘇林曰：「鰓音慎而無禮則葸之葸，懼貌」。

【4】昏

原考釋者李零隸定「昏」作「悔」〔註1401〕，陳劍〔註1402〕、陳斯鵬〔註1403〕、白于藍〔註1404〕咸從之。

淺野裕一也讀作「悔」，認爲「『思其志起，勇者思喜，葸者思悔』意味著：只要提高鬥志，勇者會認爲他能得賞而高興，怯者認爲不勇戰便不能獲賞而後悔。」〔註1405〕。

〔註1398〕陳劍：〈上博竹書《曹沫之陳》新編釋文（稿）〉，簡帛研究網，（2005年2月12日），網址：http://www.jianbo.org/admin3/2005/chenjian001.htm。
〔註1399〕陳斯鵬：〈上海博物館藏楚簡《曹沫之陳》釋文校理稿〉：簡帛研究網，（2005年2月20日），網址：http://www.jianbo.org/admin3/list.asp?id=1328。
〔註1400〕李銳：〈《曹劌之陳》重編釋文〉，簡帛研究網，（2005年5月27日），網址：http://www.jianbo.org/admin3/2005/lirui003.htm。
〔註1401〕馬承源主編：《上海博物館藏戰國楚竹書（四）》，（上海：上海古籍出版社，2004年12月），頁280。
〔註1402〕陳劍：〈上博竹書《曹沫之陳》新編釋文（稿）〉，簡帛研究網，（2005年2月12日），網址：http://www.jianbo.org/admin3/2005/chenjian001.htm。
〔註1403〕陳斯鵬：〈上海博物館藏楚簡《曹沫之陳》釋文校理稿〉：簡帛研究網，（2005年2月20日），網址：http://www.jianbo.org/admin3/list.asp?id=1328。
〔註1404〕白于藍：〈上博簡《曹沫之陳》釋文新編〉，簡帛研究網，（2005年4月10日），網址：http://www.jianbo.org/admin3/2005/baiyulan001.htm。
〔註1405〕淺野裕一：〈上博楚簡《曹沫之陳》的兵學思想〉，簡帛研究網，（2005年9月25

周鳳五釋作「蒐者思怒」〔註1406〕。

李零以爲「讀『勇者思喜，蒐者思悔』。『蒐者』和『勇者』相反。《玉篇·帥部》：『蒐，畏懼也。』『悔』和『喜』意思思也相反。」，「喜」與「悔」互相對應的例證在古籍中亦不少，如《史記·龜策列傳》：「某欲卜某，即得而喜，不得而悔。」，又《史記·循吏列傳》：「故三得相而不喜，知其材自得之也；三去相而不悔，知非己之罪也。」。李零的意見可參，除此之外，△字似也可以讀作「謀」，一般楚文字「謀」都從母（或毋）從心〔註1407〕，而《曹沫之陣》簡兩處作「愳」者也都讀作「謀」〔註1408〕，雖△字不從心但也可有讀作「謀」的可能，因爲《說文》「謀」字下所附古文作「𢽬」〔註1409〕，《類篇》亦有「𠮺」字〔註1410〕，季旭昇師也以爲「『𠮺』爲『謀』之異體。『謀』之篆文作『謀』，段注本《說文·言部》：『慮難曰謀。從言某聲。𢽬：古文謀。𠮺：亦古文。』今楷定通作『謀』（《玉篇·言部》）。『𠮺』字見《康熙字典·言部》曰：『謀：古文𢾃𠮺』蓋爲《說文》古文之直接楷化耳。據此，『𠮺』爲『謀』之異體，可從。」〔註1411〕，可知本處從口、母聲之字亦有可能是「謀」字。

本簡前述「以勸其志」，可知「𠮺」字應讀「謀」，文義乃「使膽怯的人開始會想要謀畫」。

〔178〕、55·肰（然）句（後）【1】改台（始）【2】

【1】句

張光裕以爲楚簡中「然後」之「後」與「先後」之「後」有別，「然後」之「後」楚簡多作「句」而不作「後」，「先後」之「後」多作「後」而不作「句」〔註1411〕。此處「肰句」讀作「然後」，與張光裕的看法相合。

日），網址：http://www.jianbo.org/admin3/2005/qianyeyuyi001.htm。

〔註1406〕周鳳五：〈上博楚竹書〈曹沫之陣〉研究〉，95 學年度行政院國家科學委員會專題研究計畫成果報告。

〔註1407〕李守奎：《楚文字編》，（上海：華東師範大學出版社，2003 年 12 月），頁 142。

〔註1408〕分別爲【簡 13】、【簡 61】。

〔註1409〕許慎撰、段玉裁注：《說文解字·注》，經韵樓藏版，（臺北市：洪葉出版社，1999 年 11 月），頁 92。

〔註1410〕〔宋〕司馬光：《類編》，（北京：中華書局，2003 年 12 月），頁 47。

〔註1411〕參《異體字字典》「𠮺」字下季旭昇師之研訂說明。李鍌師、陳新雄師、李殿魁等編：教育部《異體字字典》網路版，民國 93 年 1 月正式五版，網址：http://140.111.1.40/yitia/fra/fra00086.htm。

〔註1411〕張光裕：〈從簡帛所見「然后」看「句」、「后」、「逅」諸字的關係〉，收入《出土簡帛文獻與古代學術國際研討會》，2005 年 12 月 2、2 日，政治大學中文系，頁 129～132。

【2】改𤔲（始）

　　原考釋者李零以為「讀『改始』，指回到從前。」〔註1412〕，陳劍〔註1413〕、李銳〔註1414〕從之。

　　陳斯鵬讀作「改司」，無釋〔註1415〕。周鳳五亦釋作「然後改司」〔註1416〕。

　　「改始」即重新開始，與「復亡戰」之「復」的概念契合，可從。

第七節　論「善攻、善守者」章

壹、釋　文

　　臧（莊）公或（又）𦖞（問）曰：【55】「善攻者柰（奚）女（如）〔179〕？」

　　𦔻（答）曰：「民又（有）寶寶〔180〕，曰城，曰固，曰藪（阻）〔181〕，三者聿（盡）甬（用）不皆（棄）〔182〕，邦豙（家）藪（以）恌（宏）〔183〕。善攻者必藪（以）亓（其）【56】所又（有），藪（以）攻人之所亡又（有）。」

　　臧（莊）公曰：「善獸（守）者柰（奚）女（如）〔184〕？」

　　𦔻（答）曰：【57△】「亓（其）飤（食）足藪（以）飤（食）之，亓（其）兵足藪（以）利之，其城固【15▽】足藪（以）扙（捍）〔185〕之，卡＝（上下）和虘（且）祝（篤）〔186〕，緯（緟）紀於大＝宔＝（大國，大國）〔187〕𣐻（親）之，天下【16△】不勑（勝）〔188〕。卆（卒）谷（欲）少藪（以）多〔189〕，少則惖（易）設（察）〔190〕，圪（迄）成則惕（易）忈（治）〔191〕𧿝。果勑（勝）矣〔192〕𧿝，親（親）率勑（勝）。吏（使）人，不𣐻（親）則不繵（緟／敦）〔193〕，不和則不祝（篤）〔194〕，不愆（義）則不備（服）〔195〕。」【33】～

貳、考　釋

〔註1412〕馬承源主編：《上海博物館藏戰國楚竹書（四）》，（上海：上海古籍出版社，2004年12月），頁280。

〔註1413〕陳劍：〈上博竹書《曹沫之陣》新編釋文（稿）〉，簡帛研究網，（2005年2月12日），網址：http://www.jianbo.org/admin3/2005/chenjian001.htm。

〔註1414〕李銳：〈《曹劌之陣》釋文新編〉，簡帛研究網，（2005年2月25日），網址：http://www.jianbo.org/admin3/2005/lirui002.htm。

〔註1415〕陳斯鵬：〈上海博物館藏楚簡《曹沫之陣》釋文校理稿〉：簡帛研究網，（2005年2月20日），網址：http://www.jianbo.org/admin3/list.asp?id=1328。

〔註1416〕周鳳五：〈上博楚竹書《曹沫之陣》研究〉，95學年度行政院國家科學委員會專題研究計畫成果報告。

〔179〕、56・善攻者系（奚）女（如）？

此處莊公詢問有關「善攻者」的問題，亦見《孫子・形篇》、《孫子・虛實篇》、《墨子・城守・備穴》、《管子・霸言》等處，《孫子・形篇》：「可勝者，攻也。守則不足，攻則有餘。善守者，藏於九地之下；善攻者，動於九天之上，故能自保而全勝也。」，《孫子・虛實篇》：「故善攻者，敵不知其所守；善守者，敵不知其所攻。微乎微乎，至於無形，神乎神乎，至於無聲，故能爲敵之司命。」，《墨子・城守・備穴》：「禽子再拜再拜，曰：『敢問古人有善攻者，穴土而入，縛柱施火，以壞吾城，城壞，或中人爲之奈何？』」，《管子・霸言》：「故善攻者料眾以攻眾，料食以攻食，料備以攻備。以眾攻眾，眾存不攻；以食攻食，食存不攻；以備攻備，備存不攻。釋實而攻虛，釋堅而攻脆，釋難而攻易。」，上述諸篇都在討論攻擊之道，不過《曹沫之陣》在談論「善攻者」時，最先談的確是人民之保，先確立防守的堅固後，才進行攻擊策劃。

〔180〕、56・民又（有）寶（寶）

原考釋者李零隸定作「寶」，以爲「讀『保』，可訓『守』，這裡指防禦設施。」〔註1417〕。

「寶」字作，字從「人」，而不從「玉」，一般楚系「寶」字作（楚公家鐘）、（楚公家鐘）、（包・221），字則多從「玉」，但也有少數例外如（望山M1・15）、〈郙弔鐘〉字從貝、保聲。春秋時期的〈齊縈姬盤〉一器中出現兩次「寶」字，首次作，第二次作，《金文編》摹作〔註1418〕，字亦從「保」。從上述幾例從「保」之寶字，可知△字換「玉」旁爲「人」旁可能受到這類從「保」之字的影響。

李零讀作「保」，訓爲「守」，可從。《左傳・襄公八年》：「焚我郊保」，杜預注云：「保，守也。」〔註1419〕，《左傳・哀公二十七年》：「乃先保南里以待之。」，杜預注云：「保，守也。」〔註1420〕，李零釋作「防禦設施」正確。

季旭昇師「寶」字據本字讀，指出「『寶』可巡讀『寶』，猶《老子》第67章『有

〔註1417〕馬承源主編：《上海博物館藏戰國楚竹書（四）》，（上海：上海古籍出版社，2004年12月），頁280。

〔註1418〕容庚編著：《金文編》，（北京：中華書局，2004年8月），頁525。

〔註1419〕〔清〕阮元《校勘十三經註疏・左傳》，嘉慶廿年江西南昌府學開雕影印本，（臺北：藝文印書館，1993年），頁521下。

〔註1420〕〔清〕阮元《校勘十三經註疏・左傳》，嘉慶廿年江西南昌府學開雕影印本，（臺北：藝文印書館，1993年），頁1054上。

三寶』。」〔註1421〕。

　　佑仁案：《管子・樞言》「國有寶有器有用，城郭、險阻、蓄藏，寶也。」與此正合，可知「寶」據本字即可。簡文中莊公詢問有關「善攻者奚如」的問題，但曹沫的回應先從人們所能的保護講起，先求國家的防護設施的健全，之後才是訓練軍隊的驍勇善戰，先求立於不敗，再求成爲善攻者，否則我軍驍勇強悍千里遠征，但國內的守禦能力卻十分薄弱，則戰未勝，國已先亡，所以說「民有保」則「邦家以宏」，從曹沫的回應中，突顯了這一層概念。

〔181〕、56・曰城【1】曰固【2】曰藃（阻）【3】

【1】城

　　《說文》：「城，以盛民也。从土、成，成亦聲。𡓉，籀文城从章。」，段注云：「言『盛』者如黍稷之在器中也。」〔註1422〕，《廣韻・清韻》：「城，城郭。」，《墨子・七患》：「城者，所以自守也。」，城郭是保護人民的重要防禦之一。

【2】固

　　原考釋者李零以爲「《說文，口部》：『固，四塞也。』《周禮・夏宮・序官》『掌固』，鄭玄注：『固，國所依阻者也。國曰固，野曰險。』這裡指險固。」〔註1423〕。

　　李零之說正確，《周禮・夏官司馬》：「負固不服，則侵之。」，鄭玄《注》云：「固，險可依以固者」，賈公彥《疏》云：「云固險可以依固者也，者（案：「者」字似衍字。）謂若僖公四年楚屈完云：『楚國方城以爲城，漢水以爲池，雖眾，無所用之』」〔註1424〕。《史記・本紀》：「秦地被山帶河以爲固，四塞之國也。」〔註1425〕。「古」是「固」的初文，甲骨文象盾牌之形，本義爲「堅固」〔註1426〕，因此堅強、堅硬之物稱「固」，而四方要塞、天險亦稱「固」。

【3】藃

　　原考釋者李零以爲「讀『阻』。《說文，自部》：『阻，險也。』是險阻之義。」

〔註1421〕參季旭昇師主編、高佑仁執筆、朱賜麟協撰：《上海博物館藏戰國楚竹書（四）讀本・曹沫之陳釋譯》，（臺北：萬卷樓圖書公司，2007年3月），頁219。

〔註1422〕見許慎撰、段玉裁注：《說文解字・注》，經韵樓藏版，（臺北市：洪葉出版社，1999年11月），頁695

〔註1423〕馬承源主編：《上海博物館藏戰國楚竹書（四）》，（上海：上海古籍出版社，2004年12月），頁280。

〔註1424〕〔清〕阮元《校勘十三經註疏・周禮》，嘉慶廿年江西南昌府學開雕影印本，（臺北：藝文印書館，1993年），頁440上。

〔註1425〕見瀧川龜太郎：《史記會注考證》，（臺北：萬卷樓，1996年10月），頁133。

〔註1426〕季旭昇師：《說文新證（上冊）》，（臺北市：藝文印書館，2002年10月），頁142。

〔註 1427〕。

李零之說可從。「阻」即險要地帶，《說文·自部》：「阻，險也。」〔註 1428〕，《詩·商頌·殷武》：「罙入其阻，裒荊之旅。」，鄭玄《箋》解「阻」爲「險阻」，孔穎達疏：「深入其險阻之內。」〔註 1429〕，漢班固《西都賦》：「左據函谷、二崤之阻，表以太華、終南之山。」，庾信〈哀江南賦並序〉：「江淮無涯岸之阻，亭壁無藩籬之固。」，又《孫子·九地篇》：「行山林、險阻、沮澤，凡難行之道者，爲圯地。」，《孫子·九地篇》：「不知山林、險阻、沮澤之形者，不能行軍。」，《孫子》將「險阻」視爲「難行之道」，並以爲不知險阻，則不能行軍，可見進軍時應對於「險阻」之地戒愼恐懼，反過來說，就「善守者」而言，「險阻」則形成有效的防衛。

由上述可知，曹沫所謂人民的「三保」，其實都是人民藉以保護的三項硬體設施，另外《管子·立政》以爲「國之所以安危者四，城郭險阻，不足守也。」〔註 1430〕，談的更高一層次的國家防衛問題，可以參看。

〔182〕、56·三者【1】聿（盡）甬（用）不皆（棄）【2】

【1】者

原考釋者李零隸定作「善」〔註 1431〕。

陳劍以爲「『者』字原釋爲『善』，字形絕不類。楚簡文字中『善』字寫法變化不大，『者』字則異體甚多，形體差別亦大。此當是『者』字之訛體。」〔註 1432〕。

佑仁案：原簡字作，而《曹沫之陣》「善」字作（簡 57），乍看下二者確實類似，但其實二字實在不容相混的。李零之所以釋作「善」，或有可能是因簡文「善攻者奚如」、「善守者奚如」，因而以爲此乃以「三善」爲名的問句。△字所處的【簡 56】

〔註 1427〕 馬承源主編：《上海博物館藏戰國楚竹書（四）》，（上海：上海古籍出版社，2004年 12 月），頁 280。

〔註 1428〕 許慎撰、段玉裁注：《說文解字·注》，經韵樓藏版，（臺北市：洪葉出版社，1999年 11 月），頁 739。

〔註 1429〕 〔清〕阮元《校勘十三經註疏·詩經》，嘉慶廿年江西南昌府學開雕影印本，（臺北：藝文印書館，1993 年），804。

〔註 1430〕 關於國家安危之說，可參《管子·立政》篇有清楚說明，其云「君之所愼者四：一曰大德不至仁，不可以授國柄；二曰見賢不能讓，不可與尊位；三曰罰避親貴，不可使主兵；四曰不好本事，不務地利，而輕賦斂，不可與都邑。此四務者，安危之本也。故曰：『卿相不得眾，國之危也。大臣不和同，國之危也。兵主不足畏，國之危也。民不懷其產，國之危也。』」，可參。

〔註 1431〕 馬承源主編：《上海博物館藏戰國楚竹書（四）》，（上海：上海古籍出版社，2004年 12 月），頁 280。

〔註 1432〕 陳劍：〈上博竹書《曹沫之陳》新編釋文（稿）〉，簡帛研究網，（2005 年 2 月 12 日），網址：http://www.jianbo.org/admin3/2005/chenjian001.htm。

亦見其他兩例「者」字皆作 ![字形] 形，字形上部稍有訛變，中間則添「八」形部件，「口」旁下半再加一豎筆，其與△字雖同是「者」字，然形體不同，確實使人容易混淆。

陳劍的看法很正確，楚系「者」字異體甚多，筆者整理《曹沫之陣》簡「者」字或從「者」之單字，將單字據形體差異分類如下：

	異體一	異體二	異體三	異體四	異體五
代表字形	![字形]	![字形]	![字形]	![字形]	![字形]
形體分析	上從 ![形]，中間從 ![形]，下從 ![形]。	上從 ![形]，中間從 ![形]，下從 ![形]。	字同「異體二」寫法，然中間部份稍有訛變。	字形上從卜形，中間稍有訛變，下似從日。	左半四從人形，右半寫法，上從卜形，中間稍有訛變，下從口。
所見簡號	37（都）、47（者）、47（者）、47（者）、49（者）、55（者）、55（者）、56（者）、56（者）、57（者）、59（者）、61（者）、61（者）、64（者）、65（者）。	2（惹）、19（者）、45（者）、45（者）、47（者）。	56（者）	28（者）	37（者）
備註		字形與異體一之差異僅在下半從之口旁未添有飾筆。			

然《曹沫之陣》簡中亦出現與△形相似的「者」字，如 ![字形]【簡28】。從文例上看「三者」比「三善」要通順的多，因爲「城、固、阻」三者，曹沫已說此爲民之「保」的內容，所以應稱之爲「三保」而非「三善」。

【2】皆

原考釋者李零隸定作「皆」讀作「棄」，以爲「疑讀『棄』。『皆』是見母脂部字『棄』是溪母質部字，讀音相近。」〔註1433〕。

陳劍作「（棄？）」表示對字義通讀仍尚存疑〔註1434〕。

陳斯鵬指出「皆，《李釋》讀爲『棄』，似不若讀作『匱』。『皆』爲見母脂部字，『匱』爲群母物部字，古音頗近；古書中『用不匱』一類說法極爲常見。」〔註1435〕。

〔註1433〕馬承源主編：《上海博物館藏戰國楚竹書（四）》，（上海：上海古籍出版社，2004年12月），頁281。

〔註1434〕陳劍：〈上博竹書《曹沫之陳》新編釋文（稿）〉，簡帛研究網，（2005年2月12日），網址：http://www.jianbo.org/admin3/2005/chenjian001.htm。

〔註1435〕參陳斯鵬：《戰國簡帛文學文獻考論》之第四節「戰國簡帛散文文本校理舉例之二——《曹蔑之陣》校理」，中山大學博士學位論文，2005年6月。

本簡原字作「皆」，但「皆」字或從「皆」之字無法找到文意能切合簡文者，可見恐應從從「皆」得聲的角度去分析。李零、陳劍讀「棄」，「棄」字見紐、質部，「皆」字見紐、脂部，二字確實有通假的可能。

另外，筆者以爲或有可能乃假借爲「稽」，「皆」見紐、脂部，「稽」字見紐、脂部，二字古音聲韻皆相近，《莊子・大宗師》「狐不偕」，《韓非子・說疑》：「狐不稽」，而從「皆」得聲的「楷」〔註1436〕，古籍亦與「稽」相通，如《老子》六十五章：「知此兩者，亦稽式。常知稽式，是謂玄德。」，《釋文》：「稽式，嚴、河上作楷式。」〔註1437〕，「稽」即停留、延遲之意。《說文・稽部》：「稽，留止也。」〔註1438〕，《玉篇・稽部》：「稽，留也。」，《管子・水地》：「秦之水泔㝡而稽，垽滯而雜。」，尹知章注：「稽，停留也。」。

「不稽」文例古籍多見，《管子・君臣上》：「是以令出而不稽，刑設而不用。」，《孔叢子・問軍禮》：「有司簡功行賞，不稽于時。」，可參。

〔183〕、56・邦豪（家）㠯（以）恮（宏）

原考釋者李零隸定作「恮」讀「宏」〔註1439〕。

陳斯鵬讀作「雄」〔註1440〕。博論中則云「恮，《李釋》讀『宏』，似不若讀『雄』，爲雄強、稱雄之意。」〔註1441〕。

楚文字有「恮」字作 **㐱**（包・162）、**㐱**（包・168），疑「恮」即「恮」之異體。

〔184〕、57・善獸（守）者𥙿（奚）女（如）

「獸」字原考釋者作「戰」〔註1442〕。

〔註1436〕《說文》云：「楷，楷木也。孔子冢蓋樹之者，从木皆聲。」，古音亦見紐、脂部。參見許慎撰、段玉裁注：《說文解字・注》，經韵樓藏版，（臺北市：洪葉出版社，1999年11月），頁242。

〔註1437〕參〔唐〕陸德明《經典釋文》，收入《叢書集成新編》第39冊，（臺北市：新文豐出版社，1985年元月），頁136。

〔註1438〕許慎撰、段玉裁注：《說文解字・注》，經韵樓藏版，（臺北市：洪葉出版社，1999年11月），頁278。

〔註1439〕參馬承源主編：《上海博物館藏戰國楚竹書（四）》，（上海：上海古籍出版社，2004年12月），頁280。

〔註1440〕陳斯鵬：〈上海博物館藏楚簡《曹沫之陣》釋文校理稿〉：簡帛研究網，（2005年2月20日），網址：http://www.jianbo.org/admin3/list.asp?id=1328。

〔註1441〕參陳斯鵬：《戰國簡帛文學文獻考論》之第四節「戰國簡帛散文文本校理舉例之二——《曹蔑之陣》校理」，中山大學博士學位論文，2005年6月。

〔註1442〕參馬承源主編：《上海博物館藏戰國楚竹書（四）》，（上海：上海古籍出版社，2004

原簡字作🔲，從「犬」不從「戈」，【簡 13】、【簡 18】亦有△字，皆讀作「守」，獨【簡 13】省「口」形，本字原考釋者從「戈」而釋作「戰」，應爲手民之誤，實即從「犬」之獸字。

另外，《上博五・季庚子問于孔子》簡 22「茍能固獸」，「獸」字讀「守」，原字形作「🔲」，原整理者隸定作「戰」〔註 1443〕，季旭昇師指出「原考釋所隸『戰』字，左上的『單』形沒有問題，但是右旁看不到『戈』形。疑此字當爲『獸』，讀爲『守』。」〔註 1444〕，陳劍亦改隸定作「獸」，讀爲「守」〔註 1445〕，《管子・牧民》：「城郭溝渠，不足以固守」，又《管子・重令》：「倉廩空虛，財用不足，則國毋以固守」，固守即堅固的國家防衛。本處「獸」字誤釋作「戰」的例證與《曹沬之陣》簡相同。

〔185〕、16・戟（捍）

原考釋者李零隸定作「戟」，讀作「捍」〔註 1446〕，邴尚白從之〔註 1447〕。

佑仁案：李零讀作「捍」可從，但隸定作「戟」可商，原簡字作🔲，實從「戈」不從「攵」，《說文》有「戰」字，其云：「戰，盾也。從戈、旱聲。」〔註 1448〕，《玉篇》以爲「盾別名」，也就是「盾」異稱。《說文・盾部》：「盾，瞂也。所以扞身蔽目。」〔註 1449〕，《說文》亦有「扞」字，《說文》云：「扞，忮也。從手干聲」〔註 1450〕，又「抗，扞也。從手亢聲」〔註 1451〕，可知「扞」亦有防衛、捍衛之意。

年 12 月），頁 218。

〔註 1443〕參馬承源主編：《上海博物館藏戰國楚竹書（五）》，（上海：上海古籍出版社，2005年 12 月），頁 233。

〔註 1444〕季旭昇師：〈上博五芻議(上)〉，武漢大學簡帛網，（2006 年 2 月 18），網址：http://www.bsm.org.cn/show_article.php?id=195。

〔註 1445〕陳劍：〈談談《上博（五）》的竹簡分篇、拼合與編聯問題〉，武漢大學簡帛網，（2006年 2 月 19 日），網址：http://www.bsm.org.cn/show_article.php?id=204。

〔註 1446〕馬承源主編：《上海博物館藏戰國楚竹書（四）》，（上海：上海古籍出版社，2004年 12 月），頁 253。

〔註 1447〕邴尚白：〈上博楚竹書《曹沬之陣》注釋〉，收入臺灣大學《中國文學研究》第二十一期，2006 年，頁 12。

〔註 1448〕段玉裁以爲「戰」、「盾」應是一對轉注字，認爲《說文》：「盾，瞂也」爲淺人所改，可參。見許慎撰、段玉裁注：《說文解字・注》，經韵樓藏版，（臺北市：洪葉出版社，1999 年 11 月），頁 636，《說文》：「戰，盾也。」之注。

〔註 1449〕見許慎撰、段玉裁注：《說文解字・注》，經韵樓藏版，（臺北市：洪葉出版社，1999年 11 月），頁 137～1385。

〔註 1450〕許慎撰、段玉裁注：《說文解字・注》，經韵樓藏版，（臺北市：洪葉出版社，1999年 11 月），頁 615。

〔註 1451〕許慎撰、段玉裁注：《說文解字・注》，經韵樓藏版，（臺北市：洪葉出版社，1999

古文字「戈」古籍中多作「扞」、「捍」、「戜」，它們都有保護、防衛之義。作「扞」者如《呂氏春秋・恃君覽・恃君》：「凡人之性，爪牙不足以自守衛，肌膚不足以扞寒暑。」，高誘《注》云：「扞，禦也。」，又《左傳・桓公十二年》：「請無扞采樵者以誘之。」，杜預《注》云：「扞，衛也。」〔註 1452〕，又《左傳・文公六年》：「親帥扞之，送致諸竟」，杜預《注》：「扞，衛也。」〔註 1453〕，可知二字乃同源詞。

〔186〕、16・祝（篤）

原考釋者李零以為「原作『（圖）』，西周銅器《班簋》有『東國痔戎』，齊器《國差罎》有『無瘠無痔』，其『痔』字皆從此。特別是後者，連筆勢都是一樣的。簡文此字乃『厭』字所從，『厭』字是影母談部字，古音與『輯』字相近（『輯』是從母緝部字），從文義看，似應讀為古書常見的『和輯』之『輯』。《爾雅，釋詁上》：『輯，和也。』此字與小篆『耳』相似。在先秦古文字材料中，我們還沒有發現過『耳』字，此字也可能就是古『耳』字。」〔註 1454〕，李零以為此字即《班簋》、《國差罎》之「痔」字，結合古籍文例，主張此字應讀作「輯」，並從△字與小篆「耳」相似的角度，以為亦有可能△即「耳」字。

陳斯鵬隸定作「兄」讀作「恭」〔註 1455〕，無說。

徐在國以為李零所謂「在先秦古文字資料中我們還沒有發現過『耳』字」是錯的，因為在郭店簡《魯穆公問子思》、《緇衣》都有，徐在國云：「郭店簡『耳』及從『耳』之字，『口』下部形體非常像『月（肉）』，與《曹沫之陳》16、48 簡中的形體不同。所謂的不同是筆勢差別比較大。如果將這些形體與包山楚簡、郭店簡中『厭』字比較，就會發現：這些字『口』的下部絕對不是『月（肉）』，而是手形和人形的下部分。」〔註 1456〕並認為甲骨、金文不少被誤釋作「兄」或「祝」的字，其實都是△字的源頭，而應當釋作「耳」，主張「許慎認為此字『從口，從耳』，是據訛變

年 11 月），頁 615。

〔註 1452〕〔清〕阮元《校勘十三經註疏・左傳》，嘉慶廿年江西南昌府學開雕影印本，（臺北：藝文印書館，1993 年），124 上。

〔註 1453〕〔清〕阮元《校勘十三經註疏・左傳》，嘉慶廿年江西南昌府學開雕影印本，（臺北：藝文印書館，1993 年），316 上。

〔註 1454〕馬承源主編：《上海博物館藏戰國楚竹書（四）》，（上海：上海古籍出版社，2004年 12 月），頁 253。

〔註 1455〕陳斯鵬：〈上海博物館藏楚簡《曹沫之陣》釋文校理稿〉：簡帛研究網，（2005 年 2月 20 日），網址：http://www.jianbo.org/admin3/list.asp?id=1328。

〔註 1456〕徐在國：〈說「耳」及其相關字〉，簡帛研究網，（2005 年 3 月 4 日），網址：http://www.jianbo.org/admin3/2005/xuzaiguo001.htm。

後的形體進行分析的。所謂的『耳』字就是從形訛變而來。」〔註1457〕。

沈培先生結合新蔡、上博等字形，將△釋作「祝」讀作「篤」〔註1458〕。

佑仁案：筆者舊稿主張該字爲「聑」，然沈培先生結合甲金文字形、字例，頗能服人，今從之。

〔187〕、16・緯（繲）紀於大＝戈＝（大國，大國）

原考釋者李零隸定作「繲紀」以爲「疑讀『絓紀』，指結交援於大國。」〔註1459〕。

陳劍以爲「『繘』字以『因』爲基本聲符，故可讀爲『因』，意爲因就、依靠。……按紀、極音義皆近，作名詞意爲『原則』、『準則』，作動詞則指『以……爲原則、準則』。『因紀于大國』猶言依靠大國、以大國之好惡意願爲準則而行事。」〔註1460〕。

陳斯鵬隸定作「糸牅」讀作「屬」，無說〔註1461〕。博士論文中則指出「『繘』寫作，《李釋》作『繲』，並讀『繲紀』爲『絓紀』，謂指結交援於大國。文意把握準確，而釋字則非。字右從『罸』，即『觸』字，而非從『解』。舊稿已改隸作『繘』而讀爲『屬』，魏宜輝先生從之，然訓『屬』爲『委』〔註1462〕，理解上與筆者並不相同。按『繘』字從『糸』、『罸』聲，疑即『襡』若『襦』之異體，《釋名》云：『襦，屬也，衣裳上下相連屬也。』『繘』亦讀若『屬』，《說文》：『屬，連也。』《禮記・王制》：『五國以爲屬，屬有長。』《國語・齊語》：『十縣爲屬，屬有大夫。』《管子・小匡》：『三鄉爲屬，屬有帥。』『屬』皆取聯合結聚之意。『紀』亦有會結義，《廣韻・止韻》：『紀，會也。』《禮記・月令》『月窮於紀』，鄭玄注亦云：『紀，會也。』故『屬紀』爲近義連文，『屬紀於大國』，即結交、聯合大國之意。陳文隸『繘』爲『繘』，讀爲『因』，李文從之而讀作『姻』，恐非是。『角』、『因』字形有別，不宜混淆。」〔註1463〕。

〔註1457〕徐在國：〈說「聑」及其相關字〉，簡帛研究網，（2005年3月4日），網址：http://www.jianbo.org/admin3/2005/xuzaiguo001.htm。

〔註1458〕參沈培：〈說古文字裏的「祝」及相關之字〉，中國簡帛學國際論壇（2006）論文，武漢大學簡帛研究中心，2006.11.8～10。

〔註1459〕馬承源主編：《上海博物館藏戰國楚竹書（四）》，（上海：上海古籍出版社，2004年12月），頁253。

〔註1460〕陳劍：〈上博竹書《曹沫之陣》新編釋文（稿）〉，簡帛研究網，（2005年2月12日），網址：http://www.jianbo.org/admin3/2005/chenjian001.htm。

〔註1461〕陳斯鵬：〈上海博物館藏楚簡《曹沫之陣》釋文校理稿〉：簡帛研究網，（2005年2月20日），網址：http://www.jianbo.org/admin3/list.asp?id=1328。

〔註1462〕魏宜輝：《讀上博楚簡（四）箚記》，「孔子2000」網站，2005年3月5日；又『簡帛研究』網站，2005年3月10日。

〔註1463〕參陳斯鵬：《戰國簡帛文學文獻考論》之第四節「戰國簡帛散文文本校理舉例之二

李鋭於〈新編釋文〉一文中讀作「姻配」，以爲「『紀』今讀爲『配』，古『配』字或作『妃』」〔註1464〕。

魏宜輝以爲：「從字形上看，█字右上所從的有可能是『角』，但字不從『刀』，故認爲其右半爲『觕』是很有可能的。『█』讀作『屬』，在這裏作『委託』、『託付』的意思。『紀』可以解釋作『事』。《禮記・文王世子》：『喪紀以服之輕重爲序，不奪人親也。』鄭玄注：『紀，猶事也。』『屬紀』即『屬事』。《漢書・張良傳》：『而漢王之將獨韓信可屬大事，當一面。』顏師古注：『屬，委也。』『屬紀於大國』，是說將國事託付於大國。『將國事託付於大國』只是字面上的意思，其實它所表達的是『和大國保持一致』的一種委婉說法。」〔註1465〕，說法與陳斯鵬相近。

白于藍讀作「因紀」，無說〔註1466〕。

李守奎隸定作「緯」〔註1467〕。

邴尚白引述周鳳五之說，以爲△字「構形特殊，陳斯鵬之說雖亦可通，然分析其形構，疑即罕用字『紖』之異體。『紖』爲牛鼻繩，故從『糸』，從『牛』，而以『因』標聲，在簡文中應讀作『繫』。『繫紀於大政』即把國家大權託付在正卿身上。」〔註1468〕。

佑仁案：綜上所述學者的意見，可知此字釋形、釋義方面都仍處於莫衷一是的階段。首先原整理者所謂的「緯」，其字原簡字作█，左旁從糸，右下從牛，此二偏旁是各家都沒有疑義的。「牛」旁上半的偏旁才是爭論的焦點，學者有兩種看法，一是釋作「因」，第二是釋作「角」。楚系戰國「因」字作█（曾侯乙墓竹簡・53）、█（郭・尊・17）、█（郭・語一・31），保留甲金文█（合12359）、█（盞鼎）形體，但亦有四邊已作圓弧型者，如█（包2・021），不過筆者尚未看到「因」字右上有加「▼」形部件而作█者，反觀「角」字，戰國楚系「角」字作█（葛陵・甲三：

——《曹蔑之陣》校理」，中山大學博士學位論文，2005年6月。

〔註1464〕李鋭：〈《曹劌之陣》釋文新編〉，簡帛研究網，（2005年2月25日），網址：http://www.jianbo.org/admin3/2005/lirui002.htm。

〔註1465〕魏宜輝：〈讀上博楚簡（四）箚記〉，簡帛研究網，（2005年3月10日），網址：http://www.jianbo.org/admin3/2005/weiyihui001.htm。

〔註1466〕白于藍：〈上博簡《曹沫之陳》釋文新編〉，簡帛研究網，（2005年4月10日），網址：http://www.jianbo.org/admin3/2005/baiyulan001.htm。

〔註1467〕李守奎：〈《曹沫之陣》之隸定與古文字隸定方法初探〉，（北京：學苑出版社，2005年6月），頁497。

〔註1468〕此意見僅見邴尚白〈上博楚竹書曹沫之陣注釋〉一文所引，爲周鳳五於「新出戰國楚竹書研讀會（三）」第十二次會（2005年6月22日）之發言，並無正式發表。參邴尚白：〈上博楚竹書《曹沫之陣》注釋〉，收入臺灣大學《中國文學研究》第二十一期，2006年，頁31～31。

351）其右上會添「﹏」形部件，有時會勾成一個半圓弧形而作「ᐟ」，如▨（天卜/解）、▨（天卜/解）、▨（天卜/解）、▨（曾侯乙鐘）、▨（曾侯乙鐘）等形，它們與本簡的「▨」所从之「角」旁相同。另外《曹沫之陣》簡亦有其他兩次「角」字出現，乃【簡25】兩例「豐」字，分別作▨、▨，前者有一斜筆的飾筆，後者則省略，二者兩種字形亦見楚系戰國文字中，前者如▨（曾‧43）、▨（包 2‧253/寯），後者如▨（包 2‧157/解），可見書手本身在「角」字上即有不只一種形態的寫法，此爲筆者接受△字釋作「角」的原因。

再進一步看，我們將「▨」釋作「角」後，則△字右旁偏旁「▨」是什麼字，有兩個可以考慮的可能，一是釋作「解」，二是釋作「觸」。先看「解」字，「▨」字右半从「牟」，「牟」字右旁若再添「刀」形，此即戰國楚系標準的「解」字，但是若省其「刀」旁其實亦可以釋作「解」，因爲「解」字本來即不从刀。例如「解」字甲骨文作▨（後2.21.5），王國維釋作「解」〔註1469〕，金文西周早期的〈解子鼎〉、〈解子甗〉二器，前者作▨，字从牛从角从攵，後者作▨，高明釋作「解」〔註1470〕，季旭昇師亦釋作「解」〔註1471〕，後者雙手持牛角，與甲骨形態相同，〈解子鼎〉省「臼」形，添「攵」旁，可見「牛」與「角」才是「解」字的重要部分，只不過要說明的是，這樣省略「刀」形的「解」字目前楚文字中尚未看到其它的例證。

第二個思考方向是釋「牟」作「觸」字，該字典籍中有資料，「牟」字何琳儀以爲「从牛，从角，會牛角觸人之意。角亦聲。觸之初文。《玉篇》『△，古文觸。』」〔註1472〕。另外，「牟」又作「牊」，如《廣韻‧入聲‧燭韻》云「觸 突也尺玉切四 牊古文」〔註1473〕，又《偏類碑別字‧角部》引〈唐諸葛府君夫人韓氏墓誌〉作「觕」。又《龍龕手鏡‧角部》以「牊」、「觕」爲「觸」之或體，《四聲篇海‧角部》：「觕，尺玉切，突也。」，《字彙補‧角部》：「觕，音矗，突也。」，《康熙字典‧備考‧角部》引《篇海類編》：「觕同觸。」，古文字見▨（璽彙‧0664）、▨（璽彙‧2101）、▨（陶彙‧3.820）〔註1474〕，湯餘惠置入「觸」字，何琳儀讀作「觸」，爲人名，不過上述例證

〔註1469〕王國維：《殷墟文字類編‧序》，見《殷虛文字類編》，收入《羅雪堂先生全集》六編（十一），（臺灣：大通書局，1976年），頁4106。

〔註1470〕參高明：《古文字類編》，（北京：中華書局，1980年11月），頁232。

〔註1471〕季旭昇師：《說文新證（上冊）》，（臺北市：藝文印書館，2002年10月），頁358。

〔註1472〕見何琳儀：《戰國古文字典》，（北京：中華書局，1998年），頁338。

〔註1473〕見〔宋〕陳彭年撰、李添富主編：《新校宋本廣韻》，（臺北市：洪葉文化，2001年9月），頁462。

〔註1474〕璽彙0664、璽彙2101二字，何琳儀收入晉系，湯餘惠無作判斷，見湯餘惠主編：《戰國文字編》，福州：人民出版社，2001年12月），頁189；見何琳儀：《戰國

皆非楚系文字。

何琳儀以爲「觸與角均屬侯部」，因此主張「角」爲「觸」的聲符〔註1475〕。但據陳新雄師的上古音系統，「角」爲「見紐、覺部」與觸字「透紐、屋部」相比，聲韻似乎都稍稍遠〔註1476〕。其實「牛」以「角」觸人，表義功能已足，可見該字也未必非釋作形聲不可。

陳斯鵬、魏宜輝都解△字的右半偏旁作「牾」，但他們顯然是從「觸」字來思考這個字形，《玉篇·角部·觸字》有「羋」字，其云：「觸_也昌燭切抵_據同上_也牾 羋^{古文}」〔註1477〕，曾榮汾以爲『羋』爲『觸』之異體。《說文·角部》：『<img>，抵也，從角蜀聲。』《偏類碑別字·角部·觸字》錄〈魏程哲碑〉作『羋』，《敦煌俗字譜·角部·觸字》下亦收『羋』字凡三見。《玉篇·角部·觸字》以『羋』爲『觸』之古文，《集韻·入聲·燭韻》《類篇·角部》並云：觸，古作『羋』。《六書正譌·入聲·沃燭韻》：『羋，從牛角，會意。』《康熙字典·角部》引《晉書·李流傳》：『馳馬追擊，羋倚矛被傷。』又《淮南子·齊俗訓》：『獸窮則羋。』《漢語大字典·角部》羋下引（晉書）何超音義：『羋，古文觸字。』今按《古文字類編·觸字》下引『戰國罄室』作『羋』，『戰國印凝清』作『羋』，上象角形，『羋』當由此形而來，魏碑從之。《玉篇》以下皆視爲『觸』之古文。」〔註1478〕。

就古文字字形來看，「解」字楚文字作 <img>（天·卜）、<img>（包·120）、<img>（周易·37/繲）、<img>（天·卜），最後一形「角」旁略有訛變，但是都从「刀（或刃）」，不省作「羋」，而「觸」字作 <img>（晉系·664）、<img>（齊系·陶彙·3.820），雖然「解」字甲骨文即不「刀」、「殳」、「攴」等偏旁，將△釋作「解」似也可以，說服力恐不若釋作「觸」來的堅強，不過釋作「觸」唯一的缺點就是缺乏楚系文字的旁證。不過整體而言，釋作「觸」的可行信較高，本文此處從此說法。

李零以爲讀作「絓紀」，「解」讀作「絓」的說法可參《說文》「解」字段注的意見〔註1479〕，只是△字釋作「解」的機率較「觸」來的低，又筆者尚未找到先秦文

古文字典》，（北京：中華書局，1998年），頁338。

〔註1475〕見何琳儀：《戰國古文字典》，（北京：中華書局，1998年），頁338。

〔註1476〕見許慎撰、段玉裁注：《說文解字·注》，經韵樓藏版，（臺北市：洪葉出版社，1999年11月），頁186。

〔註1477〕〔梁〕顧野王著：《宋本玉篇》，（北京市：中國書店，1983年），頁480。

〔註1478〕李鍌師、陳新雄師、李殿魁等編：教育部《異體字字典》網路版，民國93年1月正式五版，網址：http://140.111.1.40/yitia/fra/fra03780.htm。

〔註1479〕許慎撰、段玉裁注：《說文解字·注》，經韵樓藏版，（臺北市：洪葉出版社，1999年11月），頁188。

獻中有「緒紀」一詞，且《說文》訓「緒」爲「繭滓緒頭也。一曰以囊絮練也。」〔註1480〕，以及其他意義中似乎亦無與「交援」有關的字義〔註1481〕。

另外，陳劍、李銳、白于藍、周鳳五都从「因」聲思考，但正如前述，字實不从「因」。陳斯鵬、魏宜輝讀作「屬」，觸，透紐、屋部。屬，端紐、屋部。古音接近，確實可以通假。

其訓讀方式，待考。

【2】大戉（國）

原考釋者李零隸定作「國」〔註1482〕，陳劍〔註1483〕、陳斯鵬〔註1484〕、李銳〔註1485〕、白于藍〔註1486〕都直接釋作「國」。

邴尚白以爲「古文字資料稱國家，多說『邦』而罕言『國』，……故此處的<img>是否指國家，就很值得斟酌。周鳳五師指出：<img>字不從『口』，不能隸定爲『戉』。由字形及文義來看，應爲『定』之形訛，讀作『大政』，猶言正卿。」〔註1487〕將「大<img>」解爲「大定」之訛字，並讀作「大政」。邴尚白並證成周鳳五之說，以爲《國語‧晉語八》：『子爲大政』，徐元誥《集解》引王念孫說：『政，讀爲正。《爾雅》：『正，長也。子爲大政，猶曰子爲正卿也。成六年《左傳》：『子爲大政。』杜《注》曰：『中軍元帥。』是也。」〔註1488〕。

佑仁案：該字實省「口」旁，因此實應隸作「戉」，學者多讀作「國」，邴尚白

〔註1480〕許慎撰、段玉裁注：《說文解字‧注》，經韵樓藏版，（臺北市：洪葉出版社，1999年11月），頁650。

〔註1481〕見宗福邦等主編：《故訓匯纂》，（北京：商務印書館，2004年3月），頁1731，「緒」字條下。

〔註1482〕馬承源主編：《上海博物館藏戰國楚竹書（四）》，（上海：上海古籍出版社，2004年12月），頁253。

〔註1483〕陳劍：〈上博竹書《曹沫之陣》新編釋文（稿）〉，簡帛研究網，（2005年2月12日），網址：http://www.jianbo.org/admin3/2005/chenjian001.htm。

〔註1484〕陳斯鵬：〈上海博物館藏楚簡《曹沫之陣》釋文校理稿〉：簡帛研究網，（2005年2月20日），網址：http://www.jianbo.org/admin3/list.asp?id=1328。

〔註1485〕李銳：〈《曹劌之陣》釋文新編〉，簡帛研究網，（2005年2月25日），網址：http://www.jianbo.org/admin3/2005/lirui002.htm。

〔註1486〕白于藍：〈上博簡《曹沫之陣》釋文新編〉，簡帛研究網，（2005年4月10日），網址：http://www.jianbo.org/admin3/2005/baiyulan001.htm。

〔註1487〕見邴尚白：〈上博楚竹書曹沫之陣注釋〉，臺灣大學第十四屆《中國文學研究》，2005年9月25日，頁19。周鳳五之意見乃「新出戰國楚竹書研讀會（三）」第十二次會（2005年6月22日）之發言，僅見邴尚白之文所引，而無正式發表。

〔註1488〕見邴尚白：〈上博楚竹書曹沫之陣注釋〉，臺灣大學第十四屆《中國文學研究》，2005年9月25日，頁19。

以爲古文字資料「國家」多稱「邦」而不稱「國」，以證此字非「國」。其實這是兩個層次的問題，首先是△字是不是「國」，第二是才是「國」字是否爲訓作「國家」的問題。邴尚白指出古文字中，國家之義多稱「邦」而不稱「國」，這是很正確的，從校勘學我們知道先秦「國」多作「邦」，至漢爲避高祖之諱，才改「邦」爲「國」，大西克也進一步從古文字上整理分析，而得出結論以爲楚簡帛書中「『或』、『𢘓』、『𢛳』、『國』」等字應一概讀作『域』，不能做國家字。」〔註1489〕，論文中大西克也也尚未收錄到上博簡的字形，可見文成時尚未見上博資料，其中大西曾引《郭店·緇衣》2～3簡「子曰：『有𢘓者，彰好彰惡，以視民厚』」一語，以爲這個「𢘓」實指「領域」，不指國家，然而劉釗以爲「𢘓」乃「『國』之古文」並解釋作「上者」〔註1490〕，上博簡中我們看到更多資料，《上博·緇衣》云：「有國者，彰好彰惡，以視民厚」，「國」即作「國」而不作「邦」，鄒濬智以爲「『有國者』，指有封地的統治者、掌有國家政權的人」〔註1491〕，此處是作「國」有今本爲證比較理想，並且我們知道「國」與「邦」在先秦中應當都有作國家之概念者。

原簡字作「𢎧」，學者以爲字不從「囗」，其實古文字的「或（國）」字本即不從「囗」而從「口」，楚文字中「囗」、「口」差異甚大，雖然戰國文字已有絕少數例證訛作「囗」形，但推源「國」字字形，實不從「囗」，《曹沫之陣》簡「或」字出現共例18例〔註1492〕，無一例從「囗」。「國」文字中確實不見省「囗」之字例，周鳳五的看法很有觀察力〔註1493〕，季旭昇師以爲「從口，表示區域」〔註1494〕，可是「𢎧」字下所從的「﹀」形部件，其實就已經表有疆域的意涵，戰國楚系「國」字作𢧩（曾·174）、𢧩（包2·135）、𢧩（包2·45），季師以爲「或加口、或加匚、或加匸，都是表示區域的義符。」〔註1495〕，又「或」字下云：「周金文『囗』形之外以四（或二）短畫標示區域之外緣。」〔註1496〕，換言之，△字「﹀」與「囗」

〔註1489〕參大西克也：〈論古文字資料中的「邦」和「國」〉，《古文字研究》，第二十三輯，（北京：中華書局，2002年6月），頁186～194。

〔註1490〕參劉釗：《郭店楚簡校釋》，（福州：福建人民出版社，2003年12月），頁52。

〔註1491〕參季旭昇師主編、鄒濬智撰《上海博物館藏戰國楚竹書（一）讀本·緇衣譯釋》，（臺北市：萬卷樓，2004年6月），頁83。

〔註1492〕「或」字出現於簡14（兩例）、23、35、36、37（兩例）、42、43、44、46、50、53（三例）、55、59、64等共十八例。

〔註1493〕其實，《上博四》刊行之初，同門友金俊秀兄亦曾在師大圖書館向筆者提出相同的懷疑。

〔註1494〕季旭昇師：《說文新證（下冊）》，（臺北市：藝文印書館，2004年11月），頁198。

〔註1495〕季旭昇師：《說文新證（下冊）》，（臺北市：藝文印書館，2004年11月），頁519。

〔註1496〕季旭昇師：《說文新證（下冊）》，（臺北市：藝文印書館，2004年11月），頁198。

同樣擁區域的義涵，則△字省「囗」形依然還是有「一」來表示區域之義，釋作「國」可以被接受，再者加「宀」旁是戰國楚系「國」字的特徵之一，如 ![字] (包2‧125)、![字] (包2‧10)。不過必須說明的是，筆者尚未看到楚文字中「國」、「或」等字有省「囗」旁者，但從字形結構上看此字是「國」字的可能性最大。

不過郭店老子甲「國中有四大焉」之「國」作 ![字] (22)，《郭店楚墓竹簡》已釋作「國」〔註1497〕，《簡帛書法選》編輯組〔註1498〕、《郭店楚簡研究‧第一卷‧文字編》〔註1499〕，裘錫圭以為字從「右」聲，乃「圍」之異體，或讀作「域」〔註1500〕，李天虹〔註1501〕與大西克也〔註1502〕則都以為實從「厷」聲而不從「或」，正確可從，「或」匣紐、職部，「厷」匣紐、蒸部，聲同韻近，從從「厷」聲的角度思考較佳。

另外，周鳳五以為△可能是「定」之省，楚系定「字」作 ![字] (羽臺山律管)、![字] (郭‧老甲‧14)、![字] (包‧165)，《上博（四）‧召王毀室》【簡7】作 ![字]，與本簡的「![字]」字其實還是有很大的差異，從種種因素觀察，△字釋作「國」會是比較好的看法。

另外，邴尚白將此句釋作「繫紀於大政」，翻譯作「把國家大權託付在正卿身上」，邴尚白的意見很具啓發性，但是要將國家的權柄授給大卿，這恐怕將造成「正卿」們取而代之。然而簡文中莊公也一再詢問「天命」在哪位領導者身上，又欲「鑄大鐘」，又詢問曹沫誰能夠「併兼人」，足見野心之高，此處曹沫若要莊公將國家大權託付給正卿，不僅不符合莊公的政治家性格，也失去了身為一位臣子與君王說話應有的立場。

羅運環整理包山簡中從或之字，也不見其中有省「囗」之例，另外他也肯定楚簡中「國」即國家之義〔註1503〕。

〔註1497〕荊門市博物館編：《郭店楚墓竹簡》，（北京市：文物出版社，1998年），頁112。

〔註1498〕見《簡帛書法選》編輯組：《郭店楚墓竹簡：性自命出》，（北京市：文物出版社，2002年12月），頁22。

〔註1499〕見張光裕主編、袁國華合著：《郭店楚簡研究》，（臺北市：藝文印書館，1999年，元月），頁129。

〔註1500〕裘錫圭：〈郭店《老子》簡初探〉，《道家文化》第十七輯（郭店楚簡專號），頁49。

〔註1501〕李天虹：〈郭店楚簡文字雜釋〉，《郭店楚簡國際學術研討會論文集》，（武漢市：湖北人民出版社，2000年），頁98。

〔註1502〕參大西克也：〈論古文字資料中的「邦」和「國」〉，《古文字研究》，第二十三輯，（北京：中華書局，2002年6月），頁194。

〔註1503〕見羅運環：〈釋包山楚簡宭敔宦三字及相關制度〉，《簡帛研究二○○二、二○○三》，（桂林：廣西師範大學出版社，2005年6月），頁6。

〔188〕、16・天下【1】不勑（勝）【2】

【1】天下

　　陳劍以爲「『天下』指除己國和大國之外的天下之國，這種用法的『天下』《戰國策》多見，如《燕策二》『燕昭王且與天下伐齊』章之類。『天下不勝』自然爲『善守』。」〔註1504〕。

　　「天」字陳斯鵬隸定作「而」〔註1505〕。

　　佑仁案：本簡原字作 🔣，應是「天」無誤，陳斯鵬隸定作「而」可商，《曹沫之陣》簡「天」字共37例〔註1506〕，字作 🔣（簡3）形，左下的曲筆向右撇，撇到竹簡的最右端，有時最上面的飾筆會與第二筆接連作 🔣（簡27），「天」字共出現八次〔註1507〕，作 🔣（簡3），「而」、「天」二字在《曹沫之陣》簡中並不會有訛混的情況，「🔣」從字形上看是天無誤，李零釋作「天下」，正確。

【2】不勑（勝）

　　陳斯鵬首先將簡16與簡46下相連，文例讀作「天下不勝」，他指出「乘力，諸家原讀『勝』，實當讀『乘』。《呂氏春秋・權勳》：『於是以天下兵戰，戰合，擊金而却之，卒北，天下兵乘之。』畢沅曰：『乘，猶陵也。』《戰國策・趙策三》：『我將因強而乘弱。』鮑彪注同。又《楚策二》：『王欲昭雎之乘秦也，必分公之兵以益之。』鮑注：『乘，猶淩。』簡文此處『乘』字正用是義。意謂我若內有兵利、城固、人和，而外有大國之親，則天下莫敢侵淩攻擊也。」〔註1508〕。

　　本簡「勑」字作 🔣 中間「几」形寫法與其他簡的寫法不同。「勑」字《曹沫之陣》簡共見六次，簡33、41、49等簡都作 🔣（簡33），所从「几」形上添飾筆，左右兩邊亦有飾筆，簡52則是「几」形上方的飾筆省略，本簡則是上端及左右兩側飾筆都省略，這種型態的寫法亦見楚簡如 🔣（包・113）。

　　若依照「不𡙡則不互，不和則不輯」的句式，則本處「不兼威不勝」的第二個「不」字前應有「則」字，可是筆者測量簡長，竹簡似乎已無再添一字的長度。

〔註1504〕陳劍：〈上博竹書《曹沫之陳》新編釋文（稿）〉，簡帛研究網，（2005年2月12日），網址：http://www.jianbo.org/admin3/2005/chenjian001.htm。

〔註1505〕陳斯鵬：〈上海博物館藏楚簡《曹沫之陣》釋文校理稿〉：簡帛研究網，（2005年2月20日），網址：http://www.jianbo.org/admin3/list.asp?id=1328。

〔註1506〕見簡2、3（兩例）、5、6、7（兩例）、8、9（兩例）、10、12（兩例）、13、14、17、21（兩例）、23、27（兩例）、37、45、54（參例）、64等，共27例。

〔註1507〕見簡3、4、7、9（兩例）、16、51、65等，共8例。

〔註1508〕參陳斯鵬：《戰國簡帛文學文獻考論》之第四節「戰國簡帛散文文本校理舉例之二——《曹蔑之陣》校理」，中山大學博士學位論文，2005年6月。

「不謙畏不勝」指若不以謙虛、敬畏之心應敵，則不能克敵制勝。

〔189〕、46下・卒（卒）谷（欲）少弖（以）多

　　原考釋者李零以爲「讀『卒欲少弖多』，疑指卒欲少而精，以質量彌補數量。」〔註1509〕，蘇建洲以爲「說應可從」〔註1510〕。

　　邴尚白以爲：「『以』字似乎沒有這樣的用法。《左傳・隱公元年》：『鄭人以王師、虢師伐衛南鄙。』（僖公二十六年）：『公以楚師伐齊，取穀。凡師能左右之曰『以』。』這種表率領、指揮義的『以』字用法，是訓用的引申，不限於指揮客軍。如：《史記・項羽本紀》：『項梁乃以八千人渡江而西。』『卒欲少以多』似指士卒要用少數來率領、指揮多數。《吳子・治兵》『故用兵之法，教戒爲先。一人學戰，教成十人；十人學戰，教成百人……萬人學戰，教成三軍。』或可參看。」〔註1511〕。

　　李強認爲「欲：《文子・微明》：『心欲小，志欲大。』據此古時『欲』字有『需要』、『應該』之義。」又「以：《左傳・僖公五年》：『宮之奇以其族行。』《國語・周語中》：『（宮辰）乃以其屬死之。』據此，以字在古時有『率領』、『統帥』之一。綜上所述，本句大意應爲：『士卒應該以少數來統帥多數。』」〔註1512〕。

　　李零將「卒欲少以多」解釋爲「疑指卒欲少而精」的說法，顯然並非文字的直訓，而是融化句義後的結論，但是該說卻無法幫助吾人對「欲少以多」的字詞涵義產生了解，並且筆者也未能於古籍中找到類似「少以多」的文例。邴尚白以爲「以」字可當率領、指揮之義，古籍中確實有此用法，如《國語・周語中》：「（富辰）乃以其屬死之。」，韋昭注：「帥其徒屬，以死狄師。」

〔190〕、46下・少則悤（易）轚（察）

　　原考釋者李零隸定作「少則惕轚」，以爲「含義不明，第四字所從與『察』、『淺』等字同。」〔註1513〕。

　　陳劍以爲「此字左从『車』，右从楚簡用爲『察』、『淺』、『竊』等之字之聲符。

〔註1509〕馬承源主編：《上海博物館藏戰國楚竹書（四）》，（上海：上海古籍出版社，2004年12月），頁274。

〔註1510〕蘇建洲：〈《上博（四）・曹沫之陣》箚記〉，孔子2000，（2005年3月7日），網址：http://www.confucius2000.com/admin/list.asp?id=1648。

〔註1511〕邴尚白：〈上博楚竹書《曹沫之陣》注釋〉，收入臺灣大學《中國文學研究》第二十一期，2006年，頁31。

〔註1512〕李強：《曹沫之陳》箚記，（2007年3月14日），武漢大學簡帛網，網址：http://www.bsm.org.cn/show_article.php?id=534。

〔註1513〕馬承源主編：《上海博物館藏戰國楚竹書（四）》，（上海：上海古籍出版社，2004年12月），頁274。

讀爲何字待考。」〔註1514〕。

陳斯鵬釋作「少則易轄垍（管）」〔註1515〕。

李銳讀作「察」〔註1516〕。

佑仁案：蘇建洲認同李零、陳劍對字形的解釋，並以爲字可以讀爲「遷」，蘇建洲以爲『『淺』古音清紐元部；『遷』，亦清紐元部，雙聲疊韻。」，並以《六韜·少眾》、《六韜·戰騎》、《吳子·應變》等古籍證明兵書中常記載以少勝多之法，往往在於軍隊的靈活，以爲「可見在敵多我寡的情形下，必須使用遊擊戰，行動必須很機動，引誘敵人到險惡的地方，所以『少者則易遷』，大概是說士兵雖少，但是遷徙迅速，方便迂迴作戰，達到出奇制勝的效果。」〔註1517〕又認爲「『△2 成』，即『既成』。整句意思大概是說：『士兵人數少，則容易移動。已經成功移動則容易控制戰爭的局面，最後果然成功了。』另外我們從上引文也看到人數少時，使用一些權謀、詐術是必須的。那也不排除『△1』可讀作『詐』。『察』古音初紐月部；『詐』，莊紐鐸部。聲紐相近，韻部有通轉的現象，如楚簡常見的從『丰』（月部）的字，即『戟』（鐸部）。則整句意思是說：士兵人數少，則可以使用詐術。詐術若成功，則容易控制戰爭的局面，最後果然成功了。」〔註1518〕

淺野裕一以爲「『少則易較』的『較』隸定爲『較』，解釋爲明白之意。」〔註1519〕。

△字原簡作「𢧵」，「察」、「淺」、「竊」，學者有大量的討論文章，但對於字形來源尚未解決，本簡讀法也待考。淺野裕一釋爲「較」，不知是否爲手民之誤，字不似「較」，「較」也無明白之意。陳斯鵬釋作「轄」，但字又旁不似從「害」，本簡害字多出。

〔191〕、46下、33·圪（迄）【1】成則惕（易）【2】忈（治）【3】

【1】圪

〔註1514〕陳劍：〈上博竹書《曹沫之陳》新編釋文（稿）〉，簡帛研究網，（2005年2月12日），網址：http://www.jianbo.org/admin3/2005/chenjian001.htm。

〔註1515〕陳斯鵬：〈上海博物館藏楚簡《曹沫之陣》釋文校理稿〉：簡帛研究網，（2005年2月20日），網址：http://www.jianbo.org/admin3/list.asp?id=1328。

〔註1516〕李銳：〈《曹劌之陣》釋文新編〉，簡帛研究網，（2005年2月25日），網址：http://www.jianbo.org/admin3/2005/lirui002.htm。

〔註1517〕蘇建洲：〈《上博（四）·曹沫之陣》箚記〉，孔子2000，（2005年3月7日），網址：http://www.confucius2000.com/admin/list.asp?id=1648。

〔註1518〕蘇建洲：〈《上博（四）·曹沫之陣》箚記〉，孔子2000，（2005年3月7日），網址：http://www.confucius2000.com/admin/list.asp?id=1648。

〔註1519〕淺野裕一：〈上博楚簡〈曹沫之陣〉的兵學思想〉，簡帛研究網，（2005年9月25日），網址：http://www.jianbo.org/admin3/2005/qianyeyuyi001.htm。

原考釋者李零隸定作「圪成則惕」，以爲「此句當作『圪成則惕□』，但『圪』字也有可能屬上句，即作『少則惕較圪，成則惕□□』。」〔註1520〕。

陳斯鵬隸定作「垍」釋作「成則易」〔註1521〕。又於其博士論文中指出「頗疑應連『成』字讀爲『氣盛』。人少而氣盛，正緊承『卒欲少以多』之意。」〔註1522〕。

陳劍隸定作「圪」讀作「（壘？）」，表示懷疑〔註1523〕，白于藍從之〔註1524〕。

蘇建洲以爲：「仔細觀察『🗎』偏旁，其右下有突出的筆劃，與一般『自』作🗎（官，《包山》5）呈封閉形並不相同，可見釋爲『自』是可以保留的。筆者以爲『△2』應該從李零先生隸定作『圪』。其字形與《上博（三）·周易》44『气（汔）』作🗎完全同形，加上《說文》亦有『圪』字（十三下八），亦證明釋讀的正確。『圪』，《說文》曰：從土气聲，陳劍先生讀作『壘』，筆者以爲或許讀作『既』，楚簡的『氣』，通常寫作從『既』從『火』。『△2成』，即『既成』。整句意思大概是說：『士兵人數少，則容易移動。已經成功移動則容易控制戰爭的局面，最後果然成功了。』另外我們從上引文也看到人數少時，使用一些權謀、詐術是必須的。那也不排除『△1』可讀作『詐』。『察』古音初紐月部；『詐』，莊紐鐸部。聲紐相近，韻部有通轉的現象，如楚簡常見的從『丯』（月部）的字，即『戟』（鐸部）。則整句意思是說：士兵人數少，則可以使用詐術。詐術若成功，則容易控制戰爭的局面，最後果然成功了。」〔註1525〕。

李銳〈新編釋文〉隸定從陳斯鵬，而讀作「自」，以爲「甲金文中以『自』爲『師』，楚文字（亦見本篇）以『帀』爲『師』，但《說文》『官』字下指出『自猶衆也，此與師同意。』，待考。」〔註1526〕，之後〈重編釋文〉又改讀成「圪」〔註1527〕。

〔註1520〕馬承源主編：《上海博物館藏戰國楚竹書（四）》，（上海：上海古籍出版社，2004年12月），頁274。

〔註1521〕陳斯鵬：〈上海博物館藏楚簡《曹沫之陣》釋文校理稿〉：簡帛研究網，（2005年2月20日），網址：http://www.jianbo.org/admin3/list.asp?id=1328。

〔註1522〕參陳斯鵬：《戰國簡帛文學文獻考論》之第四節「戰國簡帛散文文本校理舉例之二——《曹蔑之陣》校理」，中山大學博士學位論文，2005年6月。

〔註1523〕陳劍：〈上博竹書《曹沫之陳》新編釋文（稿）〉，簡帛研究網，（2005年2月12日），網址：http://www.jianbo.org/admin3/2005/chenjian001.htm。

〔註1524〕白于藍：〈上博簡《曹沫之陳》釋文新編〉，簡帛研究網，（2005年4月10日），網址：http://www.jianbo.org/admin3/2005/baiyulan001.htm。

〔註1525〕蘇建洲：〈《上博（四）·曹沫之陣》箚記〉，孔子2000，（2005年3月7日），網址：http://www.confucius2000.com/admin/list.asp?id=1648。

〔註1526〕李銳：〈《曹劌之陣》釋文新編〉，簡帛研究網，（2005年2月25日），網址：http://www.jianbo.org/admin3/2005/lirui002.htm。

〔註1527〕李銳：〈《曹劌之陣》重編釋文〉，簡帛研究網，（2005年5月27日），網址：http://www.jianbo.org/admin3/2005/lirui003.htm。

　　淺野裕一以爲「莊公問『復敗戰』之道，亦即三軍大敗之後重建態勢之方法。好像在主張重編戰敗兵而組織密集隊形，但由於未釋字和殘缺部分太多，所以文章整體的意思不明確。」，又云『『圫』是土地稍微突出來的樣子，而在此解釋爲，將戰敗而走散的士兵召集到某一處，而組織密集隊形。」〔註1528〕。

　　朱賜麟以爲「今從李零原釋作『圪』字，假借爲『氣』；『成』字假借爲『盛』，楚簡例證甚多。則此句『卒欲少以多。少則易察，圪（氣）成（盛）則易……』雖然文句並不完整，但是『卒欲少以多』之意，已可推求爲『部隊要精銳，人數少而士氣旺盛』。所以下文『少則易察』是說：人數少則易於管理查察。『成則易……』是說：士氣旺盛則易於（使其殺敵致果）。這是曹劌『士氣論』的一貫主張，先秦兵學典籍中常見，也與本章主旨及前後文意相合，應是較爲合適的解說方向。」〔註1529〕。

　　綜合上述的說法，關於△爲何字，有兩種意見，第一種乃李零所隸定的「圫」，陳劍、蘇建洲、淺野裕一等學者從之。另外，陳斯鵬則釋作「坥」，李銳從之。這兩種說法，以釋作「圫」爲佳，陳斯鵬釋作「坥」，「坥」字亦見於《玉篇·土部·堆字》云：「堆，都回切，聚土也。……塠，同上，又塠落也。坥，亦同上。」〔註1530〕，陳新雄師以爲乃「堆」之異體〔註1531〕。此處解釋作「坥」在簡文中爲何意，恐怕需要進一步的解釋。李銳指出楚文字雖以「帀」爲「師」，但「自」亦見「官」之偏旁，因此將△讀爲「帀」。只是楚文字「自」者，如 （包·247），劉信芳隸定作「𤼷」〔註1532〕，又如 （楚系·璽彙·3644）字，何琳儀釋作「鵖」，以爲「疑讀追」，字也從「自」〔註1533〕。它們的「自」旁與△字作「 」不同，正如蘇建洲的分析，△字其上半偏旁的右下角，上有一明顯突出的筆畫，另外我們看△的上一字「較」，字作 ，從彩色圖看上看，很清楚會發現竹簡右半的邊緣字形已殘泐，△的下一字「成」也有同樣的情況，換言之「 」字的簡文右半邊緣其實應當還有筆劃、線條，而下角殘泐的筆劃，意味此字恐不能釋作從「自」。△字確實釋作從土、乞聲，即「圫」

〔註1528〕淺野裕一：〈上博楚簡〈曹沫之陳〉的兵學思想〉，簡帛研究網，（2005年9月25日），網址：http://www.jianbo.org/admin3/2005/qianyeyuyi001.htm。

〔註1529〕朱賜麟：《曹劌之陣思想研究——及其在春秋兵學思想史上的意義》，臺灣師範大學碩士論文，2006年6月，頁42。

〔註1530〕參《宋本玉編》，（北京：中國書店，1989年9月），頁30。

〔註1531〕參《異體字字典》「坥」字下之研訂說明，李鍌師、陳新雄師、李殿魁等編：教育部《異體字字典》網路版，民國93年1月正式五版，網址：http://140.111.1.40/yitia/fra/fra00778.htm。

〔註1532〕劉信芳：《包山楚簡解詁》，（臺北市：藝文印書館，2003年元月），頁242。

〔註1533〕見何琳儀：《戰國古文字典》，（北京：中華書局，1998年），頁1214。

字，《說文》云：「圪，牆高也。《詩》曰：『崇墉圪圪。』，从土气聲。」〔註1534〕，陳劍、白于藍都讀作「壘」，待考。蘇建洲的思考方式是認爲△即「气（乞）」〔註1535〕，而楚簡「氣」字常从火、既聲，可見「既」、「气」音近可通。此處釋作「既成」可通，只是本簡「既」字多見，則此處何以「既」要假「圪」爲之，有懷疑的空間，只不過楚簡中同一字而寫法前後不同，這樣例證也很多。淺野裕一認爲「『圪』是土地稍微突出來的樣子，而在此解釋爲，將戰敗而走散的士兵召集到某一處，而組織密集隊形。」，可是《說文》云：「牆高貌也。詩曰崇墉圪圪，从土气聲。」〔註1536〕，淺野裕一所謂「土地稍微突出來」可能是據《廣韻・迄韻》「圪，高土。」而論〔註1537〕，但是「圪成則惕」似無法解釋成淺野裕一所論述的內容。

「易察」文例見《論衡・答佞》：「大佞材高，其跡易察；小佞知下，其效難省」，即兵少則易於管理。

【2】惕（易）

本簡文意義晦澀，導致後接何簡尚不明。而第十章開頭「☐飭鬼神軔武，非所以教民」，前亦未知其承，此處是《曹沫之陣》簡唯一一處沒有明顯聯繫者。

原考釋者李零隸定作「怠」，讀作「治」〔註1538〕，陳斯鵬〔註1539〕、白于藍〔註1540〕亦讀作「治」。

陳劍以爲「此字與簡45『怠』字形同，簡41亦以『怠』爲『治』。」〔註1541〕。

〔註1534〕參許愼撰、段玉裁注：《說文解字注》，經韵樓藏版，（臺北市：洪葉出版社，1999年11月），頁691。

〔註1535〕季旭昇師認爲「气」、「乞」同字，一直要到東漢〈武梁祠畫像題字〉才見「乞」字，參季旭昇師：〈說气〉，收入《中國文字》新26期。（曾在「紀念甲骨文發現百周年文字學術研討會」宣讀，臺中・沙鹿：靜宜大學中文系，1999年12月18日），也可參季旭昇師：《說文新證（上冊）》，（臺北市：藝文印書館，2002年10月），頁49。

〔註1536〕參許愼撰、段玉裁注：《說文解字注》，經韵樓藏版，（臺北市：洪葉出版社，1999年11月），頁691。

〔註1537〕參〔宋〕陳彭年撰、李添富主編：《新校宋本廣韻》，（臺北市：洪葉文化，2001年9月），頁477。

〔註1538〕馬承源主編：《上海博物館藏戰國楚竹書（四）》，（上海：上海古籍出版社，2004年12月），頁264。

〔註1539〕陳斯鵬：〈上海博物館藏楚簡《曹沫之陣》釋文校理稿〉：簡帛研究網，（2005年2月20日），網址：http://www.jianbo.org/admin3/list.asp?id=1328。

〔註1540〕白于藍：〈上博簡《曹沫之陳》釋文新編〉，簡帛研究網，（2005年4月10日），網址：http://www.jianbo.org/admin3/2005/baiyulan001.htm。

〔註1541〕陳劍：〈上博竹書《曹沫之陳》新編釋文（稿）〉，簡帛研究網，（2005年2月12日），網址：http://www.jianbo.org/admin3/2005/chenjian001.htm。

李銳主張此簡應承【簡49】，與「答曰：『戒。勝』連讀而文句作「答曰：戒。勝殆果勝矣。」，但簡文「忌」字下有「L」，爲句讀符號似不能與下文連讀，李銳解釋以爲「原釋爲『治』，疑讀爲『殆』，連下讀。原文於此字下有小勾號，或疑當於『殆』下斷讀。但所謂句讀符號未必可信，如簡 7『然而古』下亦有小勾號，不得斷讀。」〔註1542〕。

原簡字作「㒼」，字不從「口」，隸定作「忌」較佳。

〔192〕、33・果勮（勝）矣

原考釋者李零以爲「讀『果勝矣』。『矣』下有句讀。『果』是果然之義。」〔註1543〕

邴尚白以爲「應讀作『果勝疑』，指果斷能戰勝狐疑。本篇簡四十四、五十二的『矣』字，也都讀爲『疑』。」〔註1544〕

季旭昇師以爲「此處談果斷，似乎有點突兀。『果』當釋爲『如果』，如果勝利了，國君要親自領導處理勝利的安排。」〔註1545〕。

本處「果勝疑」上下各有一句讀符號，加上前所皆知簡文內容未詳，導致「果勝矣」三字的讀法並不明確。「矣」字《曹沫之陣》簡中可讀句末語助詞「矣」，也可讀作「懷疑」之「疑」，上文殘缺，而下有句讀，如何釋讀待考。

〔193〕、33・繀（庸）

原簡字作繀。早在《說文》的記載，就說明了「亯」、「臺」二字在初文本義上本不相同，並且我們看甲骨、金文中的寫法判然有別，可知二字來源並不同，過去學者都以爲至秦系文字時「亯」、「臺」、「臺」才都類化作「享」，不過現在從楚文字的資料來看，從「亯」從「羊」之「臺」字出現的情況很少〔註1546〕，而不少郭店、上博簡的字形，讀作「淳」、「準」、「敦」等音義的字，字形多作「臺」形。這個現象不禁令人懷疑，「臺」、「臺」類化的現象是否提早到戰國楚文字即有。我們先看研究者如何討論《曹沫之陣》的△字，如下：

〔註1542〕李銳：〈《曹劌之陣》重編釋文〉，簡帛研究網，（2005 年 5 月 27 日），網址：http://www.jianbo.org/admin3/2005/lirui003.htm。

〔註1543〕馬承源主編：《上海博物館藏戰國楚竹書（四）》，（上海：上海古籍出版社，2004年 12 月），頁 264。

〔註1544〕邴尚白：〈上博楚竹書《曹沫之陣》注釋〉，收入臺灣大學《中國文學研究》第二十一期，2006 年，頁 32。

〔註1545〕參季旭昇師主編、高佑仁執筆、朱賜麟協撰：《上海博物館藏戰國楚竹書（四）讀本・曹沫之陳釋譯》，（臺北：萬卷樓圖書公司，2007 年 3 月），頁 223。

〔註1546〕筆者僅見《上博三・周易》簡 19、49 兩例，今本周易都讀「敦」。

原考釋者李零隸定作「緯」，以爲「讀『敦』，有純厚之義。」〔註 1547〕，陳劍從之〔註 1548〕，白于藍從之〔註 1549〕。

李銳在〈《曹劌之陣》釋文新編〉云：「『郭』字字形與郭店、上博簡其它讀爲『敦』或『庸』者無別，與本篇簡 33 當讀爲『庸』者有別。」〔註 1550〕，並在〈讀上博四札記（二）〉一文中指出：「『墉』字古文與『臺』（今作郭）形近，從亯的『臺』字、『亯』字（讀若庸）與之也相關，在戰國文字中因爲形近省訛等原因，其關係更爲複雜。因此，考釋這些文字時，當考慮上下文意。」〔註 1551〕，又在〈讀上博四箚記（三）〉中以爲〈曹沫之陣〉△字「所釋『庸』字，原從糸從『亯』形，近於筆者《讀上博斯（佑仁案：爲「四」字筆誤）札記（二）》所考釋之字，但『亯』形之下多出一橫，使下部字接近『羊』形，原釋文隸定爲從『臺』，讀爲『敦』。其上下文爲『不親則不敦，不和則不輯，不義則不服』，疑亦讀爲『庸』。『不親則不庸』，對應『不愛則不恒』，親、愛義近，『庸』、『恆』皆有『常』義。」〔註 1552〕

蘇建洲以爲：「『臺』，西周金文作 （獻鐘），春秋金文作 （齊侯臺）。戰國陳純釜作、《璽彙》4033 作，即『敦』字。可見左下的確從『羊』形，與簡文字形似乎不合。又如《上博（四）·曹沫之陣》18『城』，無疑應讀作『城『郭』』，而非『城『敦』』。還有曾侯乙鐘的『臺』作，何琳儀先生分析說是墉或郭之初文。《楚文字編》亦同時歸於『郭』下與『墉』下，又如《上博（一）·孔子詩論》28『牆』作、《郭店·語叢四》2『牆』作，季師旭昇已指出字應分析爲從『臺』（郭、墉）爿聲。『墉』與『郭』，學者一般認爲二者字義關係密切，季師旭昇說郭、墉同字。何琳儀先生亦說：二者義同，讀音甚遠，二者關係待釐清。遂將讀作『墉』

〔註 1547〕 馬承源主編：《上海博物館藏戰國楚竹書（四）》，（上海：上海古籍出版社，2004年 12 月），頁 264。

〔註 1548〕 陳劍：〈上博竹書《曹沫之陳》新編釋文（稿）〉，簡帛研究網，（2005 年 2 月 12 日），網址：http://www.jianbo.org/admin3/2005/chenjian001.htm。

〔註 1549〕 白于藍：〈上博簡《曹沫之陳》釋文新編〉，簡帛研究網，（2005 年 4 月 10 日），網址：http://www.jianbo.org/admin3/2005/baiyulan001.htm。

〔註 1550〕 李銳在《《曹劌之陣》釋文新編》注〔16〕中云：「『郭』字字形與郭店、上博簡其它讀爲『敦』或『庸』者無別，與本篇簡 33 當讀爲『庸』者有別。參筆者：《讀上博四札記（二）》，『孔子 2000』網 2 月 20 日日。」，又在注〔31〕中云：「『不愛則不恒，不和則不輯』，對應前文簡 33 之『不親則不庸，不和則不輯』，『親』、『愛』義近，『庸』、『恆』皆有『常』義。」，參李銳：《《曹劌之陣》重編釋文》，簡帛研究網，（2005 年 5 月 27 日），網址：http://www.jianbo.org/admin3/2005/lirui003.htm。

〔註 1551〕 李銳：〈讀上博四札記（二）〉，孔子 2000，（2005 年 2 月 20 日），網址：http://www.confucius2000.com/admin/list.asp?id=1618。

〔註 1552〕 李銳：〈讀上博四箚記（三）〉，孔子 2000，（2005 年 2 月 21 日），網址：http://www.confucius2000.com/admin/list.asp?id=1621

隸定作，讀作『郭』者隸定作。以上、、、等字都與〈從政〉同形，但沒有學者釋爲『敦』。但因此就否定〈從政〉字及上述學者考釋《郭店》諸字釋爲『敦』或從『』的結論，這也是太過武斷的。』又云：『曾憲通先生已指出戰國時期『臺』、『臺』兩個形體已趨於合流。上引〈曹沫之陣〉的（臺，即『郭』）字，李零先生隸作『臺』，不知是否也是這樣的看法？陳劍先生也認爲『當然，戰國文字字形相混的現象比較突出，簡中此字（引者按：指〈從政〉的字）到底是『墉』還是『敦』左半，應該根據上下文義來判斷。簡五云：『敦五德、固三制』，敦、固對文，就是古書常見之『敦人倫』、『敦教化』一類的『敦』，怎麼可能改釋呢？』筆者以爲曾、陳二先生所說爲是。楚簡常見的『失』作（《郭店・老子乙》6），趙平安先生指出它與甲骨文的『』爲一字。其下部的變化正是一作『』形，一作『羊』形，與、的下部字形變化正同。尤其趙先生文中也特別強調『夲在例中省作羊，而羊有時可以寫作』。其次，楚簡『鬲』（從辵旁）字既作『』（《包山》167）、（《包山》192）、（《包山》56），『鬲』下作『羊』形；又作『』（《郭店・窮達以時》2）、（《包山》簡110，從邑旁），『鬲』下作『』形。其三，『獻』字，《包山》182作，左下從『羊』形；《包山》79作，左下從『』形。其四，『兩』字，《包山》145反作，下作『』形；《包山》111作、《郭店・語叢四》20作，下作『羊』形。這些例子均可證明楚簡文字中同樣存在『墉』（郭）、『敦』形混的可能，也就是說《上博（二）・從政》的字並非不能釋爲『敦』，黃、何二先生所提出的字形分別標準恐怕太過絕對」〔註1553〕。

陳斯鵬隸定作「綽」〔註1554〕。

淺野裕一讀作「敦」〔註1555〕，邴尚白亦讀「敦」〔註1556〕。

佑仁案：綜上所述是學者《曹沫之陣》【簡33】「使人不親則不△」之「△」的訓釋，原簡字作「」，學者意見大多都讀作「敦」，李銳讀作「庸」，但他判斷的標

〔註1553〕 見蘇建洲：〈楚文字雜識〉，簡帛研究網，（2005年10月30日），網址：http://www.jianbo.org/admin3/2005/sujianzhou006.htm。另外，武漢大學簡帛研究中心的某位匿名學者，認爲蘇建洲此點意見「可從」，見2005年11月6號該學者給予蘇建洲的回信。

〔註1554〕 陳斯鵬：〈上海博物館藏楚簡《曹沫之陣》釋文校理稿〉：簡帛研究網，（2005年2月20日），網站：http://www.jianbo.org/admin3/list.asp?id=1328。

〔註1555〕 淺野裕一：〈上博楚簡《曹沫之陳》的兵學思想〉，簡帛研究網，（2005年9月25日），網址：http://www.jianbo.org/admin3/2005/qianyeyuyi001.htm。

〔註1556〕 邴尚白：〈上博楚竹書《曹沫之陣》注釋〉，收入臺灣大學《中國文學研究》第二十一期，2006年，頁12。

準在字義而非字形〔註1557〕。而李銳、蘇建洲等學者都已對「郭（墉）」、「敦」二字所產生的類化現象進行研究，說明過去以「字形」區分二字的判準，如今已不可行，真正的標準還是必須回到原簡的上下文。不過，「郭（墉）」、「敦」二字的混淆，並不是在《曹沫之陣》簡中才有的問題，首先我們試圖對「郭（墉）」、「敦」二字的古文字做說明，再重新檢視該二字相混的情形。

首先，我們來看〈邾公鐘〉與〈曾侯乙墓鐘磬〉的銘文。「臺」字出現於「融」之偏旁，如春秋〈邾公鐘〉有█字，其文例為「陸△」，王國維在《邾公鐘跋》中曾經認為同形之字是從「墉」聲，讀為「螽（終）」，不過，就「融」字從「臺」聲這個看法，尚有學者保持懷疑態度，李學勤以為王國維使用的王念孫父子的古音系統，並沒有把東、冬區分開來，而其實「『墉』字古音在東部，『螽』字古音在冬部，是有差別的。」並主張「融」字應從蟲省聲。〔註1558〕李銳贊成李學勤看法，認為「包山簡217中釋為『祝融』的『融』字即從『臺』形從二虫，但是將此字讀為『融』，是從蟲省聲而來，而不是從『墉』聲。」〔註1559〕，主張乃從「蟲」省聲，不過在注文中又云「按戰國古文字中雙聲字很多，此處古音『東』、『冬』之別，或因方言而異，尚待考。」〔註1560〕。其實，融、墉二字確實是有聲韻關係的，「融」是定紐、冬部，「墉」是定紐、東部，聲紐皆同，而韻部僅有主要元音之差異，陳新雄師《古音研究》「東冬旁轉」下以為「二韻部韻尾相同，皆具有圓唇舌根塞音韻尾，元音相去雖稍遠，故旁轉仍多也。」並羅列不少例證以示，如「《楚辭・離騷》以庸（東）韻降（冬）」〔註1561〕，此即楚地「東」、「冬」通諧的最佳例證，另外《左傳・昭公二十九年》、《國語・鄭語》「祝融」一詞，《路史・後紀四》注引《山海經》作「祝庸」〔註1562〕。

〔註1557〕但是李銳在〈《曹劌之陣》釋文新編〉注〔16〕中云：「『郭』字字形與郭店、上博簡其它讀為『敦』或『庸』者無別，與本篇簡33當讀為『庸』者有別。」則有微疵，因為〈讀上博四箚記（二）〉、〈讀上博四箚記（三）〉中都已認同「郭（墉）」、「敦」已有類化現象，則此處再去強調△與【簡18】「城郭」之「郭」字不同，似沒有此必要。

〔註1558〕李學勤：〈論包山簡中一楚先祖名〉，《文物》1988年第8期，頁87。

〔註1559〕李銳：〈讀上博四札記（二）〉，孔子2000，（2005年2月20日），網址：http://www.confucius2000.com/admin/list.asp?id=1618。

〔註1560〕參〈讀上博四札記（二）〉注十下所云，李銳：〈讀上博四札記（二）〉，孔子2000，（2005年2月20日），網址：http://www.confucius2000.com/admin/list.asp?id=1618。

〔註1561〕見陳新雄師：《古音研究》，（臺北市：五南出版社，2000年，11月二版），頁471～472。

〔註1562〕高亨纂著、董治安整理《古字通假會典》，（濟南：齊魯書社，1997年7月），頁9～10。

〈邾公釛鐘〉字作🔡，其字亦見🔡（西周中・瘋鐘），容庚摹作🔡〔註1563〕，〈瘋鐘〉△字讀爲「融」，〈楚帛書〉作🔡，文例爲「炎帝乃命祝△」。〈望一・卜〉字形作🔡，與楚帛書字形近似，一直到新蔡葛陵簡「祝融」之「融」亦作此形〔註1564〕，如🔡〈甲三：83〉、🔡〈甲三：188、197〉、🔡〈乙一：22〉、🔡〈零：254、162〉、🔡〈零：560、522、554〉，原考釋者賈連敏亦隸定从「章」〔註1565〕，上述幾例「融」字都不从「羊」，其與《上博（三）・周易》「章」作🔡（簡19）、🔡（簡49）下半的寫法很明顯不同〔註1566〕。「羊」旁楚文字作🔡（新蔡、甲三：56）、🔡（新蔡、甲二：48/瘅）、🔡（新蔡、甲三：170/瘅）明顯不同。當然，也有可能這些雖不从「羊」，但形似「羊」的偏旁即是「郭（墉）」、「敦」相混後的結果，這也是何以它與標準的「章」旁如🔡（西周中・瘋鐘）不同的原因，而「融」字早期西周金文作「🔡」，戰國文字作🔡（楚帛書），很自然會將「🔡」這類偏旁都歸類爲「章」的原因。

另外，在曾侯乙墓鐘磬的文字材料中，「章」字共見三次，分別爲〈下二5〉字作🔡，〈中三8〉字作🔡，〈中三1〉字作🔡，其中第三例增「土」旁作「墉」，其文例上皆作「六△」，此三例裘錫圭、李家浩讀作「六墉」，它們認爲此三例的「左旁很像『章』字。但是古文字只有作『章』的『章』字，並且『羊』从不作羊羊等形，因而從上引諸形（案：即鐘磬三個討論字）與『章』無關。」，並引🔡（邾公釛鐘）、🔡（楚帛書）、🔡（望山一號楚墓竹簡），以爲此三字皆从「墉」，從字形與曾侯乙鐘磬相同，以證鐘磬銘文字形應爲「墉」字，而〈中三1〉「土」旁是後起字〔註1567〕。裘錫圭與李家浩解三例〈曾侯乙〉字作「章」而不作「章」，也是透過「融」字異文比對的方式，了解其字與「融」字所從的偏旁相同，其說可從。但是，雖然曾侯乙鐘磬之字形已知讀作「六墉」，但其字形如何演變至「🔡」形，仍未有說明。

由上述銅器銘文的「融」字可知，早期學者都多从🔡者釋作「章」，在字形與作「章」的「敦」有很大的區分，更不將此類字的音義往「敦」的方向通讀，但是

〔註1563〕容庚編著：《金文編》，（北京：中華書局，2004年8月），頁876。

〔註1564〕新蔡葛陵簡「融」字出現八例，皆爲「祝融」之融，分別爲〈甲三：35〉、〈甲三：83〉、〈甲三：188、197〉、〈乙一：22〉、〈乙一：24〉、〈零：254、162〉、〈零：288〉、〈零：560、522、554〉。參河南省文物考古研究所：《新蔡葛陵楚墓》，（鄭州：大象出版社，2003年10月）。

〔註1565〕參河南省文物考古研究所：《新蔡葛陵楚墓》，（鄭州：大象出版社，2003年10月）。

〔註1566〕另外周易簡25有「融」字作🔡，原考釋者以爲从「章」，季師以爲實从「章」。季旭昇師主編：《上海博物館藏戰國楚竹書（三）・讀本》，（臺北市：萬卷樓，2005年），頁152。

〔註1567〕裘錫圭、李家浩：〈曾侯乙墓鐘磬銘文釋文說明〉，《音樂研究》隨縣出土文物專輯，（北京市：人民音樂出版社，1981年），頁20～21。

在《郭店》簡的發表後，部分的文例促使學者不得不重新思考。《郭店・窮達以時》【簡 15】「故君子△於反己」，原簡字作☰，原考釋者隸定作「憙」〔註 1568〕，並沒有作進一步的訓讀。張光裕、袁國華師隸定作「憙」讀作「惇」〔註 1569〕，顏世鉉隸定作「憙」，引證《說文》、《說文通訓定聲》之說法，以證「惇」有崇尚、重視之意，顏世鉉以為「簡文『君子惇於反己』，意為：君子特別著重內在自我反省的功夫。《論語・學而》載曾子曰：『吾日三省吾身：為人謀而不忠乎？與朋友交而不信乎？傳不習乎？』此即曾子『反己』的功夫。」〔註 1570〕，李零釋為「敦」〔註 1571〕，劉釗也隸定作「惇」〔註 1572〕。從此字文例及各家的釋讀可知，很明顯它應該就是訓作「督促」、「勸勉」之「敦」，《爾雅・釋詁上》：「敦，勉也。」，《易・復》：「敦復，無悔。」，高亨今注：「敦本督責促迫之義。敦復者，受人之督責促迫而返。其復雖由于被動，然能復則無悔。」，《漢書・揚雄傳上》：「敦眾神使式道兮。」，顏師古注：「敦，勉也。」，《郭店・窮達以時》【簡 15】之字若往「郭（墉）」之音義去通假、引申恐都不夠適合，讀「敦」很適當，但字形上它卻作「臺」。

另外，《郭店・六德》【簡 21】「子也者，會△長材以事上，謂之宜。」，原簡字作☰，張守中摹作墫〔註 1573〕，顏世鉉以為「『墫』讀作『埻』，讀作『敦』，敦有會聚之義。……簡文此會聚長材以其事其長上，謂之義，此乃為人子之道。」〔註 1574〕，丁原植隸定作「埻」，以為指「箭靶」又可指「準則」，主張「『會埻』，似指匯聚依據之義。」〔註 1575〕，李零讀作「埻」以為「『會埻』下字同『準』」〔註 1576〕，劉釗隸定作「墫」，讀作「最」，認為「『墫』即『埻』字，讀為『敦』，敦古通『屯』，有聚集之義。『埻』讀『最』亦通，『會最』即『會萃』，皆會聚之意。」〔註 1577〕，

〔註 1568〕荊門市博物館編：《郭店楚墓竹簡》，（北京市：文物出版社，1998 年），頁 145。

〔註 1569〕見張光裕主編、袁國華合著：《郭店楚簡研究》，（臺北市：藝文印書館，1999 年，元月），字頭編號第 587，頁 210。

〔註 1570〕顏世鉉：〈郭店楚簡淺釋〉，《張以仁先生七秩壽慶論文集》，（臺北市：臺灣學生書局，1999 年），頁 387～388。

〔註 1571〕李零：《郭店楚簡校讀記》，《道家文化研究》，第 17 輯，494 頁，北京：三聯書店出版社，1999 年 8 月。又收入《郭店楚簡校讀記》，（北京：北京書局書版社，2002 年 3 月），頁 86。

〔註 1572〕劉釗：《郭店楚簡校釋》，（福州：福建人民出版社，2003 年 12 月），頁 175。

〔註 1573〕參張守中：《郭店楚簡文字編》，（北京：文物出版社，2000 年 5 月），頁 185。

〔註 1574〕顏世鉉：〈郭店楚簡淺釋〉，《張以仁先生七秩壽慶論文集》，（臺北市：臺灣學生書局，1999 年），頁 388。

〔註 1575〕丁原植：《郭店楚簡儒家佚籍四種釋析》，（臺北市：臺灣古籍出版，2000 年 12 月），頁 224。

〔註 1576〕李零：《郭店楚簡校讀記》，（北京：北京書局書版社，2002 年 3 月），頁 131。

〔註 1577〕劉釗：《郭店楚簡校釋》，（福州：福建人民出版社，2003 年 12 月），頁 114。

就字形上看，此字與《曹沫之陣》【簡 18】「城郭」之「郭」作🔲相同，但諸家學者解釋〈六德〉之字卻都從「敦」等讀音的方向思考。

　　另外，上博簡的資料亦有其現象，《上博簡（二）・從政・甲》也出現兩次，乃【簡 5】字形作🔲，文例爲「從政，△五德」，【簡 12】字形作🔲，文例爲「△行不倦」〔註 1578〕，原考釋者張光裕兩字皆隸定作「𡐔」，讀作「敦」，以爲「此言從政之道，需敦行五德」〔註 1579〕。何琳儀以爲「『墉』，《考釋》誤釋『敦』。『敦』左下從『羊』，與『墉』有別。按，簡文『墉』當讀『庸』。《說文》『庸，用也。』下文 12 簡『庸行不倦，持善不厭。』其中『庸』與『持』對文見義。」〔註 1580〕，陳美蘭贊同何琳儀的說法，直接讀作「用五德」〔註 1581〕。黃德寬以爲讀爲「敦」乃誤，主張「字即《說文》『墉』之古文，與『敦』無涉。此簡讀作『庸』，也即『用』也。」〔註 1582〕，蘇建洲以爲「戰國陳純釜作🔲、《璽彙》4033 作🔲，即『敦』字。可見左下的確從『羊』形，與簡文字形不合。」，以爲字不從羊，因此非「敦」字〔註 1583〕。李銳以爲「根據傳世文獻中可資佐証的材料，讀爲『庸』似乎更好。如從《說文》將『庸』解釋爲『用』，『用德』在古籍中極爲常見，而『庸德』則見於古文《尚書・咸有一德》：『夏王弗克庸德。』因此簡文說『庸五德』很自然。將『庸』解釋爲『常』，『庸行』，古書多見，如《逸周書・大戒》：『庸行信貳』，《易・乾・文言》也有：『庸言之信，庸行之謹』。《荀子・不苟》的：『庸言必信之，庸行必慎之』，與《乾・文言》之語相關。楊倞注：『庸，常也。謂言常信，行常慎。』簡文的『庸行不倦，持善不厭』，可以順此解釋。」〔註 1584〕。

　　《上博（二）・從政》此二字，此字原考釋者張光裕已釋作「敦」，但未說明「𡐔」

〔註 1578〕二字字形於《上博（二）》中稍有殘泐，因此筆者使用旭昇師之摹本，見季旭昇師主編：《上海博物館藏戰國楚竹書（二）・讀本》，（臺北市：萬卷樓，2003 年 7 月），頁 200、205。

〔註 1579〕馬承源主編：《上海博物館藏戰國楚竹書（二）》，（上海：上海古籍出版社，2002 年 12 月），頁 219、225。

〔註 1580〕何琳儀：〈滬簡二冊選釋〉，簡帛研究網，（2003 年 1 月 14 日），網址：http://www.jianbo.org/Wssf/2003/helinyi01.htm。

〔註 1581〕見陳美蘭：〈從政釋譯〉一文，見季旭昇師主編：《上海博物館藏戰國楚竹書（二）・讀本》，（臺北市：萬卷樓，2003 年 7 月），頁 69。

〔註 1582〕黃德寬：〈《戰國楚竹書》（二）釋文補正〉，簡帛研究網，（2003 年 1 月 21 日），網址：http://www.jianbo.org/Wssf/2003/huandekuan01.htm。

〔註 1583〕蘇建洲：《上海博物館藏戰國楚竹書（二）校釋》，（臺北市：臺灣師範大學博士論文，2004 年），頁 545～546。

〔註 1584〕李銳：〈讀上博四札記（二）〉，孔子 2000，（2005 年 2 月 20 日），網址：http://www.confucius2000.com/admin/list.asp?id=1618。

何以能讀作「敦」的理由，何琳儀、黃德寬則是堅持「郭（墉）」、「敦」的分別，二字不容混淆，蘇建洲當時也認爲字下半不从「羊」，與銅器銘文、璽彙可信的「敦」字不同。李銳則純就上下文及古籍的佐證出發，以爲讀作「庸」更好。何琳儀、黃德寬、蘇建洲等多學者都利用「臺」、「臺」字形的差異來說明△字不應釋作作「庸」，而讀作「敦」的學者也沒有對該自何已能讀「庸」作解釋。而李銳的解釋純從文例上推敲。

〈從政〉此字，其實解作「敦」則句義已十分順暢，「敦」有注重、崇尙之義。《左傳・僖公二十七年》：「說禮、樂而敦《詩》、《書》。」孔穎達疏：「敦謂厚重之。」，則「敦五德」即「注重五德」，可見不一定需要讀作「庸」，《尙書・咸有一德》「夏王弗克庸德」之「庸德」與此處「△五德」，似乎不能等量齊觀。

綜上所述《郭店・窮達以時》、《郭店・六德》、《上博（二）・從政》等上述四例讀音往「敦」字思考的例證，告訴我們△字不一定只能是「郭（墉）」，對於這些字作「𨾒」卻要往「敦」聲通讀的現象，對此其實有三點的可能，第一個可能是，這些往「敦」思考的字，可能都應讀作「郭（墉）」，只是我們還沒找到其正確的解答，換言之「臺」、「臺」仍是有分；第二個可能是，這類寫作「臺」卻讀作「敦」的字可能是訛字；第三個可能是，「郭（墉）」、「敦」在楚文字中已經類化成「𨾒」，則△可讀作「城郭」之「郭」，也可以「敦行」之「敦」。關於第一點，學者已經大量往「郭（墉）」方面思考，但仍無法通讀，正如陳劍的意見，其云「『當然，戰國文字字形相混的現象比較突出，簡中此字（按：指《上博・從政》的𨾒字）到底是『墉』還是『敦』左半，應該根據上下文義來判斷。簡五云：『敦五德、固三制』，敦、固對文，就是古書常見之『敦人倫』、『敦教化』一類的『敦』，怎麼可能改釋呢？』」〔註1585〕，所言甚是，「故君子惇於反己」、「敦五德」、「敦行不倦」這些句意都非常清楚，改讀用「郭（墉）」反而不知如何改讀，因此第一點排除。第二點，將這些無法通讀字通通視作「訛字」，這個可能性極低，而且△字在楚簡中出現的次數並不算多，將之都釋作訛字，似乎不好解釋，而寫訛字代表字形相近而常「相混」，其實也就意味著「類化」的可能。第三點：當𨾒字可讀「城郭」之「郭」又可讀「敦行」之「敦」時，其實也意味著𨾒字可能是二字類化的結果，於此學者早有所論述，文後再進一步詳細討論。「郭（墉）」、「敦」字的甲、金文

〔註1585〕國學論壇的「古文字研究」討論區已改版，目前最早僅能見 2004 年的留言，更早的資料現已不存，因此本條轉引自蘇建洲〈楚文字雜識〉一文注〔59〕：「陳劍於 2003 年 3 月 6 日在國學網站的「國學論壇」上的意見。」，參蘇建洲：〈楚文字雜識〉，簡帛研究網，（2005 年 10 月 30 日），網址：http://www.jianbo.org/admin3/2005/sujianzhou006.htm。

的字形判然有別，我們先從這些字形討論起，以了解其衍變脈絡。

　　二、甲骨、金文中的「臺」與「臺」

　　「臺」字甲骨、金文作✦（京都・3241）、✦（商・前 8・101）、✦（商周之際・己臺鼎）、✦（商・辛臺鼎），或又省作从二亭，如✦（粹・717）、✦（前・7.2.3）、✦（西周早・臺鼎）、✦（西周中・臣諫簋）、✦（西周中・師觀鼎）、✦（西周晚期・毛公鼎），其「口」旁可作方形、圓形，或訛作近「田」形、「回」形。

　　《說文》：「臺，度也，民所度居也。从回，象城臺之重，兩亭相對也。或但从口。」〔註1586〕，徐中舒《甲骨文字典》以爲「臺」字在甲骨中有「城垣」、「人名」、「計時名詞」等三個意涵，以爲「臺」字本義爲「象穴居有台階旁出，台階上并有覆蓋之形。」〔註1587〕，陳初生以爲「象四屋相對，中函一庭之形。」〔註1588〕，季旭昇師以爲乃「城郭」〔註1589〕，「臺」字應像城郭之形，徐中舒的說法較不佳，甲骨文中台階並無此種型態的寫法。

　　就字形演變而言，金文中的「臺」字其下半的偏旁也開始產生演變，如✦（西周晚・召伯簋），字形从「✦」，下半呈圓弧形態，而至戰國〈齊・拍敦蓋〉字形更訛作✦，以訛近「自」字〔註1590〕，學者很快就發現它與《說文》「臺」字的關聯，大徐本《說文解字》「臺，用也，从亯从自，自知臭香所食也，讀若庸。」〔註1591〕，何琳儀即認爲「臺爲戰國齊、燕文字臺之譌變」，並且還細分，讀作「墉」者隸定作「臺」，讀作「郭」者隸定作「臺」〔註1592〕。另外何琳儀認爲「郭」、「墉」二字「義本相通，讀音則甚遠」〔註1593〕，「郭」字見紐、鐸部，「墉」字定紐、東部，看來確實不相近，但是《說文》：「墉，城桓也，从土庸聲。✦，古文墉。」〔註1594〕，又何琳儀以爲乃戰國齊、燕文字「臺」字所譌變之「臺」《說文》云：

〔註1586〕許慎撰、段玉裁注：《說文解字・注》，經韵樓藏版，（臺北市：洪葉出版社，1999年 11 月），頁 231。

〔註1587〕徐中舒：《甲骨文字典》，（四川辭書出版社，2003 年 3 月），頁 596〜597。

〔註1588〕陳初生撰、曾憲通校審：《金文常用字典》，（西安：陝西人民出版社，2004 年 1 月），頁 590。

〔註1589〕季旭昇師：《說文新證（上冊)》，（臺北市：藝文印書館，2002 年 10 月），頁 451。

〔註1590〕金文「自」字作✦（攻吳王監）、✦（趙亥鼎）、✦（姑氏簋），參容庚：《金文編》，（北京：中華書局，2004 年 8 月），頁 243〜244，字頭 587。

〔註1591〕見〔漢〕許慎撰、〔宋〕徐鉉校定：《說文解字》，（北京：中華書局，2003 年），頁 111。段注本《說文解字》作「讀若庸同」，見許慎撰、段玉裁注：《說文解字・注》，經韵樓藏版，（臺北市：洪葉出版社，1999 年 11 月），頁 232。

〔註1592〕見何琳儀：《戰國古文字典》，（北京：中華書局，1998 年），頁 425。

〔註1593〕見何琳儀：《戰國古文字典》，（北京：中華書局，1998 年），頁 425。

〔註1594〕許慎撰、段玉裁注：《說文解字・注》，經韵樓藏版，（臺北市：洪葉出版社，1999

「畗，用也。从㐭、从自。自知臭、相所食也。讀若『庸』同。」〔註 1595〕，季旭昇師以爲「畗」即「庸」之異寫〔註 1596〕，我們看「臺」字〈齊系・陶彙・3.333〉作●、〈齊系・陶彙・3.361〉作●，它們顯然就是從●（戰國・齊系・拍敦蓋）字形演變而來，前一例从「甘」形，後一例近「口」形，季旭昇師以爲「戰國齊系下从甘形若口形」〔註 1597〕，正確。可見「●」、「●」即「臺」之異體字，而《說文》已指出「讀若庸同」，則「臺」、「墉」讀音必然有接近，無庸懷疑。

經過上述，「臺」可讀爲「郭（墉）」已可證明其正確性，但在不少楚簡資料中，我們也發現「臺」字讀成「敦」的例證。

再來，我們來進一步談「臺」字的甲骨、金文字形，甲骨文「臺」字作●（前4・34・7）、●（林 2・14・9），字从㐭、从羊，乃會意字的結構，而「㐭」、「羊」之間常常會添一橫筆，其作用不明〔註 1598〕，●（粹・1043）、●（珠・171），《說文》云：「臺，孰也。从㐭、从羊。讀若純。一曰：鬻也。●，篆文臺。」〔註 1599〕，徐中舒《甲骨文字典》釋「臺」字爲从㐭从羊，以爲「此字疑象从羊置於穴居之前以會饗祀之義」〔註 1600〕。季旭昇師認爲本義乃「甲骨文从㐭从羊，會用羊獻享之義」〔註 1601〕，但在甲骨文中多當「敦伐」之義使用，如「辛卯卜，大貞洹引弗臺邑，七月。」（遺・393），又如「丁卯卜，㱿貞：王臺缶於蜀。」（粹・1175），陳煒湛以爲「臺」與「征、伐、璞、循」是「一組關於征伐戰爭的同義詞」〔註 1602〕，反而《說文》的本義似尚未見於甲骨中〔註 1603〕。金文字型與甲骨相近，字作●（春秋・齊侯敦）、●（春秋・齊侯敦），「㐭」、「羊」之間也常添一橫筆作●（西周早・鼓臺觶）、●（西周中・寡子卣），也常作「敦伐」之義使用，如如〈宗周鐘〉云：

　　　年 11 月），頁 695。

〔註 1595〕見許慎撰、段玉裁注：《說文解字・注》，經韵樓藏版，（臺北市：洪葉出版社，1999年 11 月），頁 232。

〔註 1596〕季旭昇師：《說文新證（上冊）》，（臺北市：藝文印書館，2002 年 10 月），頁 451。

〔註 1597〕季旭昇師：《說文新證（上冊）》，（臺北市：藝文印書館，2002 年 10 月），頁 451。

〔註 1598〕甲骨文字中添飾筆的情況還不普遍，這個橫筆可視作無意義的裝飾符號，待考。

〔註 1599〕見許慎撰、段玉裁注：《說文解字・注》，經韵樓藏版，（臺北市：洪葉出版社，1999年 11 月），頁 232。

〔註 1600〕徐中舒：《甲骨文字典》，（四川辭書出版社，2003 年 3 月），頁 602。

〔註 1601〕季旭昇師：《說文新證（上冊）》，（臺北市：藝文印書館，2002 年 10 月），頁 454。

〔註 1602〕陳煒湛：〈甲骨文同義詞研究〉，收入國際中國古文字學研討會論文集編輯委員會編：《古文字學論集・初編》，（香港：香港中文大學印行，1983 年），頁 134。

〔註 1603〕《甲骨文字典》中未有見「敦伐」之義，參徐中舒：《甲骨文字典》，（四川辭書出版社，2003 年 3 月），頁 602～603。

「王敦伐其至，撲伐厥都」，「敦」、「撲」對舉，可見「敦」正爲敦伐、撲打之義。

　　再來，我們進一步談戰國文字「鼛」字的概況，據筆者所見，戰國文字裡，這類非常明顯從「𩫖」從「羊」的「鼛」字，多存於金文、璽印之中，而較少見於簡帛。清楚的「鼛」字多見於齊系文字，如 （淳于公戈）、（淳于公戈）〔註1604〕、（十四年陳侯午敦/鐻）、（齊系・因𦥑鐻/鐻）、（齊系・㮰可忌豆），字形從「𩫖」從「羊」，承襲甲、金文字形而來，不少齊系文字更添「攴」旁作 （陳純釜）、（璽彙・4033），增加其敦伐、攻冶之義，其「羊」旁還是非常標準齊系的寫法〔註1605〕，上述金文之文例如〈十年陳侯午敦〉「用作平壽造器敦以蒸以嘗。」，此處的「敦」即用來盛黍、稷、稻、粱等的器具之器名，金文中或作「鐻」，小篆亦有「𨥅」字〔註1606〕，《禮記・明堂位》：「有虞氏之兩敦，夏后氏之四連。」，鄭玄《注》云「敦，黍稷器。」，很清楚字義上並不能讀作「郭（墉）」，字形上也與「臺」字有別。

　　在楚文字中，標準從「𩫖」從「羊」的「鼛」字僅見《上博（三）・周易》兩例，【簡19】，其文例爲「鼛遆，亡悬」，今本作「敦復，无悔」〔註1607〕。原簡字作「」，字形右半殘斷，但仍可見字形下半從「羊」，季旭昇師摹作 〔註1608〕，甚確。【簡49】作 ，文例作「上九：敦艮，吉。」，今本亦作「敦」。然而更多的是讀作「敦（臺）」或讀音往「敦（臺）」通假的文例，其字形已與「郭（墉）」等字訛混，我們看「臺」作「」，「鼛」或從「鼛」字作「」、「」，可見楚簡中二字實已類化無疑，但由於早期學者都將這類字形釋作「臺」，通過這個類化現象告訴我們這些字除往「鼛」字思考外，釋作「臺」也是一種可能，進一步說，字形已非「鼛」、「臺」判別的依據，必須以文例才能判斷應讀作「鼛」或「臺」。

　　如《上博（四）・內禮》附簡「然後奉之以中△」，原簡字作「」，原考釋者

〔註1604〕《殷周金文集成》將〈淳于公戈〉斷代在「春秋晚」，但湯餘惠則定位在「戰國」，因而收入《戰國文字編》，見湯餘惠：《戰國文字編》，（福州：福建人民出版社，2001年12月），頁342。附帶一提，《戰國文字編》中所收「臺」字僅見「淳于公戈」一例。

〔註1605〕齊系「羊」字作 （羊子戈）、（陶彙・3.1023），見湯餘惠：《戰國文字編》，（福州：福州人民出版社，2001年12月），頁237。

〔註1606〕見許慎撰、段玉裁注：《說文解字・注》，經韵樓藏版，（臺北市：洪葉出版社，1999年11月），頁718。

〔註1607〕馬承源主編：《上海博物館藏戰國楚竹書（三）》，（上海：上海古籍出版社，2003年12月），頁163。

〔註1608〕季旭昇師主編：《上海博物館藏戰國楚竹書（三）讀本》，（臺北市：萬卷樓，2005年10月），頁307。

李朝遠釋作「臺」，以爲「『臺』，西周金文多見，或孳乳爲『敦』字，或孳乳爲『錞於』之『錞』。此處爲『錞』字，與『準』通。《新書・孽產子》：『夫錞此而有安上者，殊未有也。』孫詒讓《箚迻》：『錞當讀爲準。』《說文・土部》：『埻，射臬也，從土，臺聲，讀若準。』是『錞』、『埻』、『準』三字聲近字通。『中臺』，符合水準。《莊子・天道》：『水靜則明燭鬚眉，平中準，大匠取法焉。』王先謙集解：『其平與準相中，故匠人取法焉。』」〔註 1609〕。原整理者以爲字應隸定作「臺」讀作「準」。

　　李銳認爲：「上博四李朝遠先生隸定爲『臺』，考釋爲『準』。筆者疑當視爲『墉』字古文而讀爲『庸』，其上下文是『然後奉之以中庸』，也就是說『以中庸奉之』。若然，此處出現了『中庸』，很有思想史意義。《內禮》篇所謂『君子曰』之語，與曾子相關，但是本簡爲附簡，『編綫不整』，還有待進一步考察。」〔註 1610〕，李銳以爲應讀作「庸」。

　　許無咎在討論《上博（四）・內禮》附簡「則民有禮，然後奉之以中△」時，認爲「△字，應是城墉之『墉』，此處讀爲『庸』，『中△』即『中庸』。……『中庸』爲中國思想史上極重要之觀念，在竹簡中出現大概尙屬首次，值得重視。」〔註 1611〕，許無咎也讀作「庸」，以爲簡文即《禮記・中庸》之「中庸」。

　　回歸本簡，△字從糸從臺，文例作「不親則不△」，此處的「親」應讀爲前文「親率勝」之「親」，意即「躬親」之意，而△字筆者比較傾向讀「敦」，「敦」訓作「勤勉」，《管子・君臣上》：「上惠其道，下敦其業。」，《申鑑・雜言上》：「或問曰：『君子曷敦夫學？』曰：『生而知之者寡矣，學而知之者眾矣。』黃省曾注：「敦，勉也。」。「不親則不敦」，意即不親自率領，則部屬們不會勤勉以應敵。

　　《上博（四）・內禮》【附簡】「中△」原簡字作，字形可以讀作「臺」、「臺」，如果讀作「臺」則將文例通讀成「中庸」，但是「中庸」是否即與《禮記・中庸》「中庸」一詞劃上等號，這不無疑問，正如《曹沫之陣》【簡 12】「兼愛萬民而亡有私」，其「兼愛」一詞恐怕與墨家「兼愛」之說不同，主張堯舜儉樸之道的《曹沫之陣》不可能出現墨家「兼愛」的思想〔註 1612〕，這是十分顯而易見的道理。但是如果說

〔註 1609〕馬承源主編：《上海博物館藏戰國楚竹書（四）》，（上海：上海古籍出版社，2004年 12 月），頁 299。

〔註 1610〕李銳：〈讀上博四札記（二）〉，孔子 2000，（2005 年 2 月 20 日），網址：http://www.confucius2000.com/admin/list.asp?id=1618。

〔註 1611〕許無咎：〈《內禮》箚記一則〉，簡帛研究網，（2005 年 3 月 1 日），網址：http://www.bamboosilk.org/admin3/list.asp?id=1336。

〔註 1612〕《曹沫之陣》乃出於魯人曹沫或曹沫弟子之手，並且從簡文字具可知應是標準的儒家思想無疑，相關意見可參陳麗桂師：〈近三十年出土儒道古佚文獻在中國思想

「兼愛」一詞是韓非所創，而簡文中仿效「兼愛」這個語詞，但其概念與墨家「兼愛」無關，簡文中只是藉「兼愛」來表述如家對於廣大人民的愛護，這是很有可能的。進一步說，《內禮》「中庸」一詞是否等同《禮記》之「中庸」，這是值得商榷的。不過「中△」之讀法問題，筆者未敢驟下斷語，僅陳已知，以俟候人。

從上述討論可知，「臺」、「臺」二字類化情形早再楚文字中已見，目前所見「臺」字可讀作「敦」，但「臺」讀作「郭（墉）」的材料尚缺乏，接下來我們來談談「臺」字類化作「臺」的字形解釋。關於此，蘇建洲指出：「楚簡常見的『失』作🔲（《郭店·老子乙》6），趙平安先生指出它與甲骨文的『🔲』為一字。其下部的變化正是一作『🔲』形，一作『羊』形，與🔲、🔲的下部字形變化正同。尤其趙先生文中也特別強調『幸在例中省作羊，而羊有時可以寫作🔲』。其次，楚簡『쬤』（從辵旁）字既作『🔲』（《包山》167）、🔲（《包山》192）、🔲（《包山》56），『쬤』下作『羊』形；又作『🔲』（《郭店·窮達以時》2）、🔲（《包山》簡110，從邑旁），『쬤』下作『🔲』形。其三，『獻』字，《包山》182作🔲，左下從『羊』形；《包山》79作🔲，左下從『🔲』形。其四，『兩』字，《包山》145反作🔲，下作『🔲』形；《包山》111作🔲、《郭店·語叢四》20作🔲，下作『羊』形。」〔註1613〕，說法正確，可參。

另外，李銳以為△字「『言』形之下多出一橫，使下部字接近『羊』形」〔註1614〕，但細審🔲字，其右旁雖較一般戰國文字「臺」多一橫筆，但「言」下部之字還是無法被釋作「羊」，戰國楚系「羊」字作🔲（包·181）、🔲（楚帛書·乙8·86）、🔲（璽彙5548）與△字所从並不相似。

包山【簡182】「獻」字作「🔲」字，李守奎摹作「🔲」〔註1615〕，「쬤」旁下半的羊變成「羊」。

過去，我們都知道「郭」、「敦」、「享」等字在秦文字中已類化作「享」這各偏旁，季旭昇師也以為「秦文字中，享、臺、臺三字在偏旁中幾乎沒有分別，都作『𩪡』。」〔註1616〕，我們看秦文字「淳」作🔲（甲日·三九背）、🔲（十鐘3·61），「郭」

史上的意義與貢獻〉，簡帛研究網，（2005年8月10日），網址：http://www.jianbo.org/admin3/2005/chenligui001.htm。又收入於陳滿銘教授七秩榮退誌慶論文集編輯委員會主編：《陳滿銘教授七秩榮退誌慶論文集》，（臺北市：萬卷樓，2005年），頁347。

〔註1613〕蘇建洲：〈楚文字雜識〉，簡帛研究網，（2005年10月30日），網址：http://www.jianbo.org/admin3/2005/sujianzhou006.htm。

〔註1614〕李銳：〈讀上博四札記（二）〉，孔子2000，（2005年2月20日），網址：http://www.confucius2000.com/admin/list.asp?id=1618。

〔註1615〕李守奎：《楚文字編》，（上海：華東師範大學出版社，2003年12月），頁577。

〔註1616〕季旭昇師：《說文新證（上冊）》，（臺北市：藝文印書館，2002年10月），頁454。

作🈚（爲・八），「敦」作🈚（語・九）、🈚（十鐘3・61）、🈚（璽彙・646），「亯」作🈚（日甲・33背），可證。現在，我們知道「郭」、「敦」的類化至少必須提前到戰國楚文字，換言之「郭」、「敦」、「享」的類化情形爲：

【𡅁、𡅁、亯三字類化演變一覽】

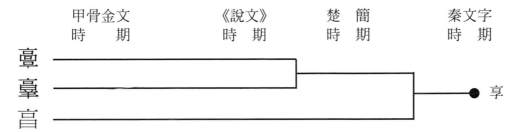

	甲骨金文時期	《說文》時期	楚簡時期	秦文字時期

附：「𡅁」字一覽表

待考字	簡33			
關係字	曹沫之陣・簡18	郭店・從政・簡5	郭店・從政・簡12	齊系・陶彙・3.361
	晉系・曾侯乙・下二5	天・策	包2・簡170/牆	郭店・語叢四・簡2
	上博（一）・孔子詩論・簡28	包2.4/城	新蔡・甲三：83	新蔡・乙一：22
	天策/融			
	戰國・陳純釜	《璽彙》4033		

附：「𡅁」字一覽表

前1・34・7	林2・14・9	粹・1043	珠・171
西周早・鼓𡅁觶	西周中・寡子卣	西周晚・宗周鐘	春秋・齊侯敦

春秋・齊侯敦	春秋・齊侯敦	春秋・鼄于戟	春秋晚・齊侯作孟姜敦
戰國・陳純釜/敦	周易・簡 19	周易・簡 49	

〔194〕、33・祝（篤）

原考釋者李零以爲「疑同上第十六簡『冐』字，這裡也讀爲『和輯』之『輯』。」〔註 1617〕。

陳劍釋作「輯」〔註 1618〕。

陳斯鵬隸定作「咡」釋作「〈兄-恭〉」〔註 1619〕。

原簡字作，△字字形上看雖與《曹沫之陣》簡的其他「祝」字略有不同如（簡 16）、（簡 48），但是從文例上來看，簡 16 作「和且△」，本簡與簡 48 都作「不和則不△」，而又「不和則不△」即是「和且△」，因此從文例上看「」與「」、「」等字應爲同字。

〔195〕、33・不愁（義）則不備（服）

原考釋者李零隸定作「愁」以爲「讀『義』，這裡似是公平之義。」〔註 1620〕。

首先字形部份，原簡字作，字從心、我聲，原考釋者讀作「義」，正確可從。楚簡中「義」字除寫作本字外，最常用的是假「宜」字爲之，如《郭店・六德》【簡 39】「父子不親，君臣亡宜」，原整理者即讀「宜」作「義」〔註 1621〕，《郭店・性自命出》【簡 4】「知宜者能納之」，原整理者亦讀「宜」作「義」〔註 1622〕；其次也有假「我」爲之者，如《郭店・唐虞之道》【簡 9】「我而未仁也」，原整理者讀「我」爲「義」〔註 1623〕，「我」、「義」都是疑紐、歌部，但「義」字大徐本〔註 1624〕、段

〔註 1617〕馬承源主編：《上海博物館藏戰國楚竹書（四）》，（上海：上海古籍出版社，2004年 12 月），頁 264。

〔註 1618〕陳劍：〈上博竹書《曹沫之陳》新編釋文（稿）〉，簡帛研究網，（2005 年 2 月 12 日），網址：http://www.jianbo.org/admin3/2005/chenjian001.htm。

〔註 1619〕陳斯鵬：〈上海博物館藏楚簡《曹沫之陣》釋文校理稿〉：簡帛研究網，（2005 年 2月 20 日），網址：http://www.jianbo.org/admin3/list.asp?id=1328。`

〔註 1620〕馬承源主編：《上海博物館藏戰國楚竹書（四）》，（上海：上海古籍出版社，2004年 12 月），頁 264。

〔註 1621〕荊門市博物館編：《郭店楚墓竹簡》，（北京市：文物出版社，1998 年），頁 188。

〔註 1622〕荊門市博物館編：《郭店楚墓竹簡》，（北京市：文物出版社，1998 年），頁 179。

〔註 1623〕荊門市博物館編：《郭店楚墓竹簡》，（北京市：文物出版社，1998 年），頁 157。

注本〔註 1625〕都不从「我」聲，王筠《說文釋例》云：「『義』下當云『我亦聲』」，朱駿聲也以爲「從祥省，我聲」，楚簡中即从我聲，讀作義，从「我」得聲，已無可疑，不過朱駿聲从祥省的意見，目前就楚文字材料來看，其說法可商。

另外，亦有如本簡作「㥂」而讀「義」者亦有，見《郭店‧語叢一》兩例〔註 1626〕、《郭店‧語叢三》五例〔註 1627〕，如《郭店‧語叢三》【簡 36、37】「㥂處之也，禮行之也」，原整理者即讀「㥂」爲「義」〔註 1628〕。

簡文「不義則不服」，李零解△作「公平」，正確。「義」字作公平、公正解，如《管子‧水地》：「唯無不流，至平而止，義也。」，又《孔子家語‧執轡》：「以之道則國治，以之德則國安，以之仁則國和，以之聖則國平，以之禮則國安，以之義則國義。」，王肅注：「義，平也，刑罰當罪則國平。」，但簡文此處「公平」外，應還帶有「適宜」的意思，「義」作「適宜」解者如《釋名‧釋言語》云：「義，宜也。裁制事物使合宜也。」，又《易‧旅》：「其義焚也。」，陸德明《經典釋文》：「馬云：『義，宜也。』一本作『宜其焚也』。」，《書‧康誥》：「用其義刑義殺。」，孔《傳》：「義，宜也」，《淮南子‧繆稱》也云：「義者比於人心，而合於眾適者也」。在簡文中「使人」應是「不親則不庸」、「不和則不輯」、「不義則不服」的主詞，則「不義則不服」應是指指派、任命人事時的「不公義」、「不適宜」，不公正的升遷無法使人信服，不適當人事命令也無法使人信服，「不適宜」來自「不公義」，「不公義」因此「不適宜」，可見此處「義」字解作「公平（正義）」、「適宜」都可。

另外，簡文此處的「義」，即曹沫強調的「授有智，予有能，則民義之」，施政者的人事任命必須舉有智能者，人民的行爲才會端正、適宜。

《論語‧陽貨》：「子曰：『惡紫之奪朱也，惡鄭聲之亂雅樂也，惡利口之覆邦家者。』」，「邦家」二字孔安國、邢昺皆釋作「國家」〔註 1629〕，《郭店‧緇衣》、《上博（一）‧緇衣》亦有「邦家不窬」〔註 1630〕，可參。

〔註 1624〕見〔漢〕許慎撰、〔宋〕徐鉉校定：《說文解字》，（北京：中華書局，2003 年），頁 267。

〔註 1625〕見許慎撰、段玉裁注：《說文解字‧注》，經韵樓藏版，（臺北市：洪葉出版社，1999 年 11 月），頁 639。

〔註 1626〕分別爲【簡 76】、【簡 93】等兩例。

〔註 1627〕分別是【簡 9】、【簡 24】、【簡 25】、【簡 35】、【簡 36】等五例。

〔註 1628〕荊門市博物館編：《郭店楚墓竹簡》，（北京市：文物出版社，1998 年），頁 211。

〔註 1629〕〔清〕阮元《校勘十三經註疏‧論語》，嘉慶廿年江西南昌府學開雕影印本，（臺北：藝文印書館，1993 年），157 上。

〔註 1630〕馬承源主編：《上海博物館藏戰國楚竹書（一）》，（上海：上海古籍出版社，2001 年 11 月），頁 206。

　　蘇建洲學長在閱讀本碩論初稿後，撰成〈《上博四・曹沫之陣》「備」字考釋〉一文回應筆者〔註1631〕，全文如下：

　　　　戰國楚系文字「備」字作▨（天策）、▨（《郭店・成之聞之》5）、▨（《郭店・緇衣》16）、▨（《上博（一）・緇衣》9）、▨（《上博（四）・昭王毀室》1）、▨（《上博（五）・季庚子》3）、▨（《新蔡》甲三：137）、▨（《新蔡》乙三：44、45），基本上形體差異不大，看起來的確與「△1」字形不類。由形體來看，▨旁應可分為上作「▨」，下作「▨」兩部分。底下依序論述其形體來源：

　　　　甲骨文「葡」字作▨（《前》7.44.1），象矢在箙中之形，為「箙」之象形初文。〔註1632〕金文「葡」作▨（番生簋）、▨（毛公鼎），「箭杆與箙形組合與用字相似」。〔註1633〕《郭店・語叢一》94「備」作▨（△2）、《語叢三》54作▨（△3），字形寫法與《集成》11021春秋晚期齊系銅器子備戈的「備」字作▨、《說文》古文「備」作▨〔註1634〕形近。其中「△3」的「▨」偏旁可能即來源於上引金文▨、▨以及▨類似「用」形的部件。〔註1635〕證據如下：「廖」可作▨（《郭店・語叢一》96）、▨（《郭店・語叢三》58），又可作▨（《郭店・唐虞之道》25），依照馮勝君先生的研究，《語叢》一～三、《唐虞之道》同為具有齊系文字特點的抄本，所以兩個形體可能有一定程度的演變關係。〔註1636〕值得留意的是，▨字下半部的寫法又見於《郭店・語叢三》39「葡」作▨，依照形體類化的原則，可以合理推論「葡」字可作▨的形體，如此正與番生簋▨字字形相同。後來「▨」形脫落上移，底下又訛變為「人」形，再加上「女」形，即▨ ▨ ▨。而其上作「▨」又帶著楚系文字的特徵，這種帶著兩系字形的現象，吳振武先生謂之「糅合」。〔註1637〕合理的解釋是楚國書手在抄寫齊國文獻時，一

〔註1631〕見2006年6月23日蘇建洲學長給予筆者之電子郵件。

〔註1632〕參于省吾主編、姚孝遂按語《甲骨文字詁林》（北京：中華書局，1996年）冊三頁2555，2561條下。

〔註1633〕何琳儀《戰國古文字典》（北京：中華書局，1998年9月）頁124。

〔註1634〕張富海先生認為此字具有齊系文字的特點，見《漢人所謂古文研究》（北京：北京大學中文系博士學位論文，2005年4月）頁306。

〔註1635〕雖然此形有可能是「丹」旁，如《包山》16。但是解作「丹」對於整體形構似乎很難說得通，故不採此想法。

〔註1636〕馮勝君《論郭店簡〈唐虞之道〉、〈忠信之道〉、〈語叢〉一～三以及上博簡〈緇衣〉為具有齊系文字特點的抄本》，北京大學博士後研究工作報告，2004年8月）。

〔註1637〕吳振武〈戰國文字中值得注意的一種構形方式〉《姜亮夫、蔣禮鴻、郭在貽紀念文

方面慣於自己國家文字的書寫方式，另一方面又對齊國文字不甚了解所留下的孑餘。其次，林澐先生曾指出一條著名的規律：在商代文字中，「⊟」形和「⊟」形就有互變之例。這種形變在周代文字中是常見的。而且，字形中之含有「⊟」形者，又往往在東周時變爲含有「屮」形。〔註1638〕但是在戰國時代也可以看到這三種形體同時存在，如「坪」，《包山》184作 ⚇（從「⊟」），又作 ⚇（《包山》89，從「⊟」）、🔲（坪夜君鼎，從「屮」）。以此觀之，「△1」上部「🔲」偏旁可能與「△3」的「屮」來源相同。仔細觀察，不難看出二者筆法相同，差別只是二豎筆之間橫畫數目之別，如同前述，這是可以同時存在的。另外，「🔲」旁位置也上移了，如同「鞅」字寫作 🔲（簡56）🔲（簡89）🔲（簡84），但同時又作 🔲（《隨縣》80）。魏宜輝先生認爲「『央』旁上端的「人」形，我認爲可能是人體的手臂之形，由原先的『⊟』旁下上移至『屮』形之上。」〔註1639〕魏先生是就「人」形來說的，但就「⊟」旁來說，無疑也可以上下移動。又如西周金文冘鼎🔲字，黃錫全、李學勤二先生皆認爲字形下部從「并」，李學勤先生解釋說：「『并』字本從二『人』，上加兩橫，但是殷墟甲骨文就有從二『又』的例子。……鼎銘這個字的『并』，只是將兩橫上移了。」〔註1640〕《郭店・老子甲》13「守」作🔲，何琳儀先生以爲字形「十」旁與「又」旁上下位置互換。〔註1641〕

其次，再看下半部作「🔲」，乍看之下與「羔」同形，但事實上二者是沒有關係的。對於其下的字形演變，筆者以爲應看作🔲形，其上橫筆與「🔲」有共筆的現象。此形可釋爲「大」加上飾筆，如「大」作🔲（齊大宰歸父盤），〔註1642〕加飾筆即爲🔲。如「樂」既作🔲（王孫誥鐘），又

集》（上海：上海教育出版社，2003年5月）。

〔註1638〕林澐〈釋古璽中從朿的兩個字〉《古文字研究》第十九輯。此引自《林雲學術文集》頁10。

〔註1639〕魏宜輝《楚系簡帛文字形體訛變分析》（南京：南京大學博士學位論文，2003年）頁19。

〔註1640〕李學勤〈冘鼎賜品試說〉《南開學報》（哲學社會科學版）2001年增刊。亦載於氏著《中國古代文明研究》（上海：華東師範大學，2005年4月）頁88。

〔註1641〕何琳儀〈郭店竹簡選釋〉《簡帛研究二〇〇一》（桂林：廣西師範大學出版社，2001年9月）頁159。

〔註1642〕吳振武先生曾指出，將「大」字像人形兩臂的部分拉直，是齊系文字的特點。見吳振武〈古璽姓氏考（複姓十五篇）〉《出土文獻研究》第三輯（北京：中華書局，1998年）頁77。或參馮勝君《論郭店簡〈唐虞之道〉、〈忠信之道〉、〈語叢〉一～三以及上博簡〈緇衣〉爲具有齊系文字特點的抄本》，北京大學博士後研究工作報

作▨（《包山》261）。「獸」既作▨（《郭店·窮達以時》4），又作▨（《郭店·成之聞之》6）。或是遜釋作訛變爲從「亦」，如「亦」作▨（《上博（一）·緇衣 10》），此亦爲齊系文字的特色。筆者以爲此「大」形可能來自上引《郭店·語叢三》39「葡」作▨、《郭店·語叢一》94「備」作▨（△2）、《語叢三》54 作▨（△3）、春秋晚期齊系銅器子備戈「備」作▨（△4）等。換言之，本來皆作「人」形，後來才加上「女」形。即「△2」、「△3」、「△4」本應作▨、▨、▨。而古文字中側立的「人」形與正面的「人」形（大）有通用現象，〔註 1643〕如甲骨文「葬」作▨，又作▨。〔註 1644〕金文「幾」作▨（乖伯簋），又作▨（幾父壺）。又如上舉《隨縣》80「鞅」字寫作▨，從「大」形，繼承甲骨文、西周金文而來。又作▨（英）、▨（袂）（《天星觀》簡）〔註 1645〕，下從「人」形。又如「殷」既作▨，又作▨。〔註 1646〕還有「敬」，既作▨（《璽彙》4171），又作▨（《璽彙》4191）、▨（《璽彙》5004）。如此一來▨的來源便清楚了。最後，再看《郭店·成之聞之》3「備」作▨，此形應該是在「△1」的基礎上又進一步變化，古文字常見「人」形演變爲「木」形，如「逆」作▨（獻鐘），又作▨（舀鼎）〔註 1647〕；「矣」作▨（《郭店·語叢二》50）又作▨（《郭店·語叢一》50）。〔註 1648〕還有「異」，《包山》52 作▨，而《郭店·語叢三》53 作▨、《語叢三》簡 3 作▨。這樣也可以呼應筆者對「△1」的考釋。

　　結合以上來看，「△1」釋爲「備」應該是可以的。在考釋的過程中，筆者所引用的關鍵字形大部分跟齊系文字相關，這也向我們透露了《曹沫之陣》的底本來源是齊魯一系的抄本，這也與竹書中的主人公身分相吻合。

　　最後，將上列字形演變表列如下：

告，2004 年 8 月）頁 11。

〔註 1643〕劉釗《古文字構形學》（福州：福建人民出版社，2006 年 1 月）頁 41、336。

〔註 1644〕季師旭昇《說文新證（上冊）》（臺北：藝文印書館，2002 年 10 月）頁 66。此字一說釋爲「殯」參陳劍《殷墟卜辭斷代對甲骨文考釋的重要性》（北京：北京大學中文系博士論文，2001 年 5 月）頁 79。

〔註 1645〕滕壬生《楚系簡帛文字編》（武漢：湖北教育出版社，1995 年 7 月）頁 57、909。

〔註 1646〕張頷《古幣文編》（北京：中華書局，1986）頁 242。

〔註 1647〕黃錫全〈齊「六字刀」銘文釋讀及相關問題〉《吉林大學古籍整理研究所建所十五週年紀念文集》（長春：吉林大學出版社，1998 年 12 月）頁 126～127。

〔註 1648〕參魏宜輝《楚系簡帛文字形體訛變分析》（南京：南京大學博士學位論文，2003 年）頁 23～24。

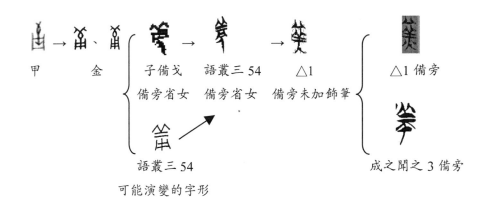

可能演變的字形

第八節　論「爲親、爲和、爲義」章

壹、釋　文

臧（莊）公曰：「爲親（親）女（如）【33】可（何）〔196〕？」

會（答）曰：「君母（毋）悬（憚）自袞（勞）〔197〕，目（以）觀卡＝（上下）之善（情）僞〔198〕；佖（匹）夫募（寡）婦之獄詞（訟）〔199〕，君必身聖（聽）之〔200〕。又（有）智（智）不足，亡（無）所【34】不中，則民斬（親）之。」

臧（莊）公或（又）翻（問）：「爲和女（如）可（何）？」

會（答）曰：「母（毋）辟（嬖）於俊（便）俾（嬖）〔201〕，母（毋）倀（長）於父寇（兄）〔202〕，賞垍（均）聲（聽）中〔203〕，則民【35】和之。」

臧（莊）公或（又）翻（問）：「爲義〔204〕女（如）可（何）？」

會（答）曰：「紳（陳）攻（功）走（尚）臤（賢）〔205〕。能絅（治）百人，事（使）倀（長）百人〔206〕；能絅（治）三軍，思（使）衒（帥）〔207〕。受（授）【36】又（有）智，舍（舍）又（有）能〔208〕，則民宜（義）之。戲（且）臣翻（聞）之：『卆（卒）又（有）倀（長）〔209〕、三軍又（有）衒（帥）〔210〕、邦又（有）君，此三者所目（以）戡（戰）〔211〕』，是古（故）倀（長）【28】民者〔212〕毋図（攝）箈（爵）〔213〕，（母）毋厽（御）軍〔214〕，母（毋）辟（避）皋（罪）〔215〕，（甬）用都番（教）於邦【37上】於民〔216〕。」

臧（莊）公曰：「此三者足目（以）戡（戰）虖（乎）〔217〕？」

會（答）曰：「戒〔218〕。勣（勝）【49▽】不可不慭（慎）。不卆（卒）則不亙（恒）〔219〕，不和則不蔬（篤）〔220〕，不兼（謙）畏【48△】亓（其）志者，募（寡）矣。」【59▽】～

貳、考　釋

〔196〕、33、34・爲覎（親）女（如）可（何）

「親」字原簡字作「覎」，字从見、辛聲，字形上沒有問題，但此處之意義實難判斷。《曹沫之陣》的「親」字有兩種寫法，分別寫作「覎」與「斲」，而都讀作「親」，筆者將其出現的文例、字義，列表如下：

	覎	斲
一	「親率」（簡 27）	「大國親之」（簡 16）
二	「親率勝」（簡 33）	「則民親之」（簡 35）
三	「不親不庸」（簡 33）	
四	「爲親如何」（簡 33）	
備註	皆爲「親自」之義	皆爲「親愛」之義

這兩種寫法的「親」，可細分成兩個意思，分別是「親自」及「親愛」，從「爲親如何」的內容上看，「君毋憚自勞，以觀上下之情偽；匹夫寡婦之獄訟，君必身聽之。」所指涉的意涵都是「親自」，但是本段討論「爲親如何」問題的最末一句是「則民親之」，這是本段討論之中，「親」字唯一出現之處，如此一來使得「爲親如何」一句，莊公究竟是問「如何做到躬親」還是「如何使人民親愛」，一時間難以判斷。

筆者以爲就字形上看「爲親如何」之「親」作「覎」，與「則民親之」之「親」作「斲」不同，二者應有分別，「親愛」之「親」都作「斲」，並且曹沫在回應莊公「爲親如何」的問題時，開宗明義即云「君毋憚自勞」，又如身聽獄訟之應語，幾乎可以確認本處「親」字應爲「親自」之「親」。另外，簡 33「親率勝」後曹沫所揭示的「不親則不庸」亦是將「親」解作「親自」的旁證。

本處曹沫說明國君爲「親（自勞）」之道，並提醒莊公，若能中正的審判，則能帶來民「親（親愛）」的效果。

〔197〕、34・君母（毋）懇（憚）【1】自袋（勞）【2】

【1】懇

原考釋者李零隸定作「懇」，以爲「同『憚』，是畏難之義。」〔註1649〕。

「憚」有畏難、畏懼之意，在本簡中即不要因「自勞」而感到畏難，李零的解

〔註1649〕馬承源主編：《上海博物館藏戰國楚竹書（四）》，（上海：上海古籍出版社，2004年 12 月），頁 265。

釋正確。《說文・心部》：「憚，忌難也。从心單聲。一曰難也。」〔註 1650〕，而「憚」作「畏難」解者古籍很多，如《左傳・哀公二十年》趙孟對吳王：「今君在難，無恤不敢憚勞」，又《左傳・襄公二十八年》載子大叔之語云：「不然，其何勞之敢憚？」，楊伯峻注云：「言不敢畏任何勞苦，我君必來朝楚也。」〔註 1651〕。《論語・學而》：「過而勿憚改」，《論語集注》云：「憚，畏難也」〔註 1652〕，可參。

其此，銅器銘文亦見「憚」字者，如《中山王𧍩鼎》「憚＝」讀作「憚憚」字作，而楚簡則有假「𤶊」為「憚」者，如《郭店・六德・16》「弗敢𤶊（憚）也」即是，原整理者已讀作「憚」〔註 1653〕。

【2】自勞

「勞」字甲骨文作（前・6.34.4）、（前・2.25.5），但字形本義的解釋一直晦澀難解。楚簡「勞」字作（包 16）、（郭・緇衣・6），「勞」字戰國文字的寫法很早就被發現，《郭店・緇衣》簡 5〜5「子曰：上人疑則百姓惑，下難知則君長勞。」，對應今本古籍「勞」字很快就被釋出，但「勞」字的字義及其來源則尚未清楚，季旭昇師首先指出以為「甲骨文從二火，從衣，會火下綴衣辛勞之義。『衣』中有小點，或像縫綴之形（另一思考為像『水』形，則甲骨此字當釋『澇』，但甲文水形較少如此做）。」〔註 1654〕，季師所釋甚確，並將「勞」字的甲金文字形與戰國文字聯繫起來。

「自勞」即諸事躬身而作，不假他人之手，《史記・衛康叔世家》：「文公初立，輕賦平罪，身自勞，與百姓同苦，以收衛民。」，《後漢書・楊李翟應霍爰徐列傳》載翟酺上書諫漢安帝云：「自去年已來，災譴頻數，地坼天崩，高岸為谷。……願陛下親自勞恤，研精致思，勉求忠貞之臣，誅遠佞諂之黨，損玉堂之盛，尊天爵之重，割情欲之歡，罷宴私之好。」，《後漢書》的「親自勞恤」正是「自勞」之意。

另外，「憚勞」一詞古籍亦多見，《管子・乘馬》：「為而不倦，民不憚勞苦。」，《左傳・哀公二十年》：「今君在難，無恤不敢憚勞。」，可參。

〔198〕、34・𣃔（以）觀【1】卡＝（上下）【2】之𤶊（情）僞【3】

【1】觀

〔註 1650〕參許慎撰、段玉裁注：《說文解字注》，經韵樓藏版，（臺北市：洪葉出版社，1999年 11 月），頁 519。

〔註 1651〕楊伯峻：《春秋左傳注》（修訂本），（北京：中華書局，2005 年），頁 1143。

〔註 1652〕參何晏：《論語集解》，（北京：中華書局，1997 年 10 月），頁 36。

〔註 1653〕荊門市博物館編：《郭店楚墓竹簡》，（北京市：文物出版社，1998 年），頁 187。

〔註 1654〕季旭昇師：《說文新證（下冊）》，（臺北市：藝文印書館，2004 年 11 月），頁 243。

簡字作𦱤，其「蘿」旁寫法保留較古的型態，並未如【簡60】、【簡61】「懽」字之「蘿」旁上半已訛作「仐」形。

【2】上下

「卡＝」爲「上下」之合文（與「卡片」之「卡」不同〔註1655〕），此種合文型態在楚簡中已見𠂇（帛三·二）、𠂇（帛丙七·三）、𠂇（九店M56·26）等例，有時也可以不共橫筆而作𠂇（包·121）〔註1656〕形，△字作𠂇，釋作「上下」正確。

【3】情僞

「情僞」即眞誠與虛僞，也就是了解部屬間的虛實、弊病，這些都必須「身聽」才知。「情僞」一詞見《墨子·非命中》：「然今天下之情僞，未可得而識也，故使言有三法。」，《前漢紀·前漢孝武皇帝紀》：「使遠近情僞。必見於上。」，《論語·憲問》：「子曰：『不逆詐，不億不信。抑亦先覺者，是賢乎！』」，朱熹《論語集注》云：「於人之情僞，自然先覺，乃爲賢也。」，《管子·立政九敗解》：「人君唯毋聽群徒比周，則群臣朋黨，蔽美揚惡，然則國之情僞不見於上，如是，則朋黨者處前，寡黨者處後」，又《管子·七法》「言實之士不進，則國之情僞不竭于上。」，《戰國策·韓三·客卿爲韓謂秦王》：「外內不相爲，則諸侯之情僞可得而知也。」〔註1657〕，《大戴禮記·文王官人》：「王曰：『太師，愼維深思，內觀民務，察度情僞，變官民能，歷其才藝，女維敬哉。』」，可參。

〔199〕、34·佖（匹）【1】夫（夆）寡婦之獄詷（訟）【2】

【1】佖

原考釋者李零隸定作「佖夫寡婦」以爲「第三字略殘，疑讀『匹夫寡婦』。」〔註1658〕。

鍾柏生師以爲甲骨文𝄃（林·2.26.7）字即馬匹之計算單位，西周早歔磁鼎「匹」字作𠂤，鍾師以爲右旁具有聲符意義〔註1659〕，正確可從。楚簡中所見「匹」字字

〔註1655〕「卡」字異體字字典最早見《字彙補》，應是晚出的字形，與楚簡「上下」合文之字形乃「異代同形」之例。參李鍌師、陳新雄師、李殿魁等編：教育部《異體字字典》網路版，民國93年1月正式五版，網址：http://140.111.1.40/yitia/fra/fra00445.htm。

〔註1656〕該字原形殘泐頗甚，但原拓中間乃兩橫筆仍清晰可見，此字爲何琳儀所摹，並釋作「上下」合文，見何琳儀：《戰國古文字典》，（北京：中華書局，1998年），頁1490。

〔註1657〕參繆文遠：《戰國策新校注》，（四川：巴蜀書社，1992年5月），頁1013。

〔註1658〕馬承源主編：《上海博物館藏戰國楚竹書（四）》，（上海：上海古籍出版社，2004年12月），頁265。

〔註1659〕參鍾柏生師：〈釋《新綴》四一八版卜辭〉，《大陸雜誌》，第79卷第2期，1989年，

從「匕」聲，如 ，另外亦將「匕」聲反寫者，如《上博一・緇衣・21》字作「![字]」，又《郭店・唐虞之道・18》作「![字]」，〈唐虞之道〉簡裘錫圭隸定「仄」以為「『仄夫』似應為『匹夫』之誤寫」〔註1660〕，袁國華師曾有專文論證此字，先從「匕」字的反寫型態談起，再進一步證![字]、![字]，應即從「匕」無誤，文例應讀為「匹夫」〔註1661〕，甚確。

　　「必」、「匹」通假的例證很多，《郭店・緇衣・42》「唯君子能好其駜」，「駜」從「必」聲「匹」，又《郭店・語叢四・10》「佖婦愚夫」，「佖」從「必」聲，讀作「匹」。

【2】獄詷

　　原考釋者李零直接隸定作「獄訟」〔註1662〕，李銳從之〔註1663〕。

　　季旭昇師以為「『訟』字原形實從『言』、從『同』，當即『詷』字，恐不得釋『訟』，『訟』字所從『公』的下半不宜作『口』形，上半也不像。『詷』當讀為『恫』，《說文》：『恫，痛也。一曰：呻吟也。』字亦作『痌』。簡文的意思是說：匹夫寡婦的獄訟、哀痛，國君一定要親自聽聞。」〔註1664〕，以為字不當釋作「訟」，將字隸定作「恫」解釋為「痛」。

　　陳斯鵬釋作「獄詷〈訟〉」〔註1665〕。

　　何有祖以為：「![字]應隸作『詷』。『詷』上古音在東部定紐，『訟』在東部邪紐，音近可通。典籍從『公』之字與從『甬』之字多可通用，如：『訟』、『松』與『誦』通用；從『甬』之字與從『同』之字多可通用，如『通』與『洞』、『桐』通用，『筩』與『筒』通用。『詷』疑可讀作『訟』。『獄訟』為典籍常語。」〔註1666〕，從通假的角度分析「詷」、「訟」二字的關係。

頁24。

〔註1660〕荊門市博物館編：《郭店楚墓竹簡》，（北京市：文物出版社，1998年），頁159。

〔註1661〕參袁國華師：〈郭店楚墓竹簡從匕諸字以及與此相關的詞語考釋〉，《史語所集刊》第七十四本第一分，2003年3月，頁25～29。

〔註1662〕馬承源主編：《上海博物館藏戰國楚竹書（四）》，（上海：上海古籍出版社，2004年12月），頁265。

〔註1663〕李銳：〈《曹劌之陣》重編釋文〉，簡帛研究網，（2005年5月27日），網址：http://www.jianbo.org/admin3/2005/lirui003.htm。

〔註1664〕李旭昇師：〈上博四零拾〉，簡帛研究網，（2005年2月15日），網址：http://www.jianbo.org/admin3/2005/jixusheng002.htm。

〔註1665〕陳斯鵬：〈上海博物館藏楚簡《曹沫之陣》釋文校理稿〉：簡帛研究網，（2005年2月20日），網址：http://www.jianbo.org/admin3/list.asp?id=1328。

〔註1666〕何有祖：〈上博楚竹書（四）箚記〉，簡帛研究網，（2005年4月15日），網址：http://www.jianbo.org/admin3/2005/heyouzu001.htm。

李守奎以爲「簡文从『同』，當是訛書。」〔註1667〕。

朱賜麟以爲「詞，與痌、恫皆从同得聲，楚簡例多可通假。季師旭昇釋讀爲『恫』，可從。《說文》：『恫，痛也，从心同聲。』而無痌字。段注引《尚書‧康誥》：『恫瘝乃身』，又引『痌瘝』詞例，可知痌、恫一義。李零原釋此字爲『訟』，承上爲『獄訟』，似可成詞，但從字形而論，恐有未安。筆者依季師從字形釋此字爲『詞』，通假爲痌、恫，作苦痛解，與上獄字，分別代表鰥夫寡婦之痛苦與無可告訴之最者，文通字順，於義較長。」〔註1668〕。

佑仁案：簡文字作，李零釋作「訟」確實不妥，△字右旁爲「同」字，「同」字於戰國楚簡中作（包‧126）、（包‧220）、（郭‧性‧57），另外《曹沫之陣》【簡21】「同」字也作，可見△字釋作「詞」才對。但楚簡「訟」字作「」（上博（四）‧昭王毀室‧8）字形與△甚近，李守奎的看法可以理解，但筆者以爲楚簡的書寫者擁有一定的水平，因此釋讀上若有其他合理可信的解釋時，我們儘量還是不要從訛字的角度來思考。從音韻的角度考察，二字的上古音確實接近，何有祖已經從聲韻上做分析，但聲符展轉通假，反而降低了說服力，其實「詞」字定紐、東部，「訟」字心紐、東部〔註1669〕，定紐、心紐上古音相近，如「攸」、「脩」二字同爲幽部，然前者屬定紐，後者屬心紐，《說文》也主張「攸」爲「脩」之聲符〔註1670〕，另黃焯《古今聲類通轉表‧舌齒通轉》「定心」一項下亦有不少例證，此不贅述〔註1671〕。可見，「詞」、「訟」二字應爲假借關係。

簡文以爲「獄訟」君必親自「聽」之，而「聽獄訟」或「聽其獄訟」在古中常見，《周禮‧秋官司寇》載「以五聲聽獄訟」之法，又云：「聽其獄訟，察其辭」，《周禮‧春官宗伯》亦載「凡爭墓地者，聽其獄訟。」，《大戴禮記‧千乘》：「司寇司秋，以聽獄訟，治民之煩亂，執權變民中。」，《上博（二）‧容成氏》簡29亦有「聽其訟獄」，可參。

附帶一提，梁立勇曾釋《郭店‧語叢四》【簡】之「」「」爲「獄訟」〔註1672〕，

〔註1667〕李守奎：〈《曹沫之陣》之隸定與古文字隸定方法初探〉，收入中國文字學會主編：《漢字研究》第一輯，（北京：學苑出版社，2005年6月），頁496。

〔註1668〕朱賜麟：《曹劌之陣思想研究——及其在春秋兵學思想史上的意義》，臺灣師範大學碩士論文，2006年6月，頁39。

〔註1669〕上古聲、韻之歸部據陳新雄師之說，參許慎撰、段玉裁注：《說文解字注》，經韵樓藏版，（臺北市：洪葉出版社，1999年11月）。

〔註1670〕許慎撰、段玉裁注：《說文解字注》，經韵樓藏版，（臺北市：洪葉出版社，1999年11月），頁176。

〔註1671〕黃焯：《古今聲類通轉表》，（上海：上海古籍出版社，1983年6月），頁188～189。

〔註1672〕參梁立勇：〈郭店簡二三字試釋〉，簡帛研究網，（2003年1月17日），網址：http://www.

能否成立，待考。

〔200〕、34・身聖（聽）之

原考釋者李零「身」以爲「指親自」〔註1673〕。

「身」訓作親自、親身解釋，李零之說可從。《爾雅・釋言二》：「身，親也。」，《墨子・號令》：「伍有罪，若能身捕罪人，若告之吏，皆構之。」。

簡34之「身聽」與簡35之「聽中」，雖二句皆有「聽」字，然用字却不同，簡34假「聖」字爲之，簡35則假「聲」字爲之，在聲韻上均可以成立。

〔201〕、35・母（毋）辟（嬖）【1】於俊（便）俾（嬖）【2】

【1】辟

原考釋者李零讀「辟」爲「嬖」〔註1674〕。

《曹沫之陣》簡25云「必有數辟（嬖）大夫，毋俾（嬖）大夫必有」，兩個「嬖大夫」的「嬖」分別用「辟」與「俾」二字來假借，本處【簡35】「嬖大夫」之「嬖」字作「俾」，而動詞之「嬖」則用「辟」。另外，【簡37】的「毋辟罪」的「辟」字則假借爲「逃避」之「避」。

此處動詞之「嬖」即寵幸、寵愛之意。《玉篇・女部》：「嬖，春秋傳曰：『賤而獲幸曰嬖。』」。

【2】俊

原考釋者李零以爲「同上第十八簡『便邊』，亦讀『便嬖』。」〔註1675〕。

李守奎隸定作「伎」〔註1676〕。

簡文字作🔲，又見【簡18】作🔲，應是「俊」字無誤，本簡「毋嬖於便嬖」，意即無寵幸便嬖，對於不要溺愛「便嬖」，在古籍中很多，如《楚辭・九嘆・愍心》：「放佞人與諂諛兮，斥讒夫與便嬖。」，「便嬖」另見簡18，參「𠙻（以）事亓（其）俊（便）邊（嬖）」條之考釋。

---

jianbo.org/Wssf/2003/liangliyong01.htm。

〔註1673〕馬承源主編：《上海博物館藏戰國楚竹書（四）》，（上海：上海古籍出版社，2004年12月），頁265。

〔註1674〕馬承源主編：《上海博物館藏戰國楚竹書（四）》，（上海：上海古籍出版社，2004年12月），頁265。

〔註1675〕馬承源主編：《上海博物館藏戰國楚竹書（四）》，（上海：上海古籍出版社，2004年12月），頁266。

〔註1676〕李守奎：《《曹沫之陣》之隸定與古文字隸定方法初探》，（北京：學苑出版社，2005年6月），頁497。

〔202〕、35・母（毋）倀（長）於父跫（兄）

原考釋者李零以爲「讀『長』，指凌駕。」〔註1677〕。

簡文云「毋長於父兄」，「父兄」的生理年歲自然不可能超過父兄，是以此處「長」應是心理層面的意義，李零解釋作「凌駕」，正確可從。「毋長於父兄」，亦即叮嚀君王不要凌駕、冒犯父兄的意志。

〔203〕、35・賞坰（均）【1】聖（聽）中【2】

【1】均

原考釋者李零隸定作「坰」讀作「均」〔註1678〕。

李銳以爲「『均』字，疑讀爲『恂』，《方言》一：『恂，信也。』」〔註1679〕。

朱賜麟以爲「上部似爲从虍，下部从日」〔註1680〕。

佑仁案：字形方面，△字从土、旬聲，爲楚系「坰」字已無可疑〔註1681〕，有問題的是△字應讀作「均」還是「恂」，「賞均」爲獎賞很平均，「賞恂」則是獎賞的約定具有信用，「賞均」與「賞恂」在本簡中都說的通，但「賞均」是談分配問題，而「賞恂」則是談信用問題。

但是「坰」字在楚簡中多半讀作「均」，如《郭店・尊德義・34》「▽不足以平政」，▽讀作「均」〔註1682〕，並且「賞均」一詞古籍中很多，而「賞恂」一詞古籍中筆者尚未見，因此筆者以爲讀作「均」較佳。

「賞均」一詞，在古籍中已出現，《禮記・祭法》云：「帝嚳能序星辰以著眾，堯能賞均刑法以義終。」，王充《論衡・祭意》亦曾引及此句。又《墨子・天志下》：「天子賞罰不當，聽獄不中。」，「賞罰不當」意即該賞的不賞或少的很少，這與「賞均」的概念比較契合，反不是在談有沒有信用的問題。另外，《新書・匈奴》：「賞均

〔註1677〕馬承源主編：《上海博物館藏戰國楚竹書（四）》，（上海：上海古籍出版社，2004年12月），頁266。

〔註1678〕馬承源主編：《上海博物館藏戰國楚竹書（四）》，（上海：上海古籍出版社，2004年12月），頁266。

〔註1679〕李銳：〈《曹劌之陣》重編釋文〉，簡帛研究網，（2005年5月27日），網址：http://www.jianbo.org/admin3/2005/lirui003.htm。

〔註1680〕朱賜麟：《曹劌之陣思想研究——及其在春秋兵學思想史上的意義》，臺灣師範大學碩士論文，2006年6月，頁40。

〔註1681〕參《楚文字編》、《郭店楚簡研究》之「坰」字。李守奎：《楚文字編》，（上海：華東師範大學出版社，2003年12月），頁766。見張光裕主編、袁國華師合著：《郭店楚簡研究》，（臺北市：藝文印書館，1999年，元月），頁131。

〔註1682〕見張光裕主編、袁國華師合著：《郭店楚簡研究》，（臺北市：藝文印書館，1999年，元月），頁131。

則國竂，而賞薄不足以動人。」，其「賞薄」一語正與簡 45「賞淺且不中」的「賞淺」相近，而《新書》將「賞薄」與「賞均」相對，可見簡文也應讀作「均」。

【2】聽中

原考釋者李零讀「聖」為「聽」〔註 1683〕。

李銳以為「《曹沫之陳》簡 35 有字從日從土從勻，李零先生釋為『均』，上下文為『賞均聽中』，未加解釋。『聽中』可能與前文的『匹夫寡婦之獄訟，君必身聽之，有知不足，亡所【34】不中，則民親之』相關。」〔註 1684〕。

佑仁案：「聽中」一詞，筆者尚未在先秦古籍中觀察到相似的文例，唯一可見者僅在曹沫對於「為親如何」的回應中，可見「君必身聽之，有智不足，亡所不中」，意即中正聽訟。然而聽獄之事亦有所謂「中聽」之法，《尚書・周書》：「民之亂，罔不中聽獄之兩辭；無或私家于獄之兩辭。」，孔安國《傳》云：「民之所治，由典獄之無不以中正聽訟之兩辭，兩辭棄虛從實刑獄清則民治。」〔註 1685〕，又《晏子春秋・景公問明王之教民何若晏子對以先行義》「稱事以任民，中聽以禁邪」，俞樾云：「案『聽』，謂聽訟也。古謂聽訟為『聽』，書大傳『諸侯不同聽』，注曰：『聽，議獄也。』『中聽以禁邪』，言聽訟得中則足以禁邪也。尚書呂刑篇曰：『罔不中聽獄之兩辭。』然則『中聽』二字蓋本于尚書矣。問下篇曰：『中聽則民安。』夫刑罰不中，民無所措手足，故中聽則民安也。又曰：『慢聽厚斂則民散。』『聽』『斂』並言，亦孟子『省刑罰，薄稅斂』之意。」，俞樾將「中聽」解釋成「言聽訟得中」，以為刑罰中則民安。其次，《晏子春秋・莊公問威當世服天下時耶晏子對以行也》「聽賃賢者」一語，王念孫以為：「案『聽賃賢者』本作『中聽任賢者』，……案『中聽』者，聽中正之言也，言聽中正之言，而任賢者，則能威諸侯也。後第十八曰『中聽以禁邪』，問下篇曰『中聽則民安』，此『中聽』二字之明證。」，王念孫將「中聽」釋作「聽中正之言」，黃以周則云：「按諸云『中聽』，皆謂平聽，……書曰：『罔不中聽獄之兩辭。』」〔註 1686〕，黃以周的解釋較佳，原文「中聽賃賢者，能威諸侯。」意即能夠確切掌握兩訟之得失曲直而斷獄者，能威震諸侯，這樣的解釋合理，黃以周說可從。綜上所述，由此可見

〔註 1683〕馬承源主編：《上海博物館藏戰國楚竹書（四）》，（上海：上海古籍出版社，2004年 12 月），頁 266。

〔註 1684〕李銳：〈《曹劌之陣》重編釋文〉，簡帛研究網，（2005 年 5 月 27 日），網址：http://www.jianbo.org/admin3/2005/lirui003.htm。

〔註 1685〕〔清〕阮元《校勘十三經註疏・尚書》，嘉慶廿年江西南昌府學開雕影印本，（臺北：藝文印書館，1993 年），頁 303。

〔註 1686〕上述諸家學者意見引自《晏子春秋集釋》。吳則虞編著：《晏子春秋集釋》，（北京市：中華書局，1961 年），頁 174。

無論「聽中」或是「中聽」，其實都與「斷獄」有很密切的關係。

筆者以爲莊公問「爲和如何」，曹沫答之以「毋嬖於便嬖，毋長於父兄，賞均聽中」，其實應答裡的三項內容是可以分開獨立看待的，而「聽中」雖與「爲親如何」的回應近似，但卻有稍有不同。「爲親如何」所指的是國軍若能親自斷訟，則人民將感謝國君的慎思明辨，並感到生活具有保障，因此親愛國君。而「爲和如何」是指訴訟兩方而言，國君曲直既判，曲者得到適當的處罰，而直者得到應有的補償，則得失各得其當，兩方自然不在怨懟而「和」，因此筆者以爲雖然「爲親」、「爲和」都說到聽聞訴訟一事，但脈絡上稍有差異。

〔204〕、36・義

原考釋者李零僅摹出原形，以爲「待考」〔註1687〕。

陳劍以爲「『義』字下所从『我』形略有變化，原未釋出。此『爲義』之『義』即上文簡33『不愁（義）則不服』和下文簡28『則民宜（義）之』之『義』。三處簡文用以表『義』之字不同，類似情況楚簡文字中已多次見到。」〔註1688〕。

佑仁案：「𢧵」字與戰國楚系一般「義」寫法稍有差距，李零先生僅摹原形而未釋有其道理，陳劍先生將字視作「我」旁訛變，筆者以爲相當正確，但是其減省、演變的過卻非常複雜，因此本文即欲進一步整理出△字的演變脈絡。

首先，「義」字從「我」得聲，楚系「我」字最常見的寫法是𢦏（郭・老子丙・2）、𢦏（郭・老甲・31）、𢦏（郭・語一・22），但有一種特殊的寫法作𢦏（楚・郭・語4・6）〔註1689〕，更特別的是「𢦏」字「少」形可進一步省變，而寫作𢧵（上博三・魯邦大旱・1）、𢧵（上博四・柬大王泊旱・13），字形演變至此，已與一般作𢦏（郭・老子丙・2）的「我」字有相當程度的距離，因此《柬大王泊旱》「𢧵」字原整理者濮茅左先生隸定作「弗」〔註1690〕，經陳劍先生的考釋才知實爲「我」字〔註1691〕，筆者以爲△字即從「𢧵」、「𢧵」這類「我」字寫法演變而來。

〔註1687〕馬承源主編：《上海博物館藏戰國楚竹書（四）》，（上海：上海古籍出版社，2004年12月），頁266。

〔註1688〕陳劍：〈上博竹書《曹沫之陳》新編釋文（稿）〉，簡帛研究網，（2005年2月12日），網址：http://www.jianbo.org/admin3/2005/chenjian001.htm。

〔註1689〕該字於《郭店楚簡研究・第一卷文字編》中單獨成爲一類，可見其特殊性。參張光裕先生主編、袁國華師合編：《郭店楚簡研究・第一卷文字編》，藝文印書館1999年，第199頁。

〔註1690〕馬承源主編：《上海博物館藏戰國楚竹書（四）》，上海古籍出版社2004年12月，第195頁。

〔註1691〕參陳劍先生：〈上博竹書《昭王與龔之脽》和《柬大王泊旱》讀後記〉，簡帛研究網，2005年2月15日。

「」字下半作「」，它演變的方式是將「」的「」形寫作△字所從「」，這就是「」字演變成「」的脈絡。楚文字中我們還可以找到同樣的字例，例如「虍」字作「」（包·149/虎）、（天策/虎），但「虍」字寫法也可以將「」寫作「」，如（上博一·孔子詩論·9/虐）、（上博一·孔子詩論·1/虐）、（上博一·孔子詩論·12/虜）、（上博一·孔子詩論·9/虐）都是這種寫法。而「虍」、「我」二字有個共通的特色，就是它們都是在「」形中加兩斜筆，而兩斜筆「」或可寫作「」。

「虍」字寫作「」很普遍，因此進一步演變作「」我們還能接受，但「我」字寫作「」已是非常特殊的寫法，若再進一步演變成「」，則已複雜到無法辨識的程度。筆者整理上述演變脈絡，如下：

			演變前		演變後
演變法則				→	
例證一「我」字		→		→	
	楚.郭.語 4.6		上博四.束.13		上博四.曹.36
例証二「虍」字				→	
			天策/虎		上博一.孔.1/虐

〔205〕、36·紳（陳）【1】攻（功）走（尚）臤（賢）【2】

【1】紳

原考釋者李零讀作「申」〔註1692〕。

陳劍隸定作「紳」讀作「陳」，以為「《吳子·料敵》：『凡料敵，……有不占而避之者六：……四曰陳功居列，任賢使能。』可與簡文參讀。」〔註1693〕，陳斯鵬從之〔註1694〕，白于藍從之〔註1695〕。

〔註1692〕馬承源主編：《上海博物館藏戰國楚竹書（四）》，（上海：上海古籍出版社，2004年12月），頁266。
〔註1693〕陳劍：〈上博竹書《曹沫之陣》新編釋文（稿）〉，簡帛研究網，（2005年2月12日），網址：http://www.jianbo.org/admin3/2005/chenjian001.htm。
〔註1694〕陳斯鵬：〈上海博物館藏楚簡《曹沫之陣》釋文校理稿〉：簡帛研究網，（2005年2月20日），網址：http://www.jianbo.org/admin3/list.asp?id=1328。
〔註1695〕白于藍：〈上博簡《曹沫之陣》釋文新編〉，簡帛研究網，（2005年4月10日），網

郊尚白以爲：「陳說可從。《管子‧君臣下》『陳功而加之以德』及《吳子‧料敵》『四曰陳功居列』的『陳功』，與簡文一樣，都是陳述功績的意思。《吳子‧勵士》：『君舉有功而進饗之。』與簡文『陳功而食』同義。」〔註1696〕。

李強認爲「陳劍先生釋『紳』爲『陳』，似乎可通。但是細觀上下文【簡20】、【簡21】『毋獲民時，毋奪民利。紳功而食，刑法有罪而賞爵有德』和簡【36】『紳（陳）功尚賢。能治百人，使長百人；能治三軍，思（使）帥。這幾句話的主語顯然國君。然而如果『紳』通『陳』，則這句話的意思就是：『（戰士）憑藉功勞而得到食邑』，其主語就變成了『戰士』，和上下文不合。所以『紳』字之義有進一步探討的必要。『紳』字本義是官員腰上所系的帶子，如果作動詞用的可以釋作『授官』，如此則此句之義爲：『（國君）賜予有功之人官爵、食邑。』這樣文從字順，和上下文也不衝突，就不必通假爲『陳』字。」〔註1697〕。

《太平御覽》卷373、649收有《新語》佚文記載云「上（案：指劉邦）即位，欲陳功，上曰：『使項氏失天下者是子也。爲人臣用兩心，非忠也。』使下吏笞殺之。」，《漢書‧五行志》：「下陳功，求於上，茲謂不知」，《後漢書‧張法滕馮度楊列傳》：「故樂羊陳功，文侯示以謗書。」，可知釋作「陳功」確實較佳。

【2】走（尚）臤（賢）

「臤」原考釋者李零隸定作「毄」，以爲「讀『上賢』，古書亦作『尚賢』。」〔註1698〕。

「臤」字李零嚴氏隸定作「毄」，甚確。

〔206〕、36‧能絢（治）百人【1】，事（使）倀（長）百人【2】

【1】百人

這裡的百人即「卒」，《周禮‧夏官司馬》「百人爲卒，卒長皆上士」，也就是百位士兵，領導「卒」者即「卒長」，言下之意即，公佈戰績作爲升遷的標準，拔擢有賢者，這樣可以順利領導統御「卒」。

【2】倀百人

址：http://www.jianbo.org/admin3/2005/baiyulan001.htm。

〔註1696〕郊尚白：〈上博楚竹書《曹沫之陣》注釋〉，收入臺灣大學《中國文學研究》第二十一期，2006年，頁17。

〔註1697〕李強：《曹沫之陳》箚記，（2007年3月14日），武漢大學簡帛網，網址：http://www.bsm.org.cn/show_article.php?id=534。

〔註1698〕馬承源主編：《上海博物館藏戰國楚竹書（四）》，（上海：上海古籍出版社，2004年12月），頁266。

原考釋者李零以爲「讀『長百人』。『長百人』者爲卒長。」〔註1699〕

簡文此處之文例爲「能治百人，使長百人」，而此處之「長」顯然是【簡28】「卒有長」之「長」，古籍明文記載「卒」即「百人」之數，《周禮·地官·大司徒》：「及三年則大比……乃會萬民之卒伍而用之。五人爲伍，五伍爲兩，四兩爲卒，五卒爲旅，五旅爲師，五師爲軍。以起軍旅，以用田役，以比追胥，以令貢賦」鄭玄注：「伍、兩、卒、旅、師、軍，皆眾之名。兩，二十五人；卒，百人……此皆先王所因農事而定軍令也。」，可知此處「百人」實指「卒」，而「長百人」者爲「卒長」。本段「能治百人，使長百人」意即有管理百人之能力者，給他擔任「卒長」的職稱。

〔207〕、36·思（使）衒（帥）

原考釋者李零以爲「使帥受」下「疑接『之』字。」〔註1700〕。

「思衒」字此處應讀「使帥」，即指派將帥。

「受」字爲本簡的最末一字，自不可能再接一字，《曹沫之陣》65簡中以「之」字當首字者，僅見【簡43】〔註1701〕，該簡起頭爲「之，三軍未成，陣未豫。」，但若與本簡連讀，似無法順利通讀。而本簡若與【簡28】連讀，通讀成「使帥授又智，舍有能」則較爲適順，可知「受」字下實不接「之」字。

〔208〕、28·受（授）又（有）智，舍（舍）又（有）能

原考釋者李零以爲「即『舍』，有安置之義。」〔註1702〕。

陳劍釋作「舍」〔註1703〕。

沈培讀作：「授有智，予有能，則民宜之。」〔註1704〕。

楚系〈鄂君啓節〉「毋舍𤏻飤」，于省吾〈鄂君啓節考釋〉：「『舍』即『余』字。

〔註1699〕馬承源主編：《上海博物館藏戰國楚竹書（四）》，（上海：上海古籍出版社，2004年12月），頁266。

〔註1700〕馬承源主編：《上海博物館藏戰國楚竹書（四）》，（上海：上海古籍出版社，2004年12月），頁266。

〔註1701〕文例爲「之：三軍未成，陣未豫，行阪濟障，此散果之忌。莊公又問曰：戰（戰）有忌乎？答曰：有。其去之」。

〔註1702〕馬承源主編：《上海博物館藏戰國楚竹書（四）》，（上海：上海古籍出版社，2004年12月），頁261。

〔註1703〕陳劍：〈上博竹書《曹沫之陳》新編釋文（稿）〉，簡帛研究網，（2005年2月12日），網址：http://www.jianbo.org/admin3/2005/chenjian001.htm。

〔註1704〕陳劍：〈上博竹書《曹沫之陳》新編釋文（稿）〉，簡帛研究網，（2005年2月12日），網址：http://www.jianbo.org/admin3/2005/chenjian001.htm。參注第53條下。

《居篋》和《魏三體石經》古文余均如此作，余應讀作給予之予。凡周代典籍中的
『予』本應作余，『予』爲後起字。」〔註1705〕，季旭昇師以爲「于說甚好，但『凡
周代典籍中的『予』本應作『余』』似稍有語病，應作『凡周代典籍中的『予』本應
作『舍』』」〔註1706〕，何琳儀則直接讀「舍」爲「予」〔註1707〕。

簡文字作「舍」，結合上下文例「授有智，△有能。」，「舍」本身即有安置之
意。《左傳・桓公二年》：「凡公行，告於宗廟；反行，飲至、舍爵、策勳焉，禮也。」，
杜預注：「既飲置爵，則書勳勞於策。」，陸德明釋文：「舍，置也。」，《戰國策・
魏策二》：「王不如舍需於側，以稽二人者之所爲…王厝需於側以稽之，臣以爲身
利而國便於事。」，《玉篇・网部》：「置，安置。」，《書・說命》：「爰立作相，王
置諸其左右。」，孔傳：「於是禮命立以爲相，使在左右。」，《文心雕龍・章句》：
「夫設情有宅，置言有位。」，可參。

然而沈培讀「舍」作「予」，其實也可以通，「舍」、「予」音韻接近，「舍」透紐、
魚部，「予」定紐、魚部，聲母都是唇音，韻部則相同。《上博二・從政》【簡1】「莫
之舍也」即有不少學者讀「舍」作「予」，如孟蓬生讀「舍」爲「予」或「與」，以
爲「古音餘聲和予聲、與聲並相通。人稱代詞之餘也寫作予。《說文・女部》：『嬼，
女字也。從女，與聲。讀若餘。』《周書・諡法》：『愛民好與曰惠。』《荀子・富國》：
『凡主相臣下百吏之屬，其於貨財取與計數也，順孰盡察；其禮義節奏也，芒軔僈
楛，是辱國已。』注：『與謂賜與。』用『舍』爲『與』也是西周金文以來的傳統。
《令鼎》：『余其舍汝臣十家。』」〔註1708〕，楊澤生以爲「『舍』字可以解作舍予，
也可以直接讀作『予』」〔註1709〕，陳美蘭也讀作「予」〔註1710〕，此字周鳳五讀「舍」
以爲「『莫之餘也』的『餘』，簡文作余下口形，是『舍』字。舍，給予，見《鄂君
啓車節》：『見其金節則毋征，毋舍李食。』意思是說，憑此金節可以不徵稅，但也
不提供糧食給持有金節的人。」〔註1711〕。

〔註1705〕于省吾：〈「鄂君啓節」考釋〉，收入《考古》1963年第8期，頁444。

〔註1706〕見季旭昇師：《說文新證（上冊）》，（臺北市：藝文印書館，2002年10月），頁439。

〔註1707〕見何琳儀：《戰國古文字典》，（北京：中華書局，1998年），頁534。

〔註1708〕參孟蓬生：〈上博竹書（二）字詞箚記〉，簡帛研究網，（2003年2月14日），網址：
http://www.jianbo.org/Wssf/2003/mengpengsheng01.htm。

〔註1709〕楊澤生：〈上海博物館所藏竹書箚記〉，簡帛研究網，（2003年4月16日），網址：
http://www.jianbo.org/Wssf/2003/yangzesheng03.htm。

〔註1710〕參季旭昇師主編：《上海博物館藏戰國楚竹書（二）讀本》，（臺北：萬卷樓，2003
年7月），頁54。

〔註1711〕周鳳五：〈讀上博楚竹書《從政（甲篇）》札記〉，簡帛研究網，（2003年1月10日），
網址：http://www.jianbo.org/Wssf/2003/zhoufengwu01.htm#_ftnref2。

　　「予」字有賜與、授與之義，《爾雅・釋詁上》：「予，賜也。」，郭璞《注》：「賜與也。」，邢昺《疏》：「予者，授與也」。《詩・小雅・采菽》：「彼交匪紓，天子所予。」，《史記・五帝本紀》：「堯乃賜舜絺衣，與琴，爲築倉廩，予牛羊。」，可見「舍」讀「予」亦可通，只不過在古文字的訓讀時，我們考慮的是「舍」既然有安置之義，則據本字讀即可，不用再假爲他字。

〔209〕、28・夅（卒）又（有）倀（長）

　　原考釋者李零以爲「同『卒』，是古代軍隊編制的基礎單位。『卒』以下有『什』、『伍』（五人爲『伍』，十人爲『什』）。『伍』之長叫『伍長』，『什』之長叫『什長』，『卒』之長叫『卒長』（此外還有二十五人的『兩』和五十人的『隊』或『小戎』，參看《周禮・夏官・序官》。《司馬法》佚文和《管子・小匡》等書。」〔註1712〕。

　　「卒」字作夅，上添「爪」旁，是楚文字中「卒」字的典型寫法。

〔210〕、28・衛（帥）

　　原考釋者李零以爲「讀『帥』，指三軍之將。《論語・子罕》『三軍可奪帥也』的『帥』就是這個意思。」〔註1713〕。

　　《曹沫之陣》「衛」字可當「將帥」之「帥」，亦可做「率領」之「率」，此處即假借爲「帥」字使用。

〔211〕、28・此三者所㠯（以）戰（戰）

　　原考釋者李零以爲「上文殘缺，不得其詳。」〔註1714〕。

　　考察上下文例「此三者」即「卒有長、三軍有帥、邦有君」。

〔212〕、28、37上・是【1】古（故）倀（長）民者【2】

【1】是

　　「是」字《曹沫之陣》簡六見，分別見簡 7、19、26、28、41、44，除本簡外其餘字形上半都从「日」，本簡圖版作是，字形上半「日」旁中間似有一豎筆，簡文年湮代遠墨跡擠壓所致，△字與一般楚文字「是」字作是（包・4）、是（天卜）相同，楚系「是」字或將「丁」形省作一橫筆，而作是（郭・六・39）、是（郭・

〔註1712〕馬承源主編：《上海博物館藏戰國楚竹書（四）》，（上海：上海古籍出版社，2004年12月），頁261。
〔註1713〕馬承源主編：《上海博物館藏戰國楚竹書（四）》，（上海：上海古籍出版社，2004年12月），頁261。
〔註1714〕馬承源主編：《上海博物館藏戰國楚竹書（四）》，（上海：上海古籍出版社，2004年12月），頁279。

成‧11）、**昰**（郭‧老乙‧1）。簡文「是」字見簡 7、19、26、28、41、44 等六例，都是作从「**丆**」形之型態。

【2】長民者

原考釋者李零釋文作「民者（？）」以爲「上文不詳」〔註 1715〕。

李銳以爲應與【簡 28】連讀，其文例爲「是故長民者」，以爲「長民者」一語「習見於古籍」〔註 1716〕，正確可從，。

「長民者」一詞確實常出現於古籍中，如《禮記‧緇衣》：「子曰：『長民者，衣服不貳，從容有常。』」，又《禮記‧坊記》：「子云：『長民者，朝廷敬老，則民作孝。』」，《荀子‧富國》：「故國君長民者，欲趨時遂功，則和調累解，速乎急疾。」，這裡的「長民者」其實就指執政者。

〔213〕、37 上‧**毋囡**（攝）**筲**（爵）

原考釋者李零以爲「疑讀『攝爵』。《說文，口部》：『囡，下取物縮藏之，從口、從又，讀若聶。』『毋囡爵』可能是說爲君者不可惜爵而不授。」〔註 1717〕。

佑仁案：望山簡有△字作**囡**（簡 2.50），原整理者隸定作「囡」〔註 1718〕，張光裕也隸定作「囡」〔註 1719〕。《上博（一）‧緇衣》【簡 23】亦△字作**囡**，下加重文符號，文例爲「朋友攸△，△以威義。」，語出《毛詩‧大雅‧既醉》：「朋友攸攝，攝以威儀」，原考釋者陳佩芬隸定作「囡」，並引《說文》、《玉篇》、《廣韻》「囡」字以證〔註 1720〕。《說文》：「囡，下取物縮藏之，从又、从口。讀若聶。」〔註 1721〕，郭店本作「**奐**」，裘錫圭隸定作「奐」讀作「攝」，以爲「聑」、「攝」字「古音相近」

〔註 1715〕馬承源主編：《上海博物館藏戰國楚竹書（四）》，（上海：上海古籍出版社，2004 年 12 月），頁 267。

〔註 1716〕李銳：〈《曹劌之陣》釋文新編〉，簡帛研究網，（2005 年 2 月 25 日），網址：http://www.jianbo.org/admin3/2005/lirui002.htm。李銳：〈《曹劌之陣》重編釋文〉，簡帛研究網，（2005 年 5 月 27 日），網址：http://www.jianbo.org/admin3/2005/lirui003.htm。

〔註 1717〕馬承源主編：《上海博物館藏戰國楚竹書（四）》，（上海：上海古籍出版社，2004 年 12 月），頁 267。

〔註 1718〕湖北省文物考古研究所、北京大學中文系編：《望山楚簡》，（北京市：中華書局，1995 年），頁 112。

〔註 1719〕參張光裕編著、袁國華師合著：《望山楚簡校錄》，（臺北市：藝文印書館，2004 年 12 月），頁 29，字頭第 91 下。

〔註 1720〕馬承源主編：《上海博物館藏戰國楚竹書（一）》，（上海：上海古籍出版社，2001 年 11 月），頁 198～199。

〔註 1721〕許慎撰、段玉裁注：《說文解字注》，經韵樓藏版，（臺北市：洪葉出版社，1999 年 11 月），頁 280。

〔註 1722〕，乃是從「聑」、「攝」通假的關係來看此字。

　　鄒濬智以爲「図」、「奧」、「攝」三字「聲韻俱可通」〔註 1723〕，就通假關係而言，三字確實音近，不過目前面臨一個問題是，「😀」何以可釋作「図」，《說文》解「図」作「从又、从囗」，但△字明顯不从「囗」。季旭昇師對《說文》「从囗」的看法有意見，他認爲「《上博・緇衣》『😀』字與今本〈緇衣〉比對，釋爲《說文》『図』字，應無可疑。但《說文》釋此字爲『從又從囗』，恐有可商。戰國楚文字『囗』旁與此不同形，如《包》2『圍』字作『🔲』，外所從『囗』與楚系『図』字所從明顯不同。疑此字應釋爲從『𠧢』（圅之初文）從『又』會意。『𠧢（圅，匣紐侵部）』可能也兼聲，『𠧢』、『図』韻屬陰陽對轉。《望山楚簡》也有這個字，《望》2.50『一□□□、一😀、一岺罿』，舊隸『図』，《楚系簡帛文字編》已經改隸爲『図』，其義待考。」〔註 1724〕，△確實與「囗」旁有差異，從字形上看，確實有从𠧢的可能，「圅」字金文作🜚（圅交仲匜）、🜚（不嬰簋）、🜚（圅皇父匜），而西周早期〈弗生甗〉有🜚字，馬敘倫摹作🜚，以爲「🜚所從之🜚與金甲文圅字所從之🜚同，🜚乃🜚之初文。」〔註 1725〕筆者以爲馬敘倫的看法頗有見地，🜚字與△字所從🜚旁幾乎同形，可證△應從「𠧢」。又春秋晚期〈王孫遺者鐘〉有🜚字，「𠧢」旁與〈弗生甗〉相似，楚系文字「圅」也作🜚（璽彙・5269）。縱上所述，楚文字中「𠧢」已演變作🜚形，再進一步則演變則作《上博（一）・緇衣》「図」字所从之🜚，字形與「因」字外框相混。

〔214〕、37 上・（母）毋㛐（御）軍

　　原考釋者李零以爲「疑讀『御軍』。《六韜・龍韜・立將》：『臣聞國不可以從外治，軍不可以從中御。』自古兵家最忌中御之患，疑簡文所述即此意。」〔註 1726〕。

　　陳斯鵬釋作「從」〔註 1727〕。

　　何有祖讀作「耀兵」以爲「『耀』有炫耀展示之意。《國語・楚語下》『子西使人

〔註1722〕荊門市博物館編：《郭店楚墓竹簡》，（北京市：文物出版社，1998 年），頁 137。

〔註1723〕季旭昇師主編：《上海博物館藏戰國楚竹書（一）讀本》，（臺北：萬卷樓，2004 年 6 月第二次印刷），頁 148。

〔註1724〕季旭昇師主編：《上海博物館藏戰國楚竹書（一）讀本》，（臺北：萬卷樓，2004 年 6 月第二次印刷），頁 148。

〔註1725〕馬敘倫：《讀金器刻詞》，（北京市：中華書局，1962 年），頁 97。

〔註1726〕馬承源主編：《上海博物館藏戰國楚竹書（四）》，（上海：上海古籍出版社，2004 年 12 月），頁 267。

〔註1727〕陳斯鵬：〈上海博物館藏楚簡《曹沫之陣》釋文校理稿〉：簡帛研究網，（2005 年 2 月 20 日），網址：http://www.jianbo.org/admin3/list.asp?id=1328。

召王孫勝』章：『耀之以大利』，韋昭註：『耀，示也。』37 號簡『耀軍』，與『耀武』、『耀兵』同意」〔註 1728〕。

　　邴尚白讀作「耀軍」〔註 1729〕。

　　「灬」字在《曹沫之陣》簡中讀作「御」較佳。

　　若是三軍出君自率，當然沒有「毋御軍」的顧慮，這裡「毋御軍」所指是國君人在國都，卻指揮著遠方戰役的調度，時間、空間上隔閡，讓國君無法立即的掌握戰事的脈動，曹沫即突顯出此事之嚴重性，《孫子・謀攻》云：「將能而君不御者勝」，也是這個道理。另外，《孫子・謀攻》云：「故君之所以患於軍者三：不知軍之不可以進而謂之進，不知軍之不可以退而謂之退，是爲縻軍；不知三軍之事，而同三軍之政者，則軍士惑矣！不知三軍之權而同三軍之任，則軍士疑矣！三軍既惑且疑，則諸侯之難至矣，是謂亂軍引勝。」，可以參看。

　　「御軍」即統馭軍隊，見《後漢孝獻皇帝紀卷第三十》：「曹公世子聰明尊雋，宜選天下賢哲以師保之，輔成至德。及征行軍，宜以爲副貳，使漸明御軍用兵之道。操從之。」，又顏氏家訓：「魏武、袁遺，老而彌篤」，《集解》趙曦明引《魏志武帝紀》注云：『太祖御軍三十餘年，手不捨書』」，可參。

〔215〕、37 上・母（毋）【2】辟（避）辠（罪）【2】

【1】母

　　「母」字寫於「軍」、「辟」之間，是此二字抄寫後發現漏抄而補，是以其間距與其他字不同。

【2】辟辠

　　原考釋者李零讀「辟」爲「避」〔註 1730〕。

　　「毋攝爵」、「毋御軍」、「用都教於邦於民」都是指國君（長民者）的施政措施，則「毋避罪」自然也是指「國君」而言。「避罪」即逃避責任，《韓非子・八經》：「眾諫以效智故，使君自取一以避罪。」，《國語・晉語一》：「若其不克，其因以罪之，雖克與否，無以避罪。」，《商君書・禁使》「故治國之制，民不得避罪，如目不能以所見遁心。」，可參。另外，《孫子・地形》云：「故進不求名，退不避罪。」，意即

〔註 1728〕何有祖：〈上博楚竹書（四）箚記〉，簡帛研究網，（2005 年 4 月 15 日），網址：http://www.jianbo.org/admin3/2005/heyouzu001.htm。

〔註 1729〕邴尚白：〈上博楚竹書《曹沫之陣》注釋〉，收入臺灣大學《中國文學研究》第二十一期，2006 年，頁 32「注 84」。

〔註 1730〕馬承源主編：《上海博物館藏戰國楚竹書（四）》，（上海：上海古籍出版社，2004 年 12 月），頁 267。

不爲了求名而進攻，戰敗而退也不逃避責任、責失。

簡 37「辟」、「皐」二字之間，有個較字跡顏色淺淡的「𥎦」形圖畫，形體方正，在楚簡中有可能是句讀符號，但它與《曹沫之陣》的句讀型態不合，簡文該處又不似應斷句，因此筆者不視爲句讀。

〔216〕、37 上‧用都斈（教）【1】於邦【2】、於民。

【1】都教

原考釋者李零以爲「是國都以外有先君宗廟之主的大邑，有別於國都（即『國』）和一般的縣。」〔註 1731〕。

何有祖以爲「『都』可指美德。《詩‧小雅‧都人士》：『彼都人士』，馬瑞辰傳箋通釋：『美色謂之都，美德亦謂之都』。『都教』當指推崇美德教化。」〔註 1732〕。

李銳讀作「（諸？）」〔註 1733〕。

淺野裕一以爲「將在國都定的教令施行於全國等主張」〔註 1734〕。

季旭昇師以爲「『都』有『揔』意，見《鶡冠子‧泰錄》『故孰不詔請都理焉』陸佃注。『都教』謂揔理教化。」〔註 1735〕。

佑仁案：「都教於邦」一句，很明顯「都教」是結合在一起的名詞，李零解釋出「都」的概念，卻無法說明「都教」是何義涵，李銳作「諸（？）」，但「諸教」的內涵過於模糊，無法於簡文中得到印證。筆者以爲何有祖的說法最好，「都」即美教、美德之意，《小爾雅‧廣言》：「都，盛也。」，《詩經‧鄭風‧有女同車》：「洵美且都。」，《楚辭‧九章‧悲回風》：「『惟佳人之永都兮，更統世以自貺。』」，《荀子‧王制》：「廣教化，美風俗」，可參。

【2】邦

〔註 1731〕馬承源主編：《上海博物館藏戰國楚竹書（四）》，（上海：上海古籍出版社，2004年 12 月），頁 267。

〔註 1732〕何有祖：〈上博楚竹書（四）箚記〉，簡帛研究網，（2005 年 4 月 15 日），網址：http://www.jianbo.org/admin3/2005/heyouzu001.htm。

〔註 1733〕李銳：〈《曹劌之陣》釋文新編〉，簡帛研究網，（2005 年 2 月 25 日），網址：http://www.jianbo.org/admin3/2005/lirui002.htm。李銳：〈《曹劌之陣》重編釋文〉，簡帛研究網，（2005 年 5 月 27 日），網址：http://www.jianbo.org/admin3/2005/lirui003.htm。

〔註 1734〕淺野裕一：〈上博楚簡〈曹沫之陳〉的兵學思想〉，簡帛研究網，（2005 年 9 月 25日），網址：http://www.jianbo.org/admin3/2005/qianyeyuyi001.htm。

〔註 1735〕參季旭昇師主編、高佑仁執筆、朱賜麟協撰：《上海博物館藏戰國楚竹書（四）讀本‧曹沫之陳釋譯》，（臺北：萬卷樓圖書公司，2007 年 3 月），頁 228。

原考釋者李零以爲「指國土範圍之內。」〔註 1736〕。

何有祖以爲「『毋耀軍，毋辟罪，用都教於邦』指不要炫耀軍實，不要避罪，應該用美德教化來治理國家。《國語·周語》『穆王將征犬戎』章：『先王耀德不觀兵。』」〔註 1737〕。

另外，關於排序方便，陳劍以爲「此簡找不到可與之拼合及前後可與之連讀者，據文意姑置於此。」〔註 1738〕。白于藍將此簡下接簡 49，通讀成「用都教於邦於民」，筆者以爲此說法意義順暢，故從之。

〔217〕、49·虖（乎）

淺野裕一以爲「莊公問『此三者足以戰乎』，此『三者』指的應該是第四十八簡中出現的依、和、兼畏。」〔註 1739〕。

《曹沫之陣》簡「乎」字全作从「介」、「虍」聲〔註 1740〕，但本簡字所从之「介」旁，原簡字作🔲，左邊一撇很有較一般寫稍左。金文「虖」字作🔲（西周中·寡子卣）、🔲（西周中·班簋），字从「乎」聲，而寡子卣則再疊加「虍」聲，目前我們看到戰國文字中用作疑問詞「乎」的寫法，大略可分爲以下幾種寫法：

一、作「虍」：🔲（民之父母·2）、《民之父母》【簡 3】、《民之父母》【簡 5】、

二、从「口」作「唬」：如🔲（孔子詩論·1）、🔲（孔子詩論·13）、🔲（容成氏·4）、🔲（成之聞之·5），又出現於《郭店·民之父母》【簡 1、2】、《仲弓》【簡 25】、《仲弓》【簡 14】、《相邦之道》【簡 4】等簡中。

三、从「介」作「虖」：如🔲（容成氏·14）、🔲（容成氏·25）

四、从「乎」作「虖」：如侯馬 77.2，此種型態於侯馬盟書夥見。

五、从「示」作「虖」：如🔲（孔子詩論·12）。

六、从「⺫」：如🔲（語叢一·60）、🔲（語叢三·68）。

七、从「壬」作「𧆨」：如🔲（魯邦大旱·3）、🔲（魯邦大旱·4）、🔲（魯邦

〔註 1736〕馬承源主編：《上海博物館藏戰國楚竹書（四）》，（上海：上海古籍出版社，2004年 12 月），頁 267。

〔註 1737〕何有祖：〈上博楚竹書（四）箚記〉，簡帛研究網，（2005 年 4 月 15 日），網址：http://www.jianbo.org/admin3/2005/heyouzu001.htm。

〔註 1738〕陳劍：〈上博竹書《曹沫之陳》新編釋文（稿）〉，簡帛研究網，（2005 年 2 月 12 日），網址：http://www.jianbo.org/admin3/2005/chenjian001.htm。

〔註 1739〕淺野裕一：〈上博楚簡〈曹沫之陳〉的兵學思想〉，簡帛研究網，（2005 年 9 月 25 日），網址：http://www.jianbo.org/admin3/2005/qianyeyuyi001.htm。

〔註 1740〕分別爲【簡 20】、【簡 40】、【簡 42】、【簡 43】、【簡 44】、【簡 46】、【簡 49】、【簡 50】、【簡 53】、【簡 54】、【簡 60】等共 11 例。

大旱・5）。

八、其他：如 ![字] （唐虞之道・17）及 ![字] （忠信知道・9），簡文中都讀作「乎」，而字從「虍」沒有問題，但下半所從則尚不知如何隸定。

綜合上述的整理，我們可以發現這八類的字形上都從「虍」聲，而第一類的「![字]」可能爲較初始的形體，第二類添「口」形飾符，或者逕視作「唬」字。「人」形兩側加飾筆則爲「介」，成爲第三類字。第四類則直接從「乎」，而第五類從「示」者與從「人」或從「介」字形近似，第五、第六類「虍」旁下半又進行了若干程度的訛變。而「人」形下添「土」旁遂成「壬」，成爲第七類。第八類的訛變幅度最大。

蘇建洲以爲「重點在『虍』聲（虍、乎同爲曉紐魚部），其下或聲化或訛變」，以爲下從「介」者應爲「乎」之訛變〔註1741〕，可參。

〔218〕、49・戒

「戒」即謹愼之意，因此下文談「勝不可不愼」，二者很有關係。古兵書常談「戒」之重要性，《吳子・治兵》：「故用兵之法教戒爲先。」，又〈論將〉篇更明白指出「故將之所愼者五：一曰理，二曰備，三曰果，四曰戒，五曰約。……戒者，雖克如始戰。」，又《六韜・龍韜・奇兵》亦云「將不常戒，則三軍失其備」，都是說明以愼用兵之重要性。

〔219〕、48・不卒（卒）則不亙（恒）

原考釋者李零以爲「或可讀爲『依』」〔註1742〕。

李銳以爲「卒」字應讀爲「愛」，以爲「衣」與「愛」古通，主張「『不愛則不恒，不和則不祝』，對應前文簡33之『不親則不庸，不和則不祝』。簡59『志』字義爲『意』，『寡』字義爲『獨』，當是指要注意『愛』、『和』，否則將成爲孤家寡人。簡32下之『白徒』，疑意指告訴衆人。」〔註1743〕。

李銳讀作「不愛則不恆」，將△字「衣」讀作「愛」，以爲「不愛則不恆」與「不親則不庸」對應，亦即「愛」與「親」相對應。「衣」通假成「愛」，古籍有其證，《老子・三十四章》「衣養萬物而不爲主」，《釋文》「衣，河上本作愛」。只是，△字讀作「衣」似忽較少，而「卒」字楚簡中大部分還是讀作「卒」，《曹沫之陣》「卒」共四

〔註1741〕蘇建洲：《上海博物館藏戰國楚竹書（二）校釋》，臺灣師範大學博士論文，2003年，頁47。

〔註1742〕馬承源主編：《上海博物館藏戰國楚竹書（四）》，（上海：上海古籍出版社，2004年12月），頁275。

〔註1743〕李銳：〈讀上博四札記（三）〉，孔子2000，（2005年2月21日），網址：http://www.confucius2000.com/admin/list.asp?id=1621。

見，除本字外，簡 28、29、46 都做「卒」字使用。

周鳳五釋作「不衣則不亟」〔註 1744〕。

筆者以為「𡨚」據本字讀即可，不煩假借，「卒」即訓作古籍常見之「終」、「盡」之意，《毛詩·小雅·蓼莪》:「我獨不卒」，鄭《箋》說「卒」為「終」，又《詩·豳風·七月》云:「無衣無褐，何以卒歲？」鄭《箋》云:「卒，終也。」。「不卒」即不終，也就是戰爭不結束，放在簡文脈絡上，也就勝利不維持到最終。

「不恆」亦即不恆久，則「不卒則不恆」，亦即勝利若是不堅持到最後，此勝不能稱之為恆久的，也回前文，曹沫所謂的「勝，不可不慎！」的告誡。

〔220〕、48·不和則不䄠（篤）

陳斯鵬隸定作「艸/兄」讀作「恭」〔註 1745〕。

佑仁案：當為「䄠」字，讀作「篤」，參第 186 條「祝」字考釋。

〔221〕、48、46 下·不兼（謙）畏

陳斯鵬將「畏」字讀作「威」〔註 1746〕。

佑仁案：「兼」可讀作「謙」，《馬王堆漢墓帛書·經法·十六經》:「夫雄節者，涅之徒也，雌節者，兼之徒也。」，「兼」即讀作「謙」，又《管子·五行》:「通天下，遇有兼和。」，于省吾新證:「兼，應讀作謙。言通之於天下，有所遇者，均接之以謙和之道也。」。「謙」即謙虛、謹慎之義。

「畏」指敬服，《廣雅·釋訓》:「畏，敬也。」，如《論語·子罕》:「後生可畏。焉知來者之不如今也。」，又《荀子·不苟》:「君子能則寬容易直以開道人，不能則恭敬縛絀以畏事人。」，《漢書·英布傳》:「布用兵，民素畏之。」，可參。古籍中「謙畏」一詞筆者尚未考見，但「謙敬」一詞則多見，如《後漢書卷·伏侯宋蔡馮趙牟韋列傳》云:「晨謙敬博愛，好學尤篤」，《史記·仲尼弟子列傳》云:「恭以敬，可以執勇」，集解云:「恭謹謙敬，勇猛不能害」，又《史記·商君列傳》云:「趙良曰:『反聽之謂聰，內視之謂明，自勝之謂彊。』」，索隱注云:「謂守謙敬之人是為自勝，若是者乃為強。」，可參。

〔註 1744〕周鳳五：〈上博楚竹書〈曹沫之陳〉研究〉，95 學年度行政院國家科學委員會專題研究計畫成果報告。

〔註 1745〕陳斯鵬：〈上海博物館藏楚簡《曹沫之陣》釋文校理稿〉：簡帛研究網，（2005 年 2 月 20 日），網址：http://www.jianbo.org/admin3/list.asp?id=1328。

〔註 1746〕陳斯鵬：〈上海博物館藏楚簡《曹沫之陣》釋文校理稿〉：簡帛研究網，（2005 年 2 月 20 日），網址：http://www.jianbo.org/admin3/list.asp?id=1328。

第九節　論「三代之所」章

壹、釋　文

臧（莊）公或（又）颙（問）曰：「虗（吾）又（有）所颙（聞）之：『一【59▽】〔221〕出言三軍皆懽（勸）〔222〕，一出言三軍皆遳（往），又（有）之䖒（乎）？」

䝈（答）曰：「又（有）。明（盟）【60上】飤（盂）〔223〕鬼神軏武〔224〕，非所㠯（以）喬（教）民，□〔225〕君其智（知）之。此【63下】〔226〕先王之至道〔227〕。」

臧（莊）公曰：「蒦（沫），虗（吾）言氏（寔）不，而女（如／若）或（惑）者（諸）少（小）道與（歟）〔228〕？虗（吾）一谷（欲）颙（聞）〔229〕弋（代）歮＝（之所）〔230〕。」

敔（曹）蒦（沫）䝈（答）曰：「臣颙（聞）之：『昔之明王之记（起）【64】〔231〕於天下者，各㠯（以）亓（其）殜（世），㠯（以）及亓（其）身〔232〕。』今與古亦列（間）【65上】不同矣〔233〕，臣是古（故）不敢㠯（以）古䝈（答）〔234〕。肰（然）而古乚亦【7下】又（有）大道安（焉）〔235〕，必共（恭）僉（儉）〔236〕㠯（以）尋（得）之，而喬（驕）大（泰）㠯（以）遊（失）之〔237〕。君亓（其）【8上】亦隹（唯）颙（聞）夫墨（禹）、康（湯）、傑（桀）、受（紂）矣乚〔238〕。【65下】」

貳、考　釋

〔221〕、【59】

本簡有反契口的現象〔註1747〕，筆者此處將【簡48】、【簡59】綴合成一簡連讀，然而【簡48】契口在簡之右，而【簡59】契口在右，上下兩簡似乎契口位置不合，同樣的問題亦見【簡64】，【簡64】綴合成一簡，但上半簡爲右契口，下半簡爲反契口，與此處之現象相同，同一簡何以上下契口方向不同，是未來須持續關注的問題。

〔222〕、59、60上・一出言【1】三軍皆懽（勸）【2】

〔註1747〕 參竹田健二：〈「曹沫之陳」における竹簡の綴合と契口〉，《東洋古典學研究（19）》，廣島大學東洋古典學研究會，2005年5月，頁23～39。此文竹田健二曾迻譯作中文（名爲：《《曹沫之陳》中的竹簡綴合與契口》），於2005年12月2、3日政治大學中文系「出土簡帛文獻與古代學術國際研討會」宣讀，見《出土簡帛文獻與古代學術國際研討會論文集》，頁313～317。

【1】一出言

原考釋者李零以爲「連上簡『一』字爲讀。猶言『一下令』。」〔註1748〕。

簡文「一出言」之「一」字應解釋作一旦、一經。《左傳·成公二年》：「蔡、許之君，一失其位，不得列於諸侯，況其下乎？」，《史記·滑稽列傳》云：「此鳥不飛則已，一飛沖天；不鳴則已，一鳴驚人。」，「一出言」即「一旦出言」。「一出言」亦見《大戴禮記·曾子大孝》，原文云：「故君子一舉足不敢忘父母，一出言不敢忘父母。……一出言不敢忘父母，是故惡言不出於口，忿言不及於己，然後不辱其身，不憂其親，則可謂孝矣。」，《禮記》「一」作「壹」，「一出言不敢忘父母」，即一旦出口說話則不敢忘父母的教誨，如此則惡言不敢出口。

另外，《郭店·緇衣》【簡 17】：「其容不改，出言有利（？），黎民所信」，《郭店·性自命出》【簡 65～66】「出言必有夫柬柬之信」，《上博（一）·性情論》【簡 28～29】「出言必又夫柬之信」，「出言」即話說出口。

【2】懽

原考釋者李零隸定作「懽」，無訓讀〔註1749〕。

陳劍解釋作「懽（勸）」〔註1750〕。

本簡原字作■，字從心、從丹、雚聲。「雚」字從萑、吅聲，「萑」字古文字作作■（乙·603）、■（璽彙·1852），《璽彙》所加的「口」形乃飾符地位，而「雚」字甲骨文字形作■（甲·1850），《璽彙》作■（璽彙·431）、■（璽彙·1342），字形乃在「萑」字「毛角」下增加「吅」聲〔註1751〕，而「隹」旁下添加「口」旁（或「o」形）飾符，但是我們看△字作■，「隹」旁下無「口」形飾符，【簡34】「觀」字作■，亦無此飾符。「萑」字加「吅」聲而作「雚」，「萑」、「雚」二字古音甚近〔註1752〕，「萑」匣紐、歌部，「雚」曉紐、元部。

而楚系的「雚」字除保留甲、金文、璽彙之形外，更常將「毛角」的部件類化成「亽」形，如■（望 1·卜）、■（郭·語叢一·101/雚），陳嘉凌以爲「疑爲

〔註1748〕馬承源主編：《上海博物館藏戰國楚竹書（四）》，（上海：上海古籍出版社，2004年 12 月），頁 282。

〔註1749〕馬承源主編：《上海博物館藏戰國楚竹書（四）》，（上海：上海古籍出版社，2004年 12 月），頁 282。

〔註1750〕陳劍：〈上博竹書《曹沫之陳》新編釋文（稿）〉，簡帛研究網，（2005 年 2 月 12 日），網址：http://www.jianbo.org/admin3/2005/chenjian001.htm。

〔註1751〕季師以爲「萑」字從隹、上象毛角，象鴟形。見季旭昇師：《說文新證（上冊）》，（臺北市：藝文印書館，2002 年 10 月），頁 281。

〔註1752〕季旭昇師認爲「雚」字是兩聲字，且「『萑』、『雚』音近」。見季旭昇師：《說文新證（上冊）》，（臺北市：藝文印書館，2002 年 10 月），頁 283。

『丫』形簡省」〔註1753〕，劉釗以爲「戰國文字中『蓳』旁常與『龠』旁上部經常相混」〔註1754〕，原簡△字作，即是呈此種型態。

另外，曾侯乙竹簡有個「䑏」，字作（曾3）、（曾15）、（曾18）、（曾13），曾侯乙竹簡共計出現29例〔註1755〕，《說文》云：「䑏，善丹也。从丹、蓳聲，讀與霗同。周書曰：『惟其敽丹䑏』。」〔註1756〕，這些字都不添「吅」聲，而其實是从「蔓」聲的字，但是音韻與「蓳」接近。

本簡△字李零讀「懽」，《說文》云：「懽，喜歀也。」，段《注》云：「懽、歀疊韻，歀者亦有所欲也。欠部曰：『歡者，喜樂也』。懽與歡音義皆略同。」〔註1757〕，段《注》認爲「懽」、「歡」的音義略同，而簡文此處「懽」讀作「歡」，文義雖可通，但卻不若陳劍讀爲「勸」來得適切，「勸」亦从「蓳」得聲，古音可與「懽」字假借，「勸」有「勉勵」之義。《說文》：「勸，勉也。从力，蓳聲。」，段玉裁《注》云：「勉之而悅從亦曰勸。」〔註1758〕，楚簡中亦有「懽」讀「勸」訓爲「勉」之義，如《郭店・緇衣》【簡28】：「而爵不足懽（勸）也。」，《郭店・性自命出》【簡52】：「未賞而民懽（勸），含福者也。」等，其「懽」字都讀爲「勸」。

劉釗針對《郭店・緇衣》【簡24】「則民有懽心」的「懽」字云：「『愹』即『懽』字……『懽』在簡文中讀爲『勸』。」〔註1759〕，又《郭店・尊德義》【簡32】「不時則亡懽也」，「懽」字劉釗也讀作「勸」，以爲「『勸』意爲『勤勉』、『努力』」〔註1760〕。

此處「一出言三軍皆勸」及下一句「一出言三軍皆往」，其「勸」訓爲「勉勵」之義，而「往」也有行動、劍及履及之意涵，代表士兵重視國君的命令，意味著國君的權力與威信是相當鞏固的，此處讀作「歡」文意較不佳。

〔223〕、60上、63下・明（盟）飤（盍）

〔註1753〕參陳嘉凌：《楚系簡帛字根研究》，臺灣師範大學碩士論文，2002年6月，頁432。

〔註1754〕見劉釗：《郭店楚簡校釋》，（福州：福建人民出版社，2003年12月），頁60。

〔註1755〕張光裕、袁國華師：《曾侯乙墓竹簡文字編》，（臺北市：藝文印書館，1997年元月），頁123～124。

〔註1756〕馬承源主編：《上海博物館藏戰國楚竹書（四）》，（上海：上海古籍出版社，2004年12月），頁267。

〔註1757〕許慎撰、段玉裁注：《說文解字注》，經韵樓藏版，（臺北市：洪葉出版社，1999年11月），頁512。

〔註1758〕許慎撰、段玉裁注：《說文解字注》，經韵樓藏版，（臺北市：洪葉出版社，1999年11月），頁706。

〔註1759〕見劉釗：《郭店楚簡校釋》，（福州：福建人民出版社，2003年12月），頁60。

〔註1760〕見劉釗：《郭店楚簡校釋》，（福州：福建人民出版社，2003年12月），頁128～129。

原考釋者李零隸定作「餛」以爲「待考」〔註 1761〕。

李鋭隸定作「餛」〔註 1762〕。

淺野裕一以爲「將『餛』釐訂爲『餲』，再將它改爲『飴』字。」〔註 1763〕。

朱賜麟以爲「《孫子・九地》：『兵士甚陷則不懼，無所往則固，入深則拘，不得已則鬥。是故其兵不修而戒，不求而得，不約而親，不令而信，禁祥去疑，至死無所之。』文中「禁祥去疑」句，疑與此句意旨相近，都是指『在軍中嚴禁鬼神荒誕之說，以免煽惑眾兵士。』」〔註 1764〕。

季旭昇師以爲「本句費解，『明（明陽）』似可讀『盟（明陽）』，『餛（曉陽）』似可讀『衁（曉陽）』，『衁』在甲骨文中就是一種用牲法，『盟衁』當是祭祀之義。『軵』從『勿』聲，可讀爲『忽』，『忽武』謂輕忽武事。全句謂『只注意祭祀鬼神，而輕忽武事，不是教民之道』。」〔註 1765〕。

佑仁案：原簡字作，對比【簡 61】之「亢」字作，包山簡【簡 147】作，與△字左旁所從近似，△字從「亢」應無問題。淺野裕一以爲字從「食」從「共」，但楚簡「共」字作（郭・六・26）、（郭・緇・26），與△字所從明顯不同，可商。「餛」字《說文》無收，字亦不見後世字書之中，而從「亢」之字上古音多屬曉紐、陽部，如絔、駫、慌、謊、穬等字，可見△字當從「亢」聲。

〔224〕、63 下・鬼神軵武

原考釋者李零釋作「軵」以爲「待考」〔註 1766〕，李鋭隸定從之〔註 1767〕。

陳劍以爲「『軵』字從『勿』聲，『軵武』當讀爲聯綿詞『忽芒』等。『忽芒』一詞有多種書寫形式，如惚悦、忽悦、惚怳、忽怳、忽慌、𥄂悦、忽荒、芴芒、勿罔

〔註 1761〕馬承源主編：《上海博物館藏戰國楚竹書（四）》，（上海：上海古籍出版社，2004年 12 月），頁 284。
〔註 1762〕李鋭：〈《曹劌之陣》釋文新編〉，簡帛研究網，（2005 年 2 月 25 日），網址：http://www.jianbo.org/admin3/2005/lirui002.htm。
〔註 1763〕淺野裕一：〈上博楚簡〈曹沫之陳〉的兵學思想〉，簡帛研究網，（2005 年 9 月 25 日），網址：http://www.jianbo.org/admin3/2005/qianyeyuyi001.htm。
〔註 1764〕朱賜麟：《曹劌之陣思想研究——及其在春秋兵學思想史上的意義》，臺灣師範大學碩士論文，2006 年 6 月，頁 63。
〔註 1765〕參季旭昇師主編、高佑仁執筆、朱賜麟協撰：《上海博物館藏戰國楚竹書（四）讀本・曹沫之陳釋譯》，（臺北：萬卷樓圖書公司，2007 年 3 月），頁 231。
〔註 1766〕馬承源主編：《上海博物館藏戰國楚竹書（四）》，（上海：上海古籍出版社，2004年 12 月），頁 284。
〔註 1767〕李鋭：〈《曹劌之陣》釋文新編〉，簡帛研究網，（2005 年 2 月 25 日），網址：http://www.jianbo.org/admin3/2005/lirui002.htm。

等……。『武』與上舉諸形的下字皆爲魚陽對轉。又王弼本《老子》第十四章『是謂忽恍』，『忽恍』傅、范本作『芴芒』（見朱謙之《老子校釋》），馬王堆帛書《老子》乙本作『沕望』，『武』與『望』及上舉『芒』、『罔』聲母亦同。《辭通》此條下朱起鳳按語云：『惚怳亦作怳惚（『怳惚』亦或作恍惚、怳忽、泯忽、荒忽、慌忽、芒芴等，看《辭通》卷二十二第三七頁，上海古籍出版社 1982 年 5 月版 2395 頁）。言無形象，無方體，不可端倪也。』舊注多解爲『幽暗之貌』、『無形之貌』、『似有似無』等等。簡文『鬼神忽芒，非所以教民』，言鬼神無形無像，其事難以憑據，非所以教民。此說跟普通的『神道設教』思想大不相同，值得注意。」〔註 1768〕。

陳斯鵬隸定作「軔（？）」，表示尚有疑義〔註 1769〕。其博論則指出「軔，原作 ，《李釋》隸定爲『軔』，陳文以爲字從『勿』聲，以『軔武』爲聯綿詞，讀如『忽芒』等。按戰國文字『勿』『今』形體混同。郭店《五行》43『軔』字作 ，與此同形，故此字亦宜釋『軔』。『軔武』義待考。」，注 28 則指出「或許可讀爲『展武』，有耀武揚威的意思」〔註 1770〕。

淺野裕一以爲「『軔武』的意思不明瞭，但由並稱鬼神而推測，可能類似軍神。曹沫主張，上供給鬼神、軍神而祈求保護等依賴神鬼的方法，不成爲教化民眾的手段，而他將之稱爲『先王之至道』。」〔註 1771〕。

邴尙白不認同陳劍之說，以爲「『武』與『亡』、『兄』、『光』諸聲系之字，罕見通假之例，陳說似嫌牽強。」，主張「本篇言戰陣之事，『武』應讀如本字。 疑當釋作『軔』，訓爲盛。《淮南子‧兵略》：『士卒殷軔』『軔武』指壯盛的軍力。」〔註 1772〕。

季旭昇師以爲「『軔』從『勿』聲，可讀爲『忽』，『忽武』謂輕忽武事。全句謂『只注意祭祀鬼神，而輕忽武事，不是教民之道』。曹沫所答，與《左傳‧莊公十年》曹劌論戰『公曰：『犧牲玉帛，弗敢加也，必以信。』對曰：『小信未孚，神弗福也。』公曰：『小大之獄，雖不能察，必以情。』對曰：『忠之屬也，可以一戰。』』精神類

〔註 1768〕陳劍：〈上博竹書《曹沫之陣》新編釋文（稿）〉，簡帛研究網，（2005 年 2 月 12 日），網址：http://www.jianbo.org/admin3/2005/chenjian001.htm。

〔註 1769〕陳斯鵬：〈上海博物館藏楚簡《曹沫之陣》釋文校理稿〉：簡帛研究網，（2005 年 2 月 20 日），網址：http://www.jianbo.org/admin3/list.asp?id=1328。

〔註 1770〕參陳斯鵬：《戰國簡帛文學文獻考論》之第四節「戰國簡帛散文文本校理舉例之二——《曹蔑之陣》校理」，中山大學博士學位論文，2005 年 6 月。

〔註 1771〕淺野裕一：〈上博楚簡〈曹沫之陣〉的兵學思想〉，簡帛研究網，（2005 年 9 月 25 日），網址：http://www.jianbo.org/admin3/2005/qianyeyuyi001.htm。

〔註 1772〕邴尙白：〈上博楚竹書《曹沫之陣》注釋〉，收入臺灣大學《中國文學研究》第二十一期，2006 年，頁 33。

似。」〔註1773〕

佑仁案：首先先談字形的部份，簡文字作🔲，而簡文「勿」字作🔲與△字右半偏旁不似，學者不釋作「勿」有其根據。「軫」字金文作🔲（番生簋蓋）、🔲（参卣），戰國楚系文字作🔲（郭·五43），原考釋者已釋作「軫」，包山【簡84】有「🔲」字，張守中摹作🔲〔註1774〕，袁國華師〔註1775〕、何琳儀〔註1776〕、王穎〔註1777〕皆隸定作从水从軫，劉信芳隸定作「漸」〔註1778〕，但字似不从「斤」，「斤」字楚系文字作🔲（郭·語一·105）、🔲（包二·5），可見包山簡字釋作「澎」較佳。但上述「参」字形與△字右旁也並非完全可以吻合。

反過來再看「勿」字，雖然△字與《曹沫之陣》簡文書手的「勿」字有差距，但在戰國楚系文字中，若要將「🔲」字之右旁釋作「勿」，其實是可以成立的，如🔲（郭·語一·10）、🔲（郭·語三·44）、🔲（郭·語一·1）等「勿」字即作此形。而《曹沫之陣》「則」字从勿作🔲（簡33），清楚可見若省其「勿」旁之第一筆，即與🔲字所從之偏旁相同，又《曹沫之陣》的「則」字亦有「勿」旁中間只作兩撇者，如🔲（簡5），這現象告訴我們「勿」旁的筆畫是有省略的可能性。

邴尚白訓「軫」爲「盛」，引《淮南子·兵略》以爲「軫武」指壯盛的軍力，而《淮南子·兵略》「殷軫」，許慎《注》以爲乃「乘輪多盛貌」，梁玉繩以爲「殷軫」即「殷賑」〔註1779〕，楊樹達以爲「許注以軫字從車，故釋爲『乘輪多盛貌』，此望文爲說，非義勝也。今謂『軫』當讀爲『賑』。」〔註1780〕，可見文句是否應讀爲「殷軫」尚有討論空間。

筆者考量到《曹沫之陣》簡文書手「勿」旁的可變換性，以及一般戰國楚系文字在字形上的共通性，故將字暫時隸定作「軔」。但釋作「軫」亦非不可能，《說文》即有「軫」字，然實恐俟更多資料來證成。

〔註1773〕 參季旭昇師主編、高佑仁執筆、朱賜麟協撰：《上海博物館藏戰國楚竹書（四）讀本·曹沫之陳釋譯》，（臺北：萬卷樓圖書公司，2007年3月），頁231。

〔註1774〕 張守中：《包山楚簡文字編》，（文物出版社，1996年8月），頁171。

〔註1775〕 張光裕主編、袁國華師合編：《包山楚簡文字編》，（臺北市：藝文印書館，1992年11月），頁234。

〔註1776〕 見何琳儀：《戰國古文字典》，（北京：中華書局，1998年），頁1144。

〔註1777〕 見王穎：《包山楚簡詞彙研究》，（廈門大學博士論文，2004年4月），頁407。

〔註1778〕 見劉信芳：《包山楚簡解詁》，（臺北市：藝文印書館，2003年元月），頁81。此句釋文在「郤漸」前漏釋一「人」字。

〔註1779〕 見何寧：《淮南子集釋》，（北京：中華書局，1998年10），頁1057。

〔註1780〕 上述許慎、梁玉繩、楊樹達之說俱據《淮南子集釋》所錄。何寧：《淮南子集釋》，（北京：中華書局，1998年），頁1057。

〔225〕、63下·□

原考釋者李零隸定作「唯」，無釋〔註1781〕。

陳斯鵬隸定作「者」而上讀，文例作「非所以教交民者，君其知之」〔註1782〕。

原簡字作▨，字形殘泐程度甚爲嚴重，完全無法辨認出任何一個部件或偏旁，李零隸定作「唯」，這恐怕是據上下文義的推敲，但是就目前所見圖版之字形，此字與「唯」字差異甚大，楚簡中的「唯」字大概有三種寫法，以「口」旁的擺設位置爲依據，第一種是「口」旁在右，如▨（楚公逆鐘）；有「口」旁在左者如▨（郭·語四·24）、▨（曾·133），這是楚系「唯」字最普遍的寫法；另外亦有「口」旁在下者，如▨（郭·性·6）、▨（郭店·性·50），李守奎嚴式隸定作「售」並註明「與說文新附售字同形，但非同字」〔註1783〕，換言之，此字與大徐本《說文》始有之「販售」之「售」字應爲「異代同形」之例。但△右半偏旁也無法很確切的確認即是「口」旁，而「隹」字《曹沫之陣》作▨（簡65）、▨（簡40/進），字形與△都仍嫌不類，據文義而言讀作「唯」甚爲通順，但字形待考。

陳斯鵬隸定作「者」而上讀，但上讀則文句不順，且字形與《曹沫之陣》簡文中的「者」字似不同，恐須進一步證成。

〔226〕、【簡63下】

本簡有左契口的現象〔註1784〕。

〔227〕、63下、64·此先王之至道

「至道」指至善至美之道。《禮記·學記》：「雖有至道，弗學，不知其善也。」，《禮記·表記》：「至道以王，義道以霸，考道以爲無失。」，《管子·任法》：「故法者天下之至道也，聖君之實用也。」，可參。

〔註1781〕馬承源主編：《上海博物館藏戰國楚竹書（四）》，（上海：上海古籍出版社，2004年12月），頁284。

〔註1782〕陳斯鵬：〈上海博物館藏楚簡《曹沫之陣》釋文校理稿〉：簡帛研究網，（2005年2月20日），網址：http://www.jianbo.org/admin3/list.asp?id=1328。

〔註1783〕李守奎：《楚文字編》，（上海：華東師範大學出版社，2003年12月），頁68。

〔註1784〕參竹田健二：〈「曹沫之陳」における竹簡の綴合と契口〉，《東洋古典學研究（19）》，廣島大學東洋古典學研究會，2005.5，頁23～39。此文竹田健二曾迻譯作中文（名爲：《曹沫之陳》中的竹簡綴合與契口），於2005年12月2、3日政治大學中文系「出土簡帛文獻與古代學術國際研討會」宣讀，見《出土簡帛文獻與古代學術國際研討會論文集》，頁313～317。

〔228〕、64·虗（吾）言氏（寔）【1】不【2】，而女（如／若）【3】或（惑）者
（諸）少（小）道與（歟）？

【1】氏

原考釋者李零以爲「讀『是否』，意思是說我的話是不對的。」〔註1785〕。

陳劍隸定作「氏不」讀作「寔不」〔註1786〕，李銳〈新編釋文〉從之〔註1787〕。

陳斯鵬釋作「厥不」，斷句作「臧公曰：『蔑，吾言厥不而如，或者小道與？』」
〔註1788〕。其博論又云：「氏，舊稿釋『厥』，不確。此句《李釋》讀作『吾言氏（是）
不（否）』，謂『意思是我說的話是不對的』，並將『女』釋爲『毋』，『而毋』屬下讀。
陳文讀『氏』爲『寔』，斷句同《李釋》。按，『女』字作✗，多出一小點，殆爲筆
誤。當以『吾言氏（是）不而女（如）』爲句，意思是我說話不如您（有道理）。『是』
表強調，如《左傳·僖公十三年》：『其君是惡，其民何罪。』這種用法的『是』或
通作『寔』，故『氏』讀『寔』亦通。」〔註1789〕。

邴尚白以爲「『吾言寔爾如，或者小道歟』，……今從周鳳五師之說改讀。『或者』，
是當時有教養的貴族不願太過武斷、強勢的說法，古書習見，如《左傳·禧公十九
年》：『天其或者欲使衛討邢乎？』」〔註1790〕。

周鳳五釋作「吾言蓋不爾如，或者小道歟」〔註1791〕。

佑仁案：首先字形的部份，△字作✗，隸定作「氏」是正確的，字與楚文字的
「氏」作✗（曾·123）相近。而陳斯鵬隸定作「厥」，可商。「厥」即「氒」，戰國
楚系「氒」字作✗（帛甲1.67）、✗（楚公逆鐘）、✗（王孫誥鐘），字形承甲骨、
金文，與△字的筆勢上具有差異，《說文》「氒」字入「氏部」，其云：「氒，木本也。

〔註1785〕馬承源主編：《上海博物館藏戰國楚竹書（四）》，（上海：上海古籍出版社，2004
年12月），頁285。

〔註1786〕陳劍：〈上博竹書《曹沫之陳》新編釋文（稿）〉，簡帛研究網，（2005年2月12日），
網址：http://www.jianbo.org/admin3/2005/chenjian001.htm。

〔註1787〕李銳：〈《曹劇之陣》釋文新編〉，簡帛研究網，（2005年2月25日），網址：http://www.
jianbo.org/admin3/2005/lirui002.htm。

〔註1788〕陳斯鵬：〈上海博物館藏楚簡《曹沫之陣》釋文校理稿〉：簡帛研究網，（2005年2
月20日），網址：http://www.jianbo.org/admin3/list.asp?id=1328。

〔註1789〕參陳斯鵬：《戰國簡帛文學文獻考論》之第四節「戰國簡帛散文文本校理舉例之二
——《曹蔑之陣》校理」，中山大學博士學位論文，2005年6月。

〔註1790〕邴尚白：〈上博楚竹書《曹沫之陣》注釋〉，收入臺灣大學《中國文學研究》第二
十一期，2006年，頁33。

〔註1791〕周鳳五：〈上博楚竹書〈曹沫之陳〉研究〉，95學年度行政院國家科學委員會專題
研究計畫成果報告。

從氏丁本大於末也。讀若厥。」〔註1792〕，馬敘倫力主「氒」即「氏」之後起字，以爲「氏爲姓氏之氏專稱，復增十聲耳。」並舉證金文「氏」作「乀」（于鼎），「氒」作「乁」（郑公釛鐘），以爲是從「十」得聲〔註1793〕，其實「乀」非「氏」字，二者皆爲「氒」字，〈郑公釛鐘〉文例爲「祝融之孫郑公釛作▽禾鐘」，據文例來看釋作「氒」應無疑義，▽字原拓作，字形上方有一原點，疑非筆劃，因此《金文編》摹作「乁」，且也不見其他上方有作一原點之「氒」〔註1794〕。但在其他系別的文字材料中，確實有「氒」、「氏」相混的跡象，如「氒」字然小篆作氒，確實從「氏」，又晉系〈中山侯鉞〉「氒」字作氒與「氏」形近，然而從楚系戰國文字來看，則△字釋作「厥」，可商。

就字義來看，李零認爲讀作「是否」，然先秦古籍中筆者尚未見「是否」這樣的詞例，陳劍讀作「寔」，正確可從，《說文》「寔」從「宀」、「是」聲〔註1795〕，「寔」乃眞實、實在之意，通「實」，《禮記·坊記》：「東鄰殺牛，不如西鄰之禴祭，寔受其福。」，《春秋·桓公六年》「寔來」，杜預注訓爲「實來」。「寔」字古音定紐、支部，「實」字定紐、質部，二字聲同韻近，「寔」、「實」二字的通假情形非常普遍，參高亨《古字通假會典》此不贅引〔註1796〕。

【2】不

筆者以爲「吾言寔不」之「不」當訓作「非」，清王引之《經傳釋詞》卷十：「不，非也。」，《禮記·中庸》：「苟不至德，至道不凝焉。」孔穎達疏：「不，非也。」，《墨子·非命上》：「上之所賞，命固且賞，非賢故賞也；上之所罰，命固且罰，不暴故罰也。」，孫詒讓閒詁引王引之云：「不，與非同義，故互用。」，簡文「吾言寔不」解釋作「我的說法實在是錯誤的。」。

【3】女

朱賜麟以爲「細察此字字形應爲『女』字，字中右側小點應非筆劃，可讀作『如』或『汝』。然細按文句『而女惑諸小道歟？』應讀爲『如』作『似』解，於義較長。

〔註1792〕許慎撰、段玉裁注：《說文解字·注》，經韵樓藏版，（臺北市：洪葉出版社，1999年11月），頁634。

〔註1793〕參古文字詁林編纂委員會：《古文字詁林》第九冊，（上海：上海教育出版社，2004年10月），頁934。

〔註1794〕容庚：《金文編》，（北京：中華書局，2004年8月），頁818。

〔註1795〕許慎撰、段玉裁注：《說文解字·注》，經韵樓藏版，（臺北市：洪葉出版社，1999年11月），頁342～343。

〔註1796〕參高亨纂著、董治安整理《古字通假會典》，（濟南：齊魯書社，1997年7月），頁569。

蓋簡文中第二人稱皆用『而』或『尔』字。」〔註1797〕。

佑仁案：李零所釋的「而毋惑諸小道」，於文義頗為通順，但「女」字正如陳思鵬先生所言，實不當釋作「毋」，「女」、「毋」於古籍或楚簡中界線明顯不相通假，故本簡「女」字讀作「如」、「若」等義較佳。

〔229〕、64・一谷（欲）【1】𦔻（聞）【2】

【1】一谷

原考釋者李零解釋「一欲」為「甚欲」〔註1798〕。

「一」有甚、極之意。《莊子・大宗師》：「固有無其實而得其名者乎？回一怪之。」，又《晏子春秋・內篇諫上第九》：「寡人一樂之，是欲祿之以萬鍾，其足乎？」，又南朝陳陰鏗《晚出新亭》：「大江一浩蕩，離悲足幾重？」，可參。

古籍中亦有「一欲」之文例，如《荀子・正名》：「所受乎天之一欲」，《呂氏春秋・離俗覽》：「會有一欲，則北至大夏，南至北戶，西至三危，東至扶木，不敢亂矣」，《孔叢子》：「賢人竄兮將待時，天下如一欲何之。」，不過與簡文「一欲」的意思似不同。

【2】𦔻

「𦔻」字原簡作「■」，很清楚看的出來「耳」旁有訛誤的筆畫。

〔230〕、64・三弋（代）【1】䖒＝（之所）【2】

【1】三代

此處莊公言欲知「三代」之政，而曹沫答之以「昔之明王」，古籍中亦多論至「三代明王」之事，如《禮記・表記》「昔三代明王皆事天地之神明，無非卜筮之用，不敢以其私，褻事上帝。」，《禮記・哀公問》：「孔子遂言曰：『昔三代明王之政，必敬其妻子也，有道。』」，可參。

【2】之所

原考釋者李零以為「之所以然」〔註1799〕。

佑仁案：原釋恐有增字解經的疑慮。楚簡中常見「之所」二字之合文，然「之所」二字後多半接動詞，如《郭店・老子乙》【簡5】「人之所畏，亦不可以不畏。」，

〔註1797〕朱賜麟：《曹劌之陣思想研究——及其在春秋兵學思想史上的意義》，臺灣師範大學碩士論文，2006年6月，頁65。

〔註1798〕馬承源主編：《上海博物館藏戰國楚竹書（四）》，（上海：上海古籍出版社，2004年12月），頁285。

〔註1799〕馬承源主編：《上海博物館藏戰國楚竹書（四）》，（上海：上海古籍出版社，2004年12月），頁285。

又《郭店・太一生水》【簡 5】「陰陽者，神明之所生也。」又《郭店・五行》【簡 31】「義禮所由生也，四行之所和也。」古籍中亦是此種情況，如《周易・繫辭上傳》：「子曰：『亂之所生也，則言語以爲階。』」，《論語・衞靈公》：「斯民也，三代之所以直道而行也。」，若「之所」後不接字，則「之所」多指「住處」而言，《毛詩・小雅・吉日》：「漆沮之從，天子之所。」，《毛詩・大雅・常武》：「截彼淮浦，王師之所。」，《莊子・庚桑楚》：「南榮趎贏糧，七日七夜至老子之所。」，《呂氏春秋・恃君覽》：「爲乞人而往乞於其妻之所。」，《史記・齊太公世家》：「水次有磻石可釣處，即太公垂釣之所。」，《史記卷・田敬仲完世家》：「卜者出，因令人捕爲之卜者，驗其辭於王之所。」，《史記卷・曹相國世家》乃引兵詣敖倉漢王之所。也有意義從「處所」引申成「處置」者，如《左傳・隱公》：「姜氏何厭之有？不如早爲之所，無使滋蔓！」楊伯峻注云：「所，處所、地方。早爲之所，此處猶言及早處置。」〔註1800〕，但若將這一層涵義套入本簡之中，很明顯並不合。

另外，筆者也懷疑是「所之」的合文，既是「合文」，則可讀爲「之所」當然亦有讀爲「所之」的可能性，如「孫＝」楚簡一般多讀作「子孫」，如〈信陽・簡 6〉、〈郭店・老子乙 16〉，金文中的文例更是夥見，然《上博二・民之父母》簡 12，濮茅左將「孫＝」讀作「孫子」，簡文引《詩經・大雅・皇矣》「施于孫子」，可知原考釋者的釋讀無誤〔註 1801〕。因此，雖然筆者尙未見讀作「所之」之例，但這個可能性不能排除。「之」相當於「爲」。不過，必須承認的是這僅是筆者的推估，我們現在看到出土文獻中的「所之」文例，如《孫子兵法》【簡 58】「敵不得與我戰者，膠其所之也。」，《郭店・語叢一・65》「上下皆得其所之謂信」，《郭店・語叢二・25》「其所之同，其行者異」，都不以合文型態出現。

〔231〕、【64】

本簡爲反契口。

〔232〕、65 上・各【1】㠯（以）亓（其）殜（世），㠯（以）及亓（其）身【2】

【1】各

原考釋者李零以爲「第三筆上有飾筆」〔註 1802〕。

〔註1800〕楊伯峻：《春秋左傳注》（修訂本），（北京：中華書局，2005 年），頁 12。

〔註1801〕馬承源主編：《上海博物館藏戰國楚竹書（二）》，（上海：上海古籍出版社，2002 年 12 月），頁 172～173。

〔註1802〕馬承源主編：《上海博物館藏戰國楚竹書（四）》，（上海：上海古籍出版社，2004

簡文字作 ![字], 正如李零所言，第三筆上有飾筆，這種字形並非單一字例，《曹沫之陣》簡 32「各」字作 ![字], 字形與△相同。而此種形態戰國文字亦曾見於曾侯乙墓、《郭店》等處，例如 ![字]（曾·190）、![字]（曾·140）、![字]（郭·性·60/）〔註 1803〕、![字]（曾·119），又《郭店·窮》簡 13 的「若」字作「![字]」。另外，戰國楚系文字中從「攵」旁或與其意義相同的「开」字，以此種飾筆型態出現的字形亦不少，如（郭店·老甲 1）「复」字作「![字]」，其「攵」形亦作「![字]」，另外〈曾侯乙·1112〉「韋」字作 ![字]，〈隨縣·23〉「靭」字作 ![字]，下半腳趾的方向雖然與「各」字所從的「攵」不同，但於趾頭處添加一飾筆卻是共通的特色。又簡 24「逡」字作 ![字]，字形所從之「攵」旁與△之「攵」旁相同。另外，《曹沫之陣》簡文之「返」字共出現 10 例〔註 1804〕，都是作此型態之飾筆。

【2】世

原考釋者李零隸定作「殜」讀作「世」〔註 1805〕。

簡文「各以其△，以及其身」，△字作 ![字]，〈信陽一·34〉亦有△字，文例作「以沖亂△」，何琳儀摹作「![字]」，隸定作「殜」，以為字從「歹」、「枼」聲，訓「病」〔註 1806〕，史樹青、滕壬生、商承祚皆讀作「牒」〔註 1807〕，李零讀作「亂世」，以為「楚簡世字多如此做」〔註 1808〕，讀「世」可從。郭店楚簡中，「世」字確實常作「殜」，《語叢四》【簡 3】:「言之善，足以終殜（世）。三殜（世）之福，不足以出亡。」，可證。

「殜」字何琳儀以為從「枼」得聲〔註 1809〕，而「枼」則從「世」得聲，「殜」字定紐、怗部，「世」字透紐、月部，聲紐都是舌頭音，韻部屬於「月怗旁轉」〔註 1810〕，

年 12 月），頁 285。

〔註 1803〕 郭店原考釋者隸定作「迖」，《楚文字編》置於「迻」字下，以為乃「迻之壞字」。筆者按，其實僅是省「口」旁，從文例或字形來看，是「迻」字之異體應無可疑。李守奎:《楚文字編》，（上海:華東師範大學出版社，2003 年 12 月），頁 111。

〔註 1804〕 出現於簡 46、50（兩例）、51、52（兩例）、53（兩例）、54、55 等共十例。

〔註 1805〕 馬承源主編:《上海博物館藏戰國楚竹書（四）》，（上海:上海古籍出版社，2004 年 12 月），頁 285。

〔註 1806〕 見何琳儀:《戰國古文字典》，（北京:中華書局，1998 年），頁 1432。

〔註 1807〕 上述諸位學者的意見參《信陽楚簡文字研究》所引，房振三:《信陽楚簡文字研究》，（安徽大學碩士論文，2003 年 5 月），頁 27～28。

〔註 1808〕 見《信陽楚簡文字研究》所引，房振三:《信陽楚簡文字研究》，（安徽大學碩士論文，2003 年 5 月），頁 28。

〔註 1809〕 見何琳儀:《戰國古文字典》，（北京:中華書局，1998 年），頁 1432。

〔註 1810〕 參陳新雄師《古音研究》「月怗旁轉」一項。陳新雄師:《古音研究》，（臺北市:五南出版社，2000 年 11 月），頁 460。

音近可通。又《曹沫之陣》另見「𣶂」字，亦从「枼」得聲，讀作「諜」，「枼」、「諜」皆定紐、帖部，上古音相近。

　　《說文》：「枼，楄也。葉，薄也。从木，世聲。」〔註1811〕，「枼」字早在商代甲骨中即出現，字作𣷉（乙・4072 反），本義爲「樹葉」，乃「葉」之初文〔註1812〕，我們看甲骨文中「采」字从爪从木作𣸸（鐵・242.1），但還偶有从「枼」者如𣸸（前・5.36.1），其「捋取」之義甚明。「𣷉」字在金文中聲化作从「世」聲，如𣶂（拍敦）。戰國文字後來「枼」字添聲旁「歺」作「𣶂」，使此字成爲二聲字，此字楚文字中常當「世」字使用。但到了戰國楚系時期，「𣶂」字所从的「世」旁作𣶂（容成氏・42），蘇建洲以爲「〈容成式〉簡42『傑』作𣶂，右上從三直筆」〔註1813〕，非常正確，不過需要說明的「世」旁最左邊的筆劃類似作「L」形，先直筆再向右作一橫筆。「𣶂」字右旁與△字相同，與單字「世」作𣶂（包 139）、𣶂（曾・144）已有明顯不同，此又爲偏旁與單字演變速率不同的例證之一。

　　另外，「𣶂」字右上除可作三直筆外，也有類化近楚簡「亡」字的趨勢，如「𣶂」字作𣶂（窮達以時・2）、𣶂（語叢四・3），文例爲「苟有其△」（窮達以時・2），「三△之福，不足以出亡。」（語叢四・3），釋作「世」正確可從。

　　另外，《語叢四》【簡3】「𣶂」字，劉釗云：「『𣶂』爲『枼』贅加『歺』（『列』字所从）爲聲符的異體，字又見於戰國中山王器銘文。」〔註1814〕，可參。又，《曹沫之陣》「世」字又可疊加「死」旁作「𣶂」，參拙文（見附錄三）。

　　「世」即此些明王賢君世世代代所承的霸業，「身」則是在當世所面臨的問題。容成氏【簡5】有「各得其世」，《窮達以時》【簡1～2】：「有其人，亡其世，雖賢弗行矣。苟有其世，何難之有哉。」，可以參看。

〔233〕、65 上、7 下・今與古亦列（間）【1】，不同矣【2】

【1】列

　　原考釋者李零隸定作「然」，無說〔註1815〕。

〔註1811〕許慎撰、段玉裁注：《說文解字・注》，經韵樓藏版，（臺北市：洪葉出版社，1999年 11月），頁 272。

〔註1812〕郭沫若：《卜辭通纂》收入郭沫若著作編輯出版委員會編：《郭沫若全集》考古編第二卷，（北京：科學出版社，2002年 10月），頁 89下。

〔註1813〕參蘇建洲：《上海博物館藏戰國楚竹書（二）校釋》，國立臺灣師範大學博士論文，2003年 6月，頁 80。

〔註1814〕見劉釗：《郭店楚簡校釋》，（福州：福建人民出版社，2003年 12月），226 頁。

〔註1815〕馬承源主編：《上海博物館藏戰國楚竹書（四）》，（上海：上海古籍出版社，2004年 12月），頁 285。

　　陳劍以爲「此字正當竹簡折斷處，筆畫有殘損。原釋爲『肰（然）』，從所存上半筆畫看恐不可信」〔註1816〕。

　　陳斯鵬隸定作「㒹」〔註1817〕，又指出「㒹，原簡墨蹟損泐，此據殘劃擬測。本句句讀、文意不甚明瞭」〔註1818〕。

　　李銳〈新編釋文〉隸定從陳斯鵬的看法，以爲讀作「均」，其云「疑讀爲『均』，二字古通，參張儒、劉毓慶：《漢字通用聲素研究》，838頁。」〔註1819〕，〈釋文重編〉則改釋作「多」〔註1820〕。

　　白于藍隸定作「間」〔註1821〕。

　　邴尚白以爲「本簡應與簡七下拼合。由殘存字形、文義看，白說是。「閒」，訓作隔、異。」〔註1822〕。

　　朱賜麟以爲「作『間有』解，語譯爲『或有』、『偶有』。」〔註1823〕。

　　佑仁案：彩色圖版原字形作 ，但字形下半其實非原字之部件，乃【簡8上】與【簡65下】綴合後的「其」字之下半部件，因此△字確實不是似「然」字，「然」字【簡6】作 ，右從「犬」，但△字左上角形似「刀」形，且筆勢也不合，另外【簡5】、【簡6】、【簡7】、【簡9】所出現的「然」字左旁皆從肉，而與△字不同，反倒較似「夕」形，此即其他學者要隸定作「間」、「多」原因。然而，除非字形因竹簡扭曲而導致圖板字形的呈現受到影響，否則△字與學者主張的「多」、「㒹」都不類，「多」、「㒹」二字左右偏旁都相同，但△字很明顯左右筆勢不一。

　　從字形上看，白于藍釋作「列」較符合字形，「間」字楚文字中常省略作「列」，

〔註1816〕陳劍：〈上博竹書《曹沫之陳》新編釋文（稿）〉，簡帛研究網，（2005年2月12日），網址：http://www.jianbo.org/admin3/2005/chenjian001.htm。

〔註1817〕陳斯鵬：〈上海博物館藏楚簡《曹沫之陣》釋文校理稿〉：簡帛研究網，（2005年2月20日），網址：http://www.jianbo.org/admin3/list.asp?id=1328。

〔註1818〕參陳斯鵬：《戰國簡帛文學文獻考論》之第四節「戰國簡帛散文文本校理舉例之二——《曹蔑之陣》校理」，中山大學博士學位論文，2005年6月。

〔註1819〕李銳：〈《曹劌之陣》釋文新編〉，簡帛研究網，（2005年2月25日），網址：http://www.jianbo.org/admin3/2005/lirui002.htm。

〔註1820〕李銳：〈《曹劌之陣》重編釋文〉，簡帛研究網，（2005年5月27日），網址：http://www.jianbo.org/admin3/2005/lirui003.htm。

〔註1821〕白于藍：〈上博簡《曹沫之陳》釋文新編〉，簡帛研究網，（2005年4月10日），網址：http://www.jianbo.org/admin3/2005/baiyulan001.htm。

〔註1822〕邴尚白：〈上博楚竹書《曹沫之陣》注釋〉，收入臺灣大學《中國文學研究》第二十一期，2006年，頁33。

〔註1823〕朱賜麟：《曹劌之陣思想研究——及其在春秋兵學思想史上的意義》，臺灣師範大學碩士論文，2006年6月，頁66。

可參證《戰國文字編》〔註 1824〕、《楚文字編》〔註 1825〕，但除本簡外，《曹沫之陣》簡「閞」字見亦【簡 14】、【簡 24】、【簡 26】等共三次，字都作「閞」，字从「刖」聲〔註 1826〕，但本簡的字形則省略「門」旁作「列」，不過這樣的字形變換，在文字異形的戰國文字中是可以被接受的。

「間」字訓「隔」，《荀子·王制》：「無幽閒隱僻之國」，楊倞注云「幽，深也。閒，隔也」。《漢書·西域傳下》：「間以河山」，顏師古注云：「間，隔也，音居莧反。」。

【2】

《曹沫之陣》簡 7 李銳〈釋文新編〉首先將之分成二半〔註 1827〕，白于藍〈釋文新編〉並將【簡 65 上】與【簡 7 下】綴合〔註 1828〕，李銳〈重編釋文〉從之〔註 1829〕，原考釋者李零以為「此簡是由兩段簡拼成，中間似缺一字。此字可能是『此』、『是』或『誠』、『固』等字。」〔註 1830〕，但就竹簡長度而言，「不」字上已無再增加字數的空間。

〔234〕、7 下·臣是古（故）不敢㠯（以）古會（答）

原考釋者李零將二個「古」字皆讀作「故」。〔註 1831〕

陳劍以為「『古』原讀為『故』，恐有問題。下文『古亦有大道焉』云云當即所謂『以古答』」〔註 1832〕。

首字「古」讀作「故」正確可從，但第二「古」字據本字讀即可，為古代之「古」，因為它與下文「古亦有大道焉」之「古」相配。

〔註 1824〕見湯餘惠主編：《戰國文字編》，福州：人民出版社，2001 年 12 月），頁 781。

〔註 1825〕李守奎：《楚文字編》，（上海：華東師範大學出版社，2003 年 12 月），頁 669。

〔註 1826〕季旭昇師：《說文新證（下冊）》，（臺北市：藝文印書館，2004 年 11 月），頁 176。不過，楚系「間」字多省作「列」，其左从「夕」旁，筆者未見有从「月」者，與「刖」字《說文》、雲夢秦簡从「月」聲似不同，不過也可以理解為古文字「月」、「夕」可互通，而楚文字的「間」實即假「列」為之。

〔註 1827〕李銳：〈《曹劌之陣》釋文新編〉，簡帛研究網，（2005 年 2 月 25 日），網址：http://www.jianbo.org/admin3/2005/lirui002.htm。

〔註 1828〕白于藍：〈上博簡《曹沫之陳》釋文新編〉，簡帛研究網，（2005 年 4 月 10 日），網址：http://www.jianbo.org/admin3/2005/baiyulan001.htm。

〔註 1829〕李銳：〈《曹劌之陣》重編釋文〉，簡帛研究網，（2005 年 5 月 27 日），網址：http://www.jianbo.org/admin3/2005/lirui003.htm。

〔註 1830〕馬承源主編：《上海博物館藏戰國楚竹書（四）》，（上海：上海古籍出版社，2004 年 12 月），頁 248。

〔註 1831〕馬承源主編：《上海博物館藏戰國楚竹書（四）》，（上海：上海古籍出版社，2004 年 12 月），頁 247。

〔註 1832〕陳劍：〈上博竹書《曹沫之陳》新編釋文（稿）〉，簡帛研究網，（2005 年 2 月 12 日），網址：http://www.jianbo.org/admin3/2005/chenjian001.htm。

〔235〕、7下、8上・狀（然）而古❖【1】亦又（有）大道安（焉）【2】

【1】❖

原考釋者李零以爲「連下簡『又大道焉』爲讀。『古』字下有一符號，似非句讀。」〔註1833〕。李零之說可從，本簡若讀作「然而古亦有大道焉」文通意順，實不必在「古」字下斷開。

【2】大道

原簡作「然而古亦有大道焉，必恭儉以得之，而驕泰以失之」，文句近似《禮記・大學》：「是故君子有大道，必忠信以得之，驕泰以失之。」，本簡開頭爲「有大道焉」，對照《禮記・大學》原文，我們也可以懷疑本簡前一簡最末應爲「君子」二字，然而《曹沫之陣》簡文「君子」雖多見，但未有「君子」於簡末者，不過據殘留的簡來作綴合，李零【簡7下】接【簡8上】的讀法最適切。

〔236〕、8上・共（恭）會（儉）

原簡字作❖，依彩色圖版分析，很清楚發現下半部件都從「収」，但上溯其源，商代〈共覃父乙簋作〉「共」字銘文作❖，《金文編》〔註1834〕、《說文新證》〔註1835〕等書俱釋作「共」，又父癸簋作❖，楚系文字即承此形，但將「共」字的「口」形演變成「廿」形〔註1836〕，例如❖（畬肯鼎）、❖（郭・五・22）、❖（郭・緇・26）等形，此是楚系最常見的「共」字，但亦有進一步訛變者，如將「廿」形再稍訛變即成❖（包・2.239），或又進一步訛成「収」形，如❖（璽彙・5139），本簡△字即是此種型態的寫法，該寫法再進一步則訛成「❖」作❖（楚帛書・甲7.5），《曹沫之陣》【簡32】「戕」字作❖，實即此種型態的寫法。其次，「廿」形稍便即類化成「❖」此正是楚系寫法的「心」字，如❖（畬志盤）、❖（郭・六・22）、❖（郭・五・50）、❖（絫糸爲勺），其實這種寫法的「心」具有「聲化」的意義，楚帛書「恭」字作「❖」，可證。朱疆在《古璽文字量化研究及相關問題》一書中整理「共」字的古璽寫法，他認爲「由❖至❖，實際上是受『心』之類化而至」〔註1837〕，主張「共」字先作「❖」形後演變作「❖」，其說正與筆者相反，筆者以爲「❖」反

〔註1833〕馬承源主編：《上海博物館藏戰國楚竹書（四）》，（上海：上海古籍出版社，2004年12月），頁248。

〔註1834〕見容庚：《金文編》，（北京：中華書局，2004年8月），頁164。

〔註1835〕見季旭昇師：《說文新證（上冊）》，（臺北市：藝文印書館，2002年10月），頁165。

〔註1836〕就楚系文字而言，這樣的訛變頗爲常見，《曹沫之陣》簡46「答」字作「❖」，「口」旁的橫筆稍稍略長，「口」形即訛作近「廿」形。

〔註1837〕參朱疆：《古璽文字量化研究及相關問題》，華東師範大學博士論文，2005年4月，頁56。

而才是「㘴」之變，因爲「共」字早在商代〈共覃父乙簋作〉就作「㘴」，商代父
癸簋也作「㘴」，一直到西周的亞共父癸鼎仍作「㘴」，都說明了「廿」反而才
是更早的寫法，而這種直承金文寫法的㘴（郭・五・22）、㘴（郭・緇・26），其上
半偏旁演變作楚系的「心」旁，將此現象解釋作與語音有關的「聲化」，會比單純的
字形類化還理想。

　　「共」讀作「恭」，楚簡例證不少，如《郭店・緇衣》【簡 26】:「《詩》云:『吾
大夫共（恭）且儉，靡人不歛。』」，《上博一・緇衣》作「龏且儉」，而「共」、「龏」
都應讀作「恭」，此爲逸詩內容。

〔237〕、8 上・而喬（驕）大（泰）㠯（以）遊（失）之

　　原考釋者李零隸定作「喬大」，讀作「驕泰」〔註 1838〕。

　　陳斯鵬隸定作「太」讀作「汰」〔註 1839〕。

　　李銳以爲「此句用來批評『鍾大國小』，頗爲恰當。」〔註 1840〕。

　　佑仁案:首先，字形上來看，字作「喬大」，李零讀作「驕泰」，正確。「喬」爲
「驕」之聲符，自能通假無疑，至於「大」字讀作「泰」者，如《容成氏》【簡 39】
「㣴」，文例作「其喬▽如是狀」（簡 39～40），「喬▽」亦讀作「驕泰」，蘇建洲即
以《禮記・大學》「驕泰以失之」一句以證〔註 1841〕。「大」字端紐、月部，「泰」字
透紐、月部，聲近韻同，具有通假的條件，另外于省吾認爲「太」字即從「大」字
分化出來〔註 1842〕，甚確。楚系「太」字作㣴（包・237）、㣴（新蔡・甲三:3）、
㣴（新蔡・甲三:4）、㣴（新蔡・甲三:177），「祂」字作㣴（新蔡・甲一:7）、
㣴（新蔡・甲三:146），《說文》云:「泰，滑也。從廾水，大聲。㣴，古文『泰』
如此。」〔註 1843〕，《說文》將「太」視作「泰」之重文，而《說文》「㣴」（泰）字
也以「大」爲聲符，可見「大」、「太」、「泰」關係之密切。

〔註 1838〕馬承源主編:《上海博物館藏戰國楚竹書（四）》，（上海:上海古籍出版社，2004
　　　　年 12 月），頁 248。

〔註 1839〕陳斯鵬:〈上海博物館藏楚簡《曹沫之陣》釋文校理稿〉:簡帛研究網，（2005 年 2
　　　　月 20 日），網址:http://www.jianbo.org/admin3/list.asp?id=1328。

〔註 1840〕李銳:《《曹劌之陣》重編釋文》，簡帛研究網，（2005 年 5 月 27 日），網址:http://www.
　　　　jianbo.org/admin3/2005/lirui003.htm。

〔註 1841〕參蘇建洲:《上海博物館藏戰國楚竹書（二）校釋》，國立臺灣師範大學博士論文，
　　　　2003 年 6 月，頁 278。

〔註 1842〕參于省吾:〈釋古文字中附劃因聲指事字的一例〉，見于省吾著:《甲骨文字釋林》，
　　　　（北京市:中華書局，1999 年 11 月），頁 458。

〔註 1843〕許慎撰、段玉裁注:《說文解字・注》，經韵樓藏版，（臺北市:洪葉出版社，1999
　　　　年 11 月），頁 570。

簡文「驕泰以失之」亦見《禮記‧大學》：「是故君子有大道，必忠信以得之，驕泰以失之。」，朱熹《大學章句》進一步解釋云：「驕者矜高，泰者侈肆」〔註1844〕。又《論語‧子罕》：「子曰：麻冕、禮也。今也純，儉、吾從眾。拜下、禮也。今拜乎上，泰也。雖違眾，吾從下。」，王肅注云：「時臣驕泰，故於上拜」〔註1845〕。本處簡7下與簡8上所謂的「然而古亦有大道焉，必恭儉以得之，而驕泰以失之」，其句法與前引《禮記‧大學》之語相近，僅若干處稍有差異，〈大學〉所談乃君子之大道，而簡文所談乃前代帝王之道，另外〈大學〉談忠信而得，《曹沬之陣》簡則爲恭儉以得，彼此所考量的重點不同，《曹沬之陣》簡以曹沬勸諫莊公驕奢之病爲出發點，因此留心於恭儉之道，而「驕泰以失之」則二處文例皆同。

古籍中亦常以「所以得」、「所以失」對舉，如《後漢書‧楊李翟應霍爰徐列傳》載漢安帝時翟酺上書云：「帝王圖籍，陳列左右，心存亡國所以失之，鑒觀興王所以得之。」，意即願君上洞悉亡國者失政權之因，及中興之君之所以取得政權的理由，此處得與失之論，與《曹沬之陣》簡相近。

古籍中「驕泰」一詞甚多，都是指驕傲奢侈，如《晏子春秋‧景公遊寒途不卹死胔晏子諫》：「財屈力竭，下無以親上；驕泰奢侈，上無以親下。」，《國語‧晉語》：「君驕泰而有烈，夫以德勝者猶懼失之，而況驕泰乎？……及桓子驕泰奢侈，貪慾無藝。」。

而陳斯鵬讀「大」爲「汰」，其實也與「泰」相通。《莊子‧大宗師》：「厲乎其似世乎」，俞樾以爲：「郭注殊不可通。且如注意，當云世乎其似厲，不當反言其似世也。今案『世』乃『泰』之假字。荀子榮辱篇橋泄者人之殃也，劉氏台拱補注曰：『橋泄即驕泰之異文』。荀子他篇或作汰，或作忕，或作泰，皆同。漏泄之泄，古多與外大害敗爲韻，亦讀如泰也。又引賈子簡泄不可以得士爲證。然則以世爲泰，猶以泄爲泰也。猛厲與驕泰，其義相應。釋文曰，厲，崔本作廣，廣大亦與泰義相應，泰亦大也。若以本字讀之，而曰似世，則皆不可通矣。」〔註1846〕，郭慶藩以爲「俞氏云世爲泰之假字，是也。古無泰字，其字作大。大世二字，古音義同，得通用也。禮曲禮不敢與世子同名，注：世，或爲大。春秋文三十年大室屋壞，公羊作世室。衛太叔儀，公羊作世叔儀。宋樂大心，公羊〔作〕樂世心。鄭子大叔，論語作世叔。

〔註1844〕 參朱熹：《大學章句》，收入《叢書集成三編》（11），（臺北：新文豐出版社，1999年），頁391。
〔註1845〕 〔魏〕王肅：《論語王氏義說》，清同治辛未（十）年（1871）濟南皇華館書局補刻本，收入《玉函山房輯佚書‧經編‧論語類》，頁4。
〔註1846〕 〔清〕郭慶藩撰：《校正莊子集釋》，（臺北市：世界書局，1962年），頁237。

皆其證。」〔註1847〕，「世」、「泰」確實有音韻通假的可能，前者透紐、月部，後者定紐、月部，聲紐同屬舌頭音，韻部則都是月部。

　　《廣韻·泰韻》：「汏，太過也。」，《說文·水部》：「汏，淅𤀵也」，清段玉裁注：「或寫作汰，多點者誤也。艾若《左傳》『汏侈』、『汏輈』字皆即泰字之假借。」〔註1848〕，《說文》「泰，滑也」〔註1849〕，清王筠《說文句讀》云：「《左傳》「汏輈」唐石經作「汰」，借汰爲泰也。」，「汏」也有驕縱、奢侈之義。如《左傳·昭公三年》：「君子曰：『禮其人之急也乎？伯石之汏也！』」，杜預注：「汏，驕也。」。又《荀子·仲尼》：「閨門之內，般樂奢汏。」，楊倞注：「汏，侈也。」，可見陳斯鵬讀作「汏」也可從，但是「喬大以失之」合乎《禮記·大學》：「驕泰以失之。」，因此筆者此處仍是讀作「驕泰」。

　　又簡文「必恭儉以得之，而驕泰以失之」，誡人恭儉而勿驕，乃儒家標準之明訓，《上博（五）·季庚子問於孔子》簡4記載季庚子問「君子之大務」，孔子引管仲之語「君子恭則遂，驕則侮」以答，可參。

〔238〕、8上、65下·君 亓（其）【1】亦隹（唯）䎽（聞）夫墨（禹）、康（湯）、傑（桀）、受（紂）【2】矣✓【3】。

【1】亓

　　原考釋者李零釋作「言」〔註1850〕。

　　白于藍釋作「其」〔註1851〕。

　　李銳〈釋文新編〉首先主張【簡8】不能綴合〔註1852〕，白于藍首先將【簡8上】與【簡65下】拼合，李銳〈重編釋文〉從之〔註1853〕。從字形上看，【簡8上】僅留一橫筆，確實有釋讀成「言」的可能，但楚系文字中最上一筆爲橫筆者，「言」

〔註1847〕〔清〕郭慶藩撰：《校正莊子集釋》，（臺北市：世界書局，1962年），頁237。

〔註1848〕許慎撰、段玉裁注：《說文解字·注》，經韵樓藏版，（臺北市：洪葉出版社，1999年11月），頁566。

〔註1849〕許慎撰、段玉裁注：《說文解字·注》，經韵樓藏版，（臺北市：洪葉出版社，1999年11月），頁570。

〔註1850〕馬承源主編：《上海博物館藏戰國楚竹書（四）》，（上海：上海古籍出版社，2004年12月），頁248。

〔註1851〕白于藍：〈上博簡《曹沫之陳》釋文新編〉，簡帛研究網，（2005年4月10日），網址：http://www.jianbo.org/admin3/2005/baiyulan001.htm。

〔註1852〕李銳：〈《曹劌之陣》釋文新編〉，簡帛研究網，（2005年2月25日），網址：http://www.jianbo.org/admin3/2005/lirui002.htm。

〔註1853〕李銳：〈《曹劌之陣》重編釋文〉，簡帛研究網，（2005年5月27日），網址：http://www.jianbo.org/admin3/2005/lirui003.htm。

只是其中一個可能性，【簡 65 下】最上殘剩兩撇成「八」形，與「簡 8 上」的橫筆結合，是「言」的機率不高，再從文例上讀之，並結合文義，以白于藍所釋的「亓」字可能性最高。簡文此處「君其亦」在古籍中亦有類似文例，如《左傳·昭公》：「猶欲恥之，君其亦有備矣」，可以參看。

【2】受

原考釋者李零據本字讀〔註 1854〕。

陳劍讀作「紂」〔註 1855〕。

「受」字甲骨文字形从「舟」不从「凡」，季旭昇師以爲「受」字本義爲「登舟受手」〔註 1856〕，可從。戰國文字中「舟」字常與「肉」旁相混，如《曹沫之陣》簡「施伯」之「伯」作▨，字是从「肉」或「舟」，實難據一字而判斷。我們知道「肉」旁會添加飾筆以便與「舟」字做區隔，如「胃」字作▨（包·83）、▨（磚·370.1），但是在「受」字上也會發現「舟」旁右下常添一飾筆，如▨（唐虞之道·20），《郭店·唐虞之道》簡 20、簡 21、簡 25、簡 27 等四例「受」字，咸有這種型態的飾筆現象，而《曹沫之陣》「受」字見簡 36、簡 65 也都有添飾筆的現象，但是值得注意的是，「舟」旁在《曹沫之陣》簡文中又見「盤」字，分別出現在簡 50、簡 51、簡 53 則無飾筆現象，可見同一「舟」字在不同的字形上，會有不同的樣貌。

簡文文例作「亦唯聞夫禹、湯、桀、△矣」，△字應讀作「紂」較佳，在古籍中，桀紂常是亡國、亡道之君的代表性人物，如《左傳·宣公》：「桀有昏德，鼎遷于商，載祀六百。商紂暴虐，鼎遷于周。」，《史記·龜策列傳》：「桀紂暴彊，身死國亡。」，又如《說苑》記載茅焦以爲秦始皇「從蒺藜於諫士，有桀紂之治」〔註 1857〕，皆以「桀」、「紂」並稱，而爲昏庸之主的代表。而典籍中又常將禹、湯二人對比桀、紂而言，如《左傳·莊公》引臧文仲之語云：「禹、湯罪己，其興也悖焉；桀、紂罪人，其亡也忽焉。」，《孟子·離婁上》：「桀紂之失天下也，失其民也。失其民者，失其心也。」，《孟子·萬章上》：「繼世而有天下，天之所廢，必若桀紂者也。」，《荀子·正論》：「桀、紂非去天下也，反禹、湯之德，亂禮義之分，禽獸之行，積其凶，全其惡，而天下去之也。」，《管子·中匡》：「對曰：「昔者禹平治天下，及桀而亂之；湯放桀，以定禹功也。湯平治天下，及紂而亂之；武王伐紂，以定湯功也。」」

〔註 1854〕馬承源主編：《上海博物館藏戰國楚竹書（四）》，（上海：上海古籍出版社，2004年 12 月），頁 285。

〔註 1855〕陳劍：〈上博竹書《曹沫之陳》新編釋文（稿）〉，簡帛研究網，（2005 年 2 月 12 日），網址：http://www.jianbo.org/admin3/2005/chenjian001.htm。

〔註 1856〕見季旭昇師：《說文新證（上冊）》，（臺北市：藝文印書館，2002 年 10 月），頁 320。

〔註 1857〕盧元駿註譯：《說苑今註今譯》，（臺北市：商務印書館，1988 年），頁 281。

　　另外，古籍中也有將商王「紂」寫作「受」者，如《尚書・牧誓》：「今商王受」，《史記・周本紀》作「今殷王紂」，其他例證還有很多，此不贅引〔註1858〕。而新出《上博五・鬼神之明》【簡2】亦有殷王「紂」作「受」之例，可以參看〔註1859〕。

【3】矣乚

　　原考釋者李零以爲「下有符號，形式與上面的句讀相似，但下面空而不寫，應是表示全篇的結束」〔註1860〕。

　　簡65下的句讀符號作乚，與文中的其他的句讀符號都相同。這種代表全文結束之「結束符號」，在楚簡中非常常見，也往往是判斷是否爲末簡的中要依據，但是這種「結束符號」並非全以「乚」表示，如《上博一・孔子詩論》用「━」符作表示，《上博二・子羔》也用「▬」符表示，《上博二・魯邦大旱》也用「▬」符作表示〔註1861〕，又如《上博二・民之父母》用「乚」作結束，《上博三・魯邦大旱》則以「乚」符作結束與本篇同。

〔註1858〕參高亨纂著、董治安整理《古字通假會典》，（濟南：齊魯書社，1997年7月），頁753～754。

〔註1859〕馬承源主編：《上海博物館藏戰國楚竹書（五）》，（上海：上海古籍出版社，2005年12月），頁152。

〔註1860〕馬承源主編：《上海博物館藏戰國楚竹書（四）》，（上海：上海古籍出版社，2004年12月），頁285。

〔註1861〕《孔子詩論》、《子羔》、《魯邦大旱》同一書手同用類似的符號代表全文結束，可以理解。

第五章　餘　論

　　前述四章筆者用來討論關於排序、考釋等問題，這個章節筆者則希望用以說明兩個關係楚簡文書形式的重要課題，一是討論《曹沫之陣》簡所見「符號」的問題，二是關於《曹沫之陣》簡內文與篇題不出同一人之手的爭議，並舉上博簡其他篇卷為例。「符號」問題前人論之已詳，本處僅能整理成數據，但「篇題與本文」可能不出一人之手，這卻是前輩學者罕有留意，是個亟具價值的論題，兩個問題本章分兩節說明。

第一節　《曹沫之陣》符號分析

　　楚簡中的「符號」，可以再細分成兩類，一類是「合文」、「重文」等符號，另一類則是句讀性質的標點符號。

　　楚簡中「合文」、「重文」的符號最常見的寫法是作「＝」，這個符號上下各一橫，多半置於文字的右下角，字形特徵明顯，並且與文章釋讀有非常密切的關係，因此「重文」、「合文」早在戰國文字研究的初期，就已被進行研究討論。

　　古文獻中句讀符號的有一段漫長演進的過程，袁暉先生以為早在甲骨文中所使用的隔線〔註1〕，是標點符號的發軔〔註2〕，是個值得的意見〔註3〕。但他以為金文

〔註 1〕 所謂「隔線」即是為一條條卜辭作分界的線，用以區隔出不同條的卜辭，方便讀卜辭者，不因行款之無固定性，而使文句混肴。卜辭字體行款並不像後世行文時，固定由右至左、由上至下那麼樣的固定。其中花園莊東地甲骨在甲骨資料中，其隔線的表現方式最為複雜。朱歧祥先生〈釋讀幾版子組卜辭—由花園庄東地甲骨的特殊行款說起〉一文，也云：「花園莊出土的主要是龜卜甲，甲文行款的刻寫遠較殷墟王卜辭複雜，令人印象深刻。」（見朱歧祥先生〈釋讀幾版子組卜辭—由花園莊東地甲骨的特殊行款說起〉，《中國文字》第二十七期，頁 33。），依據《殷墟花園莊東地甲骨‧第一冊‧花園莊東地H3 龜甲行款形式表》中所整裡，即有 17 種之多。而多樣化的行款形式，是為了不願浪費龜甲空間，因而善用每個版面，導致有些甲骨片

中除了合文、重文符號外，尚有「鉤識號」，並以〈永盂〉爲例，引用陳懷邦先生所云「（〈永盂〉銘文）在『句』字處加一個鉤識符號」〔註4〕，以爲此乃金文中的鉤識符號，筆者以爲此說能否成立還需更多證據〔註5〕。但是春秋末、戰國初的〈侯馬盟書〉，其盟誓最末常添加「」（侯馬盟書・88：1）形符號，已是十分成熟的標點符號了。

蔣莉先生曾歸納《上博・（一）》、《上博・（二）》等所有的符號共五種之多，即一短橫（—）、兩短橫（＝）、小方墨塊（▬）、長黑方塊（■）、勾識號（し|）等五種型態〔註6〕，可見戰國楚簡中符號頗爲多樣，但是《曹沫之陣》簡所出現的「符號」並不算複雜。據筆者統計《曹沫之陣》全簡所見符號出現 35 次，「」符號共21 次〔註7〕；「＝」符號共 15 次，屬重文者共 3 次〔註8〕，屬合文者共 12 次〔註9〕，比起《上博簡》（一）至（四）等 20 種竹簡文獻中標點樣式的複雜度而言〔註10〕，並不算高，但《曹沫之陣》簡「」形符號的出現次數是目前發表之《上博簡》篇

的文字非常混亂。這個時候，隔線的使用自然非常頻繁，以〈H3：1379〉爲例，該片甲骨共 28 條卜辭，而隔線即多達 16 條，又如〈H3：1287〉共 32 條卜辭，其隔線已到無法卒數的程度，甚至已到把整條卜辭各自圈劃起來，與其他卜辭以示區別。參《殷墟花園莊東地甲骨》，考古學專刊乙種第三十六號，（昆明：雲南人民出版社，2003 年 12 月）。

〔註2〕 見袁暉先生、管錫華先生、岳方遂先生：《漢語標點符號流變史》，（武漢市：湖北教育出版社，2002 年），頁 27。

〔註3〕 楚簡中的句讀常於語句結束的最末一字之右下方作「」形記號，這與甲骨文將利用「隔線」將卜辭的段落與段落隔開以避免混淆，楚簡的句讀符號是否即承襲甲骨隔線而來，我們暫無確切且直接的證據，但它們都是爲了幫助讀者對於文句的了解而產生的輔助品，這個共通點是一致的。

〔註4〕 見袁暉先生、管錫華先生、岳方遂先生：《漢語標點符號流變史》，（武漢市：湖北教育出版社，2002 年），頁 33。

〔註5〕 〈永盂〉「句」字作，左下角的 L 形符號，即陳、袁二人所稱的「鉤識符號」，但《金文編》、《說文新證》等書皆將之視爲獨立文字，而把 L 形亦納入爲「句」字的部件，但〈永盂〉銘文無其他字例，而且這樣形態的勾識符號於金文資料中爲孤證，若要成立，須俟更多輔證。

〔註6〕 見蔣莉先生：《楚秦漢簡標點符號初探》，四川師範大學碩士論文，2004 年元月，頁 24。

〔註7〕 出現「」符者，爲簡 1、2、7、7、7、8、9、10、10、17、22、23、28、33、33、42、45、47、48、49、65 等二十一例。

〔註8〕 出現「重文」符者，爲簡 16、16、38 等三例。

〔註9〕 出現「合文」符者，爲簡 11、16、24、25、25、26、31、34、39、39、45、65 等十二例。

〔註10〕 將〈從政・甲〉與〈從政・乙〉視爲同一篇文章，〈孔子詩論〉、〈民之父母〉、〈子羔〉則如《上海博物館藏戰國楚竹書》的分法視爲三篇。

章中其中最高的一篇。以上數據筆者整理成一覽表，以茲方便了解，如下：

《曹沫之陣》簡重文、合文、句讀符號一覽表

重　文						
編號	單字	偏旁結構	簡　號			
1	大	大	16			
2	國	國	16			
3	牪	牛牛	38			
合　文						
編號	單字	偏旁結構	簡　號			
1	𠔼	一人	26			
2	卡	上下	16	34		
3	夫	大夫	25	25	39	39
4	怠	台弓心	45			
5	盟	日血	31			
6	歈	今酉欠	11			
7	伍	人吾	24			
8	斦	之所	64			
句　讀						
簡號	1	2	7	7	7	8	9
	10	10	17	22	23	28	33
	33	42	45	47	48	49	65

　　不少研究者都指出，楚簡的「標點符號」使用系統仍處整合的過渡時期，因此表現句末結束符的「句讀」，會因書手不同，而有不同的表現方式。林素清先生整理郭店、包山、仰天湖、信陽、望山、九店等六批楚簡的標點符號，以爲有些符號「有時具有一種以上功能」，相反的「同一批資料中也有用不同符號來做相同的標示……，說明了戰國楚簡符號仍處於尚未規範化的整理階段」〔註11〕。蔣莉先生分

〔註11〕見林素清先生：〈簡牘符號試論——從楚簡上的符號談起〉，《第一屆簡帛學術討論會》，（臺北：中國文化大學史學系主辦，1999 年 12 月），頁 107。

析上博簡的標點符號特色後，也得出「標點符號仍呈現出不規範性」的結論，他發現一個用法可以用不同符號來表現，而相同的符號卻也有不同用法〔註12〕，與林素清先生的結論相同，筆者認同他們的觀察。

　　《曹沫之陣》全簡「＝」形符號共 15 次，其中當合文用共 12 次，當重文用共 3 次。關於句讀符號，除最末簡表全文結束的性質外，其於在文中都表示語義之停留，僅代表在文句中的停頓，而停頓處未必是大段落的結尾。如簡 1「昔周室之邦魯乚，東西七百，南北五百，非山非澤，亡有不民。此不貧於美而富於德歟。」在文句中「乚」符號位於「魯」字下，就語句的停頓意義上，僅表示「昔周室之邦魯」一句結束，否則置於「民」、「歟」等字下，都比在「魯」字下有標點符號來得佳。

　　另外，再談關於本簡符號錯誤使用的情形，又可細分為兩種：

（一）句讀標注於語句尚未結尾之處

　　例如簡 7~簡 8「然而古乚亦有大道焉」一句，句讀明顯不應置於「古」字下，而應放於「焉」字之下。關於這種錯誤，可以有兩種解釋方式，一種是純為書手筆誤，在簡文撰寫的過程中一時不察的失誤，但亦有可能是複抄前所據的傳本有錯誤，書手僅是據字抄寫，非書手之誤，但本處的錯誤究竟為何者，實難以指明。

（二）句讀符號誤寫而經修改之處

　　這種錯誤則較顯而易見，實即一時不留心所造成的錯誤。例如簡 38 有「帥不可使奔乚則不可行」，「乚」形符號很清楚為「＝」與「乚」之重疊，必然是先寫甲形，發現筆誤而逐將乙形寫於甲形上，而導致甲、乙二形重合的結果。由圖板上無法分析書手究竟是要表達何種意涵，但從文例上推敲，「奔」在此句中，當重文看待最好，文例讀作「帥不可使奔，奔則不可行」最為通順，若當為句讀符，則「則不可行」一句缺少主詞，因此筆者將「乚」符號視作重文。

　　另外，《曹沫之陣》的合文符號也頗具特色，值得留意，「＝」形符號共出現 15 次，上下各一筆，本簡中有半數的符號皆兩橫筆同長，但另外半數則呈現上短下長的風格，乃書手的特殊風格，如簡 11「飲酒」字的合文符作「」，簡 24「倍」字之重文符作「」，簡 25「大夫」之合文符作「」，簡 26「一人」之合文符作「」，簡 45「怠心」之合文符作，下橫筆較上橫筆長近兩倍，頗具特色。

〔註12〕見蔣莉：《楚秦漢簡標點符號初探》，四川師範大學碩士論文，2004 年元月，頁 41。

第二節　論《曹沬之陣》簡篇題與內文非出一人

　　關於戰國楚簡的出土文獻中，篇題字形的風格與本文內容字形的差異，過去很少研究者留意。在上博簡以前，我們所見純粹的文獻材料僅有郭店簡，但郭店簡並不見有篇題者，因此還看不出篇題的字形特色。上博簡雖然《子羔》、《容成氏》、《仲弓》等多篇簡文都有篇題，已有少數學者留意〔註13〕。我們暫先不存主觀認定，筆者羅列上博簡中有篇題者，並比較該篇簡文內文與篇題的字形，以便檢驗是否同為一人，製表如下：

上博簡篇題與內容字形一覽表：

篇名	篇題寫法	內文寫法		判　斷
子羔		（簡8）	（簡7/孔）	寫法相同，出於同一人。
		（簡1）	（簡9）	
容成氏		（簡30）〔註14〕	（簡30）	「氏」字簡文內文全作「是」字，篇題則作「氏」，另外篇題與內文的筆勢都有很明顯的差異。
		（簡44）	（簡50）	
		（簡1）	（簡1）	
中弓		（簡17）	（簡10）	內文書手「中」字的豎筆以肥筆呈現，無一例外，篇題則無，「弓」字第一筆的扭曲弧度不同，明顯出二人之手。〔註15〕
		（簡17）	（簡5）	
恆先		（簡1）	（簡2）	「先」字「止」旁寫法明顯不同。
		（簡8）	（簡9）	

〔註13〕例如趙平安先生即說：「第53簡正反兩面的字迹，明顯有所不同。正面文字起筆和收筆比較細，多鋒芒，整體風格犀利粗獷，背面則筆劃均齊，風格秀媚，不像是一次書寫完成的。」，見趙平安：〈楚竹書《容成氏》的篇名及其性質〉，收入《華學》第六輯，（北京：紫禁城出版社，2003年6月），頁75。蘇建洲學亦曾留意到「成」、「氏」篇名與內文的寫法並不相同，參蘇建洲：《上海博物館藏戰國楚竹書（三）校釋》，臺灣師範大學博士論文，2004年6月，頁16。
〔註14〕該字原簡字跡殘泐，筆者此處使用季旭昇師的摹寫本，參季旭昇師主編：《上海博物館藏戰國楚竹書（二）·讀本》，（臺北：萬卷樓圖書公司，2003年7月），頁222。
〔註15〕研究《仲弓》一文的連德榮亦曾告訴筆者，他以書法家的角度看，二處不同書手，是非常清楚的現象。

曹沫之陣		（簡 20）
		（簡 1） （簡 13）
		（簡 1） （簡 2）
		（簡 13） （簡 14）

　　上述幾篇簡文，除《子羔篇》明顯內文與篇題同出一書手外，其他簡文應當都屬於不同書手，甚至《容成氏》簡連用字方式都不同。此外，《上博（五）》還有還有個更大的問題，那即是〈競建內之〉、〈季庚子問於孔子〉二篇的性質問題，《上博（五）》二篇的原整理者分爲二，陳劍先生率先指出當可綴合成一篇，陳劍先生指出「從書寫風格來看，《鮑叔牙》篇大多數簡上的文字筆畫較細，與《競建》篇頗有不同。這大概是將兩篇合爲一篇的最大障礙。但可注意的是，恰好是兩篇相連處的《鮑叔牙》篇的簡 4 比較特別。此簡文字明顯近於《競建》篇，而跟《鮑叔牙》篇簡 2 等那類筆畫很細的書體也有明顯不同。」〔註16〕，蘇建洲當時就曾以書手與內文可能有不同，來證明「即使相同一篇內容的竹書，筆跡的確是有可能不同的」〔註17〕，所言甚是，則〈競建內之〉、〈季庚子問於孔子〉無論從內容還是簡文製作的過程來看，合爲一篇當是沒有問題的結論。

　　我們觀察《曹沫之陣》篇題與本文，並透過字形比對的方式，可以發現二者應非出於同一書手，《曹沫之陣》的陣字作「戟」，全簡共出現十一次〔註18〕，篇題「戟」字作，內文之「戟」字作（簡 13）、（簡 14）、（簡 43），「」字所從「申」旁上下之「口」旁中的電燿，寫成一斜筆，但簡文中全部的「戟」字共十例，其電燿之形都作「S」形而非作斜筆，保留甲骨、金文的原貌，另外簡 63「神」字作，其「申」旁亦是此種型態。其次，而其所右半從戈，但檢視《曹沫之陣》全簡字中只要從「戈」、「必」等偏旁者，如戟、國、武、戰、戚、戟、城等字，其「戈」、「必」之旁，皆作（簡 43「戟」字所從），兵器刀桿的筆勢成 L 形，但篇名「蔑」、

〔註16〕陳劍：〈談談《上博（五）》的竹簡分篇、拼合與編聯問題〉，武漢大學簡帛網，（2006年 2 月 19 日），網址：http://www.bsm.org.cn/show_article.php?id=204。

〔註17〕參蘇建洲：〈《上博（五）楚竹書》補說〉，武漢大學簡帛網，（2006 年 2 月 23 日），網址：http://www.bsm.org.cn/show_article.php?id=222。

〔註18〕共見簡 2 反、簡 13、簡 14（兩見）、簡 19（三見）、簡 24、簡 43、簡 44、簡 52 等共十一處。

「戝」皆有戈旁，則作 ⊁（戝字所从），戈柄部分筆勢以斜筆呈現，與「⊬」不同，顯然出於二人之手。當然，初識這種現象，我們或許會理解成這是書手刻意的作異好奇，欲使字形風格變化多端，以便展現文字的藝術美，這種情形在現在的書法藝術上還是非常普遍的，只是當我們地毯式的考察內文全部的寫法，發現它與篇題的寫都不合時，我們會了解這已超越了書手作異好奇的程度。因為每個書手皆有自己所特有的書手風格，雖會刻意的力求變化，但卻變中有序，有跡可循，但此處「戝」字偏旁的書寫風格，從未出現於簡文中，則篇題、簡文其出於二人之手明矣。

　　這樣的發現，可以讓過去難題獲得解決，《容成氏》簡篇題寫於最末簡的簡背，我們所謂的「最末簡」只是依現有出土的簡文而言，該簡的最末句為「武王素甲以陳於殷郊，而殷正」，很明顯語句未完，此簡之後仍有若干簡數，只是已經殘斷，無從查考，過去對於這個現象，學者的解釋很紛歧，像趙平安先生就以為「簡之後補上去的。這一判斷引導我們思考一個問題：既然篇題補了上去，為什麼不把殘缺的簡文也補上去呢？想來原因不外兩個，一是沒有必要，二是沒有可能。既然篇題都已經補上去了，補足簡文的必要性是不容懷疑的。所以後一種可能性最大。那麼，《容成氏》在抄寫的時候應該已經是殘本了。李零先生說原書的篇題『估計是在倒數第二、三簡的背面』。言下之意是原書結尾處大約缺兩三支簡，但沒有說明依據。在戰國文獻中，正面舉例常稱『堯舜禹湯文武』，反面常稱『桀紂幽厲』，下限往往止於西周。《容成氏》敘述古帝王已到周武，缺簡應該不會太多。」〔註19〕，蘇建洲以為「當時書手所根據的本子就是『殘本』」〔註20〕，現在我們知道，並沒有必要因為篇題與內文的書手不同，就認為是後來書手所補，其實它可能只是最末的幾簡已經殘斷不存而已。

〔註19〕　見趙平安：〈楚竹書《容成氏》的篇名及其性質〉，收入《華學》第六輯，（北京：紫禁城出版社，2003 年 6 月），頁 75。

〔註20〕　參蘇建洲：《上海博物館藏戰國楚竹書（三）校釋》，臺灣師範大學博士論文，2004年 6 月，頁 16。

第六章　參考書目

一、古籍類

1. 〔漢〕賈誼：《新書》十卷，據明正德吉藩刻本，收入《四部叢刊》初編子部 57，（臺北市：臺灣商務印書館，1989 年）。

2. 〔漢〕劉向：《新序、說苑》，（臺北市：世界出局，1958 年）。

3. 〔漢〕劉向編：《戰國策》，（上海：上海古籍出版社，1958 年 8 月）。

4. 〔漢〕許慎撰、〔宋〕徐鉉校定：《說文解字》，（北京：中華書局，2003 年 1 月）。

5. 〔漢〕許慎撰、〔清〕段玉裁注：《說文解字注》，經韵樓藏版，（臺北市：洪葉出版社，1999 年 11 月）。

6. 〔魏〕何晏：《論語集解》，（北京：中華書局，1997 年 10 月）。

7. 〔魏〕王肅：《論語王氏義說》，清同治辛未（十）年（1871）濟南皇華館書局補刻本，收入《玉函山房輯佚書‧經編‧論語類》。

8. 〔梁〕顧野王：《宋本玉篇》，（北京市：中國書店，1983 年）。

9. 〔唐〕王梵志著、項楚校注：《王梵志詩校注》，（上海市：上海古籍社出版，1991 年）。

10. 〔唐〕李延壽撰、楊家駱主編：《新校本南史附索引》第三冊，（臺北市：鼎文書局，1980 年）。

11. 〔唐〕杜佑撰、王文錦等點校：《通典》第四冊，（北京市：中華書局，1988 年）。

12. 〔唐〕房玄齡等撰、楊家駱主編：《新校本晉書並附編六種》，（臺北市：鼎文書局，1987 年）。

13. 〔唐〕陸德明《經典釋文》，收入《叢書集成新編》第 39 冊，（臺北市：新文豐出版社，1985 年元月）。

14. 〔宋〕夏竦：《古文四聲韻》，（臺北市：學海出版社，1978 年 5 月）。

15. 〔宋〕司馬光：《類編》，（北京：中華書局，2003 年 12 月）。

16. 〔宋〕司馬光撰、〔元〕胡三省音註：《資治通鑑》，收入《文淵閣四庫全書》，卷三百零五。

17. 〔宋〕夏竦集：《古文四聲韻》，（臺北市：學海出版社，1978 年）。

18. 〔宋〕陳彭年撰、李添富主編：《新校宋本廣韻》，（臺北市：洪葉文化，2001 年 9 月）。

19. 〔宋〕朱熹：《大學章句》，收入《叢書集成三編》（11），（臺北：新文豐出版社，1999 年）。

20. 〔宋〕朱熹：《詩集傳》，（臺北：藝文印書館，1950 年）。

21. 〔明〕汪瑗撰、董洪利點校：《楚辭集解》，（北京：北京古籍出版社，1994 年）。

22. 〔南宋〕彭叔夏《文苑英華辨證》，收入《知不足齋叢書（八）》，（臺北市：興中書局，1964 年）。

23. 〔清〕王引之：《經傳釋詞》，（北京市：團結出版社，1993 年）。

24. 〔清〕王先謙：《漢書補注》，（北京市：中華書局，1983 年）。

25. 〔清〕王先謙：《後漢書集解》，（北京：中華書局，1984 年 2 月）。

26. 〔清〕王筠：《說文句讀》，（上海：上海古籍書店，1983 年），據清同治四年（西元 1865 年）王氏刻本影印。

27. 〔清〕朱駿聲：《說文通訓定聲》，（武漢市：武漢古籍書店，1983 年）。

28. 〔清〕俞樾：《古書疑義舉例》，收入楊家駱主編：《古書疑義舉例等七種》，（臺北市：世界書局印行，1962 年 9 月）。

29. 〔清〕孫詒讓遺書、樓學禮校點：《契文舉例》，（濟南市：齊魯書社，1993 年）。

30. 〔清〕孫經世：《經傳釋詞補》，收入《叢書集成》續編語文學類第 70 冊，（臺北市：新文豐出版社，1989 年）。

31. 〔清〕郭慶藩：《校正莊子集釋》，（臺北市：世界書局，1962 年）。

32. 〔清〕阮元《校勘十三經註疏·周易》，嘉慶廿年江西南昌府學開雕影印本，（臺北：藝文印書館，1993 年）。

33. 〔清〕阮元《校勘十三經註疏·尚書》，嘉慶廿年江西南昌府學開雕影印本，（臺北：藝文印書館，1993 年）。

34. 〔清〕阮元《校勘十三經註疏·詩經》，嘉慶廿年江西南昌府學開雕影印本，（臺北：藝文印書館，1993 年）。

35. 〔清〕阮元《校勘十三經註疏·周禮》，嘉慶廿年江西南昌府學開雕影印本，（臺北：藝文印書館，1993 年）。

36. 〔清〕阮元《校勘十三經註疏·儀禮》，嘉慶廿年江西南昌府學開雕影印本，（臺北：藝文印書館，1993 年）。

37. 〔清〕阮元《校勘十三經註疏·禮記》，嘉慶廿年江西南昌府學開雕影印本，（臺北：藝文印書館，1993 年）。

38. 〔清〕阮元《校勘十三經註疏·左傳》，嘉慶廿年江西南昌府學開雕影印本，（臺北：藝文印書館，1993 年）。

39. 〔清〕阮元《校勘十三經註疏·公羊》，嘉慶廿年江西南昌府學開雕影印本，（臺北：藝文印書館，1993 年）。

40. 〔清〕阮元《校勘十三經註疏·穀梁》，嘉慶廿年江西南昌府學開雕影印本，（臺北：藝文印書館，1993 年）。

41. 〔清〕阮元《校勘十三經註疏·孟子》，嘉慶廿年江西南昌府學開雕影印本，（臺北：藝文印書館，1993 年）。

42. 〔清〕阮元《校勘十三經註疏·論語》，嘉慶廿年江西南昌府學開雕影印本，（臺北：藝文印書館，1993 年）。

二、學位論文類

甲、博士論文

1. 王穎：《包山楚簡詞匯研究》，廈門大學博士論文，2004 年 4 月。

2. 張靜：〈郭店楚簡文字研究〉，安徽大學博士論文，2002 年 5 月。

3. 劉釗：《古文字構形研究》，吉林大學博士論文，1991 年。

4. 劉國勝：《楚喪葬簡牘集釋》，武漢大學博士論文，2003 年。

5. 蘇建洲：《上海博物館藏戰國楚竹書（二）校釋》，（臺北市：臺灣師範大學博士論文，2004 年）。

6. 朱疆：《古璽文字量化研究及相關問題》，華東師範大學博士論文，2005 年 4 月。

7. 林清源師：《楚國文字形構演變研究》，東海大學博士論文，1997 年 12 月。

8. 張清俊：《上博楚簡文字研究》，吉林大學博士論文，2005 年 6 月。

乙、碩士論文

1. 房振三：《信陽楚簡文字研究》，安徽大學碩士論文，2003 年 5 月。

2. 國一妹：《《古文四聲韻》異體字處理訛誤的考析》，北京語言文化大學碩士論文，2002 年 6 月。

3. 陳靖欣：《郭店楚簡·教（成之聞之）》文字研究，臺灣師範大學碩士論文，2005 年 6 月。

4. 陳嘉凌：《楚系簡帛字根研究》，臺北市：臺灣師範大學碩士論文，2002 年 6 月。

5. 程燕：《望山楚簡文字研究》，安徽大學碩士學位論文，2002 年 5 月。

6. 董妍希：《金文字根研究》，臺北市：臺灣師範大學碩士論文，2001 年 6 月。

7. 鄒濬智：《《上海博物館藏戰國楚竹書（一）·緇衣》研究》，臺灣師範大學碩士論文，2004 年 6 月。

8. 鄭玉姍：《《上博（一）・孔子詩論》研究》，臺灣師範大學碩士論文，2003 年。

9. 鄧飛：《兩周金文軍事動詞研究》，西南師範大學碩士論文，2003 年。

10. 羅凡晸：《郭店楚簡異體字研究》，臺灣師範大學碩士論文，2000 年 6 月。

11. 田何：《信陽長台關楚簡遣冊集釋》，吉林大學碩士論文，2004 年 5 月。

12. 蔣莉：《楚秦漢簡標點符號初探》，四川師範大學碩士論文，2004 年元月。

三、論文類

1. 《漢印文字匯編》，（臺北市：美術屋發行，1978 年）。

2. 《簡帛書法選》編輯組：《郭店楚墓竹簡》，（北京市：文物出版社，2002 年 12 月）。

3. 丁山遺著、歷史研究編輯委員會編輯：《甲骨文所見氏族及其制度》，（北京：科學出版社，1956 年）。

4. 丁原植：《郭店竹簡老子釋析與研究》，（臺北市：萬卷樓圖書公司，1998 年 9 月）。

5. 丁原植：《郭店楚簡儒家佚籍四種釋析》，（臺北市：臺灣古籍出版，2000 年 12 月）。

6. 于省吾：〈「鄂君啓節」考釋〉，收入《考古》1963 年第 8 期。

7. 于省吾：〈釋古文字中附劃因聲指事字的一例〉，《甲骨文字釋林》，（北京市：中華書局，1979 年）。

8. 于省吾：《甲骨文字釋林》，（北京：中華書局，1999 年）。

9. 于省吾主編、姚孝遂按語編撰：《甲骨文字詁林》，（北京市：中華書局出版，1996 年）。

10. 于振波：〈説「縣令」確爲秦制〉，簡帛研究網，（2005 年 7 月 30 日），網址：http://www.bamboosilk.org/admin3/list.asp?id=1411。

11. 于豪亮：《于豪亮學術文存》，（北京市：中華書局，1985 年）。

12. 大西克也：〈試論上博楚簡緇衣中的「僉」字及相關諸字〉，第四屆國際中國古文字學研討會論文集，（香港：香港中文大學，2003 年 10 月）。

13. 大西克也：〈論古文字資料中的「邦」和「國」〉，《古文字研究》第二十三輯，（北京市：中華書局，2002 年 6 月）。

14. 大通上孫家寨漢簡整理小組：〈大通上孫家寨漢簡釋文〉，《文物》1981 年第二期，（北京：文物出版社，1981 年）。

15. 山西省文物工作委員會：《侯馬盟書》，（北京：文物出版社，1976 年）。

16. 中國社會科學院考古研究所編：《甲骨文編》，（北京：中華書局，2004 年）。

17. 中國社會科學院考古研究所編著：《殷墟花園莊東地甲骨》，考古學專刊乙種第三十六號，（昆明：雲南人民出版社，2003 年 12 月）。

18. 中國社會科學院歷史研究所，中國敦煌吐魯番學會敦煌古文獻編輯委員會，英

國國家圖書館,倫敦大學亞非學院合編:《英藏敦煌文獻》(漢文佛經以外部份)第十卷,(成都市:四川人民出版社,1990 年)。

19. 毛慶:〈《戰國楚竹書(二)‧魯邦大旱》釋字釋句獻疑〉,《南通師範學院學報》(哲學社會科學版),2004 年 9 月。

20. 王冬珍、王讚源校注,《新編墨子》,(臺北市:國立編譯館,2001 年)。

21. 王冬珍等校注:《新編管子》,(臺北市:國立編譯館出版社,2002 年)。

22. 王更生:《晏子春秋今注今譯》,(臺北市:臺灣商務印書館,1987 年)。

23. 王叔岷:《史記斠證》,(臺北市:中央研究院,1983 年)。

24. 王叔岷:《莊子校詮》,(臺北市:中央研究院歷史語言研究所,1994 年)。

25. 王煥鑣、朱淵等參釋:《墨子校釋》,(杭州:浙江文藝出版社,1987 年)。

26. 王衛峰:〈郭店楚簡中的「教」字〉,收入《蘇州大學學報》(哲學社會科學版),2005 年第 1 期。

27. 王輝:《一粟集:王輝學術文存》,(臺北市:藝文印書館,2002 年)。

28. 王輝:《古文字通假釋例》,(臺北市:藝文印書館,1993 年 4 月)。

29. 王襄:《簠室殷契類纂正篇》,(臺北縣板橋市:藝文印書館,1988 年)。

30. 王蘭:〈「牪爾正○(從礻從工)」句試釋〉,武漢大學簡帛網,(2005 年 12 月 10 日)網址:http://www.bsm.org.cn/show_article.php?id=128。

31. 北京大學《荀子》注釋組:《荀子新注》,(北京:中華書局,1979 年 5 月)。

32. 古文字詁林編纂委員會:《古文字詁林》第 1 冊,(上海市:上海教育出版社,1999 年 12 月)。

33. 古文字詁林編纂委員會:《古文字詁林》第 2 冊,(上海市:上海教育出版社,2000 年 12 月)。

34. 古文字詁林編纂委員會:《古文字詁林》第 3 冊,(上海市:上海教育出版社,2001 年 12 月)。

35. 古文字詁林編纂委員會:《古文字詁林》第 4 冊,(上海市:上海教育出版社,2001 年 12 月)。

36. 古文字詁林編纂委員會:《古文字詁林》第 5 冊,(上海市:上海教育出版社,2002 年 12 月)。

37. 古文字詁林編纂委員會:《古文字詁林》第 6 冊,(上海市:上海教育出版社,2003 年 12 月)。

38. 古文字詁林編纂委員會:《古文字詁林》第 7 冊,(上海市:上海教育出版社,2002 年 12 月)。

39. 古文字詁林編纂委員會:《古文字詁林》第 8 冊,(上海市:上海教育出版社,2003 年 12 月)。

40. 古文字詁林編纂委員會:《古文字詁林》第 9 冊,(上海市:上海教育出版社,

2004 年 11 月）。

41. 古文字詁林編纂委員會：《古文字詁林》第 10 冊，（上海市：上海教育出版社，2004 年 10 月）。

42. 古文字詁林編纂委員會：《古文字詁林》第 11 冊，（上海市：上海教育出版社，2004 年 12 月）。

43. 古文字詁林編纂委員會：《古文字詁林》第 12 冊，（上海市：上海教育出版社，2004 年 12 月）。

44. 史黨社：〈銀雀山漢簡《守法》、《守令》研究（二）〉，網址：http://nuhm.pccu.edu.tw/seminar2005/papers/02.htm。

45. 白於藍：〈上博簡《曹沫之陳》釋文新編〉，簡帛研究網，（2005 年 4 月 10 日），網址：http://www.jianbo.org/admin3/2005/baiyulan001.htm。

46. 朱右曾：《逸周書集訓校釋》，收入《皇清經解續編（三）》彙編叢刊第三冊，（臺北市：漢京文化，，1980 年）。

47. 朱守亮：《韓非子釋評》第三冊，（臺北市：五南出版社，1992 年）。

48. 朱歧祥：〈甲骨文一字異形研究〉，《甲骨學論叢》，（臺北市：臺灣學生書局，1992 年）。

49. 朱歧祥：《甲骨學論叢》，（臺北市：臺灣學生書局，1992 年）。

50. 朱歧祥：《殷墟甲骨文字通釋稿》，（臺北市：文史哲，1989 年）。

51. 朱歧祥〈釋讀幾版子組卜辭──由花園莊東地甲骨的特殊行款說起〉，《中國文字》第二十七期。

52. 朱芳圃：《殷周文字釋叢》，（臺北市：臺灣學生書局，1972 年 8 月）。

53. 朱德熙：《朱德熙古文字論集》，（北京：中華書局，1995 年 1 月）。

54. 竹田健二：〈「曹沫之陳」における竹簡の綴合と契口〉，《東洋古典學研究（19）》，廣島大學東洋古典學研究會，2005 年 5 月。又發表於 2005 年 12 月 2、3 日政治大學中文系「出土簡帛文獻與古代學術國際研討會」，收入《出土簡帛文獻與古代學術國際研討會論文集》。

55. 何有祖：〈上博五《弟子問》試讀三則〉，（2006 年 2 月 20 日），網址：http://www.bsm.org.cn/show_article.php?id=209。

56. 何有祖：〈上博楚竹書（四）箚記〉，簡帛研究網，（2005 年 4 月 15 日），網址：http://www.jianbo.org/admin3/2005/heyouzu001.htm。何有祖：〈《季庚子問於孔子》與《姑成家父》試讀〉，武漢大學簡帛網，（2006 年 2 月 19 日），網址：http://www.bsm.org.cn/show_article.php?id=202#_ftn3。

57. 何有祖：〈上博五楚竹書《競建內之》箚記五則〉，武漢大學簡帛網，2006 年 2 月 18 日。

58. 何金松：〈漢字形義考源〉，《華中師範大學學報》（哲學社會科學版），1994 年，第四期。

59. 何琳儀、程燕：〈郭店簡《老子》校記（甲篇）〉，《簡帛研究二○○二、二○○三》，（桂林：廣西師範大學出版社，2005 年 6 月）。

60. 何琳儀：〈郭店竹簡選釋〉，《簡帛研究 2001》，（桂林市：廣西師範大學出版社，2001 年）。又見《文物研究》，總第 12 輯，1999 年 12 月。

61. 何琳儀：〈滬簡二冊選釋〉，簡帛研究網，（2003 年 01 月 14 日），網址：http://www.jianbo.org/Wssf/2003/helinyi01.htm。

62. 何琳儀：《戰國古文字典》，（北京：中華書局，1998 年）。

63. 何樂士：《古代漢語虛詞通釋》，（北京市：北京出版社，1985 年）。

64. 余大維：《孫臏兵法校理》，（臺北市：明文書局，1985 年 4 月）。

65. 余培林師：《詩經正詁》，（臺北：三民書局，2005 年 2 月修定二版一刷）。

66. 吳其昌：《殷虛書契解詁》，（臺北市：藝文印書館，1960 年）。

67. 吳則虞編著：《晏子春秋集釋》，（北京市：中華書局，1961 年）。

68. 吳振武：〈「𢼊」〉字的形音義」〉，收入臺灣師範大學國文學系，中研院歷史語言研究所編輯：《甲骨文發現一百週年學術研討會論文集》，（臺北市：文史哲出版社，1998 年）。

69. 吳振武：〈新見西周再簋銘文釋讀〉，收《史學集刊》2006 年第 2 期。亦見武漢大學簡帛網，（2006 年 3 月 26 日），網址：http://www.bsm.org.cn/show_article.php?id=299#_ftnref12。

70. 宋建華、曹錦炎：《新編甲骨文字形總表》，（香港：香港中文大學，2001 年）。

71. 李天虹：〈釋楚簡文字慶〉，《華學》第四輯，（北京：紫城出版社，2000 年 8 月）。

72. 李生龍注譯、李振興校閱《新譯墨子讀本》，（臺北市：三民書局，1996 年）。

73. 李守奎：〈《曹沫之陣》之隸定與古文字隸定方法初探〉，收入中國文字學會主編：《漢字研究》第一輯，（北京：學苑出版社，2005 年 6 月）。

74. 李守奎：《楚文字編》，（上海：華東師範大學出版社，2003 年 12 月）。

75. 李孝定：《甲骨文字集釋》，（臺北市：中央研究院歷史語言研究所，1965 年）。

76. 李圃主編：《古文字詁林》第八冊，（上海上海教育出版社，2003 年 12 月）。

77. 李家浩：〈五六號墓竹簡釋文與考釋〉，《九店楚簡》，（北京：中華書局，1999 年）。

78. 李家浩：〈包山 266 號簡所記木器研究〉，《國學研究》第 2 輯，（北京：北京大學出版社。

79. 李家浩：〈讀郭店楚墓竹簡》瑣議〉，《郭店楚簡研究》，中國哲學第二十輯，（瀋陽：遼寧教育出版社，1999 年 1 月）。

80. 李家浩：《著名中年語言學家自選集・李家浩卷》，（合肥市：安徽教育出版社，2002 年）。

81. 李振興、黃沛榮、賴明德師註釋：《新譯顏氏家訓》，（臺北市：三民書局，1993年）。

82. 李零：〈中國歷史上的恐怖主義：刺殺和劫持（上）〉，《讀書》，第 11 期。

83. 李零：〈長台關楚簡《申徒狄》研究〉，簡帛研究網，（2000 年 8 月 8 日），網址：http://www.jianbo.org/Wssf/Liling2-01.htm#_ftn9。

84. 李零：〈為什麼說曹劌和曹沫是同一人——為讀者釋疑，兼談兵法與刺客的關係〉，《讀書》，第 9 期。

85. 李零：〈參加「新出簡帛國際學術研討會」的幾點感想〉，簡帛研究網，（2000年 11 月 16 日），網址：http://www.jianbo.org/Wssf/Liling3-01.htm。

86. 李零：〈讀《楚系簡帛文字編》〉，《出土文獻研究》第五集，（科學出版社，1999年）。

87. 李零：《吳孫子發微》，（北京：中華書局，1997 年 6 月）。

88. 李零：《郭店楚簡三篇校讀記》，（臺北：萬卷樓圖書公司，2002 年 3 月）。

89. 李零：《郭店楚簡校讀記》，《道家文化研究》，第 17 輯，（北京：三聯書店出版社，1999 年 8 月）。

90. 李零：《郭店楚簡校讀記》增訂本，（北京：北京大學出版社，2002 年 9 月）。

91. 李零：《簡帛古書與學術源流》，（北京：生活・讀書・新知三聯書局，2004 年4 月）。

92. 李夢生：《左傳譯注》，（上海市：上海古籍出版社，1998 年）。

93. 李漁叔註譯：《墨子今註今譯》，（臺北市：臺灣商務印書館，1988 年 4 月）。

94. 李增杰：《吳子注譯析》，（廣州市：廣東高等教育出版社，1986 年）。

95. 李銳：〈《曹劌之陣》重編釋文〉，簡帛研究網，（2005 年 5 月 27 日），網址：http://www.jianbo.org/admin3/2005/lirui003.htm。

96. 李銳：〈讀上博四箚記（一）〉，簡帛研究網，（2005 年 2 月 20 日），網址：http://www.jianbo.org/admin3/2005/lirui001.htm。

97. 李銳：〈讀上博四札記（二）〉，孔子 2000，（2005 年 2 月 20 日），網址：http://www.confucius2000.com/admin/list.asp?id=1618。

98. 李銳：〈讀上博四箚記（三）〉，孔子 2000，（2005 年 2 月 21 日），網址：http://www.confucius2000.com/admin/list.asp?id=1621

99. 李學勤：〈上博楚簡魯邦大旱解義〉，《上海博物館藏戰國楚竹書研究・續編》，（上海：上海書店出版社，2004 年 7 月）。

100. 李學勤：〈試解郭店簡讀「文」之字〉，《孔子・儒學研究文叢（一）》，（齊魯書社，2001 年）。

101. 李學勤：〈論包山簡中一楚先祖名〉，《文物》1988 年第 8 期。

102. 李學勤：《中國古代文明十講・中國古代文明研究》，（上海：復旦大學出版社，2003 年 8 月）。

103. 李興斌、楊玲：《孫子兵法新釋》，（濟南：齊魯書社，2002 年 3 月）。

104. 李鍌師、陳新雄師、李殿魁等編：教育部《異體字字典》網路版，民國 93 年 1 月正式五版，網址：http://140.111.1.40/main.htm。

105. 沈培：〈周原甲骨文裡的「囟」和楚墓竹簡裡的「囟」或「思」〉，收入《漢字研究》第一輯，學苑出版社。

106. 邢文：〈郭店、上博楚簡整理研究的最新進展〉，《國際簡帛研究通訊》，第四卷第二期，2004 年 8 月。

107. 周法高等編：《金文詁林》，（香港：香港中文大學，1975 年）。

108. 周鳳五：〈郭店楚墓竹簡唐虞之道新釋〉，，中央研究院歷史語言研究所集刊，第 70 本第 3 分，1999 年 10 月。

109. 周鳳五：〈郭店楚簡識字雜記〉，張以仁先生七秩壽慶論文集編輯委員會編：《張以仁先生七秩壽慶論文集》，（臺北市：臺灣學生書局，1999 年）。

110. 周鳳五：〈讀上博楚竹書《從政（甲篇）》札記〉，簡帛研究網，（2003 年 1 月 10 日），網址：http://www.jianbo.org/Wssf/2003/zhoufengwu01.htm#_ftnref2。

111. 孟蓬生：〈上博竹書（二）字詞箚記〉，簡帛研究網，（2003 年 2 月 14 日），網址：http://www.jianbo.org/Wssf/2003/mengpengsheng01.htm。

112. 孟蓬生：〈上博竹書（四）閒詁（續）〉，簡帛研究網，（2005 年 3 月 6 日），網址：http://www.jianbo.org/admin3/2005/mengpengsheng002.htm。

113. 孟蓬生：〈上博竹書（四）閒詁〉，簡帛研究網，（2005 年 2 月 15 日），網址：http://www.jianbo.org/admin3/2005/mengpengsheng001.htm。

114. 季旭昇師：〈上博五芻議（上）〉，武漢大學簡帛網，（2006 年 2 月 18 日），網址：http://www.bsm.org.cn/show_article.php?id=195。

115. 季旭昇師：〈上博五芻議（下）〉，武漢大學簡帛網，（2006 年 2 月 18 日），網址：http://www.bsm.org.cn/show_article.php?id=196。

116. 季旭昇師：〈上博四零拾〉，簡帛研究網，（2005 年 2 月 15 日），網址：http://www.jianbo.org/admin3/2005/jixusheng002.htm。

117. 季旭昇師：〈由上博詩論「小宛」談楚簡中幾個特殊的從冐的字〉，《漢學研究》第 20 卷第 2 期，2002 年 12 月。論文亦見漢學研究中心網站，網址：http://ccs.ncl.edu.tw/Chinese_studies_20_2/377_397.pdf。

118. 季旭昇師：〈說气〉，收入《中國文字》新 26 期，（臺北：藝文印書館，2000 年 12 月）。

119. 季旭昇師：〈說朱〉，見《甲骨文發現 百周年學術研討會論文集》，臺灣師範大學國文系，1998 年 5 月 10 日。

120. 季旭昇師：〈讀郭店、上博簡五題：舜、河滸、紳而易、牆有茨、宛丘〉，《中國文字》新廿七，（臺北：藝文印書館，2001 年 12 月）。

121. 季旭昇師：《甲骨文字根研究（修訂本）》，（臺北：國立編譯館主編、文史哲出

版社印行，2002 年）。

122. 季旭昇師：《說文新證（上冊）》，（臺北市：藝文印書館，2002 年 10 月）。

123. 季旭昇師：《說文新證（下冊）》，（臺北市：藝文印書館，2004 年 11 月）。

124. 季旭昇師主編：《上海博物館藏戰國楚竹書（一）·讀本》，（臺北市：萬卷樓圖書公司，2004 年 6 月第二次印刷）。

125. 季旭昇師主編：《上海博物館藏戰國楚竹書（二）·讀本》，（臺北市：萬卷樓圖書公司，2003 年 7 月）。

126. 季旭昇師主編：《上海博物館藏戰國楚竹書（三）·讀本》，（臺北市：萬卷樓圖書公司，2005 年）。

127. 宗福邦、陳世鐃、蕭海波主編：《故訓匯纂》，（北京：商務印書館，2003 年）。

128. 屈萬里：《殷虛文字甲編考釋》，（臺北市：聯經出版社，1984 年）。

129. 林志鵬：〈上博楚竹書《競建內之》重編新解〉，武漢大學簡帛網，2006 年 2 月 25 日，網址：http://www.bsm.org.cn/show_article.php?id=234。

130. 林素清：〈利用出土戰國楚竹書資料檢討《尚書》異文及相關問題〉，收入龍宇純先生七秩晉五壽慶論文集編輯委員會編：《龍宇純先生七秩晉五壽慶論文集》，（臺北市：臺灣學生書局，2002 年）。

131. 林素清：〈簡牘符號試論——從楚簡上的符號談起〉，《第一屆簡帛學術討論會》，（臺北：中國文化大學史學系主辦，1999 年 12 月）。

132. 林澐：〈說飄風〉，《林澐學術文集》，（北京：中國大百科出版社，1998 年 12 月）。

133. 河南省文物考古研究所：《新蔡葛陵楚墓》，（鄭州：大象出版社，2003 年 10 月）。

134. 邵丹：〈「宰予晝寢」正詁〉，《孔子研究》2003 年第 2 期。

135. 邵增樺註釋：《韓非子今註今譯》，（臺北市：臺灣商務印書館，1990 年）。

136. 邱德修：《上博楚簡容成氏注譯考證》，（臺北市：臺灣古籍，2003 年）。

137. 邴尚白：〈上博楚竹書《曹沫之陣》注釋〉，臺灣大學《中國文學研究》第二十一期，2006 年。

138. 俞志慧：〈讀上博四《昭王毀室》小箚：「訋寇」當釋爲「召寇」〉，簡帛研究網，（2005 年 3 月 24 日），網址：http://www.bamboosilk.org/admin3/list.asp?id=1354。

139. 姚孝遂：〈古文字的符號問題〉，《古文字學論集.初編》，（香港：香港中文大學印行，1983 年）。

140. 胡芬娜：〈郭店楚墓竹簡《老子》「大器曼成」釋讀獻疑〉，收入《語文學刊》，南京大學中文系，2002 年第五期。

141. 范常喜：〈《上博五·弟子問》1、2 號簡殘字補說〉，（2006 年 5 月 21 日），網址：http://www.bsm.org.cn/show_article.php?id=349。

142. 范常喜：〈《上博四·曹沫之陳》「車輦皆栽（載）」補議〉，簡帛研究網，（2005

年 4 月 15 日），網址：http://www.jianbo.org/admin3/2005/fanchangxi003.htm。

143. 范常喜：〈《曹沫之陳》「君言無以異於臣之言君弗書」臆解〉，簡帛研究網，（2005 年 2 月 20 日），網址：http://www.jianbo.org/admin3/2005/fanchangxi001.htm。

144. 夏傳才、唐紹忠注：《曹丕集校注》，（鄭州市：中州古籍出版社，1992 年）。

145. 孫啓明：〈《行氣銘》古文字研究〉，《醫古文知識》，2001 年第四期。

146. 孫詒讓著、李笠校補：《校補定本墨子閒詁》，（臺北市：藝文）。

147. 容庚編：《金文編》，（北京：中華書局，2004 年 8 月）。

148. 徐中舒：《甲骨文字典》，（四川辭書出版社，2003 年 3 月）。

149. 徐元誥、王樹民點校：《國語集解》，（上海：中華書局，2002 年）。

150. 徐在國、黃德寬：〈郭店楚簡文字續考〉，《江漢考古》，1999 年第二期。

151. 徐在國：〈說「畀」及其相關字〉，簡帛研究網，（2005 年 3 年 4 日），網址：http://www.jianbo.org/admin3/2005/xuzaiguo001.htm。

152. 徐在國：《隸定「古文」疏證》，（合肥市：安徽大學出版社，2002 年）。

153. 晏昌貴：〈《三德》四箚〉，武漢大學簡帛網，（2006 年 3 月 7 日），網址：http://www.bsm.org.cn/show_article.php?id=272。

154. 秦志華：〈《上海博物館藏戰國楚竹書》第四冊出版情況〉，簡帛研究網，（2004 年 12 月 26 日），網址：http://www.jianbo.org/admin3/list.asp?id=1284。

155. 荊門市博物館《簡帛書法選》編輯組：《郭店楚簡》，（北京：文物出版社，2002 年 12 月）。

156. 荊門市博物館編：《郭店楚墓竹簡》，（北京市：文物出版社，1998 年）。

157. 袁仲一、劉鈺：《秦文字類編》，（西安市：陝西人民教育出版社，1993 年 11 月）。

158. 袁國華師：〈上海博物館藏戰國楚竹書（二）字句考釋〉，大阪大學《中國研究集刊》第 36 號，（大阪：大阪大學文學部中國哲學研究室，2004 年）。

159. 袁國華師：〈上博楚竹書（四）〈昭王毀室〉新釋〉，《第三屆簡帛學術研討會——簡帛與歷史·地理》，（臺北：中國文化大學，2005 年 5 月）。或見網站：http://nuhm.pccu.edu.tw/seminar2005/papers/08.htm。

160. 袁國華師：〈包山楚簡文字考釋〉，《第二屆國際中國古文字學研討會論文集：香港中文大學三十周年校慶》，（香港：香港中文大學中國語言及文學系，1993 年）。

161. 袁國華師：〈江陵望山楚簡「青帝」考〉，原載《華學》第五輯，（廣州市：中山大學出版社，2001 年 12 月）。亦收入張光裕編著、袁國華師合著：《望山楚簡校錄》，（臺北市：藝文印書館，2004 年，12 月）。

162. 袁國華師：〈郭店楚墓竹簡从匕諸字以及與此相關的詞語考釋〉，《史語所集刊》第七十四本第一分，2003 年 3 月。

163. 袁暉、管錫華、岳方遂：《漢語標點符號流變史》，（武漢市：湖北教育出版社，

2002 年）。

164. 馬承源主編：《上海博物館藏戰國楚竹書（一）》，（上海：上海古籍出版社，2001年 11 月）。

165. 馬承源主編：《上海博物館藏戰國楚竹書（二）》，（上海：上海古籍出版社，2002年 12 月）。

166. 馬承源主編：《上海博物館藏戰國楚竹書（三）》，（上海：上海古籍出版社，2003年 12 月）。

167. 馬承源主編：《上海博物館藏戰國楚竹書（四）》，（上海：上海古籍出版社，2004年 12 月）。

168. 馬承源主編：《上海博物館藏戰國楚竹書（五）》，（上海：上海古籍出版社，2005年 12 月）。

169. 馬持盈《詩經今註今譯》，（臺北市：臺灣商務，1971 年）。

170. 馬敘倫：《讀金器刻詞》，（北京市：中華書局，1962 年）。

171. 高亨：《詩經今注》，（臺北市：里仁書局，1880 年 10 月）。

172. 高亨纂著、董治安整理《古字通假會典》，（濟南：齊魯書社，1997 年 7 月）。

173. 高佑仁：〈《上海博物館藏戰國楚竹書（二）‧民之父母》校讀〉，臺灣師範大學國文系《思辨集》第八集。

174. 高佑仁：〈《上博四》箚記三則〉，武漢大學簡帛網，（2006 年 2 月 24 日），網址：http://www.bsm.org.cn/show_article.php?id=228。

175. 高佑仁：〈《姑成家父》札記一則〉，武漢大學簡帛網，（2006 年 2 月 24 日），網址：http://www.bsm.org.cn/show_article.php?id=230。

176. 高佑仁：〈《曹沫之陣》「早」字考釋——從楚系「𣥂」形的一種特殊寫法談起〉，（2005 年 11 月 27 日），武漢大學簡帛網，文章網址：http://www.bsm.org.cn/show_article.php?id=119。

177. 高佑仁：〈《曹沫之陣》校讀九則〉，（2005 年 11 月 13 日），簡帛研究網，網址：http://www.jianbo.org/admin3/2005/gaoyouren004.htm。

178. 高佑仁：〈《曹沫之陣》簡「沒身就世」釋讀〉，《文字的俗寫現象及多元性——第十七屆中國文字學全國學術研討會論文集》，（臺北縣板橋市：聖環圖書公司，95 年）。

179. 高佑仁：〈「君必不已則由其本乎」釋讀〉，（2005 年 9 月 4 日），簡帛研究網，網址：http://www.jianbo.org/admin3/2005/gaoyouren003.htm。

180. 高佑仁：〈談《唐虞之道》與《曹沫之陣》的「沒」字〉，武漢大學簡帛網，（2005年 12 月 25 日），網址：http://www.bsm.org.cn/show_article.php?id=145。

181. 高佑仁：〈談《曹沫之陣》「為和於陣」的編聯問題〉，武漢大學簡帛網，（2006年 2 月 28 日），網址：http://www.bsm.org.cn/show_article.php?id=248。

182. 高佑仁：〈談《曹沫之陣》的「沒身就世」〉，武漢大學簡帛網，（2005 年 2 月

20 日），網址：http://www.bsm.org.cn/show_article.php?id=212。

183. 高佑仁：〈談戰國楚系「夜」字的一種特殊寫法〉，孔子 2000，（2005 年 4 月 8 日），網址：http://www.confucius2000.com/admin/list.asp?id=1923。

184. 高佑仁：〈論《曹沫之陣》簡 17 之「愛」字〉，簡帛研究網，（2005 年 8 月 23 日），網址：http://www.confucius2000.com/admin/list.asp?id=1923。

185. 高佑仁：〈論《魯邦大旱》、《曹沫之陣》之「飯」字〉，簡帛研究網，（2005 年 2 月 20 日），網址：http://www.jianbo.org/admin3/2005/gaoyouren001.htm。

186. 高佑仁：〈讀《上博四》箚記三則〉，武漢大學簡帛網，（2006 年 2 月 24 日），網址：http://www.bsm.org.cn/show_article.php?id=228。

187. 高佑仁：〈讀《曹沫之陣》心得兩則：「幾」、「非山非澤，亡有不民」〉，簡帛研究網，（2005 年 4 月 3 日），網址：
http://www.jianbo.org/admin3/2005/gaoyouren002.htm。

188. 高明：《中國古文字學通論》，（北京市：文物出版社，1987 年 4 月）。

189. 高明：《古文字類編》，（北京：中華書局，1980 年 11 月）。

190. 高明註譯：《大戴禮記今註今譯》，（臺北市：臺灣商務印書館，1975 年）。

191. 高柏園等著：《中國哲學史》，（臺北縣：空中大學印行，2000 年出版三刷）。

192. 高鴻縉：《中國字例》，（臺北市：三民書局，1992 年 10 月九版）。

193. 商承祚：《說文中之古文考》，（上海市：上海古籍出版社，1983 年）。

194. 張光裕：〈從簡帛所見「然后」看「句」、「后」、「逡」諸字的關係〉，收入《出土簡帛文獻與古代學術國際研討會》，2005 年 12 月 2、2 日，政治大學中文系。

195. 張光裕：〈新見宋君夫人鼎銘「爲民父母」與經典詮釋〉，《第四屆國際文字學研討會論文集》，（香港：香港中文大學，2003 年 10 月）。

196. 張光裕主編、袁國華師合著：《包山楚簡文字編》，（臺北市：藝文印書館，1992 年，11 月）。

197. 張光裕主編、袁國華師合著：《郭店楚簡研究》，（臺北市：藝文印書館，1999 年，元月）。

198. 張光裕編著、袁國華師合著：《望山楚簡校錄》，（臺北市：藝文印書館，2004 年，12 月）。

199. 張守中：《郭店楚簡文字編》，（北京：文物出版社，2000 年 5 月）。

200. 張守中：《睡虎地秦簡文字編》，（北京：文物出版社，1994 年 2 月）。

201. 張政烺《中山王嚳壺及鼎銘考釋》，收入《古文字研究》第一輯，（北京：中華書局，1979 年 8 月）。

202. 張桂光：〈《郭店楚墓竹簡》釋注續商榷〉，《簡帛研究二○○一》，（桂林：廣西師範大學出版社，2001 年 9 月）。

203. 張桂光：〈甲骨文「丂」字形義再釋〉，（北京：中華書局，2004 年）。

204. 張桂光：《古文字學論集》（北京：中華書局，2004 年）。

205. 張素貞校注：《新編韓非子》，（臺北市：國立編譯館，2001 年）。

206. 張清浚：〈新蔡葛零簡楚墓竹簡文字補正〉，《中原文物》，2005 年第 4 期。

207. 張富海：《北大中國古文獻研究中心「郭店楚簡研究」專案新動態》，簡帛研究網，（2003 年 6 月 2 日）。

208. 張震澤：《孫子兵法校理》，（臺北市：明文書局，1985 年）。

209. 張頜：《古幣文編》，（北京：中華書局，1986 年）。

210. 張顯成：《簡帛文獻學通論》，（北京：中華書局，2004 年）。

211. 梁立勇：〈郭店簡二三字試釋〉，簡帛研究網，（2003 年 1 月 17 日）網址：http://www.jianbo.org/Wssf/2003/liangliyong01.htm。

212. 淺野裕一：〈上博楚簡〈曹沫之陳〉的兵學思想〉，簡帛研究網，（2005 年 9 月 25 日），網址：http://www.jianbo.org/admin3/2005/qianyeyuyi001.htm。

213. 許無咎：〈《内禮》箚記一則〉，簡帛研究網，（2005 年 3 月 1 日），網址：http://www.bamboosilk.org/admin3/list.asp?id=1336。

214. 連劭名：〈甲骨刻辭中的血祭〉，收入《古文字研究》第十六輯，中華書局，1989 年。

215. 郭沫若、聞一多、許維遹：《管子集校》，（北京：科學出版社，1956 年）。

216. 郭沫若：《甲骨文字研究》，（香港：中華書局香港分局，1976 年）。

217. 郭沫若：《兩周金文辭大系圖錄考釋》，（上海市：上海書店出版社，，1999 年）。

218. 郭沫若著、郭沫若著作編輯出版委員會編殷契粹編：《郭沫若全集》考古編第三卷《殷契粹編考釋》，（北京：科學出版社，2002 年）。

219. 陳初生撰、曾憲通校審：《金文常用字典》，（西安：陝西人民出版社，2004 年 1 月）。

220. 陳垣：《元典章校補釋例》（又名《校勘學釋例》），（上海書店出版社，1997 年 7 月）。

221. 陳垣編：《敦煌劫餘錄》，收入《中國西北文獻叢書續編・敦煌學文獻卷》卷 5，（蘭州市：甘肅文化出版社，1999 年）。

222. 陳奐：《詩毛氏傳疏》，收入《皇清經解續編》第十二冊，（臺北：復興書局，1972 年）。

223. 陳英傑：楚簡箚記二則，簡帛研究網，（2005 年 2 月 7 日），網址：http://www.jianbo.org/admin3/2005/chenyingjie001.htm。

224. 陳偉：〈楚竹書《周易》文字試釋〉，簡帛研究網，（2004 年 4 月 18 日），網址：http://www.bamboosilk.org/admin3/list.asp?id=1143。

225. 陳偉：《包山楚簡初探》，（武漢：武漢大學，1996 年 8 月）。

226. 陳偉：《郭店竹書別釋》，（武漢：湖北教育出版社，2002 年）。

227. 陳斯鵬：〈上海博物館藏楚簡《曹沫之陣》釋文校理稿〉：簡帛研究網，（2005年2月20日），網站：http://www.jianbo.org/admin3/list.asp?id=1328。

228. 陳斯鵬：〈初讀上博簡〉，簡帛研究網，（2002年2月5日），網址：http://www.jianbo.org/Wssf/2002/chensipeng01.htm。

229. 陳斯鵬：〈論周原甲骨和楚系簡帛中的「囟」與「思」——兼論卜辭命辭的性質〉，《第四屆國際中國古文字學研討會論文集》，（香港：香港中文大學，2003年10月）。

230. 陳斯鵬：〈讀郭店楚墓竹簡箚記（10則）〉，《中山大學學報論叢》，1999年第6期。

231. 陳雄根標點：《新式標點廣雅疏證》十卷，（香港：香港中文大學出版社，1978年。

232. 陳新雄師：《古音研究》，（臺北市：五南出版社，2000年，11月二版）。

233. 陳煒湛：〈甲骨文同義詞研究〉，收入國際中國古文字學研討會論文集編輯委員會編：《古文字學論集·初編》，（香港：香港中文大學印行，1983年）。

234. 陳煒湛：〈我如何教古文字〉，收入《中山大學學報論叢》，1991年第一期。

235. 陳劍，《上博竹書〈昭王與龔之脽〉和〈柬大王泊旱〉讀後記》，簡帛研究網，（2005年2月15日），網址 http://www.jianbo.org/admin3/2005/chenjian002.htm。

236. 陳劍：〈上博竹書《曹沫之陳》新編釋文（稿）〉，簡帛研究網，（2005年2月12日），網址：http://www.jianbo.org/admin3/2005/chenjian001.htm。

237. 陳劍：〈上博簡《子羔》、《從政》篇的拼合與編連問題小議〉，簡帛研究網，（http://www.jianbo.org），2003年1月9日。

238. 陳劍：〈上博簡《容成氏》的拼合與編連問題〉，簡帛研究網，（2003年1月9日），網址：http://www.jianbo.org/Wssf/2003/chenjian02.htm。

239. 陳劍：〈甲骨金文「𢦏」字補釋〉，收入《古文字論集》第二十五輯，（北京：中華書局，2004年）。

240. 陳劍：〈談談《上博（五）》的竹簡分篇、拼合與編聯問題〉，武漢大學簡帛網，（2006年2月19日），網址：http://www.bsm.org.cn/show_article.php?id=204。

241. 陳劍：〈釋上博竹書《昭王毀室》的「幸」字〉，收入《漢字研究》（第一輯），（北京：學苑出版社，2005年）。

242. 陳劍：《甲骨金文舊釋「尤」之字及相關諸字新釋》，《北京大學中國古文獻研究中心集刊》第四輯，北京大學出版社，2004年。

243. 陳劍〈上博竹書《曹沫之陳》新編釋文（稿）〉，見簡帛研究網 http://www.jianbo.org/admin3/2005/chenjian001.htm。

244. 陳霞村：《古代漢語虛詞類解》，（太原市：山西教育出版社，1992年）。

245. 陳麗桂師：〈近三十年出土儒道古佚文獻在中國思想史上的意義與貢獻〉，簡帛研究網，（2005年8月10日），網址：

http://www.jianbo.org/admin3/2005/chenligui001.htm。又收入《陳滿銘教授七秩榮退誌慶論文集》，（臺北：萬卷樓圖書公司，2005 年）。

246. 陶梅生注譯、葉國良校閱《新譯晏子春秋》，（臺北市：三民書局，1998 年）。

247. 傅紹傑：《吳子今註今譯》，（臺北市，臺灣商務印書館，1976 年）。

248. 斐學海：《古書虛字集釋》，（臺北市：廣文書局，1989 年 7 月）。

249. 湖北省文物考古研究所、北京大學中文系編：《九店楚簡》，（北京市：中華書局，2000 年）。

250. 湖北省文物考古研究所、北京大學中文系編：《望山楚簡》，（北京市：中華書局，1995 年）。

251. 湖北省荊州市周梁玉橋遺址博物館編：《關沮秦漢墓簡牘》，（北京市：中華出版社，2000 年）。

252. 湖北省荊沙鐵路考古隊編：《包山楚簡》，（北京市：文物出版社，1991 年）。

253. 湯餘惠、吳良寶：〈郭店楚簡文字拾零（四篇）〉，《簡帛研究 2001》（上），（桂林市：廣西師範大學出版社，2001 年）。

254. 湯餘惠：《戰國文字編》，（福州：福建人民出版社，2001 年 12 月）。

255. 黃人二：《上海博物館藏戰國楚竹書（一）研究》，（臺中縣：高文出版社，2002 年）。

256. 黃焯：《古今聲類通轉表》，（上海：上海古籍出版社，1983 年 6 月）。

257. 黃德寬：〈《戰國楚竹書》（二）釋文補正〉，簡帛研究網，（2003 年 1 月 21 日），網址：http://www.jianbo.org/Wssf/2003/huandekuan01.htm。

258. 黃錫全：《汗簡注釋》，（武漢：武漢大學出版社，1990 年）。

259. 楊丙安校理：《十一家注孫子校理》，（北京：中華書局，2004 年重印）。

260. 楊伯峻：《春秋左傳注》（修訂本），（北京：中華書局，2005 年）。

261. 楊樹達：《文字形義學》，（上海市：上海古籍出版社，1988 年）。

262. 楊澤生：〈上海博物館所藏竹書箚記〉，簡帛研究網，（2003 年 4 月 16 日），網址：http://www.jianbo.org/Wssf/2003/yangzesheng03.htm。

263. 楊澤生：〈上海博物館所藏楚簡文字說叢〉，簡帛研究網，（2002 年 2 月 3 日）：網址：http://www.jianbo.org/Wssf/2002/yangzesheng02.htm。

264. 楊澤生：〈上海博物館藏楚簡文字雜說〉，《江漢考古》2002 年第 3 期。

265. 楊寶忠：《論衡校箋》，（石家莊市：北教育出版社，1999 年 1 月）。

266. 董作賓：《殷曆譜》，（四川南溪李莊：中央研究院歷史語言研究所，1945 年）。

267. 董珊：〈中山國題銘考釋拾遺（三則）〉，收入安平秋等編：《北京大學中國古文獻研究中心集刊》第四輯，（北京：北京大學出版社，2004 年 10 月）。

268. 董蓮池：〈《老子》「大器晚成」即「大器无成」說補證〉，古籍整理研究學刊，2000 年第 5 期。

269. 虞萬里：〈上博簡、郭店簡〈緇衣〉與傳本合校補證〉，收入上海社會科學院歷史研究所史林編輯部編：《史林》，（上海市：上海社會科學院出版社，2002 年第二期）。

270. 裘錫圭、李家浩：〈曾侯乙墓鐘磬銘文釋文說明〉，《音樂研究》隨縣出土文物專輯，（北京市：人民音樂出版社，1981 年）。

271. 裘錫圭：〈甲骨文中所見的商代農業〉，收入《古文字論集》，（北京市：中華書局，1992 年）。

272. 裘錫圭：〈甲骨文中的見與視〉，《甲骨文發現一百周年學術研討會論文集》，（臺北：文史哲出版社，1999 年 8 月）。

273. 裘錫圭：〈郭店〈老子〉簡初探〉，《道家文化》第十七輯（郭店楚簡專號）。

274. 裘錫圭：〈談談上博簡和郭店簡中的錯別字〉，《中國出土文獻十講》，（上海：復旦大學出版社，2004 年 12 月）。

275. 裘錫圭：〈釋殷虛卜辭中的𢀛𢀛等字〉，收入《第二屆國際中國古文字學研討會論文集：香港中文大學三十周年校慶》，香港中文大學中國語言及文學系，1993 年。

276. 裘錫圭：〈釋「萬」〉，《古文字論集》，中華書局 1992 年 8 月。

277. 廖名春：〈郭店楚簡引《書》論《書》考〉，武漢大學中國文化研究院編：《郭店楚簡國際學術研討會論文集》，（武漢市：湖北人民出版社，2000 年）。

278. 廖名春：〈楚竹書《曹沫之陣》與《慎子》佚文〉，簡帛研究網，（2005 年 2 月 12 日），網址：http://www.jianbo.org/admin3/2005/liaominchun003.htm。

279. 廖名春：〈楚簡《周易‧頤》卦試釋〉，簡帛研究網，（2004 年 4 月 24 日），網址：http://www.jianbo.org/ADMIN3/HTML/liaominchun04.htm#_ftnref12。

280. 廖名春：〈讀楚竹書《曹沫之陳》箚記〉，簡帛研究網，（2005 年 2 月 12 日），網址：http://www.jianbo.org/admin3/2005/liaominchun002.htm。

281. 聞一多：《天問疏證》，（北京：生活‧讀書‧新知三聯書店出版，1980 年 12 月）。

282. 趙平安：〈上博藏緇衣簡字詁四篇〉，《上海博物館藏戰國楚竹書研究》，（上海：上海古籍出版社，2002 年）。

283. 趙平安：〈從楚簡娩的釋讀談到甲骨文的娩妿〉，李學勤、謝桂華主編：《簡帛研究二〇〇一》，（桂林市：廣西師範大學出版社，2001 年）。

284. 趙平安：〈楚竹書《容成氏》的篇名及其性質〉，收入《華學》第六輯，（北京：紫禁城出版社，2003 年 6 月）。

285. 趙平安：〈戰國文字的「遊」與甲骨文「𡊋」為一字說〉，收入《古文字研究》第二十二輯，（北京：中華書局，2000 年 7 月）。

286. 趙科學：〈「晝寢」探疑〉，文史雜誌，2005 年第 1 期（總 115 期）。

287. 齊光：《吳子兵法今譯》，（香港：中華書局香港分局，1982 年 8 月）。

288. 劉雨：〈信陽楚簡釋文與考釋〉，收入《信陽楚墓》，（北京市：文物出版社，1986

年）。

289. 劉信芳：《子彈庫楚墓出土文獻研究》，（臺北：藝文印書館，2002 年）。

290. 劉信芳：《包山楚簡解詁》，（臺北市：藝文印書館，2003 年元月）。

291. 劉信芳：《荊門郭店竹簡老子解詁》，（臺北市：藝文印書館，1999 年）。

292. 劉桓：〈讀〈郭店楚墓竹簡〉札記〉，收入李學勤、謝桂華主編：《簡帛研究 2001》，（桂林市：廣西師範大學出版社，2001 年）。

293. 劉釗：〈卜辭所見殷代的軍事活動〉，《古文字研究》第 16 輯，（北京：中華書局，1989 年 9 月）。

294. 劉釗：〈包山楚簡文字考釋〉，《出土簡帛文字叢考》，（臺北市：臺灣古籍，2004 年）。

295. 劉釗：〈利用郭店楚簡字形考釋金文一則〉，收入《古文字考釋叢稿》，（長沙：岳麓書社，2004 年）。

296. 劉釗：〈金文字詞考釋三則〉，收入《古文字考釋叢稿》，（長沙：岳麓書社，2004 年）。

297. 劉釗：〈金文編附錄存疑字考釋十篇〉，收入《人文雜誌》1995 年第二期。

298. 劉釗：〈璽印文字釋叢（一）〉，收入《古文字考釋叢稿》，（長沙：嶽麓書社，2004 年）。

299. 劉釗：〈讀郭店楚簡字詞箚記（四）〉，收入《古籍整理研究學刊》，2002 年第五期。

300. 劉釗：《出土簡帛文字叢考》，（臺北市：臺灣古籍，2004 年。

301. 劉釗：《郭店楚簡校釋》，（福州：福建人民出版社，2003 年 12 月）。

302. 劉樂賢：〈讀包山楚簡箚記〉，《第四屆國際中國古文字學研討會論文集》，（香港中文大學，2003 年 10 月）。

303. 滕壬生：《楚系簡帛文字編》，（武漢：湖北教育出版社，1995 年 7 月）。

304. 蔣瑞：〈說郭店簡本《老子》「大器曼成」〉，《中國哲學史》2000 年第一期。

305. 蔡丹：〈上博四《曹沫之陳》試釋二則〉，武漢大學簡博網，（2006 年 1 月 3 日），網址：http://www.bsm.org.cn/show_article.php?id=168。

306. 蔡仁厚：《中國哲學史大綱》，（臺北市：臺灣學生書局，1988 年）。

307. 蔡信發：〈一九四九年以來臺灣地區大學院校國（中）文研究所《說文》論文研究〉，收入《第十六屆中國文字學國際學術研討會論文集》，高雄師範大學國文系，2005 年。

308. 魯實先先生：《文字析義》，（臺北市：魯實先全集編輯委員會，1993 年）。

309. 褟健聰：〈上博楚簡釋字三則〉，簡帛研究網，（2005 年 4 月 15 日），網址：http://www.jianbo.org/admin3/2005/xuejiancong002.htm。

310. 褟健聰：〈關於《曹沫之陳》的「箮」字〉，簡帛研究網，（2005 年 3 月 4 日），

網址：http://www.jianbo.org/admin3/2005/xuejiancong001.htm。

311. 禤健聰：〈讀楚簡零識〉，簡帛研究網，（2003 年 1 月 3 日），網址：http://www.jianbo.org/Wssf/2003/xuanjianchong01.htm。

312. 戴家祥主編、馬承源副主編：《金文大字典》，（上海市：學林出版社，1995 年）。

313. 濮茅左：〈《孔子詩論》簡序解析〉，《上海博物館藏戰國楚竹書研究》，（上海：上海書店出版社，2002 年 3 月）。

314. 繆文遠：《戰國策新校注》，（四川：巴蜀書社，1992 年 5 月）。

315. 鍾柏生師：〈釋《新綴》四一八版卜辭〉，《大陸雜誌》，第 79 卷第 2 期，1989 年。

316. 顏世鉉：〈郭店楚簡淺釋〉，《張以仁先生七秩壽慶論文集》，（臺北市：臺灣學生書局，1999 年）。

317. 顏昌嶢：《管子校釋》，（長沙市：岳麓書社，1996 年）。

318. 魏克彬：〈說溫縣盟書的「克慎其德」〉，收入艾蘭、邢文編：《新出簡帛研究》，（北京：文物出版社，2004 年）。

319. 魏宜輝：〈讀上博楚簡（四）箚記〉，簡帛研究網，（2005 年 3 月 10 日），網址：http://www.jianbo.org/admin3/2005/weiyihui001.htm。

320. 羅振玉：《增訂殷虛書契考釋》，（臺北市：大通書局，1989 年）。

321. 羅運環：〈釋包山楚簡𧥅敔宮三字及相關制度〉，《簡帛研究二〇〇二、二〇〇三》，（桂林：廣西師範大學出版社，2005 年 6 月）。

322. 羅福頤：《古璽文編》：（北京：文物出版社，1981 年）。

323. 瀧川龜太郎：《史記會注考證》，（臺北：萬卷樓圖書公司，1996 年 10 月）。

324. 蘇建洲：〈《上博（五）楚竹書》補說〉，武漢大學簡帛網，（2006 年 2 月 23 日），網址：http://www.bsm.org.cn/show_article.php?id=222。

325. 蘇建洲：〈《上博（四）·曹沫之陣》箚記〉，孔子 2000，（2005 年 3 月 7 日），網址：http://www.confucius2000.com/admin/list.asp?id=1648。

326. 蘇建洲：〈《上博（四）·曹沫之陣》三則補議〉，簡帛研究網，（2005 年 3 月 10 日），網址：http://www.jianbo.org/admin3/2005/sujianzhou003.htm。

327. 蘇建洲：〈《上博（四）·曹沫之陳》補釋一則（二）〉，簡帛研究網，（2005 年 2 月 25 日），網址：http://www.jianbo.org/admin3/2005/sujianzhou002.htm。

328. 蘇建洲：〈上博（四）曹沫之陳》補釋一則〉，簡帛研究網，（2005 年 2 月 25 日），網址：http://www.jianbo.org/admin3/list.asp?id=1332。

329. 蘇建洲：〈楚文字考釋四則〉，簡帛研究網，（2005 年 3 月 14），網址：http://www.jianbo.org/admin3/2005/sujianzhou004.htm。

330. 蘇建洲：〈楚文字雜識〉，簡帛研究網，（2005 年 10/30），網址：http://www.jianbo.org/admin3/2005/sujianzhou006.htm。

附錄一：《曹沫之陣》文字索引

　　據筆者統計，若重文以一字記，則《曹沫之陣》簡全文共計 1700 多字，大量的字形，在上博簡乃至於楚文字、戰國文字等研究上，都扮演著重要角色，是以筆者整理成「《曹沫之陣》簡文字索引一覽表」，以方便學者搜尋，俾使《曹沫之陣》簡文發揮到最大的功能。

編號	字頭	偏　旁	簡號與文例						
			卷　　一						
1.	一	一	24	59 言	60	64			
2.	三	三	14	19	22	28	28	30	36
			40	42	43	46	49	56	60
			60	64					
3.	下	下	3	4	16	65			
4.	上	上	62	62					
5.	赱	上止	36						
6.	士	士	29	39	55				
7.	徒	彳土止	32						
8.	崔	彳之壬	55						
9.	中	中	35	35	45	50			
10.	公	公	1	10	20	22	23	25	25
			26	26	33	35	36	38	40
			41	42	43	44	46	49	50
			53	53	55	57	59	64	

11.	天	天	3	4	7	9	9	16	51
			65						
12.	贊	爿或貝	32						
13.	瑼	玉卒	63						
14.	祋	示工	37						
15.	神	示申	63						
16.	吏	吏	17	29	33	36	39	39	39
			39	40					
17.	莫	艸日艸	50						
18.	蘲	艸虍且又	56						
19.	棠	尙示	24	27	50				
20.	䘏	富示	3						
21.	茱	弜采皿	11						
22.	髹	髟示	52						
卷　二									
23.	是	是	7	19	26	28	41	44	
24.	少	少	2	14	46	46	64		
25.	此	止匕	3	10	22	28	40	42	43
			44	45	49	52	53	55	63
26.	牲	牛牛	37	37					
27.	必	必	8	17	18	18	20	23	25
			25	25	26	29	34	39	39
			41	52	53	56	60		
28.	正	正	14	37					
29.	和	禾口	16	18	19	20	22	22	23
			24	33	35	36	48		
30.	尒	尒	32	37	52	52			
31.	等	竹之又	41						
32.	節	竹即	44						
33.	箭	竹帝口	52						
34.	蒾	艸祝	48						
35.	箞	竹雀	21	37					

36.	箮	竹亯	4					
37.	行	行	30	30	31	31	32	38	43
			51					
38.	君	君	2	4	5	5	6	7	8
			8	8	9	20	22	22	27
			28	34	34	40	47	63	
39.	告	告	23	32					
40.	敓	告攴	1	2反	5	7	12	20	
		艸告攴	13	22	64				
41.	㝡	貝又	7	8	10				
42.	足	足	15	15	16	34	49		
43.	鄒	邑舃	13	17					
44.	周	周	1	3	41				
45.	命	命	7	9	9	10	31	50	51
			62						
46.	啇	帝口	14	51					
47.	祝	祝	16	33					
48.	各	夂口	32	65					
49.	逢	辶一羊	27	32	42				
50.	迻	辶人匕	52	60					
51.	迬	辶土	58	58					
52.	記	辶己	55	64					
53	往	辶之壬	60						
54.	返	辶及	52						
55.	速	辶朱朱	44						
56.	退	辶艮	58						
57.	連	辶車	32						
58.	遑	辶卑	18	42					
59.	進	辶隹	24	40					
60.	道	辶首	6	8	9	10	38	40	46
			50	53	53	53	54	55	64
			64						

61.	遉	辶复	29	46	50	55	55	51	46
			52	52	53	53	54	55	
62.	後	辶爰	24						
		辶爰口	30						
63.	還	辶睘	12						
64.	逌	辶臼	60						
65.	衞	行幺止	22	24	25	27	28	32	33
			36	38	58	58			
66.	遊	遊	7	8	9	10	31	52	
卷　三									
67.	設	設	45						
68.	又	又	2	3	8	9	10	12	13
			14	18	21	21	21	23	24
			25	25	25	25	26	28	28
			28	28	28	34	37	38	40
			40	41	42	42	43	43	44
			45	45	46	46	50	50	50
			53	53	54	54	56	57	57
			59	60	60	62			
69.	改	亡攴	3						
70.	攻	工攴	21	36	56	56	57	60	
71.	改	已攴	27	52	55				
72.	戒	廾廾戈	32						
73.	敔	五口攴	26						
74.	及	及	29	65					
75.	反	反	51						
76.	戒	戈廾	37	49	60				
77.	兵	斤廾	15	18	24	29	30	32	38
			38	38	39	51			
78.	父	父	22	35	42				
79.	훕	爻言	19	37	40	63			

80.	戚	爿戈口	1	6	10	20	22	33	35
			36	38	40	41	42	43	44
			45	49	50	53	53	55	57
			59	64					
81.	牆	爿酉	1	23	25	25	31	32	32
			39	40	51	51	60		
82.	蔿	世歺力	9						
83.	古	古	7	7	7	19	28	38	44
84.	政	正攴	5	6	10				
85.	愍	母心	13	61					
86.	敗	目貝攴	46						
87.	共	共	8						
88.	取	耳又	6	17	55				
89.	臣	臣	5	7	8	8	13	14	18
			21	28	40	42	64		
90.	叝	臣又	9	9	36				
91.	緊	臣又糸	39	39					
92.	敓	兌攴	20	63					
93.	攸	攸	5	6	18				
94.	尃	甫寸	44						
95.	言	言	7	8	10	37	60	60	64
96.	設	言殳	61						
97.	訽	言勹	29						
98.	訓	言川	51						
99.	詩	言之又	21						
100.	語	言五口	6						
101.	詷	言同	34						
102.	誀	言豆	27	45					
103.	識	言歲	45						
104.	敗	貝攴	44	46					
105.	爲	爲	1	18	20	22	22	23	24
			31	32	33	35	36	47	58

106.	餌	食耳	55						
107.	曼	曼	10						
108.	晝	晝	10						
109.	異	異	7	8					
110.	善	善	5	6	47	56	56	57	
111.	歔	量攴	32						
112.	與	與	65						
113.	嬰	興止	37						
114.	競	競	41						
115.	句	丩口	30	55					
116.	收	丩攴	45	47	54				
117.	圅	圅又	37						
118.	與	臼牙廾	3	13	64				
119.	數	臼角言	25	25					
		卷 四							
120.	皆	人人甘	14	32	52	53	56	60	60
			14	32	52	53	56	60	60
			62						
121.	羣	尹羊	21	23					
122.	前	止舟	24	29	30	31	60		
123.	死	歺人	44	45	47	54	58		
124.	殜	歺世木	65						
125.	省	生目	27						
126.	利	禾勿	15	18	20	51			
127.	百	百	1	1	27	36	36		
128.	狀	肉犬	5	6	7	9			
129.	自	自	22	34	63				
130.	罰	网言刀	21						
131.	則	貝勿	5	6	20	24	28	33	33
			33	35	35	38	46	46	48
			48	50	51				

132.	於	於	2	2	3	3	5	6	7
			8	12	16	19	19	20	21
			22	22	23	24	35	35	37
			47	49	50	51	63	65	
133.	智	知于日	4	28	34	63			
134.	者	者	19	28	37	45	45	47	47
			47	47	49	55	55	56	56
			56	57	59	61	61	64	65
135.	隹	隹	65						
136.	胃	胃	26						
137.	敢	敢	7						
138.	蔑	蔑	1						
		蔑	2 反						
		蔑戈	7	64	64				
		蔑攴	13	20					
		艸蔑攴	13	22					
139.	魯	魯	1	1					
140.	膌	弌肉	11						
141.	受	爫舟又	36	65					
142.	散	朮朮又戈	43						
		朮朮邑戈	42						
143	幾	幺人戈	21						
		幺幺人戈	40	42	42	43	43	44	44
			45	50					
144.	絆	幺幺才	55	61					
145.	剚	重刀	62						
146.	難	堇隹	23						
147.	禹	禹	9	9	9	10			
			卷　五						
148.	乃	乃	10	32	52	63			
149.	众	人人人	29	37					

150.	坴	大口止	43					
151.	朣	丹隻	61	62				
152.	今	今	2	4	7	65		
153.	內	內	1	18				
154.	日	日	1	5	5	6	6	7	8
			10	13	20	20	21	22	22
			24	32	32	33	34	35	36
			37	38	38	40	40	42	42
			43	43	44	45	46	46	49
			50	50	51	51	52	53	53
			54	54	55	56	56	56	56
			57	57	59	60	64	64	
155.	亓	亓	2	5	8	15	15	15	17
			20	23	27	32	42	43	44
			45	45	52	52	54	54	55
			56	59	61	63	65	65	
156.	恚	旡心	12	17				
157.	可	可	4	5	6	17	19	19	20
			22	24	29	34	35	36	38
			41	48					
158.	甘	甘	53	53				
159.	青	生井口	34					
160.	曶	合甘	7	13	20	24	34	35	36
			38	40	42	43	45	46	49
			50	53	54	56	57	60	64
161.	盡	聿	8	32	56			
162.	豣	虍介	20	40	42	43	44	46	49
			50	50	53	54	60		
163.	虘	虍且又	14	16	18	28	45	45
164.	虗	虍羍	18	31	39	39	51	
165.	虘	虍壬	10	13	51	59	64	64
166.	舍	余口	28					
167.	矣	矣	1	7	33	40	44	44	52
			59	65					

168.	良	良	54	55					
169.	桙	來止	32						
170.	既	既	1	4	32	40	44	45	50
171.	飤	食人	11	15	15	21	30	32	63
172.	飯	食反	2						
173.	餭	食亡	63						
174.	憙	豆心	55	61					
175.	鼓	豆支	52						
176.	舜	舜	2						
177.	會	會	23	38					
178.	會	僉甘	8						

卷 六

179.	價	人不貝	21						
180.	才	才	5	10	23	23			
181.	栽	才木戈	32						
182.	固	口古	13	13	15	56			
183.	之	之	1	2	2	2反	4	5	5
			6	6	7	7	8	8	8
			8	9	13	14	14	14	15
			15	16	16	18	18	19	20
			21	22	23	23	23	25	26
			28	28	29	29	30	31	32
			34	34	34	35	36	38	39
			40	40	42	42	43	43	43
			44	44	45	47	47	50	52
			53	53	53	54	54	55	55
			57	59	60	61	61	63	64
			64	64	64				
184.	歮	之止	21						
185.	貧	分貝	3						
186.	貨	化貝	17						
187.	出	出	19	22	40	40	42	60	60

188.	末	末	20					
189.	生	生	47	54				
190.	束	朱朱	48					
191.	本	臼木	20					
192.	盤	舟攴皿	50	51	53			
193.	賍	貝主	54					
194.	資	貝次	17					
195.	邦	邑丰	2	5	6	10	14	14	14
			19	20	22	28	29	29	37
			41	42	56				
196.	都	邑者	37					
197.	賞	尙貝	21	27	35	45	54	61	62
198.	東	東	1	33				
199.	果	果	42	43				
200.	南	南	1					
201.	員	員	5					
202.	貴	貴	21	24	24	29		
203.	鄕	鄕	2					
204.	樂	樂	11					
205.	贛	贛	53					
206.	亯	亯	18					
207.	就	辶稾	9	44	51			
208.	市	市	25	40	42	51		
			卷　七					
209.	厇	厂乇	51					
210.	同	凡口	58					
211.	多	夕夕	46	62				
212.	畨	之日	20					
213.	日	日	52					
214.	明	日月	5	51	52	60	64	
215.	豙	爪宀豕	56					

216.	白	白	32					
217.	年	禾千	12					
218.	同	同	7	21				
219.	安	安	5	8	17			
220.	早	早	32	32				
221.	䌛	网朱朱	54					
222.	克	克	14	14	14	38	38	60
223.	甬	甬	37	56				
224.	昔	昔	1	2	3	6	64	
225.	冒	冒	60					
226.	岩	岩	30					
227.	兼	兼	4	12				
228.	害	害	9	10				
229.	康	康	37	65				
230.	齊	齊	13					
231.	寶	宀人缶貝	56					
232.	𤵜	宀爿帚	11					
233.	宜	宀肉肉	28					
234.	室	宀至	1					
235.	录	录	21	50				
236.	容	宏	24	24				
237.	疾	疒矢	44					
238.	募	募	6	34	51	59		

	卷　八							
239.	人	人	4	6	24	26	29	31	33
			36	36	36	38	39	39	39
			39	51	57	62			
240.	必	人必	34					
241.	傑	人桀	65					
242.	俾	人卑	25	35				
243.	倀	人長	18	25	28	28	35	36

244.	俊	人夋	18	35				
245.	備	人蒲	33					
246.	居	尸古	11					
247.	佢	尸巨	17	18				
248.	先	之人	17	19	64			
249.	壬	王	64	64				
250.	陞	兄之壬	35	42				
251.	北	北	1					
252.	故	古攴	54	55				
253.	并	并	4					
254.	聚	耳又人人人	23	54				
255.	舶	舟白	6					
256.	見	見	1	24	30	54		
257.	覒	見世木	31					
258.	親	見辛	27	33	33	33		
259.	觀	見蓲	34					
260.	欲	谷欠	2	13	53			
261.	身	身	9	34	40	65		
262.	剔	易刀	32	45	47	51		
263.	犀	犀	22					
264.	褻	埶衣	11					
265.	稡	宀卒	28	29	46	48		
266.	敚	岜攴	3					
卷　　九								
267.	山	山	2					
268.	昱	日幺幺	38	40				
269.	司	司	23	25				
270.	硅	石圭	30	45	54			
271.	砥	石氏	39	39				
272.	礪	石厲土	39	39				

			2	3	3	5	6	7	7
273.	而	而	8	9	9	10	12	12	13
			14	17	21	21	23	27	27
			37	45	54	54	54	62	64
274.	畏	畏	48						
275.	首	首	53						
276.	禭	示鬼	63						
277.	辟	辟	25	35	37				
278.	豫	豫	19	22	23	43	50		
279.	厶	厶	12						
280.	甶	甶	24						
281.	勿	勿	38	38					
282.	危	危	63						
			卷　十						
283.	喬	九高	8						
284.	慹	十言斤心	48	60					
285.	忘	亡心	54						
286.	大	大	1	2	8	8	14	25	46
287.	忑	工心	5						
288.	志	之心	55	59	61				
289.	夫	夫	19	34	65				
290.	心	心	18						
291.	火	火	63						
292.	獄	犬言犬	34						
293.	怠	台勹心	33	41	52				
294.	穫	禾隻	20						
295.	立	立	24	30					
296.	父	交	17						
297.	亦	亦	6	7	9	65	65		
298.	懇	我心	33						
299.	悄	肙心	17						

300.	惕	易心	46	46				
301.	煮	者心	2					
302.	愈	俞心	2					
303.	爲心	爲心	34					
304.	能	能	4	28	36	36		
305.	聊	馬卸	42					
306.	鷹	鷹	14	41	42			
307.	懶	爾心	2					
308.	懽	蓷心	60	61				
309.	恞	心厷	56					
310.	柔	爪糸	13	13	38	56	57	
311.	思	由心	31	36	38	52	54	54	55
			55	55	30			
312.	憐	叩文心	5	6				
313.	惠	惠	3	21				
314.	慇	罳心	34					
卷　十　一								
315.	沱	水它	6					
316.	泊	水白	54					
317.	淒	水妻	43					
318.	澤	水睪	2					
319.	叟	回又	9					
320.	巟	巟	61					
321.	谷	谷	46	64				
322.	非	非	1	2	63			
卷　十　二								
323.	也	也	2	12	18			
324.	亡	亡亡	2	5	6	6	8	9	10
			12	13	14	14	24	34	51
			57					
325.	女	女	13	13	17	20	22	24	27
			33	35	36	38	56	57	64

326.	如	女口	55	60			
327.	婦	婦	34				
328.	孫	子幺	25	26			
329.	戈	干戈	16				
330.	弋	弋	14	64			
331.	不	不	2	3	5	5	5	6	6
			6	7	7	9	10	11	11
			11	11	17	18	19	19	19
			20	23	23	33	33	33	33
			33	33	34	35	37	38	38
			39	39	42	44	44	44	45
			46	48	48	48	48	48	48
			48	51	56	64			
332.	戔	戈戈	21				
333.	武	戈止	63				
334.	毋	毋	5	27	29	37	60	62
335.	復	乍又	17				
336.	訇	台勹口	55				
337.	弗	弗	8	9	10	45	45	60	63
338.	母	母	17	17	20	20	21	22	25
			25	27	31	34	35	35	37
			37	52	52	58	63		
339.	民	民	2	5	6	12	20	20	22
			28	35	35	37	49	52	56
			61	63	63				
340.	氐	氐	64				
341.	義	羊我	36				
342.	聖	耳口壬	10	11	34	35		
343.	繇	肉言糸	20	42				
344.	至	至	64				
345.	西	西	1				
346.	我	我	39	39	39	39	40	

347.	戕	其戈	51						
348.	或	或	14	14	23	35	36	37	37
			42	43	44	46	50	53	53
			53	55	59	64			
349.	䁤	昏耳	5	8	10	12	13	13	14
			18	23	28	35	36	40	42
			42	43	44	45	46	47	50
			53	53	55	59	53	62	64
			64	65					
350.	間	門夕刀	14	24	24	26	65		
351.	戰	嘼戈	13	18	19	28	31	32	38
			40	43	44	44	44	45	45
			46	49	50	50	51	51	51
			53	53	53	54	55		

卷　十　三

352.	二	二	23	25					
353.	丕	二外	48						
354.	㥁	人匕心	23	63					
355.	凡	凡	21	24	25				
356.	土	土	2	2					
357.	圪	土乞	46						
358.	城	土成	1	13	13	15	18	40	43
359.	城	土成	46	56					
360.	垌	土旬	35						
361.	埇	土甬	61						
362.	疆	尸田田土	17						
363.	型	井刀土	1	2	10				
364.	埕	井土	21	54					
365.	坆	戶支土	44						
366.	勞	火火衣	34						
367.	畜	玄田	21						
368.	紀	糸己	16	26					

369.	絢	糸訇	36	36					
370.	紳	糸申	21						
371.	纏	糸石火	51						
		糸石火土	18						
372.	緯	糸角牛	16						
373.	纍	糸臺	33						
374.	戜	甬戈	55						
375.	堂	尚立	50						
376.	墢	阜反土	43						
377.	墮	阜它土	17	17	63				
378.	墇	阜章土	43						
379.	封	封	1						
380.	壝	禹土	65						
381.	勑	乘力	33	33	41	46	49	52	
382.	紳	紳	36						
383.	堯	堯	2						
384.	龜	龜	52						
385.	毀	皇殳	10						

卷 十 四

386.	七	七	1						
387.	子	子	4	7	9	9	17	22	23
			23	25	26				
388.	尻	尸亓	14	24					
389.	巳	已	4	20					
390.	載	才車戈	32						
391.	五	五	1	26	26				
392.	所	戶斤	17	18	18	22	23	28	34
			52	57	57	58	58	59	62
			53						
393.	薪	木辛斤	16	35					

			5	6	6	7	8	8	8
			9	9	9	10	14	14	15
			15	16	17	17	17	18	18
394.	以	以	18	19	19	22	23	26	28
			34	38	38	41	46	48	49
			56	56	57	58	58	58	58
			60	60	61	62	63	63	65
			65						
395.	四	四	62						
396.	未	未	43	43					
397.	曼	民且又	11						
398.	戩	申戈	2反	13	14	14	19	19	24
			43	44	52				
399.	皋	自辛	21	27	37				
400.	車	車	24	31	55	58	58		
401.	軗	車殳	46						
402.	軏	車勿?	63						
403.	戴	車戈	32						
404.	輜	車留	2						
405.	官	宀目	25						
406.	鐘	金童	1	2	10				
407.	軍	軍	22	25	25	26	28	36	37
			39	40	40	42	43	46	50
			60	60					
408.	薑	萬土	5	12	61	63			
409.	厸	厸	23						
410.	獸	單犬	13						
		嘼犬	18	57					
殘　字									
411.			23						

重 文							
412.	大	大	16				
413.	牪	牛牛	38				

合 文							
414.	夫	一人	26				
415.	卡	上下	16	34			
416.	夫	大夫	25	25	39	39	
417.	忌	台刁心	45				
418.	盟	日血	31				
419.	歆	今酉欠	11				
420.	倎	人吾	24				
421.	斋	之所	64				

疑 難 字							
422.	含	戈	16				
423.	蒙	人甫	52				
424.	唯	隹口	63				

附錄二：《曹沫之陣》"早"字考釋——
從楚系 "<img>" 形的一種特殊寫法談起

一、前　言

　　在楚文字的構形演變中，林清源先生有"集團形近類化"一詞，他認為"'集團形近類化'現象，係指好幾個原本構形互不相同的字，後來都陸續演變成同一個形體"〔註1〕，其說甚是。而楚文字的類化情形中，"<img>"（包·132反/"坐"字所從）形是一個頗具代表性意義的字例，劉信芳先生在《從𡕨之字匯釋》一文中，已對從 "<img>" 者做進一步的匯整研究〔註2〕。而經過學者專家的整理研究，漸漸讓我們知道楚文字的"華"、"差"、"每"、"麥"、"李"、"棗"、"嗇"、"素"、"鰲"、"𠤎"〔註3〕等字形中，它們的部分字形上半都已類化作 "<img>" 形〔註4〕，但是其初形本字的來源卻未必相同，許文獻學長在《楚系從𡕨之字再釋》一文中為這些從 "<img>" 形者的初形本字做進一步研究，並分析其演變的脈絡，對 "<img>" 的類化情形有更深入的研究〔註5〕。而筆者在閱讀楚簡的過程中，發現

〔註1〕 參林清源先生：《楚國文字構形演變研究》，博士學位論文，東海大學 1997 年 12 月，第 162 頁。

〔註2〕 參劉信芳先生：《從𡕨之字匯釋》，廣東炎黃文化研究會、紀念容庚先生百年誕辰暨中國古文字學學術研討會合編《容庚先生百年誕辰紀念文集》，廣東人民出版社 1998 年，第 607～618 頁。

〔註3〕 一般𠤎字作𠤎（天策），但也可以作𠤎（望 M·8）、𠤎（望 M2·9），將 "<img>" 形與下半偏旁分離。關於 "𠤎" 字可參李守奎先生《楚文字編》，華東師範大學出版社 2003 年 12 月，頁 333。

〔註4〕 除了 "麥" 字，由於 "來" 形下從 "土" 旁，則常會將 "來" 形豎筆下貫至 "土" 旁的豎筆。

〔註5〕 許文獻學長：《楚系從𡕨之字再釋》，許錟輝教授七秩祝壽論文集編輯委員會主編：《許錟輝教授七秩祝壽論文集》，萬卷樓 2004 年，第 219～270 頁。

"少"形可以用"灬"、"灬"或"灬"等形來表現，它們是"少"形的一種較罕見、較特殊的寫法，雖然前輩學者在個別字例上已做過若干分析，但尚缺乏較有系統的說明與解釋，是以筆者欲用此文說明何以"灬"、"灬"、"灬"都是"少"的一種特殊寫法，並利用這一新發現，證明見於《曹沫之陣》第 32 號簡的"曩"字從日、棗省聲，而其"來"旁即作此種特殊寫法，並爲其字形的演變脈絡作進一步的分析。

二、楚金文中從"灬"、"灬"、"灬"的例證

"少"形可以寫作"灬"，其實在戰國楚系的郢客銅量銘文中就已經出現。郢客銅量銘文中有一段文字爲"賜少攻差李癸"，其中"差"、"李"二字分別作 差、李。先談"差"字，"差"字劉釗先生以爲西周晚官 父簋的" "即是"差"字，並以爲它是 （國差罐）、 （宋公差戈）等從"垂"之"差"字的訛變〔註6〕。季旭昇師贊同《官 父簋》的" "即"差"字，並以爲《國差罐》 字"上部漸訛爲與'來'、'李'形近（《說文》以爲從'及'，不可信）"〔註7〕，"差"字的初形是否從"垂"目前尚無定論，但楚文字中"差"字多半類化從"少"形，卻是事實〔註8〕。而郢客銅量"少攻差"之"差"字作 差，另一處"攻差"之"差"則作" "，形體殘泐難辨，但從字形外框判斷應與" 差 "爲同類型之"差"字。郢客銅量"差"字"左"旁上的寫法與一般楚文字的"差"作 差（包·51）、 （曾·7）、 差（包·77）、 差（奮志鼎）明顯並不相同〔註9〕，但從字形上很容易就發現，" 差 "字只不過是用一種特別的寫法呈現而已。它的寫法是，先作"卜"形，之後一弧筆作" "，再於弧筆的左、右兩端各加兩斜撇（即" "與" "）而作"灬"形〔註10〕，這種寫法很明顯的是"少"形用另一種

〔註 6〕劉釗先生：《金文編》附錄存疑字考釋（十篇）》，《人文雜誌》1995 年 2 期，第 104 頁。

〔註 7〕季旭昇師：《說文新證（上冊）》，藝文印書館 2004 年 11 月，第 375 頁。

〔註 8〕可見李守奎先生《楚文字編》，第 291 頁。又劉信芳先生《從父之字匯釋》一文亦將"差"字列入討論的字例中，可證。見劉信芳先生：《從父之字匯釋》，廣東炎黃文化研究會、紀念容庚先生百年誕辰暨中國古文字學學術研討會合編：《容庚先生百年誕辰紀念文集》，廣東人民出版社 1998 年，第 607 頁。

〔註 .9〕許文獻學長也認爲"燕客同量之'差'字構形稍有不同，但透過前面字形之對應關係與辭例對照，知此二字釋爲'差'字應無疑義。"，見許文獻學長：《楚系從父之字再釋》，第 238 頁。

〔註 10〕許文獻學長也曾爲"灬"形進行分析，以爲字形對應關係是" "，他認爲"灬"與 孝（郭·語三·6/孝）字所從之" "以及 差（包·51/差）字所從之"灬"有相對的關係。其實"灬"與" "的關係，何琳儀先生於《戰國古文字典》也有類似意見（詳見下文），不過筆者比較傾向主張"灬"、"灬"、

較特殊的筆勢來呈現。就筆者所見，這種形態的"差"字最早可追溯到春秋晚期楚系的吳王夫差矛與吳王夫差鑑，吳王夫差矛"差"字作，夏淥先生、傅天佑先生摹作""〔註11〕，何琳儀先生摹作""〔註12〕，字形右半殘泐，但何琳儀先生已知字形應爲左右對稱的結構，正確可從。從吳王夫差矛、吳王夫差鑑的二例"差"字看，很明顯所使用的就是""這种類型的寫法，不同者惟兩端出頭作""而已，字形亦是从這類較特殊寫法的""形。

另外，再談郾客銅量銘文的字，何琳儀先生〔註13〕、鄒芙都先生〔註14〕咸隸定作"孝"。正如上文所述""、""即""的一種特殊寫法，在楚系中从來从子之字即（包182）、（包・22）、（新蔡・甲三：304）、（磚M370・4）、（曾・77/梓）。楚帛書亦有此字，商承祚釋作"孛"〔註15〕。饒宗頤先生、曾憲通先生隸定作"李"〔註16〕。何琳儀先生以爲乃"犛"之異文，讀作"釐"〔註17〕。陳茂仁先生以爲"即今俗'悖'字"〔註18〕。鄭剛先生以爲字即"李"〔註19〕。李零先生以爲从來从子者應是"李"字，其云："楚'李'字从來从子，與小篆寫法異。……美國塞克勒美術館藏楚帛殘片有'□桓（樹）桑、桃、李'一句，'李'字同此，可爲鄭說佐證。"〔註20〕。王寧先生同意李零先生的隸定方式，但字形分析有異，其云："字上部之'來'是'𠩺'字之簡化，郭店簡中的'釐'字正做''，其上部之'來'亦'𠩺'字之簡化。故字當釋爲'孷'，在《楚帛書》中讀爲'慜'，《說文》：'慜，憂也。楚潁之間謂憂曰慜。'"

""等形都從""形而來。見許文獻學長：《楚系从攴之字再釋》，第224頁。

〔註11〕夏淥先生、傅天佑先生：《説鑐——吳王夫差矛銘文考釋》，《語言研究》1985年第1期（總第8期），《語言研究》編輯部1981年，第178頁。

〔註12〕見何琳儀先生：《戰國古文字典》，中華書局1998年，第880頁。

〔註13〕見何琳儀先生：《戰國古文字典》，第223頁。

〔註14〕鄒芙都先生：《楚系銘文綜合研究》，博士學位論文，四川大學2004年4月，第107頁。另外，安徽舒城秦家喬壺有一冶工姓名作"倚"，鄒芙都先生亦隸定作"孝"，其實都應當是"李"字。參鄒芙都先生：《楚系銘文綜合研究》，第143～144頁。

〔註15〕商承祚先生：《戰國楚帛書述略》，《文物》1964年第9期，第12頁。

〔註16〕見饒宗頤先生、曾憲通先生編著：《楚帛書》，中華書局香港分局1985年，第244頁。

〔註17〕何琳儀先生：《包山楚簡選釋》，《江漢考古》1993年第四期，第57頁。

〔註18〕陳茂仁先生：《楚帛書研究》，碩士學位論文，中正大學1996年，第199頁。

〔註19〕參鄭剛先生：《戰國文字中的陵和李》，收入《楚簡道家文獻辨證》，汕頭大學出版社2004年，第61～75頁。

〔註20〕李零先生：《讀〈楚系簡帛文字編〉》，《出土文獻研究》1999年第五集，第148～149頁。

又云"楚簡帛書中的''字當釋爲'嫠'，讀爲'愁'，訓憂。"〔註21〕。趙平安先生也持相同看法，以爲"這個字多從鄭剛等隸作李。但就字形而言，是嫠的省形。"〔註22〕。季旭昇師贊成鄭剛先生、李零先生之說，並舉出甲骨"李"字作""（商·後·2·13·7）以證，以爲"'李'字逕釋爲从子來聲即可，上古音李、來均屬來紐之部。又甲骨文有'李'，唯辭殘，本義不詳。"〔註23〕。單就聲音分析，來、李、釐、嫠等字上古音都非常近似〔註24〕，則"李"從"來"聲或從"嫠"聲的省聲都可以成立。但是若就字形來看，早期學者釋"字"，對照新出"李"字材料，字形恐怕不合〔註25〕。而王寧先生以爲""字上的"來"是"嫠"簡化，與（郭·尊·33）、（郭·窮·15）等"奮"字亦是"嫠"簡省乃同樣情況，趙平安先生則直接以爲""是"嫠"的省形，這樣的可能性不能排除，不過恐須更多的資料證成。

再把問題回到楚系鄙客銅量銘文的""字上，我們所見的楚系"李"字都從""形〔註26〕，而鄙客銅量"李"字"來"旁的寫法更可以證明筆者""、""即""的推論。不過""字，何琳儀先生《戰國古文字典》置於"孝"字下，以爲"从子，从老省"〔註27〕，並在"老"字下云："戰國文字承襲金文。楚系文字△上或作""形，則承襲金文考作（師害簋），耇作（番君匜）。三體石經僖公毄作，即以孝爲毄。"〔註28〕，何琳儀先生所列舉的諸"孝"字其上所從的偏旁顯然與""、""不同，可見""釋作"孝"並不適宜，而主張""形即"考"字所從恐怕需要更進一步的證據，因爲本文所列舉的字

〔註21〕 王寧先生：《釋嫠》，簡帛研究網（2002 年 08 月 15 日），網址：http://www.bamboosilk.org/。

〔註22〕 趙平安先生：《戰國文字中的"宛"及其相關問題研究——以與縣有關的資料爲中心》，《第四屆國際中國古文字學研討會論文》，香港中文大學 2003 年 10 月 15 日，第 539 頁注 28。

〔註23〕 季旭昇師：《說文新證（下冊）》，藝文印書館 2004 年 11 月，第 298 頁。

〔註24〕 據陳新雄師的古音學系統而言，"來"來紐之部、"李"來紐之部、"釐"來紐之部、"嫠"曉母之部，聲母方面"來"、"李"、"釐"字都屬來紐，而"嫠"雖屬曉紐但《說文》"釐"從"嫠"聲，故音亦近。韻部方面四字都是"之"部字。

〔註25〕 《郭店·老子乙》【簡10】"字"字作，張光裕先生、袁國華師先生、李零先生、劉釗先生咸釋作"字"，但該字與楚帛書的字形不同，字並不從"來"。見張光裕先生主編、袁國華師合著：《郭店楚簡研究》，藝文印書館 1999 年元月，第 152 頁；李零先生：《郭店楚簡校讀記》增訂本，北京大學出版社 2002 年 9 月，第 22 頁；劉釗先生：《郭店楚簡校釋》，福建人民出版社 2003 年 12 月，第 32 頁。

〔註26〕 見李守奎先生：《楚文字編》，第 340 頁。

〔註27〕 見何琳儀先生：《戰國古文字典》，第 223 頁。

〔註28〕 見何琳儀先生：《戰國古文字典》，第 222～223 頁。

例如"李"、"差"、"襐"、"素"、"每"等，其初形本字與"考"都無關聯。
另外，《戰國古文字典》有個何琳儀先生以爲應从"孝"得聲的"賯"字，該字下收
戰國早楚系郙陼尹瞽鼎 ▨ 、 ▨ 二字〔註29〕，分別出現於銅器之"器"與"蓋"，
器蓋同銘，何琳儀先生將右旁"𣥂"形下之字釋作"子"〔註30〕，這個說法很正
確，金文 ▨ （寧鼎/孫）、 ▨ （寧鼎/子）"子"字與 ▨ 近似，而三體石經僖公"孝"
字作" ▨ "字，其"子"旁更與 ▨ 字"子"形相近，因此筆者以爲 ▨ 、 ▨ 二字
右旁所从，應與" ▨ "同是"李"字而非"孝"。

證明其右旁从"李"，還有一個理由，即郙陼尹瞽鼎除 ▨ 、 ▨ 二字从"𣥂"、
"𣥂"這類"來"形的特殊寫法外，還有一個"每"字也呈現此種形態。"每"的
初形、本義與"來"無關，但楚文字中"每"作 ▨ （郭·語一·34）、 ▨ （曾·76/
梅）、 ▨ （包·90/緐），上半已類化成"來"形，郙陼尹瞽鼎"每"字作 ▨ （器）、
▨ （蓋），"女"旁上亦从"𣥂"，其實都是特殊寫法呈現的"屮"。

另外，"𣥂"、"𣥂"的弧筆" ﹀ "也可以易作"∨"形，而使形體作
"𣥂"，郙陼尹瞽鼎的 ▨ 、 ▨ 已有此現象，但還不夠明顯，最清楚的字例是 ▨ （王
孫誥鐘）、 ▨ （王孫遺者鐘），二個"誨"字正是呈現這種形態。

三、楚簡、楚帛書中从"𣥂"、"𣥂"的例證

除前述金文資料外，楚簡中亦有其例，包山157號簡有一字作 ▨ ，何琳儀先生
摹作" ▨ "，隸定作" ▨ "〔註31〕，張守中先生摹作" ▨ "，置於"存疑字"下
〔註32〕。劉信芳先生隸定作" ▨ "〔註33〕，並在包山28號簡" ▨ "字下云："字
从攴，賓聲，應該是'賓'字繁形"〔註34〕，李守奎先生隸定作" ▨ "〔註35〕。這
字从"來"並無太大問題，因爲它的異體字作" ▨ "（包·15反），在曾侯乙竹簡、
包山楚簡中都大量出現〔註36〕，即从"屮"無誤，而字从" ▨ "形與"𣥂"相
近，只是弧筆的弧度更爲強烈。另外，楚帛書有個" ▨ "字，曾憲通先生《長沙

〔註29〕該拓片收入於《殷周金文集成》2766.1（器）、27766.2（蓋）。
〔註30〕見何琳儀先生·《戰國古文字典》，第223。
〔註31〕見何琳儀先生：《戰國古文字典》，第81頁。
〔註32〕見張守中先生：《包山楚簡文字編》，文物出版社1996年8月，第242頁，字頭第
　　　　45頁。
〔註33〕劉信芳先生：《包山楚簡解詁》，臺北市：藝文印書館2003年元月，第164頁。
〔註34〕劉信芳先生：《包山楚簡解詁》，第42頁。
〔註35〕見李守奎：《楚文字編》，第390頁。
〔註36〕見李守奎：《楚文字編》，第390頁。

楚帛書文字編》摹作"帝"〔註37〕，饒宗頤先生、曾憲通先生《楚地出土文獻三種研究》摹作"帝"〔註38〕，《楚系簡帛文字編》也摹作"帝"〔註39〕，其實字形不當從"少"而當從"林"，《長沙楚帛書文字編》的摹本較正確。該字曾憲通先生釋作"素"〔註40〕。李零先生早年釋作"紤"，以爲從米從巾〔註41〕，而後改釋作"素"，以爲從來從巾〔註42〕。劉信芳先生以爲"字即'市'，或作'帗'，《說文》古文作'黻'。"〔註43〕，此字能否釋作"素"恐須更多佐證，但此處或可提供一個思考的角度，此字從"市"，而"市"字在偏旁中又常與"糸"通用，如曾侯乙122號簡"紲"字作紲，"糸"旁又可換成"市"旁作市（曾·124），二簡文例相同，可見二字應爲異體關係；又如"純"字作"純"（曾·57）又可從"市"作市（曾·65/純），二簡文例亦相同，可見"糸"、"市"偏旁可互換，楚文字"素"作素、素，上半已類化作"少"，楚帛書有可能是以"林"的型態出現，又易"糸"旁爲"市"旁，不過當然也不能排除其他可能。

四、《曹沫之陣》"曩"字考釋

接下來我們談《曹沫之陣》的"曩"字，《曹沫之陣》32號簡有兩處"早"字，分別作早、早，原考釋者李零先生僅摹出原簡字形而無隸定，並在"△飤"一條下解釋云："似指擔負而行，類似古書所說的'贏糧'。'贏'，字亦作'擶'，是擔負之義（見《方言》卷七、《廣雅·釋言》）。"〔註44〕

陳劍先生隸定作"早"，以爲"此'早'及後文簡32下'早'字皆作上從'日'下從'棗'聲（'棗'形皆有所省略訛變），是早晚之'早'之本字，戰國文字中常見。原未釋出。"〔註45〕，已知字乃"曩"之"省略訛變"。

蘇建洲學長以爲"新出《上博（四）·曹沫之陣》簡32有字作早，……筆者估計這大概是《語叢三》19的'棗'字的進一步訛變，主要是下面的'撇筆'往

〔註37〕饒宗頤先生、曾憲通先生著：《楚地出土文獻三種研究》，中華書局1993年，第66頁。

〔註38〕饒宗頤先生、曾憲通先生著：《楚地出土文獻三種研究》，第66頁。

〔註39〕滕壬生先生編著：《楚系簡帛文字編》，湖北教育出版社1995年，第945頁。

〔註40〕曾憲通先生撰集：《長沙楚帛書文字編》，第63頁。

〔註41〕李零先生：《長沙子彈庫戰國楚帛書研究》，中華書局1985年，第58頁。

〔註42〕李零先生：《讀〈楚系簡帛文字編〉》，《出土文獻研究》1999年第五集，第152頁。

〔註43〕劉信芳先生：《楚帛書解詁》，《中國文字》1996年新21期，第91頁。

〔註44〕馬承源先生主編：《上海博物館藏戰國楚竹書（四）》，上海古籍出版社2004年12月，第264頁。

〔註45〕陳劍先生：《上博竹書〈曹沫之陳〉新編釋文（稿）》，簡帛研究網（2005年2月12日），網址：http://www.bamboosilk.org/。

上移"〔註46〕，之後在《楚文字雜識》一文中補充說明云："'▨'字應該是《郭店‧語叢三》19'曩（早）'作'▨'的進一步訛變，主要是下面的'撇筆'往上移，這是所謂'筆劃移動'的現象，如同西周金文宄鼎▨字，黃錫全先生、李學勤先生二先生皆認爲字形下部從'並'，李學勤先生解釋說：''並'字本從二'人'，上加兩橫，但是殷墟甲骨文就有從二'又'的例子。……鼎銘這個字的'並'，只是將兩橫上移了。'也就是說字形演變是：▨→▨→▨。這也說明了'撇筆'可作兩筆或是四筆，後者可能是增繁的結果。"，並據對△字的認識，進而考釋《璽彙‧3501》▨亦是"早"字。〔註47〕

"早"字在楚文字中多作"曩"，而《說文》云："棗，羊棗也。從重束。"〔註48〕，對於《說文》"棗"從重"束"的說法，在"棗"字的古文字材料逐漸出現後，學者有了不同的意見。何琳儀先生在《戰國文字通論》"棗"字下云："戰國文字多從二來"〔註49〕，季旭昇師也以爲"戰國晉系宜無之棗戈'棗'字（筆者按：字作▨）似從二'來'，秦漢文字莫不從二'來'"〔註50〕。又《上博（一）‧緇衣》簡22有"▨"字，徐在國先生、黃德寬先生以爲此字乃從攴、棗聲，讀作"仇"〔註51〕，陳偉先生以爲"這個近似'來'的形體，與郭店本《老子》乙一號簡、《語叢三》十九號簡中的'早'字所從相似"〔註52〕，鄒濬智學長主張從"棗"省聲，以爲"棗"、"仇"、"述"音近〔註53〕，從字形來看"▨"字左旁與"來"無異。蘇建洲學長引用大量的古文字資料證明"'棗'、'棘'二字本來應從'來'，並不從'束'，《說文解字》所釋其實是值得商榷的。"〔註54〕，吳振武

〔註46〕 蘇建洲學長：《楚文字考釋四則》，簡帛研究網（2005 年 3 月 14 日），網址：http://www.bamboosilk.org/。

〔註47〕 蘇建洲學長：《楚文字雜識》，簡帛研究網（2005 年 10 月 30 日），網址：http://www.bamboosilk.org/。

〔註48〕 〔清〕段玉裁注：《說文解字注》，洪葉出版社 1999 年 11 月，第 321 頁。

〔註49〕 見何琳儀先生：《戰國古文字典》，第 227 頁。

〔註50〕 季旭昇師：《說文新證（上冊）》，第 566 頁。

〔註51〕 徐在國先生、黃德寬先生：《〈上海博物館藏戰國楚竹書（一）‧緇衣、性情論〉釋文補正》，見《古籍整理研究學刊》2002 年 3 月第 2 期，第 4 頁。

〔註52〕 陳偉先生：《上博、郭店二本〈緇衣〉對讀》，上海大學古代文明研究中心、清華大學思想文化研究所編《上博館藏戰國楚竹書研究》，上海書店出版社 2002 年，第 421 頁。

〔註53〕 鄒濬智學長：《〈上海博物館藏戰國楚竹書（一）‧緇衣〉研究》，碩士學位論文，臺灣師範大學 2004 年 6 月，第 192 頁。

〔註54〕 見蘇建洲學長，《從古文字材料談"棗"、"棘"的文字構形及相關問題》，《中國學術年刊》2003 年 6 月第二十四期，國立臺灣師範大學國文系，第 118 頁。

先生以為蘇氏此文"結論中的主體性應可成立"〔註55〕，筆者閱讀蘇建洲學長此文後，也認同"棘"字從"來"的說法〔註56〕，並認為"棘"從來的意見，其實可以幫助我們了解《曹沫之陣》的"曩"字。我們知道"曩"字的"棘"聲除可寫作從二"來"如 □（中山王䇿鼎）外，亦可以省作一個"來"，如 □（郭·老乙·1）、□（郭·老乙·1）、□（上博·仲弓·14）。而前引"□"字與上述三例"來"旁完全同形，其實都是"棘"省聲。而《曹沫之陣》簡 32 之"曩"字字形作 □、□，上從"日"旁無疑問，下半形體則較為特殊，其實就是從一"來"，並以特殊寫法來表現，與楚系吳王夫差矛"差"字作 □，同屬於兩端出頭的"□"。而 □、□ 之"□"形下有"□"之部件，這樣的形構正保留了戰國時期"來"字"□"不收縮"□"形部件而作"□"（天·卜/坌）的特色〔註57〕。不過必須承認的是，《曹沫之陣》"曩"字的"棘"旁與一般楚文字的"曩"相較起來，"日"旁下"□"形上都省略了"卜"形，目前我們僅能看到"卜"形橫筆省略作"│"形，如 □（郭·老乙·1）、□（郭·語三·19），若連"│"形都縮筆而只剩"□"者，是筆者尚未見到的情況，也是日後仍待進一步研究的地方。

五、結　論

　　綜上所述，讓我們了解楚系"來"字可以將"□"寫作"□"、"□"或"□"，而且此字形早在春秋晚楚系的吳王夫差矛、吳王夫差鑑、王孫遺者鐘就已經產生。而本文所整理楚文字中從"□"、"□"、"□"的字例，至少發生在"李"、"差"、"曩"、"素"、"䜌"、"每"等字上，但這些字的來源未必盡同，這也是筆者不贊成"□"從"考"字演變而來的原因。另外，上述諸字例在楚文字中都從"□"，這說明它們都與"□"關係十分密切，而楚文字中類化作從"攵"的字形中，作"□"、"□"、"□"者的比例大量地少於作"□"者，換言之"□"佔有書寫的普遍性，是以筆者以為"□"、"□"及"□"是一種較特殊的書寫方式。另外，筆者在搜尋資料的過程中，發現一處應與本文所論有關係的字例，即《上博（一）·緇衣》1 號簡的"□"字，"力"上所從的偏旁，各家學者莫衷一是，有考釋作力、來、韋、求等〔註58〕，至

〔註55〕見吳振武先生致蘇建洲學長之回函，見蘇建洲學長：《從古文字材料談"棘"、"棘"的文字構形及相關問題》，第 135 頁。

〔註56〕另外，睡虎地秦簡"來"字作 來（睡·秦·185），而"棘"字作 棘（睡·秦·43）、棘（睡·日甲·14），也是"棘"從"來"的旁證之一。

〔註57〕楚系"來"字可作 □（天·卜/坌），但"□"下之"□"形亦可省略作 □（包·132/坌）。

〔註58〕可參季旭昇師主編、鄒濬智學長撰：《上海博物館藏戰國楚竹書（一）讀本·緇衣釋

今未有定論。其字形與 " 𣥹 "、" 𣥹 " 或 " 𣥹 " 這類 "來" 形不同，但是卻非常相近，而 " 步 " 形可寫作 " 𣥹 "、" 𣥹 "、" 𣥹 " 的認識，毫無疑問可以爲 " 𣥹 " 字帶來新的線索與思考。

　　（本文發表於國立武漢大學《簡帛》集刊第一期，（上海：上海古籍出版社，2006年 10 月） 頁 164～172）

譯》，萬卷樓 2004 年 6 月，第 81 頁。

附錄三：《曹沫之陣》簡「沒身就世」釋讀

摘　要

　　《上海博物館藏戰國楚竹書（四）‧曹沫之陣》（以下簡稱「《上博（四）‧曹沫之陣》」）在曹沫敘述「天命」概念之處，其中「沒身就殜」四字一直無法順利地通讀，導致研究者對於本簡整段「天命」之論，無法順利地理解。其中「沒身就殜」一詞之疑難處又聚焦在「沒」、「殜」二字上，「沒」字在《曹沫之陣》簡之前僅見《郭店‧唐虞之道》簡2一處，釋讀的意見非常分歧，共有「叟」、「拡」、「及」、「約」、「邊」等說法，《上海博物館藏戰國楚竹書‧（五）》（以下簡稱「《上博（五）》」）發表後又見三處，原整理者咸讀作「沒」，但其字形的考釋及其演變脈絡，學者多未詳談，筆者本文以字形分析爲主，討論該字實從「回」即「沒」字無誤。另外，「殜」字首見於楚簡，研究者多釋作「死」，文例讀作「就死」，但「沒身」（即「壽終正寢」）與「就死」一詞的概念是衝突的，《上博（五）》出版後，陳劍先生首先釋出《季庚子問於孔子》簡14「𣥐」字爲「殜」之後，筆者進一步以爲《曹沫之陣》簡「殜」與「殜」乃異體關係，字形稍有訛變，文例應讀爲「就世」，與「沒身」之概念正合，「沒身就世」即壽終正寢之義。

　　【關鍵字：上博四‧楚竹書‧曹沫之陣‧沒身‧就世】

壹、前　言

　　《曹沫之陣》〔註1〕第8～9簡的內容是曹沫對於「天命」問題進行闡述，曹沫對魯莊公云「臣聞之曰：『君子以賢稱而失之，天命；以亡道稱而沒身就殜，亦天命。』，

〔註 1〕　參馬承源主編：《上海博物館藏戰國楚竹書（四）》，（上海：上海古籍出版社，2004年12月）。

其中「沒」、「荡」二字實爲疑難之字，並且窒礙了吾人對整段天命概念之理解，可知二字的釋讀可說無比重要。筆者將「沒」、「荡」二字分別進行考釋與訓讀，期盼學者不吝批評指教。

貳、釋「沒」

《曹沫之陣》簡 9「沒」字作「㊟」（下文暫以「△」形符號代替），在此字之前僅見《郭店・唐虞之道》簡 2 一例，字作「㊟」，二字之文例如下：

「身窮不均，㊟而弗利。」（《唐虞之道》簡 2～3）〔註2〕

「以亡道稱而㊟身就荡，亦天命。」（《曹沫之陣》簡 9）

上述二字從「又」，學者罕有疑義〔註3〕，但「又」上之偏旁，學者意見不一，有釋作「回」、「云」、「及」、「勹」等說，其中尤以「回」及「云」二說爲最多學者所主張，此偏旁之認識更直接影響到該字的訓讀。及至今年春《上海博物館藏戰國楚竹書（五）》一出，又見三例，文例如下：

「其身不㊟，至於孫子。」（《三德》簡 3）

「㊟其身哉」（《三德》簡 17）

「身不㊟爲天下笑」（《鬼神之明》簡 2）

原考釋者李零先生及曹錦炎先生皆釋作「沒」〔註4〕，但是截至目前爲止，學者尚未對字形進行通盤的比對，筆者此處即欲以字形爲據進行分析研究。

一、學者對於諸「㊟」字的考釋意見

關於△字學者的討論意見頗多，整理歸納後可分以下爲五種說法：

（一）第一種說法主張字從「又」、「云」聲。徐在國先生、黃德寬先生以爲「甲骨文中有字作㊟，《甲骨文編》（中華書局 1965 年版）懷疑是『愛』字（見該書 733 頁）。施謝捷先生釋爲『抁』（《甲骨文字詁林》，中華書局 1996 年版，1149 頁），可

〔註2〕 「身窮不均」之「均」字，亦是個頗具爭議之字，此處我們暫依原整理的隸定。見荊門市博物館編：《郭店楚墓竹簡》，（北京市：文物出版社，1998 年），頁 157。

〔註3〕 不往從「又」思考的學者較少，僅見涂宗流先生、劉祖信先生的看法，兩位學者以爲字「從身從辵」，即俗「邊」字。參涂宗流先生、劉祖信先生：《郭店楚簡先秦儒家佚書校釋》，（臺北市：萬卷樓：2001 年），頁 40。

〔註4〕 《三德》簡 3、17 字形分別參馬承源先生主編：《上海博物館藏戰國楚竹書（五）》，（上海：上海古籍出版社，2005 年 12 月），頁 290 與頁 300。《鬼神之明》簡 2 字形參馬承源先生主編：《上海博物館藏戰國楚竹書（五）》，（上海：上海古籍出版社，2005 年 12 月），頁 312。

从。我們認爲 🜚 字即甲骨扙字之省體，應隸定作『受』，釋爲『扗』。」〔註5〕；陳斯鵬先生釋作「扗」以爲「極可能是『損』字異體」，其云：「《說文‧手部》：『扗，有所失也。』又『損，減也。』二義本通。《戰國策‧齊策五》：『（齊宣王）曰：『寡人愚陋，守齊國，惟恐失扗之。』』鮑彪注：『扗，失也。』《字彙‧手部》，『損，失也。』則扗、損同訓。又云、員上古音相同，常可通作。《書‧泰誓》：『雖則云然。』《漢書‧李尋傳》顏注引云作員。《郭簡‧緇衣》『云』皆作『員』。……準此，扗、損當是一字之異構。《說文》立爲二字，未當。此簡『扗而弗利』也即『損而弗利』。」〔註6〕；劉釗先生將字隸定作「叔」，以爲「『叔』字從云從又，疑是『扗』字異體。『扗』字意爲損失。又楚文字中『云』聲與『員』經常可以相通，所以『扗』也可以假借爲『損失』之『損』。」〔註7〕，而在《郭店楚簡校釋》一書中則將字隸定作「受」，讀作「損」，以爲『『受（損）而弗利』意爲遭受損傷而不自利」〔註8〕。上述學者都將「🜚」釋作從又、云聲，而將字導向《說文》解釋作「有所失」的「扗」字，或通假成「損」。另外，李銳先生以爲🜚、🜛同字，並指出：

「🜚而弗利」，讀爲「損而弗利」，比較合適，……就《曹沫之陣》來說，此字當讀爲「殞」，「殞身」，《大戴禮記‧曾子立事第四十九》記有：「太上不生惡，其次而能夙絕之也，其下復而能改也。復而不改，殞身覆家，大者傾覆社稷。」「殞身」，義同于「沒（歿）身」，但是從《唐虞之道》來看，將該字釋爲「扗」讀爲「損」，似乎更合適。不過楚文字「云」字與此字不類，尚需要更多資料進一步考察。〔註9〕

李銳先生承襲將「🜚」讀作「損」的理路，而把「🜛」讀作「殞」。將△字通假爲「損」或「殞」的看法，就字音而言，是可以成立的，「云」、「員」通假在古籍及出土文獻中的例證都很多〔註10〕，而「損」、「殞」咸從「員」得聲，字音的通假

〔註5〕 參徐在國先生、黃德寬先生：〈郭店楚簡文字續考〉，《江漢考古》，1999年第二期，頁75。

〔註6〕 見陳斯鵬先生：《讀郭店楚墓竹簡札記（10則）》，《中山大學學報論叢》，1999年第6期，頁146。

〔註7〕 劉釗先生：〈讀郭店楚簡字詞箚記（四）〉，收入《古籍整理研究學刊》，2002年第五期，頁5。又見劉釗先生：《出土簡帛文字叢考》，（臺北市：臺灣古籍，2004年，頁73。

〔註8〕 見劉釗先生：《郭店楚簡校釋》，（福州：福建人民出版社，2003年12月），頁151。

〔註9〕 見李銳先生：〈讀上博四札記（一）〉，簡帛研究網，（2005年2月20日），網址：http://www.jianbo.org/admin3/2005/lirui001.htm。

〔註10〕 古籍方面的通假例證可參《古字通假會典》，高亨纂著、董治安整理《古字通假會典》，（濟南：齊魯書社，1997年7月），頁107～108。出土文獻方面可參《古文字通假釋例》「員（文匣）讀爲云（文匣）」、「云（文匣）讀爲損（文心）」等條，王輝先生：《古文字通假釋例》，（臺北縣：藝文印書館，1993年），頁777。

關係確可成立，然此說法所面臨最大的問題，莫過於李銳先生所點出的「楚文字『云』字與此字不類」一處，王輝先生在談古文字通假的原則時，首條即云「仔細分析字形，字形未認準者不可輕言通假」〔註11〕，可見該字是否从「云」聲，是通假前最應先釐清的問題，是以筆者將於後文整理分析△字與「云」字字形上的關係。

（二）第二種說法主張字从「又」、「回」：李零先生據《唐虞之道》簡字形以為「此字原無水旁，但從字形看，實即『沒』字所从，這裏讀為『沒』或『歿』，是身死命終的意思。這兩句，『身窮』對『沒』，『不貪』對『弗利』，乃互文見義。」〔註12〕。張桂光先生釋作「㞷」即《說文》之「㞷」字，以為「身窮不均，㞷而弗利，窮仁矣哉！」即為「身居極位而不求均沾利益，身沒（或隱退）亦不謀求私利，真是仁極了呀！」〔註13〕。《曹沫之陣》原考釋者李零先生釋作「㞷」，讀作「沒」〔註14〕。廖名春先生也以為字上部从「囘」，下部从「又」，即《說文》之「沒」字，他認為「『沒身』，文獻一般指終身。」，以為簡文並非此義，因此將文例讀作「歿身」，並云「『歿身』與『就死』並稱，其義也同」〔註15〕。邴尚白先生也隸定作「沒」，但訓作「終身」，以為即「壽終正寢」之義〔註16〕。就字音上看，「沒」、「歿」从「㞷」得聲，音韻通假沒有問題，但比較可惜的是學者未舉戰國或楚系之「㞷」字以證，張桂光先生雖舉出《說文》之「㞷」，但是小篆字形上與△是存有距離的，小篆「囘」字，一筆成形，而△字分作兩筆，因此我們必須透過的比對更多古文字的「囘」字資料。

（三）第三種說法主張字應釋作「及」，此乃張光裕先生的意見。張光裕先生在《郭店楚簡研究》一書中，將「㞷」置於「及」字下，並於〈緒言〉第7條云：「疑

〔註11〕 見王輝先生：《一粟集：王輝學術文存》，（臺北市：藝文印書館，2002年），頁802。
〔註12〕 見李零先生：《郭店楚簡校讀記》，《道家文化研究》第17輯（「郭店楚簡」專號），499頁，三聯書店出版社，1999年8月。亦見李零先生：《郭店楚簡校讀記》增訂本，（北京：北京大學出版社，2002年9月），頁96。
〔註13〕 見張桂光先生：《〈郭店楚墓竹簡〉釋注續商榷》，《簡帛研究二〇〇一》，（桂林：廣西師範大學出版社，2001年9月），頁189。亦見張桂光先生：《古文字學論集》，（北京：中華書局，2004年），頁182。
〔註14〕 馬承源主編：《上海博物館藏戰國楚竹書（四）》，（上海：上海古籍出版社，2004年12月），頁249。
〔註15〕 廖名春先生：〈讀楚竹書《曹沫之陳》箚記〉，簡帛研究網，（2005年2月12日），網址：http://www.jianbo.org/admin3/2005/liaominchun002.htm。
〔註16〕 邴尚白先生：〈上博楚竹書〈曹沫之陣〉注釋〉，於臺灣大學《中國文學研究》第十四屆論文發表會上宣讀，2005年9月25日，頁9。邴尚白先生：〈上博楚竹書〈曹沫之陣〉注釋〉，收入臺灣大學《中國文學研究》第二十一期，2006年1月，頁15。

即『及』字……『及而弗利』猶言『及其位而不牟私利』」也。」〔註17〕，不過「郭店楚簡資料庫」則釋作「損」〔註18〕。然而《郭店楚簡研究》字頭 0190 號所收八例「及」字皆作 𡿨（性・59），楚系「及」字的標準寫法，但字形與 𡿨 不同〔註19〕，且《唐虞之道》簡文亦有「及」字，出現於簡 15、19、24 皆作 𡿨（簡 19）形，字從《說文》的古文形態而省其「彳」旁〔註20〕，與 𡿨 亦不類。此外，《曹沫之陣》簡 29、56 都有「及」字，簡 52 亦有「汲」字，但字形與△似稍嫌遠。

（四）第四種看法主張字從「又」、「勺」聲，此爲周鳳五先生的意見。周鳳五先生將「𡿨」字讀作「約」，指出「字從又，𠃌 聲，聲符即『勺』字。〈中山王𢛖鼎〉：『與其溺於人也，寧溺於淵。』，『溺』字從水，勺聲，作 汋。勺，古音禪母藥部；溺，泥母藥部，二字音近可通。簡文此字以勺爲聲符，讀作『約』。……簡文此二句謂古代的賢仁聖者身處窮乏而不慍怒，遭遇窘困而不自利」，並引《論語・里仁》、《管子・版法解》、《呂氏春秋・貴公》、《史記・五帝本紀》中的文句以證〔註21〕。周鳳五先生以爲〈中山王𢛖鼎〉「汋」字應釋作「汋」，甚確。然言〈中山王𢛖鼎〉與 𡿨 字形相同，則稍可商，〈中山王𢛖鼎〉「汋」之「勺」旁作「𠃌」，與戰國楚系「勺」字作 勺（郭店・語四・24）、約（郭店・性・9/約）、勺（望山・2.47）很明顯字形相同，「汋」字《金文編》摹作 汋〔註22〕，《殷周金文集成》所收張守中先生摹本作 汋〔註23〕，「勺」字形的特色乃「勺」字中多存有一點，象勺中之實，該點偶與勺形之末端相連而作 豹（包・2.277/豹），但其「勺」字字形一筆成形，很明顯還是與 𡿨、勺 有距離，而《曹沫之陣》簡 29 亦有從「勺」之「酌」字，字作「酌」。

（五）第五種看法主張字從「身」從「彳」，即俗「邊」字，此乃涂宗流先生、劉祖信先生的意見。涂宗流先生、劉祖信先生認爲「『邊』，簡文從身從彳，俗『邊』字見《字彙》」〔註24〕，又指出「『邊』，盡頭。《公羊傳僖公十六年》：『是月者何？

〔註17〕 見張光裕先生：《郭店楚簡研究・緒言》，（臺北市：藝文印書館，1999 年），頁 5。
〔註18〕 見張光裕先生與香港中文大學圖書館、中國語言及文學系所共同製作的「郭店楚簡資料庫」，網址：http://bamboo.lib.cuhk.edu.hk/basisbwdocs/bamboo/bam_main.html？。
〔註19〕 見張光裕先生：《郭店楚簡研究・緒言》，（臺北市：藝文印書館，1999 年），頁 102。
〔註20〕 參李零先生：《郭店楚簡校讀記》，（北京：北京大學出版社，2002 年 9 月），頁 97。
〔註21〕 周鳳五先生：〈郭店楚墓竹簡唐虞之道新釋〉，中央研究院歷史語言研究所集刊，第 70 本第 3 分，1999 年 10 月，頁 742～743。
〔註22〕 《金文編》將此字釋作「沒」，以爲「从水从叟省」，其說可商。見容庚：《金文編》，（北京：中華書局，2004 年 8 月），頁 737。
〔註23〕 中國社會科學院考古研究所編：《殷周金文集成》第五冊，（北京市：中華書局，1985 年 6 月），頁 256。
〔註24〕 參涂宗流先生、劉祖信先生：《郭店楚簡先秦儒家佚書校釋》，（臺北市：萬卷樓：2001

僅逮是月也。』何休住：『是月邊也，魯人語也，在正月之幾盡。』」〔註 25〕。《字彙》「邊」字作「邉」，但△字與楚簡的「辵」、「身」字形都還是有距離，釋作「邉」字形稍有距離。

　　經過上述的字形分析，我們先保留釋作「及」、「約」、「邊」等意見，進一步分析「云」、「回」與△字的關係，以釐清此△字究竟所从爲何。

二、古文字中的「云」與△的差異

　　我們首先看「云」字在古文字中的演變脈絡，「云」字甲骨文作□（續・2.4.11）、□（掇・2.455）、□（粹・838）、□（庫・972）、□（存下・956）、□（菁・4.1），雲氣作順時針、逆時針並無差別，金文作□（春秋・姑發瞿反劍）、□（春秋晚・敬事天王鐘/陰）、□（春秋晚・敬事天王鐘/陰）、□（春秋・異伯子㽵盨/陰），甲骨文「云」字的兩橫筆〈姑發瞿反劍〉已省至一筆，而〈敬事天王鐘〉的橫筆更進一步縮成一小圓點，這個「縮筆成圓點」的特色由晉系、楚系的戰國文字所繼承。秦系文字作□（璽彙 4876）、□（璽彙 4877）〔註 26〕，□（睡虎地・33.20）、□（古陶・5.294/雲），橫筆不縮成圓點，而且尚保留甲骨兩橫筆的形態。晉系文字作□（璽彙 0068/会）、□（璽彙・3162/会）、□（璽彙・1010），圓點有下移的現象。

　　戰國楚系「云」字承〈敬事天王鐘〉「□」之「云」旁而來，如□（邙戈），但原本金文縮成小圓點之處，有些字形已填實而誇大，作□（帛書丙一）、□（郭・緇衣・35）、□（包・135/会）、□（包・134/会）、□（郭・太・5/会）、□（郭・太・5/会）、□（信・3.01/回）、□（望 2・48/回）、□（信・2.1/回）、□（包・264/回）等形〔註 27〕，另外又可作□（天星 4405/雲）、□（曾侯乙・120/回）等形，頭部不作圓點而保留以橫筆形態出現。

　　從上述甲骨、金文以及戰國各系「云」字可知，甲骨文中象其回轉之雲氣可作「逆時針」方向之□（掇 2.455），也可作「順時針」方向之□（續 2.4.11），而目

年），頁 40。

〔註 25〕 參涂宗流先生、劉祖信先生：《郭店楚簡先秦儒家佚書校釋》，（臺北市：萬卷樓：2001年），頁 42。

〔註 26〕 璽彙 4876、4877 等二例「云」字，何琳儀先生、湯餘惠先生俱列爲秦系文字，參何琳儀先生：《戰國古文字典》，（北京：中華書局，1998 年），頁 1313。湯餘惠先生：《戰國文字編》，（福州：福建人民出版社，2001 年 12 月），頁 767。

〔註 27〕 另外，這種型態的「云」字在楚簡中又與「巳」字作□（天卜）、□（天卜）者形近，相關問題可參《先秦同形字研究舉要》「云巳同形」一節中的討論。參詹今慧學姊：《秦同形字研究舉要》，國立政治大學碩士論文，2005 年，頁 179～181。

前所見金文〈姑發■反劍〉之 ■ 是以「逆時針」爲之，時至秦、晉二系文字，也多以「逆時針」方向爲之，除秦系 ■（璽彙 4876）外，較少有順時針方向者。楚文字「云」字寫法很特別，大多都以頭部塡實的形態出現，而象雲氣迴轉之筆畫，還是多以「逆時針」方向呈現，只不過除了 ■（邙戈）之外，其迴轉的弧度已不如甲、金文來的強烈，只是稍微向右撇而已。

由上述字形分析，我們可以發現戰國楚系「云」字的三點特色：一、頭部多以「塡實」形態出現。二、雲氣迴轉的方向乃「逆時針」方向爲之。三、迴轉的弧度並不強烈。由此可見，△字與「云」字的甲骨、金文及部分的秦系文字字形吻合，但是若將△字與楚系三項「云」字特色做比較，即會發現無一符合，李銳先生認爲「楚文字『云』字與此字不類」甚是。

其次，就楚文字的通假習慣而言，「損」郭店簡咸假「員」字爲之共九例之多〔註28〕，如《唐虞之道》簡 19「有天下弗能益，亡天下弗能▽」，▽字作「■」，即是「員」字，在此讀作「損」，則何以簡 2 之「損」作 ■，而簡 19 之「損」字則假「員」爲之，此中有合理的懷疑空間。

三、古文字中的「叟」與△字的差異比較

我們進一步比對△字與古文字「叟」字的差異，「叟」字《說文‧三篇下‧又部》云：「叟，入水有所取也，從又在囘下，囘、古文回，回、淵水也，讀若沫。」〔註29〕，字從又從回，嚴式隸定應作「叟」。《說文》：「回，轉也。從口、中象回轉之形」〔註30〕，從古文字來觀察，「回」並不從「口」。甲骨文中筆者僅見「回」字，尚未見到「叟」字出現，「回」字作 ■（前 2.9.2）、■（甲‧930）、■（乙‧6310 反）、■（田回父丁爵），孫詒讓釋作「亘」〔註31〕，吳其昌亦釋「亘」，以爲「象迴環之形」〔註32〕，《甲骨文字詁林》亦釋作「亘」，姚孝遂按語云：「亘回實本一字，後始分化」〔註33〕。甲骨文中「亘」、「回」同字，金文中「亘」才

〔註28〕 分別是《老子》簡 3（三例）、《唐虞之道》簡 19、《語叢三》簡 11、簡 12、簡 13（兩例）、簡 16 等共九例。

〔註29〕 〔清〕段玉裁注：《解字注》，經韵樓藏版，（臺北市：洪葉出版社，1999 年 11 月），頁 117。

〔註30〕 〔清〕段玉裁注：《說文解字注》，經韵樓藏版，（臺北市：洪葉出版社，1999 年 11 月），頁 279。

〔註31〕 〔清〕孫詒讓遺書、樓學禮校點：《契文舉例》，（濟南市：齊魯書社，1993 年），頁 12。

〔註32〕 吳其昌：《殷虛書契解詁》，（臺北市：藝文印書館，1960 年），頁 294。

〔註33〕 見于省吾主編《甲骨文字詁林》，（北京市：中華書局出版，1996 年），頁 2225。

在「回」字上添釋筆，進而分化成二字，如「趄」字，西周中〈癲鐘〉作「![字形]」，西周中〈史趄簋〉作![字形]，「回」旁上下各增一筆，到了周代晚期〈虢季子白盤〉作![字形]，已經重複「亘」形，此時「亘」已與「回」分化而成二字〔註34〕。關於「回」字的本義，楊樹達先生以爲「荀子云：『水深則回』，回即今言旋渦是也。」〔註35〕，商承祚先生以爲「回」之古文，乃「雲」的借字，因此爲「象雲氣之回轉」〔註36〕，但將「回」字視爲「云」的借字，則「叟」字即無法會出「沒溺」之義，字形上解釋作淵水、旋渦是較正確的訓讀。

關於甲金文之後的字形演變，戰國燕系「回」字作![字形]（古幣文編‧316）、![字形]（古幣文編‧316）〔註37〕、![字形]（燕‧貨幣80），晉系作![字形]（璽彙4790），偏旁或作![字形]（侯馬3：22/頜）。楚系「回」字於單字中見![字形]（新蔡‧甲三：294、零：334），偏旁見![字形]（曾侯乙‧130/柚）、![字形]（曾侯乙‧126/柚），與小篆作「![字形]」相近，除此種字形外，亦作「![字形]」（者汈鐘/頜）〔註38〕，其「回」旁以順時針方向爲之，與侯馬盟書字形相同，但「回」旁上添一飾筆。秦系亦有保留古體者如![字形]（秦陶‧1068），但大多字形都作![字形]（秦‧睡虎地‧52.2）、![字形]（睡虎地18.149）、![字形]（詛楚文），字形作兩個圈形，與楚系新蔡、曾侯乙等字形相近。秦統一後廢除不與秦系相合者，因此漢代「回」字皆作兩圈形，如![字形]（銀雀山‧孫臏‧284），而戰國其他系的「回」字遂滅，但是在秦、漢文字偏旁從「回」的字形中，仍保留古體「![字形]」形態的寫法，如![字形]（秦‧103/沒）、![字形]（殷阮君碑/沒）。

接下來，我們試圖從戰國文字從「回」者，推敲其與△字關連。△字與「頜」有很重要的關係，「頜」《說文》云：「![字形]，內頭水中也。從頁叟，叟亦聲。」段注云：「內者入也，入頭水中，故字從頁叟，與水部之沒義同而別，今則叟頜廢而沒專行矣。」〔註39〕，由此看來，「頜」可能是「叟」所衍生出來的字〔註40〕，增「頁」

〔註34〕 參季旭昇師：《說文新證（下冊）》，（臺北市：藝文印書館，2004年11月），頁229。

〔註35〕 見楊樹達：《文字形義學》，（上海市：上海古籍出版社，1988年），頁22。

〔註36〕 見商承祚：《說文中之古文考》，（上海市：上海古籍出版社，1983年），頁101。

〔註37〕 二例《古幣文編》字形，張頜先生未釋，但何琳儀先生釋作「回」，可從。見張頜先生：《古幣文編》，（北京：中華書局，1986年），頁316。何琳儀先生：《戰國古文字典》，（北京：中華書局，1998年），頁1180。

〔註38〕 《殷周金文集成》所收器號124、128、131等三器〈者汈鐘〉共有三處銘文，《集成》字形殘泐頗甚，字形較清楚者作![字形]，何琳儀先生摹作「![字形]」，拓片中「回」旁字形仍是十分清楚。見何琳儀先生：《戰國古文字典》，（北京：中華書局，1998年），頁1180。

〔註39〕 〔清〕段玉裁注：《說文解字注》，經韵樓藏版，（臺北市：洪葉出版社，1999年11月），頁423。

〔註40〕 從文字的角度，「叟」分化出「頜」似比較合乎字形的演變規律，雖然目前「叟」字

旁有義符的作用，人溺水時臉沒於水面之下，以彰顯沒溺之「沒」的本義。其次，小篆「頹」、「叟」字之「回」旁保留較早寫法，與小篆「回」作「〇」不同，此又是單字與偏旁演進速度不同的例證之一。「頹」字楚文字作「（圖）」（戰國早·者沪鐘/頹）」，晉系文字春秋〈侯馬盟書〉作（圖）（侯馬 3：22）、（圖）（侯馬 156：25），或易「又」旁爲「攴」旁如（圖）（侯馬 156：19）、（圖）（156：20），而其「回」旁或作（圖）（185：4），「回」旁起筆直貫而下。〈者沪鐘〉、〈侯馬盟書〉等「頹」字「回」旁都以順時鐘方向爲之。〈侯馬盟書〉例文例咸爲「▽嘉之身」，侯馬盟書編者隸定作「顥」，以爲「通沒」〔註41〕，而在〈156：20〉注釋云；「顥——沒字的古体字，音握（wò）。盟書中或作顥」〔註42〕。何琳儀先生亦釋作「顥」，以爲「讀沒。《禮記·檀弓》『不沒其身』，注『沒，終身也』」〔註43〕。字形上，《侯馬盟書》「頹」字「又」旁上之「回」作（圖）（156：20/顥），很清楚是以兩筆完成，先作（圖），後一筆作（圖），與《唐虞之道》、《曹沫之陣》△字「回」旁分別作（圖）與（圖）僅稍有差異，其差別僅在簡文字形的第一筆稍短，而第二筆起於第一筆的中間部分而已，可見「（圖）」、「（圖）」又上所從實是「回」字。

其次，由「回」字所而分化出來的「亘」，也是個重要線索。「亘」字金文中作（圖）（西周中·癞鐘/趄），於「回」旁上加一飾筆，此時與「回」差異不大，或重複兩個「回」形作（圖）（西周晚·虢季子白盤/趄）、（圖）（春秋早·秦公簋/趄）、（圖）（戰國晚·中山王譽鼎/趄）、（圖）（戰國·曾姬無卹壺/趄），這些「亘」旁之「回」形與△字的偏旁近似。另外，曾侯乙鐘「宣」字作（圖）、（圖），其「亘」旁寫法與一般字形稍有異，曾侯乙鐘「宣」字「亘」旁所從的兩「回」形與「（圖）」、「（圖）」二字「又」上所從之偏旁形體非常近似，而曾侯乙編鐘向來都視之爲楚系文字，則△與「回」字的關係得到更進一步的確認。而「亘」字在楚簡中作（圖）（包二.135 反/宣）、（圖）（曾158/趄），細審字形，可知「亘」旁上半的「回」形作「（圖）」明顯分作兩筆，與△字寫法相同。不過，早期金文「回」字作一筆成形的「（圖）」（癞鐘/趄），何以晚出字形要將其分作兩筆，其目的恐仍需進一步的研究。

四、關於「叟」字在偏旁中的演變問題

古文字的「叟」在偏旁或單字中有兩種寫法，以「回」形作一筆或作兩筆爲判

僅見楚簡，但「頹」字則可上溯至春秋時的侯馬盟書，但相信日後會有更早「叟」字的出土資料來補足這部份的空白。

〔註41〕山西省文物工作委員會：《侯馬盟書》，（北京：文物出版社，1976 年），頁 350。

〔註42〕山西省文物工作委員會：《侯馬盟書》，（北京：文物出版社，1976 年），頁 38。

〔註43〕見何琳儀先生：《戰國古文字典》，（北京：中華書局，1998 年），頁 1180。

別的標準，作一筆者乃秦系字體如：[字] （睡・秦・103），這種形體保留「回」字甲金文的原始形貌，在漢文字中亦有所承，如[字] （殽阮君碑/沒）、[字] （費鳳碑陰/沒）、[字] （孔宙碑/殁），而秦系及少數楚系有作「回」形之「回」字，正是從此系而來演變而來；作兩筆者可以新出楚簡的[字]、[字]、[字]、[字]、[字]等爲代表。

我們知道从「叟」的「玟」、「沒」、「頮」、「殳」等字，它們的古文字其實應當都从「回」，一直到秦文字時，偏旁仍是作「叟」，睡虎地秦簡「沒」字二見，都作从「回」之形，如《秦律十八種》【簡103】作[字]，張守中先生摹作[字] （秦・103）〔註44〕，而「殳」字作[字] （爲・23）、[字] （效・45），這表示「叟」尚未類化作「殳」。到了漢代，文字資料顯示雖有部分从「叟」旁者保留「回」形，但「叟」旁大多都已類化作「殳」，如[字] （沒讓私印/沒）、[字] （銀雀山・624/沒）、[字] （馬王堆・相・2）、[字] （馬王堆・合・110）〔註45〕等，其偏旁都已从「殳」，除此之外也偶見偏旁中本應从「殳」然卻作从「叟」的特殊現象，如漢印「殿」字作[字] （殿中司馬）、[字] （殿中司馬），但又有作[字] （殿中司馬）〔註46〕。不過，雖然從漢文字開始从「叟」偏旁已產生類化作「殳」的現象，但是我們看《廣韻》的从「叟」者仍作「**沒**」、「**頮**」〔註47〕，這透露出它們仍是有意識地想要與「殳」字作區隔。

五、關於「沒身」一詞的訓讀

我們確認《曹沬之陣》簡 9「△身」應讀作「沒身」之後，進一步要做的是訓讀的工作，簡文「沒身」後接「就蓐」一詞，「蓐」原考釋者李零先生釋作「死」〔註48〕，廖名春先生指出「『沒身』乃殺身之意，……『殁身』與『就死』並稱，其義也同。」〔註49〕，廖名春先生著眼「沒身」與「就死」並稱，因此不將「沒

〔註44〕其文例見《睡虎地秦簡・秦律十八種》簡103爲「皆▽入公」，釋作「沒」合理。見張守中先生：《睡虎地秦簡文字編》，（北京：文物出版社，1994年2月），頁171。此字《秦文字類編》摹作「[字]」，已類化作「殳」，恐有失真。參袁仲一先生、劉鈺先生：《秦文字類編》，（西安市：陝西人民教育出版社，1993年11月），頁476。

〔註45〕漢文字「投」字作[字]，可知「叟」旁與「殳」旁已類化。「投」字字形見《漢印文字匯編》，（臺北市：美術屋發行，1978年），頁383。

〔註46〕上述三例「殿」字，咸引自《漢印文字匯編》，（臺北市：美術屋發行，1978年），頁383。

〔註47〕陳彭年：《廣韻》，（臺北市：洪葉文化，2001年），頁479、481。

〔註48〕參馬承源主編《上海博物館藏戰國楚竹書（四）》，（上海：上海古籍出版社，2004年12月），頁249。

〔註49〕廖名春先生：〈讀楚竹書《曹沬之陳》箚記〉，簡帛研究網，（2005年2月12日），網址：http://www.jianbo.org/admin3/2005/liaominchun002.htm。

身」解釋作古籍常見的「終身」之義，而解釋作「殺身」〔註50〕，邴尚白先生以為「『沒身』指終身，如：《老子》第十六章：『沒身不殆』；《禮記‧內則》：『沒身敬之不衰』。『沒身就死』即壽終而卒。簡文言『天命』無常，所以存在『以賢稱而失之』、『以無道稱而沒身就死』這樣無理可說之事。《史記‧伯夷列傳》感嘆盜蹠，竟以壽終，與此同義。」〔註51〕，邴尚白先生以為「沒身」即古籍中常見的「終身」，但是對於「沒身就死」何以能有「壽終正寢」之義，尚未進一步說明。其實「終身」與「就死」一詞是相衝突的，因為「就死」一詞古籍咸為「赴死」之義，如《管子‧明法解》：「故以法誅罪，則民就死而不怨」〔註52〕指死於誅罰；《漢書‧蒯伍江息夫傳》「守相有罪，車馳詣闕，交臂就死，恐懼如此」〔註53〕，「交臂」乃綑綁犯人雙手，而「就死」則指犯罪而受到殺戮；《漢書‧司馬遷傳》：「假令僕伏法受誅，若九牛亡一毛，與螻蟻何異？而世又不與能死節者比，特以為智窮罪極，不為自免，卒就死耳。」〔註54〕「就死」乃指「伏法受誅」而死；《後漢書‧銚期王霸祭遵列傳》：「熊叩頭首服，願與老母俱就死。」，即與老母一同受死〔註55〕，可知「就死」與「終身」之意義不同，則此處的釋讀實有障礙，這個問題至《上博（五）》發表後，我們才知道「就死」實為「就世」之誤釋。

參、釋「勥」

《曹沫之陣》簡 9「沒身就勥」一句，「勥」（下文暫以「△」形符號代替）字原考釋者李零先生釋作「死」，以為「與簡文常見死字（作亖）相近，這裡釋『死』」〔註56〕，學者多從之，僅陳斯鵬先生釋作「姐」，無解釋理由〔註57〕。楚簡「姐」

〔註50〕 筆者在本論文的初稿中亦是支持廖名春先生此觀點，以為「沒身」與「就死」相對，「就死」一詞古籍多為「赴死」之義，與「壽終正寢」實有衝突，因此以主張「沒身」應即「死」之義。參拙文：〈談《唐虞之道》與《曹沫之陣》的「沒」字〉，武漢大學簡帛網，（2005 年 12 月 25 日）網址：
http://www.bsm.org.cn/show_article.php?id=145。

〔註51〕 邴尚白先生：〈上博楚竹書〈曹沫之陣〉注釋〉，於臺灣大學《中國文學研究》第十四屆論文發表會上宣讀，2005 年 9 月 25 日，頁 9。邴尚白先生：〈上博楚竹書〈曹沫之陣〉注釋〉，收入臺灣大學《中國文學研究》第二十一期，2006 年 1 月，頁 15。

〔註52〕 王冬珍先生等校注：《新編管子》，（臺北市：國立編譯館出版社，2002 年），頁 1360。

〔註53〕 王先謙：《漢書補注》，（北京市：中華書局，1983 年），頁 1038。

〔註54〕 王先謙：《漢書補注》，（北京市：中華書局，1983 年），頁 1239。

〔註55〕 王先謙：《後漢書集解》，（北京：中華書局，1984 年 2 月），頁 270。

〔註56〕 參馬承源主編《上海博物館藏戰國楚竹書（四）》，（上海：上海古籍出版社，2004 年 12 月），頁 249。

〔註57〕 陳斯鵬先生：〈上海博物館藏楚簡《曹沫之陣》釋文校理稿〉：簡帛研究網，（2005

作![字](九店 56·50)〔註58〕，李家浩先生以爲字「當從『歹』從『柞』聲，即『殂』的異體。『乍』、『且』古音相近，可以通用。《說文》以『殂』爲『殂』之古文即其例。簡文『殂』與『增』對言，應當讀爲『沮』」〔註59〕，九店簡![字]字《楚文字編》、《戰國文字編》都置於「殂」字下〔註60〕，陳斯鵬先生釋△作「殂」很有可能即據此來。但該字從「柞」實與△有別，《曹沫之陣》簡17「复」作![字]，其「乍」旁明顯△字所從不同，釋作「殂」似可商。

而今《上博（五）》出版後使△字有更多可供比對的文例，《季庚子問於孔子》簡14有個字作![字]，文例爲「且夫刻今之先人，![字]三代之傳史，豈敢不以其先人之傳志告」，原考釋者濮茅左先生隸定作「尨」以爲「『尨』即『喪』字」〔註61〕，陳劍先生改釋作「尨」讀「世」，並且指出「『刻今』的先人世世相繼爲三代遞傳之史官（「世」字用法參《國語·周語上》：『昔我先王世后稷，以服事虞、夏。』），其言亦爲有據」〔註62〕，侯乃鋒先生隸定作：「尨（忘）三代之連（轉）叟（變）。」，指出「『三代之連叟』頗疑其讀爲『三代之轉變』，指三代更革而言。郭店楚簡《語叢四》簡20：『善□□□者，若兩輪之相連（轉），而終不相敗。』『連』即讀爲『轉』。從文義上講，『列今（從陳劍先生意見以之爲人名）之先人』作爲一個群體，即使是世代史官，孔子於其話語中也不可能認爲『三代之傳史』這麼重大的事情與他們會有什麼關聯。」〔註63〕，筆者以爲陳劍先生釋作「世」的意見較佳。首先，![字]、![字]應爲同一字的異體，而《季庚子問於孔子》「尨」字作「![字]」，然簡10「亡」字作「![字]」，但從「世」之「殜」則作「![字]」，字與![字]所從之「世」聲相同，「世」旁上都有一橫筆，可知字實從「世」無誤。另外，《曹沫之陣》「![字]」字，與簡54從「亡」之「![字]」（忘）不類，而與從「世」之「殜」字作「![字]」相合，可知《季庚子問於孔子》簡

年2月20日），網站：http://www.jianbo.org/admin3/list.asp?id=1328。

〔註58〕此字《楚文字編》、《戰國文字編》咸云出於九店五十六號墓簡51，但經筆者覆查《九店楚簡》原簡，發現乃簡50，二書一時手民之誤。參湖北省文物考古研究所、北京大學中文系編：《九店楚簡》，（北京市：中華書局，2000年），頁116，注205。

〔註59〕湖北省文物考古研究所、北京大學中文系編：《九店楚簡》，（北京市：中華書局，2000年），頁116。

〔註60〕李守奎先生：《楚文字編》，（上海：華東師範大學出版社，2003年12月），頁252。湯餘惠先生主編：《戰國文字編》，（福州：人民出版社，2001年12月），頁253。

〔註61〕參馬承源主編《上海博物館藏戰國楚竹書（五）》，（上海：上海古籍出版社，2005年12月），頁222。

〔註62〕參陳劍先生：〈談談《上博（五）》的竹簡分篇、拼合與編聯問題〉，武漢大學簡帛網，（2006年2月19日），網址：http://www.bsm.org.cn/show_article.php?id=204。

〔註63〕參侯乃鋒先生：〈上博（五）幾個固定詞語和句式補說〉，武漢大學簡帛網，（2006年3月20日），網址：http://www.bsm.org.cn/show_article.php?id=295。

釋作「世」，正確，「世」即世代繼承之義。

🔣、🔣二字應爲異體字的關係，二字上半所从的「🔣」與「🔣」，形體雖似有異，然實同爲「世」字。「世」字甲骨字形作🔣（合集・6046），于省吾先生釋作「笹」，並以爲「世」字乃「係於止字上部附加一點或三點，以別於止，而仍因止字以爲聲（止世雙聲）」〔註64〕，高鴻縉先生〔註65〕、陳初生先生〔註66〕都以爲字从「止聲」，季旭昇師以爲「『世』字假借『止』形而分化」而視爲「假借分化增體指事字」〔註67〕，從目前的古文字材料來看，「世」從「止」字分化出來，是比較理想的講法〔註68〕，但「世」字上古音透紐、月部，「止」字端紐、之部〔註69〕，二字聲紐都爲舌頭音，但之（*-ə）、月（*-at）二部稍遠，若僅有雙聲關係恐無法說成从止得聲，但是「世」字從「止」字分化出來，正確可從，金文例證更多。金文「世」字將原本的圓點填實，而作🔣（且日庚簋/笹）、🔣（吳方彝），或作🔣（伯作蔡姬尊）、🔣（郤王糧鼎）〔註70〕等形，字形省略圓點，與「止」字無別，而這種形態的「世」字在偏旁中更多，如🔣（鄭虢仲簋）〔註71〕、🔣（趩觶/觶），又前述且日庚簋作🔣（《集成》器號

〔註64〕 于省吾先生：《甲骨文字釋林》，（北京：中華書局，1999年11月），頁460。

〔註65〕 參高鴻縉先生：《中國字例》，（臺北：三民書局，1992年10月），頁607。

〔註66〕 陳初生編纂、曾憲通審校：《金文常用字典》，（西安市：陝西人民出版社，1987年），頁238。

〔註67〕 參季旭昇師：《說文新證（上冊）》，（臺北市：藝文印書館，2002年10月），頁147。

〔註68〕 另外，尚有主張「世」從「葉」字而來，方濬益指出〈拍敦〉「世」字作「🔣」，字「與葉爲古通字」字，已提出「世」、「葉」二字古通的關係。劉釗先生進一步以爲「甲骨文葉字作『🔣』、『🔣』形，像樹木長有葉形。金文作『🔣』，樹葉形省爲一點，『🔣』形訛變爲『山』。而『世』字就是截取葉字上部而成，讀音仍同葉」（《古文字構形研究》頁214），季旭昇師不贊成此說，以爲出甲骨「葉」字字形與「世」字金文不似，而「葉」從世乃後世屬「聲化」（《說文新證・上》頁147），正確可從。劉釗先生所舉「🔣」字實與方濬益所據之〈拍敦〉字形相同，然字形已晚至春秋，相對於商代甲骨之🔣（合集・6046）及西周早之🔣（且日庚簋/笹）字形與「止」字相近，證據力恐較爲薄弱。參方濬益：《綴遺齋彝器款式考釋》卷18「趩尊」之考釋，收入《國家圖書館藏金文研究資料叢刊》第十七冊，（北京：北京圖書館出版社，2004年），頁493。劉釗先生：《古文字構形研究》，（吉林大學博士論文，1991年），頁214。季旭昇師：《說文新證（上冊）》，（臺北市：藝文印書館，2002年10月），頁147。

〔註69〕 本文上古音的聲紐系統據黃侃先生「古聲十九紐」之說，韻部系統及擬音則據陳新雄師「古韻三十二部」之說。

〔註70〕 伯作蔡姬尊文例爲「其萬年▽孫子永寶」，郤王糧鼎文例作「子子孫孫，▽▽是若」，二處釋作「世」正確無誤。

〔註71〕 該字稍殘泐，《金文編》摹作「🔣」，字確實省其圓點而與「止」字無別。容庚編著：《金文編》，（北京：中華書局，2004年8月），頁137。

3992）之「笹」字，但另一器作 （器號 3991），省略圓點，而《季庚子問於孔子》的「![字]」字，「死」旁上的「![字]」即是此種形態的呈現，陳劍先生釋作「莞」，正確。進一步看《曹沫之陣》簡的「![字]」字「世」旁作「![字]」，它與楚文字「世」旁作 ![字]（信·1.034/牒）、![字]（牒·天卜/牒）相同，一直到漢印「世」字亦作 ![字]（王世）、![字]（程安世）、![字]（郭世之印）〔註72〕。另外，「![字]」字「死」旁「人」形寫作「力」形，筆者以爲「力」應爲「人」之訛，《曹沫之陣》「死」字作 ![字]（簡58），「人」旁添加飾筆而成「千」，飾筆再稍延伸即「![字]」之寫法〔註73〕。

筆者懷疑「莞」、「![字]」同爲「世」之異體，「![字]」字金文已多見如 ![字]（中山王![字]鼎）、![字]（中山王![字]方壺）、![字]（![字]鎣壺），《金文編》入「世」字，張守中先生、張政烺先生都以爲即「世」字異體〔註74〕，正確可從。而古文字中常見「死」、「歺」二偏旁常可替換，如「殯」字《說文》云：「![字]，古文殯从死」〔註75〕，又如，《說文》「辜」字下云「![字]，辜从死」〔註76〕，金文「![字]」字作 ![字]（中山王圓壺）、![字]（包·248），而其字又可从「歺」作「![字]」，如 ![字]（包·217）〔註77〕、![字]（望山·1.78），另外又如「殂」字小篆作「![字]」字从「歺」，古文則从「死」作「![字]」〔註78〕，又「葬」字包山簡中常从死、臧聲作 ![字]（包·155），又可从歺、臧聲作 ![字]（包·91）、![字]（包·155）。又《懷特氏等收藏甲骨文集》B0959 有個「![字]」字，字右旁从「死」，許進雄先生逕釋作「死」〔註79〕，金祥恆先生釋作「殊」，他以爲小篆「殊」从「歺」

〔註72〕 以上三例漢印俱參《漢印文字匯編》，（臺北市：美術屋），頁 5～6。

〔註73〕 除此之外，或以爲字从「珍」之古文「劦」（見《龍龕手鑑·歺部》、《玉篇·歺部》、《字彙·歺部》），但「劦」字不見古文字，且無法與《季庚子問於孔子》之字形產生聯繫，是以筆者不做此思考。

〔註74〕 張守中先生以爲字乃「世字異體」，張政烺先生也以爲「![字]，从歺，世聲，世之異體。」，參張守中先生：《中山王![字]器文字編》，（北京市：中華書局，1981 年），頁 37。張政烺先生：〈中山王![字]壺及鼎銘考釋〉，收入《古文字研究》第一輯，（北京：中華書局，1979 年 8 月），頁 217。

〔註75〕 〔清〕段玉裁注：《說文解字注》，經韵樓藏版，（臺北市：洪葉出版社，1999 年 11 月），頁 165。

〔註76〕 〔清〕段玉裁注：《說文解字注》，經韵樓藏版，（臺北市：洪葉出版社，1999 年 11 月），頁 749。

〔註77〕 包山簡「![字]」（包·248）字文例作「使攻解日月與不辜」，「![字]」（包·217）字文例爲「使攻解日月於不辜」，「辜」、「辜」文例相近，且同讀作「不辜」，視爲異體字，可信。

〔註78〕 〔清〕段玉裁注：《說文解字注》，經韵樓藏版，（臺北市：洪葉出版社，1999 年 11 月），頁 749。

〔註79〕 參 Hsü Chin-hsiung：《Oracle bones from the White and other collections》，（Toronto:Royal Ontario Museum，1979 年），頁 49。

乃「死」之省〔註80〕，史景成先生亦有同樣觀點〔註81〕，季旭昇師釋作「殊」，並指出「從死與从歺同義」〔註82〕，「死」、「歺」義近而偏旁替換，可證「毙」、「死」應爲異體關係。

「就毙」讀作「就世」，「就」字訓作盡、終之義。《爾雅・釋詁下》：「就，終也。」，「就世」文例亦見古籍，《國語・越語下》記載句踐對范蠡云：「先人就世，不穀即位。」，韋昭注：「先人，允常；就世，終世也。」〔註83〕，又劉向《說苑・君道》：「齊桓公問於甯戚曰：『筦子今年老矣，爲棄寡人而就世也』」〔註84〕，左松超先生以爲「『就世』猶『即世』。左成十三年傳『獻公即世』『文公即世』，謂死也。」〔註85〕，王鍈先生、王天海先生以爲「就世：終於人世，指死亡」〔註86〕。而《曹沫之陣》簡文「沒身就世」亦即「壽終正寢」，回歸簡文文義，君子賢而失之，是天命，亡道之君竟能壽終正寢，也是天命，天命是人無法掌握，否則賢能則得，亡道則失，這是人世間的規律，如此訓釋文通義順，「沒身」一詞的解釋，邴尚白先生的說法正確可從〔註87〕。

肆、結　論

透過上述將「🐾」字與古文字的「云」、「回」做比較後，我們得知其與甲骨、金文及部分秦系之「云」字相近，但是與大量楚系的「云」字，無論單字或偏旁都嫌不類。再來，我們得知「🐾」與古文字的「回」有很密切的關係，其「回」旁分作兩筆爲之，其實只是將古體的「回」（瘋鐘/趄）分作兩筆書寫。可見從字形上的分析，「🐾」是「叟」字的可能性較高，將它釋作「叟」在字形上也較釋作「受」來得合理。當然，我們也可以懷疑「🐾」字是保留「云」字甲金文的古體，戰國文字保留早期文字的形體也不少見，但是這樣的懷疑，在我們發現「🐾」與「回」字如

〔註80〕 金祥恆先生：〈加拿大多倫多大學安達黎奧博物館所藏一片牛胛骨的刻辭考釋〉，收入臺灣大學文學院中國文學系編《中國文字》第三十八期，1970 年，頁 10

〔註81〕 史景成先生：〈加拿大多倫多博物館所藏一片骨胛銘文的考釋〉，收入臺灣大學文學院中國文學系編《中國文字》第四十六期，1972 年 12 月，頁 8～9。

〔註82〕 參李旭昇師：《說文新證（上冊）》，（臺北市：藝文印書館，2002 年 10 月），頁 326。

〔註83〕 〔吳〕韋昭注：《國語》二十一卷，（臺北市：臺灣商務印書館，1965 年），頁 149。

〔註84〕 〔漢〕劉向撰：《說苑》二十卷，（臺北市：世界書局，1958 年），頁 12。

〔註85〕 參左松超先生：《說苑集證》（上），（臺北市：國立編譯館，2001 年），頁 14。

〔註86〕 〔漢〕劉向著、王鍈先生、王天海先生譯注《說苑全譯》，（貴陽：貴州人民出版社，1992 年），頁 22。

〔註87〕 邴尚白先生：〈上博楚竹書〈曹沫之陣〉注釋〉，臺灣大學《中國文學研究》第 21 集，2006 年，頁 5～38。

此密切的關聯性後，可能性較低。而原本隸定作「尭」的字則應改隸定作「尭」，讀作「世」，而「沒身」與「就世」一詞正合，亦即「壽終正寢」之義。

　　附記：本文初稿名爲〈談《唐虞之道》與《曹沫之陣》的「沒」字〉，於去年底投稿文字學會論文的同時，亦首發於武漢大學簡帛網〔註88〕，該文即從字形分析的角度論「」、「」二字應釋作「沒」而不應從「云」聲，今年春《上博（五）》刊行，又見三例「沒」字，從文例可知釋作「沒」已無疑義。本文爲因應新材料的發現，在題目、敘述方式、字詞使用及若干觀點上都有所修正。不過，本文僅是個人不成熟的意見，當然也不能排除有其他的思考方式，若有推論太過或舉例失當之處，盼學者、專家不吝予以批評指正。

參考書目

一、古　籍

1. 〔三國・魏〕曹丕著、易健賢先生譯注：《魏文帝集全譯》，（貴州人民出版社，1998 年）。

2. 〔唐〕房玄齡等撰、楊家駱主編：《新校本晉書并附編六種》，（臺北市：鼎文書局，1987 年）。

3. 〔唐〕李延壽撰、楊家駱主編：《新校本南史附索引》第三冊，（臺北市：鼎文書局，1980 年）。

4. 〔宋〕陳彭年：《廣韻》，（臺北市：洪葉文化，2001 年）。

5. 〔明〕汪瑗撰、董洪利點校：《楚辭集解》，（北京：北京古籍出版社，1994 年）。

6. 〔清〕王先謙：《後漢書集解》，（北京：中華書局，1984 年 2 月）。

7. 〔清〕王先謙：《漢書補注》，（北京市：中華書局，1983 年）。

8. 〔清〕阮元：《校勘十三經註疏・禮記》，嘉慶廿年江西南昌府學開雕影印本，（臺北：藝文印書館，1993 年）。

9. 〔清〕段玉裁注：《解字注》，經韻樓藏版，（臺北市：紅葉出版社，1999 年 11 月）。

10. 〔清〕孫詒讓遺書、樓學禮校點：《契文舉例》，（濟南市：齊魯書社，1993 年）。

二、專　書

1. 《漢印文字匯編》，（臺北市：美術屋發行，1978 年）。

2. 于省吾先生主編：《甲骨文字詁林》，（北京市：中華書局出版，1996 年）。

3. 山西省文物工作委員會：《侯馬盟書》，（北京：文物出版社，1976 年）。

〔註88〕參拙文：〈談《唐虞之道》與《曹沫之陣》的「沒」字〉，武漢大學簡帛網，（2005 年 12 月 25 日），網址：http://www.bsm.org.cn/show_article.php?id=145。

4. 中國社會科學院考古研究所編：《殷周金文集成》第五冊，（北京市：中華書局，1985 年 6 月）。

5. 王冬珍先生等校注：《新編管子》，（臺北市：國立編譯館出版社，2002 年）。

6. 王叔岷先生撰：《莊子校詮》，（臺北市：中央研究院歷史語言研究所，1994 年）。

7. 王輝先生：《一粟集：王輝學術文存》，（臺北市：藝文印書館，2002 年）。

8. 何琳儀先生：《戰國古文字典》，（北京：中華書局，1998 年）。

9. 吳其昌先生：《殷虛書契解詁》，（臺北市：藝文印書館，1960 年）。

10. 李零先生：《郭店楚簡校讀記》增訂本，（北京：北京大學出版社，2002 年 9 月）。

11. 季旭昇師：《說文新證（上冊）》，（臺北市：藝文印書館，2002 年 10 月）。

12. 季旭昇師：《說文新證（下冊）》，（臺北市：藝文印書館，2004 年 11 月）。

13. 夏傳才先生、唐紹忠先生注：《曹丕集校注》，（鄭州市：中州古籍出版社，1992 年）。

14. 容庚先生：《金文編》，（北京：中華書局，2004 年 8 月）。

15. 荊門市博物館編：《郭店楚墓竹簡》，（北京市：文物出版社，1998 年）。

16. 袁仲一先生、劉鈺先生：《秦文字類編》，（西安市：陝西人民教育出版社，1993 年 11 月）。

17. 馬承源主編：《上海博物館藏戰國楚竹書（四）》，（上海：上海古籍出版社，2004 年 12 月）。

18. 涂宗流先生、劉祖信先生：《郭店楚簡先秦儒家佚書校釋》，（臺北市：萬卷樓：2001 年）。

19. 商承祚先生：《說文中之古文考》，（上海市：上海古籍出版社，1983 年）。

20. 張守中先生：《睡虎地秦簡文字編》，（北京：文物出版社，1994 年 2 月）。

21. 張頷先生：《古幣文編》，（北京：中華書局，1986 年）。

22. 陶梅生先生注譯、葉國良先生校閱《新譯晏子春秋》，（臺北市：三民書局，1998 年）。

23. 湯餘惠先生：《戰國文字編》，（福州：福建人民出版社，2001 年 12 月）。

24. 楊樹達先生：《文字形義學》，（上海市：上海古籍出版社，1988 年）。

25. 劉釗先生：《出土簡帛文字叢考》，（臺北市：臺灣古籍，2004 年）。

26. 劉釗先生：《郭店楚簡校釋》，（福州：福建人民出版社，2003 年 12 月）。

三、單篇論文

1. 李零先生：〈郭店楚簡校讀記〉，《道家文化研究》第 17 輯（「郭店楚簡」專號），三聯書店出版社，1999 年 8 月。

2. 周鳳五先生：〈郭店楚墓竹簡唐虞之道新釋〉，中央研究院歷史語言研究所集刊，第 70 本第 3 分，1999 年 10 月。

3. 臺灣大學《中國文學研究》第 21 集，（臺北市：國立臺灣大學中國文學研究所，2006 年），頁 5～38。

4. 徐在國先生、黃德寬先生：〈郭店楚簡文字續考〉，《江漢考古》，1999 年第二期。

5. 劉釗先生：〈讀郭店楚簡字詞箚記（四）〉，收入《古籍整理研究學刊》，2002 年第五期。

四、網站資料

1. 李鍌師、陳新雄師、李殿魁先生等編：教育部《異體字字典》網路版，民國 93 年 1 月正式五版，網址：http://140.111.1.40/main.htm。

2. 香港中文大學圖書館與香港中文大學中國語言及文學系張光裕教授共同製作的「郭店楚簡資料庫」，網址：

   http://bamboo.lib.cuhk.edu.hk/basisbwdocs/bamboo/bam_main.html?。

3. 廖名春先生：〈讀楚竹書《曹沫之陳》箚記〉，簡帛研究網，（2005 年 2 月 12 日），網址：http://www.jianbo.org/admin3/2005/liaominchun002.htm。

4. 李銳先生：〈讀上博四札記（一）〉，簡帛研究網，（2005 年 2 月 20 日），網址：http://www.jianbo.org/admin3/2005/lirui001.htm。

5. 陳劍先生：〈談談《上博（五）》的竹簡分篇、拼合與編聯問題〉，武漢大學簡帛網，（2006 年 2 月 19 日），網址：http://www.bsm.org.cn/show_article.php?id=204。

6. 侯乃鋒先生：〈上博（五）幾個固定詞語和句式補說〉，武漢大學簡帛網，（2006 年 3 月 20 日），網址：http://www.bsm.org.cn/show_article.php?id=295。

（增「本論文曾以」等字〈曹沫之陣「沒身就世」釋讀〉一名，發表於逢甲的大學第十七屆文字學學術研討會，《文字的俗寫現象及多元性——第十七屆中國文字學全國學術研討會論文集》，2006 年 5 月 20，頁 65～81。）

後 記

　　大學畢業後，很幸運的能到師大就讀碩士班，並在季旭昇師之門下學習。筆者對甲骨文有濃厚興趣，碩一時季師要筆者暫以「《殷墟花園莊東地甲骨》文字研究」為論文題目，碩二時為配合國科會計畫，季師力勸筆者當集中火力研究楚簡，甲骨俟日後有機會再研究亦不遲，我含淚接受。研讀楚簡不到一個月，學生深深契會學者們讀簡之樂，所樂何事，因此致電老師，告知「日後縱使有機會，也不做甲骨了」，老師大笑。幾年後回首此事，尤為佩服老師當時的眼光，也深深感謝老師為筆者導向一條可長可久的研究方向。

　　非常感謝口試委員林清源師以及袁國華師，他們精闢的意見讓筆者了解繼續修正的方向，在師大學習的期間受到許錟輝師、陳新雄師、林素英師、姚榮松師的教導與啟發，在史語所時期亦蒙鍾柏生師、陳昭容師、黃銘崇師多所指導，在此對老師們的辛勞致上最高的謝意。碩士班時期有幸能一直擔任季師國科會研究助理的職務，碩二時所整理的「新蔡葛陵簡文字編」更是指引我進入戰國文字的開始，而本書則象徵一個階段的完成，見聞所限，書中必有不少謬誤，請各位學者專家不吝批評指正。

　　在師大學習的過程，得到許多學長、學姊莫大的幫助與關心，朱賜麟學長、陳美蘭學姊、羅凡晸學長、蘇建洲學長、鄭憲仁學長、董妍希學姊、胡雲鳳學姊、王良友學長、許文獻學長、陳嘉凌學姊、陳秀玉學姊、徐筱婷學姊、潘柏年學長、鄭玉姍學姊、鄒濬智學長、林聖峰學長、李繡玲學姊、呂佩珊學姊、連德榮學長、何淑媛學姊、陳惠玲學姊、謝夙霓學姊，學長、姊們或關心的生活近況，或教導研究方法，或詢問碩論的撰寫進度，筆者在此致上十二萬分的感謝。其中，對筆者的碩論幫助最大的莫過於蘇建洲學長，他除了不斷指導筆者楚簡的研究方法外，在看過本論文的初稿後，撰寫五十餘點寶貴意見作為回應，並發表了不少相關論文給予筆

者改進的空間，讓筆者非常感動，建洲學長對我而言，名爲「學長」，但實爲「老師」。

金俊秀、張繼凌、陳思婷三位同班同學，都以「上博四」爲論文題目，平日往來甚密。阿俊是我碩班四年中最重要的學習夥伴，他對漢字研究的熱忱，讓韓國人讚嘆，讓我們慚愧。阿俊與我吃飯時，時常順道攜帶《上博四》圖版，一邊吃飯，一邊分享彼此的研究心得，是我碩士班時期最難忘的一個畫面。繼凌、思婷與我，常彼此提供所見材料，這本論文有不少資料都蒙他們提供，在此致上最深的謝意。在學習過程中亦受顏至君、陳顗亘、許懃慧、林宛臻等學妹不少幫助，在此一併致謝。《曹沫之陣》記載魯莊公不飲酒、不晝寢、不聽音樂、不穿華麗衣服、不吃美味佳餚，我則專門與瑞龍、慧芳、自強、義堯、妃妃、阿俊等朋友，做這些魯莊公不做的事，認識這些朋友讓我的碩班生活變得多采多姿，快樂無比，非常感謝。

最後要感謝家人的支持與鼓勵，讓我沒有生活的壓力，順利完成學業。感謝女友姵妤的扶持，以及在生活上的照顧，我住在北部的南港，她則在南部的北港，南北之隔卻無法阻隔我們的感情。她溫柔感性的個性，讓我在客觀理性的古文字研究之餘，也得有休憩之地。

本論文的完成，蒙許多師長、朋友的幫助及指正，在此筆者致上最深的感謝。

佑仁 2007.7.10